国家社科基金重大委托项目
中国社会科学院创新工程学术出版资助项目

# 中国民族地区
## 经济社会调查报告

总顾问　陈奎元
总主编　王伟光

# 2013 年调查问卷分析·南方卷

本卷主编　王延中　丁　赛

中国社会科学出版社

**图书在版编目（CIP）数据**

中国民族地区经济社会调查报告—2013年调查问卷分析·南方卷／王延中主编；
王延中，丁赛分册主编．—北京：中国社会科学出版社，2015.10
ISBN 978 - 7 - 5161 - 6519 - 5

Ⅰ.①中… Ⅱ.①王…②丁… Ⅲ.①民族地区经济 - 经济发展 - 调查报告 -
中国②民族地区 - 社会发展 - 调查报告 - 中国 Ⅳ.①F127.8

中国版本图书馆 CIP 数据核字（2015）第 159961 号

| | |
|---|---|
| 出 版 人 | 赵剑英 |
| 责任编辑 | 宫京蕾 任 明 |
| 特约编辑 | 大 乔 |
| 责任校对 | 李 莉 |
| 责任印制 | 李寡寡 |

| | |
|---|---|
| 出 版 | 中国社会科学出版社 |
| 社 址 | 北京鼓楼西大街甲 158 号 |
| 邮 编 | 100720 |
| 网 址 | http：//www.csspw.cn |
| 发 行 部 | 010 - 84083685 |
| 门 市 部 | 010 - 84029450 |
| 经 销 | 新华书店及其他书店 |

| | |
|---|---|
| 印刷装订 | 北京市兴怀印刷厂 |
| 版 次 | 2015 年 10 月第 1 版 |
| 印 次 | 2015 年 10 月第 1 次印刷 |

| | |
|---|---|
| 开 本 | 710×1000 1/16 |
| 印 张 | 22.25 |
| 插 页 | 2 |
| 字 数 | 380 千字 |
| 定 价 | 78.00 元 |

凡购买中国社会科学出版社图书，如有质量问题请与本社营销中心联系调换
电话：010 - 84083683

# 《21世纪中国少数民族地区经济社会发展综合调查》
## 项目委员会

**顾问委员会**

总 顾 问　陈奎元

**学术指导委员会**

主　　任　王伟光

委　　员（按姓氏笔画为序）

丹珠昂奔　李　扬　李培林　李　捷　陈政户　武　寅
赵胜轩　　郝时远　高　翔　黄浩涛　斯　塔

**专家委员会**

首席专家　王延中

委　　员（按姓氏笔画为序）

| | | | | | |
|---|---|---|---|---|---|
| 丁卫东 | 丁　宏 | 丁　赛 | 马　援 | 王　平 | 王希恩 |
| 王　锋 | 开　哇 | 车明怀 | 扎　洛 | 方　勇 | 方素梅 |
| 尹虎彬 | 石玉钢 | 龙远蔚 | 卢献匾 | 田卫疆 | 包智明 |
| 吐尔干·皮达 | 朱　伦 | | 色　音 | 刘正寅 | 刘世哲 |
| 刘　泓 | 江　荻 | 赤列多吉 | 李云兵 | 李红杰 | 李克强 |
| 吴大华 | 吴　军 | 何星亮 | 张若璞 | 张昌东 | 张继焦 |
| 陈建樾 | 青　党 | 郑　堆 | 赵立雄 | 赵明鸣 | 赵宗福 |
| 赵剑英 | 段小燕 | 姜培茂 | 聂鸿音 | 晋保平 | 特古斯 |
| 俸代瑜 | 徐　平 | 徐畅江 | 高建龙 | 黄　行 | 曹宏举 |
| 曾少聪 | 管彦波 | 毅　松 | | | |

**项目工作组**

组　　长　扎　洛　孙　懿

成　　员（按姓氏笔画为序）

丁　赛　孔　敬　刘文远　刘　真　李凤荣　李益志
宋　军　陈　杰　周学文　程阿美　管彦波

# 《中国民族地区经济社会调查报告》
## 编辑委员会

# 总　序

　　实践的观点是马克思主义哲学最基本的观点，实事求是是马克思主义的活的灵魂。坚持一切从实际出发、理论联系实际、实事求是的思想路线，是中国共产党人把马克思主义基本原理与中国实际相结合，领导中国人民进行社会主义革命和社会主义建设不断取得胜利的基本经验。改革开放以来，在实事求是、与时俱进思想路线指导下，中国特色社会主义伟大事业取得了举世瞩目的伟大成就，中国道路、中国经验在世界上赢得广泛赞誉。丰富多彩的成功实践推进了中国化马克思主义的理论创新，也为哲学社会科学各学科的繁荣发展提供了坚实沃土。时代呼唤理论创新，实践需要哲学社会科学为中国特色社会主义理论体系的创新发展做出更大的贡献。在中国这样一个统一的多民族的社会主义国家，中国特色的民族理论、民族政策、民族工作，构成了中国特色社会主义的重要组成部分。经济快速发展和剧烈社会转型，民族地区全面建成小康社会，进而实现中华民族的伟大复兴，迫切需要中国特色民族理论和民族工作的创新，而扎扎实实开展调查研究则是推进民族研究事业适应时代要求、实现理论创新、服务发展需要的基本途径。

　　早在 20 世纪 50 年代，应民族地区的民主改革和民族识别之需，我国进行了全国规模的少数民族社会历史与语言调查，今称"民族大调查"。这次大调查搜集获取了大量的有关民族地区社会历史的丰富资料，形成300 多个调查报告。在此次调查的基础上，整理出版了 400 余种、6000 多万字的民族社会历史建设的巨大系统工程——《民族问题五种丛书》，为党和政府制定民族政策和民族工作方针，在民族地区开展民主改革和推动少数民族经济社会的全面发展提供了重要的依据，也为新中国民族研究事业的发展奠定了坚实的基础。

半个多世纪过去了，如今我国边疆民族地区发生了巨大而深刻的变化，各民族逐渐摆脱了贫困落后的生产生活状态，正在向文明富裕的现代化社会迈进。但同时我们也要看到，由于历史和现实的原因，各民族之间以及不同民族地区之间经济社会的发展依然存在着很大的差距，民族地区经济发展不平衡性问题以及各种社会问题、民族问题、宗教问题、生态问题，日益成为推动民族地区经济社会发展必须着力解决的紧迫问题。深入民族地区开展长期、广泛而深入的调查研究，全面了解各民族地区经济社会发展面临的新情况、新问题，科学把握各民族地区经济社会发展趋势，是时代赋予民族学工作者的使命。

半个多世纪以来，中国社会科学院民族学与人类学研究所一直把调查研究作为立所之本。1956 年成立的少数民族语言研究所和 1958 年成立的民族研究所（1962 年两所合并），从某种意义上讲，就是第一次民族大调查催生的结果。作为我国多学科、综合性、国家级的民族问题专业研究机构，民族所非常重视田野调查，几代学人已在中国各民族地区近 1000 个点进行过田野调研。20 世纪 90 年代，民族所进行了第二次民族地区典型调查，积数年之功完成了 20 余部调研专著。进入新的历史时期，为了更好地贯彻党中央对我院"三个定位"的要求，进一步明确今后一个时期的发展目标和主攻方向，民族所集思广益，经过反复酝酿、周密论证，组织实施了"21 世纪初中国少数民族地区经济社会发展综合调查"。这是我国民族学研究事业发展的迫切需要，也是做好新时期民族工作的前提和基础。

在充分利用自 20 世纪 50 年代以来开展的少数民族社会历史与语言调查相关研究成果的基础上，本次民族大调查将选择 60—70 个民族区域自治地方（包括城市、县旗或民族乡）作为调查点，围绕民族地区政治、经济、社会、文化、生态五大文明建设而展开，计划用 4—5 年的时间，形成 60—70 个田野调查报告，出版 50 部左右的田野民族志专著。民族调查是一种专业性、学科性的调查，但在学科分化与整合均非常明显的当代学术背景下，要通过调查研究获得开拓性的成果，除了运用民族学、人类学的田野调查方法外，还需结合社会学问卷调查方式和国情调研、社会调查方式，把静态与动态、微观与宏观、定量分析与定性分析、典型与一般有机结合起来，突出调查研究的时代性、民族性和区域性。这是新时期开展民族大调查的新要求。

　　立足当代、立足中国的"民族国情"，妥善处理民族问题，促进各民族平等团结，促进各民族地区繁荣发展，是中国特色社会主义的重要任务。"21世纪初中国少数民族地区经济社会发展综合调查"作为国家社科基金特别委托项目和中国社会科学院创新工程重大项目，希望立足改革开放以来少数民族地区的发展变化，围绕少数民族地区经济社会发展，有针对性地开展如下调查研究：（1）民族地区经济发展现状与存在问题调查研究；（2）民族地区社会转型、进步与发展调查研究；（3）西部大开发战略与民族问题调查研究；（4）坚持和完善民族区域自治制度调查研究；（5）民族地区宗教问题调查研究；（6）民族地区教育与科技调查研究；（7）少数民族传统文化与现代化调查研究。

　　调查研究是加强学科建设、队伍建设和切实发挥智库作用的重要保障。基础研究与应用对策研究是现代社会科学不可分割的有机统一的整体。通过全面深入系统的调查研究，我们冀望努力达成以下几个目标：一是全面考察中国特色民族理论、民族政策的探索和实践过程，凝练和总结中国解决民族地区发展问题、确立和谐民族关系、促进各民族共同繁荣发展的经验，把握民族工作的一般规律，为未来的民族工作提供坚实的理论支撑，为丰富和发展中国特色社会主义理论体系做出贡献。二是全面展示改革开放特别是进入21世纪以来民族地区经济社会发展的辉煌成就，展示以"平等、团结、互助、和谐"为核心内容的新型民族关系的当代发展状况，反映各族人民社会生活的深刻变化，增强各民族的自豪感、自信心，建设中华民族共同体，增强中华民族凝聚力。三是深入调查探寻边疆民族地区经济社会发展中存在的问题，准确把握未来发展面临的困难与挑战，为党和国家全面了解各民族发展现状、把握发展趋势、制定未来发展规划提供可靠依据。四是通过深入民族地区进行扎实系统的调研，搜集丰富翔实的第一手资料，构筑我国民族地区社会发展的基础信息平台，夯实民族研究的基础，训练培养一支新时代的民族问题研究骨干队伍，为民族学研究和民族地区未来发展奠定坚实的人才基础。

　　我们深信，参与调查研究的每一个专家和项目组成员，秉承民族学人类学界前辈学人脚踏实地、不怕吃苦、勤于田野、精于思考的学风，真正深入民族地区、深入田野，广泛汇集干部群众的意见、倾听干部群众的呼声，通过多种方式方法取得丰富的数据资料，通过科学严谨的数据分析和系统深入的理论研究，一定会取得丰硕的成果。这不仅会成为新世纪我国民族学与人类学学科建设的一个重要里程碑，也一定会为党和政府提供重要决策参考，为促进我国民族理论和民族工作的新发展，为在民族地区全面建成小康社会，为实现中华民族的伟大复兴做出应有的贡献。

王伟光

# 前　言

在 2015 年度出版的《中国民族地区经济社会调查报告》系列论著中，有三本书是 2013 年度 16 个调查点的问卷分析报告。这 16 个调查点是国家社科基金特别委托项目和中国社会科学院创新工程重大专项"21世纪初中国少数民族地区经济社会发展综合调查"（以下简称"综合调查"）确定的县级民族区域自治地方。根据项目计划，在每一个调查点设立了一个子课题，每个子课题组成单独的调研组，每个调研组在深入社会调查与实地调研基础上，完成一本以该行政区域为依托、以当地进入 21世纪之后经济社会发展成绩、经验、特点为主题的调查研究报告。报告经过鉴定评估、专家审读和修改完善后，按照统一的体例规范汇集为《中国民族地区经济社会发展报告》系列丛书陆续编辑出版。与此同时，为配合各子课题的专题调研，"综合调查"项目还组织了专门的问卷调查队，按照抽样调查方法对每个调查点进行约 400 户的入户问卷调查（城乡住户大约各 200 户）和一些其他类型的问卷调查。《中国民族地区经济社会调查报告·2013 年调查问卷分析（综合卷）》、《中国民族地区经济社会调查报告·2013 年调查问卷分析（北方卷）》、《中国民族地区经济社会调查报告·2013 年调查问卷分析（南方卷）》，就是根据 2013 年度16 个调查点城乡居民入户问卷调查数据完成的 3 本分析报告。其中北方卷是位于新疆、内蒙古、甘肃、青海 4 个中国北部省区 8 个调研点县市的分析报告，南方卷是云南省、贵州省两省 8 个调研点的分析报告。综合卷则包括了 1 个涵盖全部数据的综合分析报告与 4 个分别涵盖新疆、云南、贵州和内蒙古调研点数据的省区分析报告。这 3 本书相互联系，只是覆盖范围有一定差别。鉴于中国巨大的区域差别，覆盖范围的差别也能够在一定程度上影响对有关问题的分析判断。这 3 本书与首批出版发行的 10 多本调研专著在形式和方法上虽有较明显的差别，但在调查内容上又可以互相印证、相互补充。调研专著和问卷分析论著，在本项目中是一个整体，都属于"综合调查"的有机组成部分。

在传统的民族学、人类学研究方法中，虽然不排斥问卷调查，但专业研究人员更看重深入细致的田野调查，特别是经长期深入小社区进行参与式观察、详细记录、整体分析而成的民族志。这些在长期实践中积累起来的民族学、人类学学科传统当然有其合理性和科学性。在设计"综合调查"项目时，我们也是特别看重这一点，要求每个子课题组必须保证至少一个月左右的实地调研时间，而且每个专家可以就相关专题进行多次回访与重复调研，以体现这次调查的专业属性和学科特色。与此同时，我们特别强调这次调查属于"综合调查"，不仅要进行传统田野调查，而且强调课题组要尽量参加从省到乡镇（村）各个层面的座谈会，收集面上的资料和宏观信息，把微观调查与宏观调查结合起来。问卷调查也属于这些调研点应该进行的一种数据采集方式，与上述调查配合起来。之所以这样安排，主要是为了更好地完成立项时确定的研究目标与任务。进入21世纪以来作为中国社会科学院民族学与人类学所组织的一次历时长、覆盖面广的大规模少数民族和民族地区调查，国家社科基金与中国社会科学院对这项调查不仅给予专项资金，而且赋予了很高的使命。这就是要充分反映改革开放以来少数民族地区的发展变化，通过对一些具有代表性的民族地区的典型调查和问卷调查，系统回顾总结中国特色民族理论、民族政策的探索和形成过程，全面展示改革开放尤其是21世纪初以来民族地区经济社会发展的辉煌成就，准确把握未来发展面临的困难与挑战，为实现民族地区全面协调可持续发展、全面小康社会建设和中华民族伟大复兴的历史任务建言献策。我们意识到完成上述目标将是一个长期任务，也需要多个学科、多种研究方法共同攻关才能完成的任务。尽管各子课题组的深入田野调查依然是调研专著的基础，但是我们还希望在当代被各学科广泛应用的社会调查、问卷调查等方式也能够发挥相应的作用。我们不仅仅是把问卷调查作为收集面上数据的工具，或者作为印证调研专著意见的补充材料，而是作为社会心态调查的重要抓手。问卷调查的数据可以而且应该成为更好地反映当前中国民族地区的城乡居民社会心态、意愿与政策建议的渠道。这对我们的研究来说是十分必要的，对于完成好立项时确定的目标任务来说也是必不可少的。

其实，当今社会科学各个学科越来越注意定量分析。标准化的数据是进行定量分析的前提。统计资料是当前社会科学分析研究非常倚重的基本数据信息，但因为学科差异和研究问题的复杂多样性，仅仅依靠统计资料是无法进行专业性很高的定量分析研究，还必须进行专业性的问卷调查，以获取可以比较的标准化数据。人口学、经济学、社会学、政治学、法学、宗教学、新闻学等诸多人文社会科学学科，已经利用问卷调查方式开展了很多影响巨大的调查研究，而且现在越来越注意学术研究的定量分析。我们知道，定性（质性）研究与定量研究（量化分析）并无高低之分，两者各有更适合自己的领域和视角。在不少研究中，研究者往往交互甚至并用两种研究方式，取得了很好的效果。对社会现象、社会问题、社会发展趋势的深入研究，不仅要掌握其长时段内没有变化或者变化很小的本质属性和制度依据，而且要进行较短时段内的现象描述、掌握其发展走向及程度差异。定量研究在后一个方面更有用武之地。特别是在把握一个区域、人群整体性的社会倾向、社会态度、社会意见、社会评价等方面，问卷调查的标准化设计，显然更容易获取相关研究数据。现代科学技术特别是信息处理技术的发展，提高了迅速处理庞大的数据的能力，这就为利用问卷调查数据进行各种各样的定量分析提供了极大的方便。在此基础上，根据研究需要，可以更准确地发现问题、研究问题、分析相关关系或因果关系，验证假设、揭示规律，提出更具针对性、前瞻性的对策建议。在现代社会科学期刊发表的文章中，定量研究占有越来越大的比重，问卷调查在其中发挥了很大的作用。改革开放以来，我国社会科学各学科在全国范围包括在民族地区也开展了目标不同、类型各异的大量问卷调查工作，定量分析的范围、领域、广度、深度都得到极大的发展。其中经济学、社会学是进行量化分析较为明显的两大学科门类，民族学、人类学也时常利用问卷调查工具、统计分析方法进行量化分析。我们这次"综合调查"本身就把问卷调查和量化分析作为一种基本研究方式。

在迅速变化的经济社会背景下进行大规模的问卷调查难度不小。设计好问卷是做好问卷调查的第一步，能否进入现场开展工作是问卷调查的关键，调研队伍的专业化水平和工作态度是确保调研质量的前提，对调查研究过程的全面严格管理是问卷调查成败的根本。在问卷设计方面，项目组专门成立了问卷设计小组和问卷调查技术专家组。反复征求广大专家学者对调查内容的意见，同时邀请长期从事民族学、人类学、社会学问卷调查专家进行技术把关，调查问卷的设计经过所内外专家多次讨论、反复修改，在开展试调查基础上完成的。2013 年调查问卷共计 3 套，即：民族问题专题干部调查问卷、家庭调查问卷和社区调查问卷。其中城乡居民入户调查问卷是主问卷。家庭调查问卷将城镇调查内容和农村调查内容合二为一，具体包括受访者个人基本情况、工作情况、家庭生产生活情况、移民搬迁、公共设施状况、社会生活及评价和社会保障，总计 157 个问题，800 个变量。社区问卷是和家庭问卷相对应，即了解抽样调查家庭所在社区的公共基础设施的相关信息，共 9 大问题，54 个变量，具体包括道路、垃圾处理、通信、交通、公共服务等内容。干部调查问卷包括了 41 个问题，有效变量 176 个，问卷问题以主观评价为主，涉及民族交往交流、双语教育、干部任用提拔、民族和宗教政策、不同时段的民族关系比较和未来预期、小康社会建设等内容。在实施方面，调查问卷采用分层随机抽样原则，以调查地点的城镇化率确定城乡调查问卷比例，每个调查点完成调查问卷 400—500 份。为了配合 16 个课题组的实地田野调查，县市内的调查社区以能代表当地特色并结合课题组的原则进行筛选，社区内的调查家庭严格按照随机等距抽样原则确定，为了减少替换率，调查队的调研人员付出了很大的努力。考虑到研究任务的需要和可操作性，进一步扩大与深化民族地区高校合作，依托民族院校师生组织了专门的问卷调查队伍，制定了细致的工作流程、严格的操作规范。通过技术培训和调查过程的全程跟踪指导，特别是各子项目组专家队伍的协调支持，使调查队顺利进入现场并按计划完成了调研工作。2013 年共完成新疆、贵州、云南、内蒙古、甘肃、青海 6 个省区 16 个县市、旗的城乡居民入户调查有效问卷 6391份；其中城镇问卷 2531 份占比 39.6%，农村问卷 3859 份占比 60.4%，城乡居民调查问卷的分布与我国的城镇化率基本一致。调查样本中可供分析研究的民族有 18 个，分别是：汉族、蒙古族、藏族、维吾尔族、苗族、布依族、白族、哈萨克族、傣族、佤族、水族、纳西族、景颇族、土族、达斡尔族、塔吉克族、裕固族、鄂温克族。调查问卷的内容力求涵盖政治、经济、文化、教育、科技、卫生等方面，以体现民族学、人类学、社会学、经济学的不同研究视角。2013 年 16 个调查点共获得 124 份社区调查问卷，分别对应城镇家庭 2531 份调查问卷和农村家庭 3859 份调查问卷。应当指出的是，16 个子课题组专家不仅协助问卷调查队进入现场，而且按要求完成了干部问卷调查任务。课题组成员在实地调查中利用各级干部座谈会、政府部门访谈过程中开展了专题问卷调查，共回收有效问卷774 份。这为我们了解民族地区的干部状况、开展比较研究提供了难得的资料。在相关各方共同努力下，2013 年的问卷调查总体顺利。

2013 年的问卷调查工作由新疆师范大学民族学与社会学学院、云南大学民族研究院、贵州大学和中央民族大学民族学与社会学学院具体完成，为了保证调查质量，调查队的成员以富有调查经验的民族学或社会学专业的教授、博士研究生和硕士研究生组成。考虑到民族地区不同的民族语言，调查队特意选择来自调查点的学员和老师加入。问卷调查工作于2013 年 6—8 月开展并完成，在"21 世纪初中国少数民族地区经济社会发展综合调查"办公室的领导和协调下，调查程序严格规范。具体程序为：开展问卷试调查，组建 16 支调查队伍，明确调查队的督导员、调研员和问卷审核人员，6 个省区都有专人再次负责问卷复核工作，办公室的相关工作人员全程跟踪。问卷回收后又由中国社会科学院民族学与人类学研究所组织人员进行随机抽样的电话回访，数据录入完成并清理后，由专人进行问卷质量评估。调查问卷回答的有效率和总体效度均符合要求，问卷质量值得信赖，调查样本具有代表性。

《21 世纪初民族地区经济社会调查报告·2013 年调查问卷分析》中16 个调查点的统计描述报告由中国社会科学院民族学与人类学研究所、中央民族大学民族学与社会学学院参与实地问卷调查的博士研究生和硕士研究生撰写完成，报告内容的体例大体一致，围绕了调查地点及受访者基本情况、调查家庭的经济情况、工作就业情况、民族文化与教育、生活状况、政策评价 6 个方面展开，并根据不同调研地点的地方特色和热点现实问题在内容上呈现不同的侧重。新疆、云南、内蒙古、贵州等省区统计描述报告以及总报告，主要由长期进行问卷调查分析研究工作的一批青年学者和博士研究生完成。我们对于各子报告进行了多次讨论审议和修改，但限于研究者的知识基础和时间约束，有些报告仍未能完全达到预期目标。总报告及省区分析报告立足于区域内各调查点的具体调查数据，从民族地区整体和省区层面对调查数据进行整合与分析，着重展现民族省区 21 世纪以来的发展状况和取得的成就，为总结不同省区的发展经验、面临的困难问题和未来发展思路提供整体性的看法与判断。总体上看，根据 2013年问卷调查数据完成的 21 篇报告，大多还是统计描述报告，内容主要是基于调查数据的统计性描述，属于较浅层次的定量概括，还没有进行系统、深入的数据挖掘研究。已完成的一些专题分析报告，受体例篇幅的限制暂时没有收录在这 3 本分析报告中。尽管如此，我们的问卷分析报告，已经比较清晰地给出了 16 个调查点和所在省区的经济、社会各方面的发展概貌，给出了当地干部群众对许多问题的看法及期待。这对于准确掌握我国民族地区经济、政治、文化、社会、生态等各个领域的基本情况，当地民族、宗教等政策的落实，以及系统总结少数民族地区发展经验、研究存在的问题、提出相应的政策建议具有重要意义。这也为以后开展深入专题研究、历史数据分析提供了良好的基础。在这三本书出版之际，我们对所有参与问卷调查工作的广大干部群众、专家学者、高校师生、管理服务人员表示衷心的感谢。

　　对民族地区和少数民族经济社会发展状况进行大规模的综合调查，需要投入巨大的人力、物力、时间成本和组织管理成本，而且还需要克服许多难以想象的困难，我们只能尽力在有限的条件下做到最好。在 2013 年问卷调查的基础上，"21 世纪初中国少数民族地区经济社会发展综合调查"课题组今后将不断完善问卷内容，力争减少调查环节中所有可避免的疏漏，在调查数据专业化处理的基础上为课题组所有研究成员提供数据服务，组织民族学、人类学、社会学、经济学的专家进行数据挖掘和深入研究，以最终达到课题组的目标，即：以通过大规模的社会调查获取的第一手数据资料为支撑，全面回顾总结中国特色民族理论和民族政策探索和形成的过程，努力推出代表国家水准的高质量研究成果，为丰富和发展中国特色社会主义理论体系作出贡献。

王延中　丁　赛

# 目　录

# 第一章

# 贵州凯里市问卷调查分析报告

贵州作为民族八省区之一，是《中国民族地区经济社会调查报告项目》2013 年的重点调查区域，凯里市是 16 个调查点之一。本次问卷调查的内容包括了凯里市的城乡受访者家庭经济、社会生活、民族关系、政府工作和各项政策评价等。调查内容以统计描述报告的形式呈现。

## 第一节　凯里市城乡受访者基本情况

凯里市位于贵州省东部，是黔东南苗族侗族自治州首府，是一个以苗族和侗族为主体少数民族、多民族聚居的城市。2012 年，凯里市各主要经济指标均取得不俗成绩和增长速度，包括国内生产总值、工业总产值、固定资产投资等在内的经济发展关键指标在贵州省全省 30 个经济强县中的排名均位列前茅。与此同时，贵州省委十一届二次全会把坚持"三个不能代替"、"三个核心指标"和达到"两个90%"作为同步小康的基本原则和标准。在上述全面建设小康社会的原则、标准和凯里市当前社会经济发展水平的基础之上，凯里市委、市政府的发展目标是 2015 年提前进入全面建设小康社会。正是在这样的背景下，我们开展了对凯里市经济、社会、文化、民族关系等多方面的入户问卷调研，以城乡共计 404 份居民问卷为一斑，求窥凯里市城乡居民的生活状态和社会心理概貌①。

本次调查地点分布和获得的调查对象主要人口学特征如表 1-1 所示。

---

① 如无特殊说明，本书所用数据全部来源于此次调查。

表 1-1　　　　　　　　　　　　　变量描述

| 变量 | 频次 | 百分比（%） | 变量 | 频次 | 百分比（%） |
|------|------|------------|------|------|------------|
| 性别 | | | 户籍 | | |
| 男 | 213 | 52.72 | 农业户 | 206 | 51.12 |
| 女 | 191 | 47.28 | 非农业户 | 196 | 48.64 |
| 受教育程度 | | | 民族 | | |
| 小学及以下 | 145 | 35.89 | 汉族 | 122 | 30.2 |
| 初中 | 136 | 33.66 | 苗族 | 223 | 55.2 |
| 高中（含中专、职高技校） | 80 | 19.81 | 侗族 | 32 | 7.92 |
| 大学（含专科、本科及以上） | 43 | 10.65 | 其他少数民族 | 27 | 6.68 |
| 社会经济地位自评 | | | 连续变量 | 均值 | 标准差 |
| 上及偏上 | 40 | 9.90 | 年龄 | 50.99 | 14.79 |
| 中 | 159 | 39.36 | 家庭总人口（人） | 3.74 | 1.41 |
| 下及偏下 | 171 | 42.33 | 家庭总收入（元） | 44651.6 | 47093.5 |
| 不好说 | 34 | 8.42 | 家庭总支出（元） | 35831.7 | 44100.5 |

　　注：因有的变量中有缺失值，所以加总可能小于 100% 。

# 第二节　凯里市城乡受访者个人及家庭经济生活

## 一　城乡受访家庭收入

　　在本次调查中，对家庭收入的提问不仅包括家庭总收入，还问及总收入中"出租/出售房屋、土地收入"和"劳务收入"，即询问了受访家庭财产性收入和工资性收入的情况。因并未问及每一项子收入数额，所以本调查中的总收入为受访者直接报告的总收入数额。

　　在做收入均值分析时，为了体现凯里地区城乡家庭收入的整体水平，剔除了极端值[①]。按照通常的做法，我们将受访家庭户年总收入分成五个

---

　　① 总收入统计分析中，剔除了超出范围（Q1 - 1.5 × IQR，Q3 + 1.5 × IQR）的案例，其中，总体分析剔除 14 个极值，剩余有效案例数为 319 个；非农户家庭剔除 4 个，有效案例总数为 156；农户家庭剔除 11 个，剩余有效案例 160 个。

等级①，并去除离群值。依次来看，本次受访的凯里市家庭 2012 年户均总收入为 37579 元，其中非农业户口家庭总收入均值为 51955 元，农业户家庭户均总收入为 24736 元。

| 表 1 - 2 | | | 不同收入水平家庭年户均总收入情况 | | | 单位：元、个 |
| --- | --- | --- | --- | --- | --- | --- |
| | 低收入户（20%） | 中低收入户（20%） | 中等收入户（20%） | 中高收入户（20%） | 高收入户（20%） | 样本量 |
| 总体 | 7106 | 18796 | 30118 | 46338 | 85422 | 393 |
| 非农户 | 15379 | 30018 | 42961 | 66013 | 106529 | 192 |
| 农户 | 4458 | 11503 | 20381 | 30713 | 56625 | 201 |

从表 1 - 2 可以看出，不同等级收入水平的家庭户年总收入水平差距各异。首先，高收入户中非农户家庭年总收入是农户家庭的近两倍，中等收入户中非农户家庭年总收入是农户家庭的两倍还多，可以看出，非农户家庭整体收入水平依然远高于农户家庭。其次，无论是在非农户家庭还是农户家庭内部，高收入户的家庭年收入水平均远远高于低收入户家庭；其中，农户家庭中的高收入户家庭年收入是低收入户的 10 倍还多，这意味着本次受访的农户家庭比非农户家庭有着更大的收入差距。由于非农家庭主要分布在城市，农户家庭主要分布在农村，可以推测城乡家庭年收入存在较大差距，而农村家庭内部收入差距比城市家庭还要明显。

户籍类型与家庭总收入、人均收入②差距的关系从表 1 - 3 可以看出。非农业户籍家庭总收入的均值远高于农户家庭，前者接近于是后者的 1.8 倍；中位值方面，非农户家庭总收入则是农户家庭的两倍。家庭人均收入的城乡差距更大，非农户家庭人均收入的平均值为 14418 元，是农户家庭的 2.1 倍左右；非农户家庭人均收入的中位值则大约相当于农户家庭的 2.4 倍。

另一组反映了城乡居民家庭收入分布差距的数据如表 1 - 4 所示。家庭总收入方面，非农户中 5% 的家庭总收入在 10000 元以下，农户中则有

---

①　等分法的基本做法是：通过统计调查方式，将一定社会中的一定数量的居民（或家庭）按收入水平由低到高排序；在此基础上，将这些居民依次划分为不同的组，使每组有相同的居民（或家庭）数；计算出每个收入组的平均收入水平，这个平均收入水平即代表该收入组的收入水平。

②　本书的人均收入、人均支出和人均住房面积都是由相应总量除以受访者自报"家庭总人口"得来。

25%的家庭总收入在10000元以下；人均收入方面，非农户中只有10%的家庭人均收入在5000元以下，但是农户中有50%的家庭人均收入在5000元以下。由于收入中位值等百分位值是比均值更能反映一组收入值的差距，可以看出，城乡居民家庭总收入和人均收入的差距很大。同时观察城乡居民家庭总收入和人均收入的变异系数①，可以看出，无论是家庭总收入还是人均收入，农户家庭的离散程度都要大于非农户家庭；这一定程度上意味着，此次受访的凯里农村家庭收入内部差距大于城市家庭。

表1-3　　　　　户籍类型与家庭总收入、人均总收入　　　　单位：元

| | 家庭总收入 | | | 家庭人均收入 | | |
|---|---|---|---|---|---|---|
| | 总体 | 非农户 | 农户 | 总体 | 非农户 | 农户 |
| 均值② | 33399 | 43079 | 25123 | 10412 | 14418 | 7011 |
| 标准差 | 23432 | 23704 | 19878 | 8622 | 8574 | 7094 |
| 变异系数 | 0.70 | 0.54 | 0.79 | 0.83 | 0.59 | 1.01 |
| 样本量（个） | 393 | 192 | 201 | 393 | 192 | 201 |

表1-4　　　　　户籍类型与家庭总收入、人均总收入分布　　　　单位：元

| 百分位 | 家庭总收入界值 | | | 家庭人均收入界值 | | |
|---|---|---|---|---|---|---|
| | 总体 | 非农户 | 农户 | 总体 | 非农户 | 农户 |
| 1 | 2000 | 7000 | 1050 | 400 | 2000 | 250 |
| 5 | 4000 | 10000 | 3000 | 1000 | 4200 | 857 |
| 10 | 7000 | 15700 | 5000 | 1680 | 5000 | 1050 |
| 25 | 15000 | 24000 | 10000 | 4000 | 7800 | 2500 |
| 50 | 30000 | 40000 | 20000 | 7667 | 12038 | 5000 |
| 75 | 48000 | 60000 | 30000 | 14160 | 20000 | 9000 |
| 90 | 70800 | 80000 | 55000 | 20400 | 29333 | 14000 |
| 95 | 80000 | 90000 | 70000 | 30000 | 30000 | 20000 |
| 99 | 90000 | 90000 | 80000 | 40000 | 36000 | 40000 |
| 样本量（个） | 393 | 192 | 201 | 393 | 192 | 201 |

---

①　变异系数=标准值/平均值。

②　此处均值是未剔除离群值的总体均值，只对缺失值进行了删除处理，总共删除了对家庭收入回答"不适用"、"不清楚"、"拒绝回答"的变量101个。

## 二　城乡受访家庭支出

本书有关家庭支出的定义采取了两种方式：第一种是没有处理离群值（支出Ⅰ）；第二种将其中的离群值（实际上只有极大值）进行了删除处理（支出Ⅱ）。为了把握普遍性的情况，本文的分析主要基于处理掉离群值之后的数据，个别部分仍然会利用原始数据进行比较分析。本次问卷主要问了受访者上一年度家庭总支出和一些大型项目支出，并未详尽每一类支出。

家庭支出的缺失值处理跟家庭收入相同，在去除了极值之后，凯里市城乡居民家庭支出情况如表1-5所示。从表中可以看出，农业家庭户和非农业家庭户支出水平差异大。其中，农业家庭人均支出均值差不多相当于非农业家庭户的1/2。

再来看不删除离群值的情况下（如表1-6所示），更能反映支出水平差距的中位值和百分位值，一半农户家庭人均支出在4392元以下，但只有20%的非农户家庭人均支出在6000元以下；一半非农户家庭的人均支出在10000元以上，但只有20%的农户家庭人均支出在10000元以上。可以看出，农户家庭的人均支出水平远远低于非农户家庭。

表1-5　　　　　　　　户籍类型与家庭支出水平　　　　　　单位：元

| | 总支出 | | 人均支出 | | 户数 |
|---|---|---|---|---|---|
| | 均值 | 中位值 | 均值 | 中位值 | |
| 农户 | 21040 | 19500 | 5520 | 4267 | 154 |
| 非农户 | 35327 | 30000 | 11974 | 10000 | 136 |

表1-6　　　　　户籍类型与家庭总支出、人均支出分布　　　　单位：元

| 百分位 | 家庭总支出界值 | | | 家庭人均支出界值 | | |
|---|---|---|---|---|---|---|
| | 总体 | 非农户 | 农户 | 总体 | 非农户 | 农户 |
| 10 | 8000 | 15000 | 4500 | 1900 | 4000 | 1175 |
| 20 | 10000 | 20000 | 9000 | 3200 | 6000 | 2000 |
| 30 | 18000 | 22600 | 10000 | 4000 | 7000 | 2657 |
| 40 | 20000 | 29440 | 15000 | 5125 | 8307 | 3600 |
| 50 | 25000 | 30000 | 20000 | 7000 | 10000 | 4392 |
| 60 | 30000 | 36000 | 23800 | 8750 | 11733 | 5476 |

续表

| 百分位 | 家庭总支出界值 | | | 家庭人均支出界值 | | |
|---|---|---|---|---|---|---|
| | 总体 | 非农户 | 农户 | 总体 | 非农户 | 农户 |
| 70 | 36000 | 48000 | 30000 | 10000 | 15000 | 7500 |
| 80 | 48400 | 58800 | 40000 | 14000 | 18200 | 10000 |
| 90 | 60000 | 70000 | 50000 | 20000 | 24800 | 13333 |
| 样本量（个） | 290 | 136 | 154 | 290 | 136 | 154 |

再来看消费倾向，即家庭总支出占家庭总收入的比重，家庭总收入的概念此处采用受访者自报收入，而非可支配收入水平。

从表 1-7 可以看出，此次受访的农户家庭表现出比非农户家庭稍强的消费倾向，40% 的农户家庭消费倾向在 100% 以上，只有 20% 的非农户家庭消费倾向在此数值之上。农户消费倾向相对较高的原因可能来自收支两个方面：从作为消费倾向计算"分母"的收入方面讲，可能因为农户家庭收入水平相对较低；从支出方面讲，城镇居民的消费结构正逐渐改善，而由于总体上经济发展趋势向好，农村居民的刚性消费和信心型消费处于一个比较高的水平，这在后文中"家庭生活"部分有一定体现。

表 1-7 户籍类型与家庭消费倾向分布 单位:%

| 百分位 | 家庭消费倾向界值 | | |
|---|---|---|---|
| | 总体 | 非农户 | 农户 |
| 10 | 39.0 | 36.3 | 39.6 |
| 20 | 50.0 | 50.0 | 50.0 |
| 30 | 66.7 | 61.5 | 66.7 |
| 40 | 75.0 | 71.4 | 76.8 |
| 50 | 83.3 | 80.0 | 87.2 |
| 60 | 89.2 | 83.3 | 100.0 |
| 70 | 100.0 | 90.0 | 105.0 |
| 80 | 109.0 | 100.0 | 126.7 |
| 90 | 151.3 | 110.8 | 200.0 |
| 样本量（个） | 290 | 136 | 154 |

### 三　就业情况

本部分主要对受调查的成年人的就业、行业、寻找工作时获得的社会支持来源以及对工作的主观感受等各方面进行分析，分别讨论务农、兼农、从事非农行业和不在业等几种就业状态。由于本次访谈到的不在业者多为退休、年老失去劳动能力或上学等原因导致，故不具体分析不在业者情况。

（一）就业类型

从总体来看，非农就业是本次调查体现出的凯里市城乡居民主流的就业方式。

从农业户口受访者来看，198 份有效回答中，只有 47.5% 的受访者表示"只是务农"，而 43.9% 的受访者表示同时兼农或只从事非农工作。不算失业、家务劳动和全日制学生等人员，"只是务农"的人占在业者的比例为 51.9%。在有非农工作的农业户口受访者中，以非农工作为主或只从事非农工作的农业户口受访者比例为 20.7%。考虑到这是对在乡的受访者进行的调查，未访问到外出务工者，可以合理推测凯里市农业户口持有者的非农及兼农从业率水平或更高。2013 年有本地非农工作经历的农业户口受访者中，有 50 人当年从事过本地非农自营，而最早开始非农自营的年份可追溯到 1985 年。

非农业户口受访者的就业区域主要集中于凯里市本地，但 106 名受访者中依然有 25.5% 的人在贵州省内其他县市工作。

（二）就业机会获得方式暨社会支持

在这 198 位农业户口受访者中，有 62 位表示在 2013 年从事过本地非农工作，其中 40 位回答了自己获得这份工作的途径；2013 年有外出务工经验者则有 72 位，其中 52 位回答了自己获得此份工作的途径。从获得非农工作的来源来看，无论是外出还是在本地务工，"家人/亲戚介绍"和"朋友/熟人介绍"都排在前列。这是农村地区外出务工人员的一个普遍现象，在我们的入户深度访谈中，几乎每户都有青壮年劳动力外出务工，出省务工者尤其是新生代农民工首次外出务工均由亲戚或老乡等带领，这种同乡或者熟人之间的提携对农民初入城市或初进工厂起到了很大的支持作用。但是"招聘广告"已经成为受访者外出务工获得工作的第三个主要渠道。

表 1 - 8    农业户口受访者本地和外出非农工作获得渠道比较

| | 外出务工获得工作的渠道 | | 本地非农工作的获得渠道 | |
|---|---|---|---|---|
| | 频数 | 百分比（%） | 频数 | 百分比（%） |
| 政府/社区安排介绍 | 1 | 1.9 | 1 | 2.5 |
| 招聘广告 | 5 | 9.6 | 3 | 7.5 |
| 直接申请（含考试） | 2 | 3.8 | 6 | 15.0 |
| 家人/亲戚介绍 | 10 | 19.2 | 15 | 37.5 |
| 朋友/熟人介绍 | 30 | 57.7 | 11 | 27.5 |
| 本乡同民族介绍 | 4 | 7.7 | 4 | 10.0 |

而根据非农户口受访者的回忆，40.2%的人表示其获得第一份城镇工作的主要渠道是"政府/社区安排"，24.6%的人则是通过"直接申请（含考试）"。可见城镇非农工作的获得主要通过官方安排或企业招聘等正式渠道，其对社会关系网络尤其是家人、朋友等社会网络的依赖程度远远低于农业户籍人口。

外出务工农民返工潮同样出现在凯里地区。此次共有 51 位农业户口受访者曾经有外出务工经历，但 2013 年未再外出。问卷中提供的未再外出务工的原因可以简单分为"外力"和"内因"两类，外力主要指外地非农工作的薪资、接纳性、工作强度等影响因素，内因则主要是受访者外出谋职的个人能力和家庭因素。从回答的情况来看，因家庭因素而未再外出者居多，超 1/3 的受访者（18 人）要回家结婚、生育或者照顾家人，有 14 人表示因为家中缺乏劳动力而留在家里。可以看出，相比个人能力的限制，家庭责任是影响农村劳动力是否外出务工更重要的因素。

## 四　受访者个人及家庭生产生活条件

本节主要从家庭固定资产拥有量、住房条件、能源及卫生条件两个方面来描述凯里市本次受访的城乡居民的家庭生活条件。住房条件主要从住房状况、性质、面积和对住房条件的主观满意程度来考察，能源条件主要描述家庭使用的燃料类型，而卫生条件主要从家庭饮用水类型、卫生设备类型等两方面进行描述。

（一）农村家庭耕地拥有量

本次调查中问到了受访者当年（也就是 2013 年）家庭生产生活情

况，192 位农业户口受访者回答的家庭人均耕地面积均值为 0.48 亩，这也一定程度上解释了为什么受访的农业从业者的劳动类型中最多的是农村家庭承包经营劳动者（97%）。

206 名农业户口受访者中，有 83 人表示自家经历过退耕还林（或退牧还草），单户退耕退牧面积累积最多达 10 亩。

**（二）家庭耐用消费品拥有量**

随着市场经济的发展和家庭收入水平的提高，凯里市城乡居民的消费结构也在稳步升级，耐用消费品日益在城乡家庭普及，彩电和手机等商品无论城乡家庭每百户保有量都已经超过 100 台（部）。

本次一个重要的发现是，对于电脑和汽车这类新兴耐用消费品，即便是农户家庭，保有量也比原来预料的要高，手机、照相机等新兴商品保有量超过了全国农村住户同期水平。电脑、照相机等新兴消费品也进入了农户家庭，而手机几乎已经成为必备品。可以看出，凯里市城乡居民家庭耐用消费品的消费趣味正在趋近，耐用消费品均不断升级。

表 1 - 9　　　　　　　　　每百户家庭拥有耐用消费品数量

| 指标 | 非农户 | | 农户 | |
| --- | --- | --- | --- | --- |
| | 凯里市 | 全国 | 凯里市 | 全国 |
| 每百户彩色电视机拥有量（台） | 115 | 136 | 115 | 117 |
| 每百户手机拥有量（部） | 239 | 213 | 228 | 198 |
| 每百户台式机拥有量（台） | 59 | | 19 | |
| 每百户笔记本电脑拥有量（台） | 26 | | 8 | |
| 每百户空调拥有量（台） | 22 | 127 | 2 | 25 |
| 每百户洗衣机拥有量（台） | 96 | 98 | 63 | 67 |
| 每百户电冰箱拥有量（台） | 94 | 98 | 70 | 67 |
| 每百户照相机、摄像机拥有量（台） | 25 | 46 | 12 | 5 |
| 每百户小汽车/面包车拥有量（辆） | 17 | 22 | 12 | |

注：全国数据来自 2013 年《全国统计年鉴》表 11 - 9 和表 11 - 28。其中，城市数据中照相机、摄像机拥有量仅指照相机拥有量。

尽管每百户农户家庭的耐用消费品拥有量小于非农户家庭，但他们有着更强烈的购买计划。从表 1 - 10 可以看出，无论是电脑、液晶/等离子电视等新兴消费品，还是手机等基本耐用品，农户家庭均表达了更强的近期购买打算（见表 1 - 10）。

这一方面可能因为非农户家庭此类消费品的配备已经进入一个平稳的阶段，消费结构逐渐升级，由耐用消费品消费为主转向服务性消费；另一方面因为农户家庭外出务工人员带来了比较高的家庭收入和更前沿的消费理念，在政府"家电下乡""节能产品惠农工程"等优惠政策的促动下，农村居民家庭的消费潜能被激发。同时应该看到，凯里市农村家庭的耐用消费品消费意愿依然相对强烈，政府应该针对城乡居民不同的消费特点，继续完善鼓励消费的措施，特别是针对农村消费市场的产品投放措施，着力改善消费环境，提高城乡居民消费质量。

表1-10　　　　　　　　半年内是否有购买以下消费品打算　　　　　　单位：人

| 购买需求 | 台式电脑 | | 笔记本电脑 | | 面包车/小汽车 | | 液晶/等离子电视 | | 手机 | |
|---|---|---|---|---|---|---|---|---|---|---|
| | 农户 | 非农户 | 农户 | 非农户 | 农户 | 非农户 | 农户 | 非农户 | 农户 | 非农户 |
| 打算 | 11 | 186 | 14 | 182 | 11 | 1 | 17 | 2 | 13 | 176 |
| 不打算 | 0 | 179 | 1 | 179 | 183 | 176 | 178 | 180 | 2 | 172 |

（三）住房条件和住房满意度

1. 住房性质和面积

关于家庭自有住房的套数和面积的提问是考察受访者家庭的基本住房条件。

从数据来看，绝大部分受访者家庭（85.9%）拥有至少一套自由住房，另有10.4%的受访家庭称自有两套住房。此外，15%左右的农业户家庭拥有至少两套住房，比例高于非农业户家庭。至于现有住房的性质，95.7%的回答者表示为"自有住房"，排在第二位的住房性质是"租/住廉租房"（2.8%）。农户家庭中，住房为钢筋混凝土和砖木结构的家庭户比重比非农户家庭低，这可能由于农户中的许多苗族和侗族家庭还保留了木结构的传统民族房屋构造。

2. 生活条件

本调查考察受访家庭的能源条件是从提问炊事燃料的类型来获得的。

总的来看，71.5%的受访家庭报告"电"是其主要的做饭燃料，排在第二位和第三位的分别是"煤气/液化气/天然气"（16.4%）和"柴草（秸秆类）"（9.9%）。19%的受访农业户口家庭使用柴草作为做饭的主要原料，无论是农业家庭还是非农业家庭，利用电做饭的比例都非常高。仍有19%的受访农业户口家庭使用柴草作为做饭的主要原料，但是农业户中使用电作为做饭原料的比例（76.1%）高于非农业户口（67.3%）。

有关家庭生活的卫生条件的考察，主要从做饭用水类型和卫生设备类型这两个方面进行。从总的情况来看，82.9%的受访家庭做饭用水是自来水，但是用井水或山泉水做饭的家庭仍占将近15%（数据为14.4%）。农业家庭和非农业家庭做饭用水类型差别比较明显。农业户使用自来水的比例已经接近70%，仍然有26.7%的家庭使用井水或山泉水作为做饭的主要水源。从家庭卫生设备类型即厕所类型来看，水冲式厕所已经走入一半以上受访者家庭，但是使用旱厕的家庭比重依然较高，为39.7%。农业家庭和非农业家庭的差异依然明显，只有23.8%的农户配备水冲式厕所。住房外有硬质路面配套的家庭户无论农业户还是非农业户比重都比较高，跟调查实施的地点有关。

表 1 -11　　　　　　　　　　户籍类型与家庭住房状况

| 指标 | 农户 | 非农户 |
| --- | --- | --- |
| 人均住房面积（平方米） | 36.2 | 35.4 |
| 住房自有率（%） | 99.5 | 91.5 |
| 住房外有硬质路面配套的家庭户比重（%） | 93.7 | 100 |
| 有水冲式厕所的家庭户比重（%） | 23.8 | 91.2 |
| 使用燃气和电力燃料的家庭户比重（%） | 80 | 96.4 |
| 有自来水的家庭户比重（%） | 68.4 | 97.9 |
| 住房为钢筋混凝土和砖木结构的家庭户比重（%） | 65.9 | 84.8 |
| 样本量（个） | 196 | 206 |

3. 住房满意度

考察受访者的住房满意度时，本次问卷问及了受访者对当前住房的满意程度、对住房便利程度的自我评价以及改善住房的意愿迫切程度。

从表1-12和表1-13可以看出，总的来说，凯里市本次受访的城乡居民对当前住房的满意程度较低[①]，表示"满意"或"很满意"的回答者不到40%；其中农户中表示"满意"或"很满意"的比例为32.6%，低于非农户受访者的44.9%。总体上，认为住房便利的受访者超过一半，还有1/4的受访者认为住房便利程度一般；自评住房不太便利或不便利的

---

① 考虑到中国人语言和行为习惯，"一般"的回答中包含着不满意或者不够满意的成分。

农户家庭比例（26.3%）较非农户家庭（12.0%）高。这一定程度上说明了受访的城乡居民改善住房意愿的迫切程度不尽一致的原因。

　　表 1-14 显示，超过 50% 的受访农户家庭表达了迫切改善住房的意愿，而非农户家庭中改善意愿迫切者只在 25% 左右。在改善住房的途径选择上，"自建新房"、"购买商品房" 和 "购买经济适用房" 同为农户家庭和非农户家庭的前三个倾向性选择，但农户家庭选择 "自建新房"的最多（88.6%）、"购买商品房" 的次之（4.5%），而非农户家庭选择"购买商品房" 的最多（50.0%）、"购买经济适用房" 的次之（26.7%）。可见，在改善住房的途径上，非农户家庭比农户家庭有更多选择。

**表 1-12　　户籍类型与住房满意度**　　　　单位:%

| | 很满意 | 满意 | 一般 | 不太满意 | 不满意 | 合计（人） |
|---|---|---|---|---|---|---|
| 农户 | 3.9 | 28.7 | 25.8 | 22.5 | 19.1 | 178 |
| 非农户 | 5.4 | 39.5 | 29.2 | 18.4 | 7.6 | 185 |
| 合计 | 4.7 | 34.2 | 27.5 | 20.4 | 13.2 | 363 |

**表 1-13　　户籍类型与住房便利度**　　　　单位:%

| | 很便利 | 比较便利 | 一般 | 不太便利 | 不便利 | 合计（人） |
|---|---|---|---|---|---|---|
| 农户 | 11.7 | 37.1 | 24.9 | 20.0 | 6.3 | 205 |
| 非农户 | 14.1 | 47.4 | 26.6 | 9.4 | 2.6 | 192 |
| 合计 | 12.8 | 42.1 | 25.7 | 14.9 | 4.5 | 397 |

**表 1-14　　户籍类型与改善住房意愿**　　　　单位:%

| | 很迫切 | 比较迫切 | 一般 | 不迫切 | 不想改善 | 合计（人） |
|---|---|---|---|---|---|---|
| 农户 | 19.6 | 34.8 | 22.1 | 12.7 | 10.8 | 204 |
| 非农户 | 7.8 | 18.8 | 34.4 | 15.6 | 23.4 | 192 |
| 合计 | 13.9 | 27 | 28 | 14.1 | 16.9 | 396 |

## 五　家庭生活水平及其变迁

（一）生活水平的评价

　　一个预料之中的发现是，无论是农户还是非农户家庭，都有相当比例高收入水平家庭认为自家经济、生活处于当地中下或下的水平。具体如表1－15所示。一方面，中国人自古以来循"中庸"和"藏富"之道，倾向于低估自己的经济相对水平；另一方面，或许与受访者自评经济生活水平时的参照对象有关。

　　调查显示，如果与别人比较个人或自家的经济、生活水平，非农户受访者选择的排在前三位的参照对象分别是"城市人"（33.8%）、"县里的人"（26.8%）、"亲戚朋友"（25.4%），农户受访者的前三项选择则分别为"本乡村人"（72.6%）、"县里的人"（8.2%）、"亲戚朋友"（8.2%）。从表1－16可以看出，无论农户还是非农户，自评生活相对水平的参照对象主要是"身边人"。

表1－15　　　　　　　　　　户籍类型与社会经济地位自评　　　　　　　单位：%

| | 您认为您本人的社会经济地位在本地大体属于哪个层次？ | | | | | |
| | 上 | 中上 | 中 | 中下 | 下 | 合计（人） |
| 农业户口 | 0.5 | 4.9 | 47.0 | 29.7 | 17.8 | 185 |
| 非农业户口 | 1.1 | 14.8 | 38.8 | 30.1 | 15.3 | 183 |
| 总体 | 0.8 | 9.8 | 42.9 | 29.9 | 16.6 | 368 |

表1－16　　　　　　　户籍类型与社会经济地位自评参照群体　　　　　　单位：%

| | 亲戚朋友 | 本村人 | 县里的人 | 城市人 | 全国人 | 同民族的人 | 合计（人） |
| 农户 | 8.2 | 72.6 | 8.2 | 3.4 | 0.7 | 6.9 | 146 |
| 非农户 | 25.4 | 9.2 | 26.8 | 33.8 | 2.8 | 2.1 | 142 |
| 总体 | 16.7 | 41.3 | 17.4 | 18.4 | 1.7 | 4.5 | 288 |

　　（二）生活水平的变迁

　　基于家庭收入和支出情况、家庭生活条件的考察后，本次受访家庭中的绝大部分均表示自己的生活与10年（或5年）前相比上升了（见表1－17）。但是，值得注意的是，仍有超过10%的农户表示自己的生活水平没有变化。与此同时，农户中认为自己的生活水平在未来5年或10年会上升的家庭比例（91.4%）高于非农户此项数据（86.3%），即农户表现出略高的对未来生活的信心。

**表 1 - 17**　　　　　　　户籍类型与生活水平变迁　　　　　　　单位:%

| | | 上升很多 | 略有上升 | 没有变化 | 略有下降 | 下降很多 | 合计（人） |
|---|---|---|---|---|---|---|---|
| 与 10 年（或 5 年）前相比，您的生活水平有什么变化? | 总体 | 46.0 | 42.5 | 9.0 | 1.8 | 0.8 | 400 |
| | 农户 | 44.9 | 42.9 | 10.2 | 1.0 | 1.0 | 205 |
| | 非农户 | 47.2 | 42.1 | 7.7 | 2.6 | 0.5 | 195 |
| 您感觉在未来的 5 年（或 10 年）中，您的生活水平将会怎样变化? | 总体 | 37.2 | 51.7 | 9.5 | 0.9 | 0.6 | 317 |
| | 农户 | 40.2 | 51.2 | 7.3 | 0.6 | 0.6 | 164 |
| | 非农户 | 34.0 | 52.3 | 11.8 | 1.3 | 0.7 | 153 |

从表 1 - 18 可以看出，社会经济地位自评处于当地较高水平的受访者对未来生活向好表现出更强的信心，认为未来 5—10 年中自己的生活水平会上升很多或略有上升的人达到 100%。社会经济地位自评偏下的受访者中则有 18% 左右的人认为自己的生活水平会没有变化或者下降。一般来说，中国人倾向于对未来生活有比较乐观积极的期待，但是这些社会经济地位自评偏低的人群基于自己的现状和改善生活的能力依然做出了相对消极的评价。

**表 1 - 18**　　　　　　不同社会经济地位与家庭生活信心度　　　　　　单位:%

| 经济地位 | 上升很多 | 略有上升 | 没有变化 | 略有下降 | 下降很多 | 合计（人） |
|---|---|---|---|---|---|---|
| 总体 | 38.1 | 50.2 | 10.0 | 1.0 | 0.7 | 291 |
| 偏上 | 63.6 | 36.4 | 0.0 | 0.0 | 0.0 | 33 |
| 居中 | 39.1 | 52.3 | 7.0 | 1.6 | 0.0 | 128 |
| 偏下 | 30.8 | 51.5 | 15.4 | 0.8 | 1.5 | 130 |

# 第三节　凯里市民族文化与教育

## 一　城乡受访者受教育状况

### （一）户籍、性别与受教育情况

受教育情况方面，表 1 - 19 显示，农业户口受访者中，受过初中及以上教育的女性比例远低于男性，"未上学"的女性受访者比例高达 36.6%。而非农业户籍受访者中，受过高中及以上教育的女性比例高于男性，未上学的女性受访者比例则低于男性。可见，农村女性受教育年限还处于比较低的水平。

表 1 – 19　　　　　　　　户籍、性别与受教育程度　　　　　单位:%

| | | 未上学 | 小学 | 初中 | 高中 | 大学 | 合计（人） |
|---|---|---|---|---|---|---|---|
| 农户 | 男 | 4.8 | 33.9 | 50.8 | 8.9 | 1.6 | 124 |
| | 女 | 36.6 | 31.7 | 28.0 | 3.7 | 0.0 | 82 |
| 非农户 | 男 | 6.9 | 16.1 | 24.1 | 28.7 | 24.1 | 87 |
| | 女 | 6.4 | 12.8 | 26.6 | 36.7 | 17.4 | 109 |
| 总体 | 男 | 5.7 | 26.5 | 39.8 | 17.1 | 10.9 | 211 |
| | 女 | 19.4 | 20.9 | 27.2 | 22.5 | 9.9 | 191 |

（二）性别、年龄与受教育水平

从表 1 – 20 可以看出，无论男女，年轻的受访者中受小学及以下教育的比例比年长者显著降低，而受过大学教育的受访者比例则呈现相反的趋势；这也就是说，无论男女的受教育水平整体上都在提升。与此同时，必须注意到，20 世纪 80 年代及以后出生的女性受访者中只有小学及以下受教育水平者的比例（32.0%）要远远高于男性（9.1%），而大学教育水平的女性受访者比例（16.0%）却低于男性（22.7%），"80 后"及"90 后"女性受访者的整体受教育水平比男性低。

表 1 – 20　　　　　　　　性别、年龄与受教育水平　　　　　单位:%

| 出生年代 | 小学 | | 初中 | | 高中 | | 大学 | |
|---|---|---|---|---|---|---|---|---|
| | 男 | 女 | 男 | 女 | 男 | 女 | 男 | 女 |
| 50 年代以前 | 50.0 | 72.7 | 24.2 | 15.2 | 16.1 | 9.1 | 9.7 | 3.0 |
| 50 年代 | 32.3 | 58.6 | 38.7 | 24.1 | 25.8 | 13.8 | 3.2 | 3.4 |
| 60 年代 | 28.3 | 21.1 | 45.3 | 31.6 | 17.0 | 35.1 | 9.4 | 12.3 |
| 70 年代 | 21.0 | 28.2 | 46.5 | 28.2 | 16.3 | 33.3 | 16.3 | 10.3 |
| 80 年代及以后 | 9.1 | 32.0 | 54.5 | 44.0 | 13.6 | 8.0 | 22.7 | 16.0 |

## 二　民族语言与文字掌握状况

除了考察受访者的受教育水平，本次调查还特别关注受访者的语言和文字使用能力，尤其是少数民族民众的普通话和汉字使用能力。具体到本次调查样本的民族分布情况，则主要分析苗族民众的语言和文字掌握情况。

（一）年龄与语言掌握情况

首先，分年龄组来看。表 1-21、表 1-22 显示了不同年龄组的苗族受访者普通话和本民族语言使用水平。可以看出，70 年代出生的受访者能流利使用普通话的比例最高，其次是"80 后"及"90 后"，考虑到能流利使用普通话的年轻人可能很大一部分在外务工或读书，所以实际上"80 后"及"90 后"人群流利使用普通话的比例可能更高。60 年代出生的人群普通话能力最低，该组中只有 30% 左右的人能流利准确地使用普通话。

对民族语言的掌握情况未体现出明显的年龄差别，可以看出，无论哪个年龄段的受访者，能流利使用本民族语言的比例均在 80% 以上，也就是说目前苗语在苗族民众中普及率和应用率还是较高。但是也应该看到，80 年代及以后出生的受访者中表示自己苗语有口音或者不熟练的比重累计接近 10%，也就是说新生代苗族人的苗语能力面临弱化。

**表 1-21　　　　　　不同年代出生苗族受访者普通话掌握情况　　　　单位：%**

| | 能流利准确地使用 | 能熟练使用但有些音不准 | 能熟练使用但口音较重 | 基本能交谈但不太熟练 | 能听懂但不太熟练 | 能听懂一些但不会说 | 听不懂也不会说 | 合计（人） |
|---|---|---|---|---|---|---|---|---|
| 50 年代及以前 | 37.0 | 21.7 | 10.9 | 13.0 | 8.7 | 6.5 | 2.2 | 46 |
| 60 年代 | 30.6 | 19.4 | 16.7 | 19.4 | 8.3 | 5.6 | 0.0 | 36 |
| 70 年代 | 58.8 | 8.8 | 20.6 | 5.9 | 2.9 | 2.9 | 0.0 | 34 |
| 80 年代及以后 | 48.4 | 29.0 | 9.7 | 12.9 | 0.0 | 0.0 | 0.0 | 31 |
| 总体 | 42.9 | 19.7 | 14.3 | 12.9 | 5.4 | 4.1 | 0.7 | 147 |

**表 1-22　　　　　　不同年代出生苗族受访者苗语掌握情况　　　　单位：%**

| | 能流利准确地使用 | 能熟练使用但有些音不准 | 能熟练使用但口音较重 | 基本能交谈但不太熟练 | 能听懂但不太熟练 | 听不懂也不会说 | 合计（人） |
|---|---|---|---|---|---|---|---|
| 50 年代及以前 | 82.0 | 13.1 | 1.6 | 0.0 | 3.3 | 0.0 | 61 |
| 60 年代 | 82.0 | 14.0 | 0.0 | 0.0 | 2.0 | 2.0 | 50 |
| 70 年代 | 86.5 | 13.5 | 0.0 | 0.0 | 0.0 | 0.0 | 37 |
| 80 年代及以后 | 83.9 | 6.5 | 3.2 | 3.2 | 3.2 | 0.0 | 31 |
| 总体 | 83.2 | 12.3 | 1.1 | 0.6 | 2.2 | 0.6 | 179 |

（二）户籍与语言掌握情况

分城乡来看，苗族受访者的普通话和本民族语言运用能力如表 1 – 23 所示。

无论农业户籍还是非农业户籍，能流利使用本民族语言也就是苗语的受访者比例均高于普通话。但是，农业户口中，流利使用普通话的受访者比例远低于本民族语言。一方面，这可能由于普通话掌握较好的受访者中有相当多的人已经外出务工，所以现场访问到的人群的普通话水平不能完全代表整个农业户口受访者的水平；另外，这也一定程度上说明民族语言在农村地区利用率和普及率更高，而凯里的城市地区因为旅游经济的发展，许多市民在相关服务业中工作，因此普通话掌握水平整体较高。

表 1 – 23　　　　户籍状况与普通话和本民族语言的掌握水平　　　单位:%

| | 普通话 | | | | 本民族语言 | | | |
|---|---|---|---|---|---|---|---|---|
| | 流利使用 | 熟练使用 | 不太熟练 | 合计（人） | 流利使用 | 熟练使用 | 不太熟练 | 合计（人） |
| 农户 | 35.2 | 31.4 | 33.3 | 105 | 87.3 | 9.1 | 3.5 | 142 |
| 非农户 | 64.4 | 33.3 | 2.2 | 45 | 68.4 | 28.9 | 2.6 | 38 |
| 总体 | 44.0 | 32.0 | 24.0 | 150 | 83.3 | 13.3 | 3.4 | 180 |

（三）苗族受访者的汉字掌握情况

表 1 – 24 显示，农业户籍受访者中，完全不能用汉字书写的比例达 15.9%，远高于非农户受访者的同类数据。分年龄段来看，80 年代及以后出生的受访者的汉字掌握情况最好，57.9% 的该年龄段受访者能流利书写；50 年代以前出生的受访者中能流利书写的则只有 20.9%，而该年龄段完全不能用文字书写的人比例为 25.6%。这主要由受教育水平决定，同时随着年轻人外出务工增多，学习汉字的需求也驱使着他们掌握更多汉字及其书写能力。

表 1 – 24　　　户籍、出生年代与苗族受访者的汉字掌握情况　　　单位:%

| | 掌握足够文字，能流利书写 | 掌握较多文字，能书写书信 | 掌握文字数量不够，书写不流利 | 掌握文字数量太少，只能写点简单字句 | 完全不能用文字书写 | 合计（人） |
|---|---|---|---|---|---|---|
| 农户 | 28.7 | 24.8 | 21.7 | 8.9 | 15.9 | 157 |

续表

| | 掌握足够文字，能流利书写 | 掌握较多文字，能书写书信 | 掌握文字数量不够，书写不流利 | 掌握文字数量太少，只能写点简单字句 | 完全不能用文字书写 | 合计（人） |
|---|---|---|---|---|---|---|
| 非农户 | 58.1 | 22.6 | 11.3 | 3.2 | 4.8 | 62 |
| 50 年代前 | 20.9 | 32.6 | 14.0 | 7.0 | 25.6 | 43 |
| 50 年代 | 40.6 | 12.5 | 18.8 | 9.4 | 18.8 | 32 |
| 60 年代 | 41.4 | 19.0 | 20.7 | 8.6 | 10.3 | 58 |
| 70 年代 | 28.3 | 37.0 | 21.7 | 8.7 | 4.3 | 46 |
| 80 年代及以后 | 57.9 | 21.1 | 13.2 | 2.6 | 5.3 | 38 |

## 三　民族文化传承与保护

### （一）民族语言

#### 1. 苗族受访者的语言掌握情况

本次调查的受访者共有汉族 122 名、苗族 223 名、侗族 32 名和仫佬族等其他少数民族 27 名。当被问及"小时候您最先学会说哪种语言"，这些不同民族受访者的回答如表 1-25 所示。从中可以看出，除了苗族之外，汉语方言是多数受访者小时候最先学说的语言。

表 1-25　　　　不同民族受访者小时候最先学会的语言　　　　单位：%

| | 普通话 | 汉语方言 | 本民族语言 | 其他 | 合计（人）① |
|---|---|---|---|---|---|
| 汉族 | 13.9 | 82.8 | 9.0 | 0.8 | 122 |
| 苗族 | 5.8 | 30.0 | 74.9 | 0.4 | 223 |
| 侗族 | 18.8 | 75.0 | 12.5 | 0 | 32 |
| 其他少数民族 | 11.1 | 70.4 | 25.9 | 0 | 27 |
| 总体 | 9.7 | 52.2 | 46.8 | 0.5 | 404 |

本次受访的苗族民众最多，从表中可以看出，非农业户口的苗族受访者中，最先学会的语言是汉语方言或者普通话的比例远高于农业户籍受访

---

① 由于许多受访者难以厘清"最先"学会的是哪种语言，所以出现同时选不止一项的情况，因而此处合计百分比超过 100%。

者。考虑到农业户籍受访者通常居住于乡村，可以推定，农村地区苗语的家族传承较城市普遍。分年龄段来看，"80 后"及"90 后"苗族年轻人中，最先学会的语言为苗语的比例相对最低，这也一定程度上解释了上文中提及的"80 后"及"90 后"苗语能力面临弱化和异化的事实。尽管出生于 50 年代之前的受访者中，小时候最先学会的语言为普通语的比例为14.0%（共 6 人），在所有年龄组中最高，但是进一步分析发现这 6 人中有 4 人是非农业户口，所以在这组中，生活于城镇可能是比出生年代更有解释力的因素。

表 1－26　　　　　　　苗族受访者小时候最先学会的语言　　　　　单位:%

|  | 普通话 | 汉语方言 | 本民族语言 | 合计（人） |
|---|---|---|---|---|
| 农业户 | 3.8 | 23.3 | 83.6 | 159 |
| 非农户 | 11.3 | 48.4 | 51.6 | 62 |
| 50 年代前 | 14.0 | 30.2 | 74.4 | 43 |
| 50 年代 | 3.1 | 31.3 | 75.0 | 32 |
| 60 年代 | 3.4 | 25.9 | 77.6 | 58 |
| 70 年代 | 2.2 | 26.1 | 76.1 | 46 |
| 80 年代及以后 | 7.9 | 36.8 | 73.7 | 38 |

## 2. 少数民族使用、学习和传授民族语言的意愿

从表 1－27 可以看出，绝大部分少数民族受访者还是愿意使用民族语言，但同时也对当地汉话以及普通话保持开放态度，愿意送自己的子女到双语学校学习的受访者比例很高；从自身角度出发，绝大多数受访者也认为学会当地汉话有多种好处。

表 1－27　　　　　　　不同民族使用民族语言的意愿　　　　　单位：人、%

|  | 您愿意说民族语言吗 | | | 您愿意送子女到双语学校吗 | | 您觉得会说当地汉话对您有好处吗 | | |
|---|---|---|---|---|---|---|---|---|
|  | 不愿意 | 很多时候都愿意 | 只在和本民族人一起时才愿意 | 愿意 | 不愿意 | 有，方便与其他民族交往或做买卖 | 对各方面都有好处 | 没太大好处 |
| 苗族 | 11 | 84 | 109 | 150 | 10 | 102 | 108 | 3 |
|  | 5.4 | 41.2 | 53.4 | 93.2 | 6.8 | 47.9 | 50.7 | 1.40 |

| | 您愿意说民族语言吗 | | | 您愿意送子女到双语学校吗 | | 您觉得会说当地汉话对您有好处吗 | | |
| --- | --- | --- | --- | --- | --- | --- | --- | --- |
| | 不愿意 | 很多时候都愿意 | 只在和本民族人一起时才愿意 | 愿意 | 不愿意 | 有，方便与其他民族交往或做买卖 | 对各方面都有好处 | 没太大好处 |
| 其他少数民族 | 4 | 18 | 13 | 36 | 1 | 30 | 26 | 0 |
| | 11.4 | 51.4 | 37.2 | 97.3 | 2.7 | 53.6 | 46.4 | 0.0 |

注：苗族样本量221份，其他少数民族样本量58份。

### （二）民族服饰、民居和传统节日的传承

### 1. 了解本民族/其他民族民俗文化的主要渠道

几乎所有的受访者都表示，了解民族/民俗文化的最主要途径是"家庭内部"，受访者选择比例较多的渠道还有"学校教育"、"广播、电视、互联网"和"村庄或社区活动"①。

从表1-28中可以看出，家庭依然是民族、民俗文化最主要的传播途径，而大众媒体也承担了比较多的传播责任。城乡比较来看，农业户口受访者中通过村庄活动来了解民族或民俗文化的比例要高出非农业户口受访者很多，可见相关的集体活动在农村依然扮演着传承民族、民俗文化的重要角色，在城市则已逐渐式微。

表1-28　　　　您了解本民族/其他民族民俗文化的主要渠道是？　　单位：%

| | 家庭内部 | 学校教育 | 村庄或社区活动 | 广播、电视、互联网等 | 合计（人） |
| --- | --- | --- | --- | --- | --- |
| 总体 | 84.9 | 23.4 | 26.4 | 31.0 | 397 |
| 农业户口 | 87.7 | 21.6 | 35.3 | 26.5 | 204 |
| 非农户口 | 81.9 | 25.4 | 17.1 | 35.8 | 193 |

### 2. 民族文化与传统文化的保护意愿和现状

当被问到"当开发旅游资源和保护本民族文化遗产发生冲突时，您倾向于哪种态度？"，受访者的回答如表1-29所示。从表中可以看出，总体上，凯里市城乡受访者同意"保护本民族传统文化为主"的比例要

①　因为此题目设置为"限选三项"，所以选择各个渠道的受访者比例大于100%。

高于同意"以发展经济为主",但是仍然有超过 1/5 的人同意以发展经济为主。分人群来看,非农业户口受访者和社会经济地位自评在本地处于较高位置的受访者,对此问题更倾向于保护本民族传统文化。据此,可以合理推测,受访者自身的经济水平是影响其判断的重要因素。

表 1 - 29　　　　当开发旅游资源和保护本民族文化遗产发生
冲突时,您倾向于哪种态度?　　　　单位:%

| | 以发展经济为主,提高现代生活水平为主 | 保护本民族传统文化为主,不赞同过度商业化 | 不好说 | 样本量(个) |
|---|---|---|---|---|
| 总体 | 22.7 | 39.5 | 37.8 | 397 |
| 农业户口 | 26.6 | 38.4 | 35.0 | 204 |
| 非农业户口 | 18.7 | 40.6 | 40.6 | 193 |
| 民族 | | | | |
| 汉族 | 19.8 | 36.2 | 44.0 | 122 |
| 苗族 | 26.1 | 41.3 | 32.6 | 221 |
| 少数民族 | 15.5 | 39.7 | 37.8 | 58 |
| 经济地位 | | | | |
| 偏上 | 15.4 | 51.3 | 33.3 | 40 |
| 居中 | 21.0 | 47.1 | 31.8 | 159 |
| 偏下 | 26.4 | 31.9 | 41.7 | 171 |

当被问及本地最重要、最具特色、保存得较好以及濒临失传的民族文化类型分别有哪些时,凯里市城乡受访者做出了如下回答。首先是最具本地特色的传统文化类型,最多比例的人(79.7%)认为传统节日是最具本地特色的传统文化类型,传统服饰和传统饮食的选择比例分列第二、第三位,分别为 76.4% 和 23.3%。其次,当被问到最重要的本民族文化类型时,最多的人(77.1%)选择了传统节日,然后分别是传统服饰(71.3%)和传统文娱活动(23.9%)。在所有列出来一共 11 种传统文化类型中,41.2% 的受访者认为"传统民居"濒危失传,认为"传统生产方式"已经濒危失传亟须恢复的受访者比例为 30.9%,选择"传统服饰"的则有 25%。

## 四　对当地语言、文化和教育政策的评价

### （一）对当地民族/传统文化保护工作的评价

凯里市聚居着苗族、侗族等众多少数民族，每个民族都有它们独特的节日，全年共有 130 多个民族节日。这些类目繁多的民族节日在旅游经济的推动下，既作为民族传统得到了较好的传承，也作为地区特色得到了更广的发扬，因而在民众的认知里，也多被认为是最具本地特色和最重要的传统文化类型。但是总体上来看，对传统民居的保护工作不满意的受访者比例较高（见表1-30），这也和上文中提及的较高比例的受访者表示传统民居濒临失传亟须恢复的调查结果相契合。

表 1-30　　　　　　　对政府对传统文化类型的保护工作满意度　　　　　　单位:%

|  | 很满意 | 满意 | 不太满意 | 不满意 | 合计 | 样本量（个） |
|---|---|---|---|---|---|---|
| 传统民居 | 11.7 | 69.6 | 15.2 | 3.6 | 100 | 309 |
| 传统服饰 | 13.9 | 76.4 | 8.6 | 1.2 | 100 | 339 |
| 传统节日 | 13.8 | 78.2 | 8.3 | 1.1 | 100 | 354 |

分民族来看，对当地政府保护传统民居的保护工作满意比例较高的是苗族受访者（见表1-31）。这可能与苗族是凯里市人口比例最高的少数民族有关，苗族民居旧居得到了相对较好的保护或重建，北京奥运圣火传递路线上的郎德上寨就是一个很好的例子。对传统民居的保护表达关切的受访者比例最高，一方面说明了受访者对传统民居重要意义的认识，另一方面说明了当前传统民居处于一个比较危险的状态。这可能是因为城镇化和市场化进程中，传统民居一方面面临着拆迁扩建的直接威胁，另一方面也遭遇市场对文化和传统的侵蚀，使其改变了本来的面目。

表 1-31　　　　　　不同民族对政府保护传统民居工作的满意度　　　　　　单位:%

|  | 很满意 | 满意 | 不太满意 | 不满意 | 样本量（个） |
|---|---|---|---|---|---|
| 汉族 | 10.1 | 68.5 | 19.1 | 2.2 | 89 |
| 苗族 | 12.0 | 72.0 | 12.0 | 4.0 | 175 |
| 其他少数民族 | 13.3 | 62.2 | 20 | 4.4 | 45 |
| 总体 | 11.7 | 69.6 | 15.2 | 3.6 | 309 |

（二）对民族地区和少数民族的高考优惠政策的评价

从表 1－32 可以看出，汉族受访者对针对民族地区和少数民族的高考加分政策表示"不满意"的比例相对较高。同时，表中显示有 16.7% 的汉族受访者认为长期在城市居住的少数民族子女高考不应该加分，这一比例也高于苗族等其他少数民族群体。可见，居住于少数民族地区的汉族，也就是当地的"少数"民族，对少数民族享受到的高考优惠政策产生了一定程度的不平衡心理。

表 1－32　　　您如何评价针对民族地区和少数民族的高考加分政策　　　单位:%

| | 针对民族地区的高考加分政策 | | | 针对少数民族的高考加分政策 | | | 长期在城市居住的少数民族子女高考是否应该加分 | |
|---|---|---|---|---|---|---|---|---|
| | 很满意 | 满意 | 不满意 | 很满意 | 满意 | 不满意 | 应该 | 不应该 |
| 汉族 | 19.3 | 72.5 | 8.3 | 20.9 | 70.0 | 9.1 | 83.3 | 16.7 |
| 苗族 | 21.2 | 76.2 | 2.6 | 21.8 | 75.5 | 2.7 | 90.8 | 9.2 |
| 侗族 | 34.4 | 62.5 | 3.1 | 29.0 | 67.7 | 3.2 | 86.2 | 13.8 |
| 其他少数民族 | 20.8 | 70.8 | 8.3 | 20.8 | 75.0 | 4.2 | 91.3 | 8.7 |

注：汉族样本量 122，苗族样本量 220，侗族样本量 32，其他少数民族样本量 27。

# 第四节　凯里市民族关系与身份认同

凯里市居住着苗、汉、侗、仫佬、畲、布依、水、彝、壮、瑶、满、回、蒙古、景颇、佤、黎、东乡、纳西、仡佬、京、朝鲜、土家、白、傣、藏、拉祜、维吾尔等民族和革家、西家等待定民族，其中，人口较多的两个少数民族为苗族和侗族。本章将呈现此次调查中民族关系和身份认同的相关结果。

考察一般社会交往情况时，本次调查主要问询受访者对外来人员的态度。由于凯里市是开发较早的旅游城市，此次调查结果显示，凯里市城乡居民总体上对外来流入人员持欢迎态度。这既是少数民族同胞热情好客天性的体现，也带有凯里作为快速发展的西部城市的开放气质。本章则主要呈现民族间交往的情况。

## 一　民族交往

### (一) 民族间私域交往现状

表 1-33 和表 1-34 显示，总体上 75% 左右的受访者表示自己有三个以上其他民族朋友，不同民族受访者交往其他民族朋友的意愿差别并不明显。但是分年龄来看，"80 后"及"90 后"受访者中，表示自己没有最好的其他民族朋友的比例在所有年龄组中最低，这一方面可能因为年轻人在交友方面抱有更开放的态度，另一方面也可能因为随着年轻人更多地外出务工、学习和旅游等，他们有了更大的可能性与其他民族的人交往继而成为朋友。

表 1-33　　　　您有几个最好的其他民族朋友？（分民族）　　　　单位:%

|  | 三个及以上 | 两个 | 一个 | 一个都没有 | 合计（人） |
|---|---|---|---|---|---|
| 汉族 | 75.2 | 3.3 | 4.1 | 17.4 | 121 |
| 苗族 | 74.3 | 5.0 | 0.9 | 19.8 | 222 |
| 侗族 | 78.1 | 9.4 | 0.0 | 12.5 | 32 |
| 其他少数民族 | 74.1 | 14.8 | 0.0 | 11.1 | 27 |
| 总体 | 74.9 | 5.5 | 1.7 | 17.9 | 402 |

表 1-34　　　　您有几个最好的其他民族朋友？（分出生年代）　　　　单位:%

|  | 三个及以上 | 两个 | 一个 | 一个都没有 | 合计（人） |
|---|---|---|---|---|---|
| 50 年代前 | 70.5 | 4.2 | 4.2 | 21.1 | 95 |
| 50 年代 | 66.1 | 5.1 | 0.0 | 28.8 | 59 |
| 60 年代 | 79.8 | 3.7 | 1.8 | 14.7 | 109 |
| 70 年代 | 79.3 | 6.1 | 1.2 | 13.4 | 82 |
| "80 后"及"90 后" | 76.6 | 10.6 | 0.0 | 12.8 | 47 |
| 总计 | 75.0 | 5.4 | 1.8 | 17.9 | 392 |

### (二) 私域交往的意愿

分别考察汉族被访者和少数民族被访者与其他民族私域交往的意愿时，我们发现，尽管存在些许少数民族受访者在与其他民族的人建立交往关系上表现出了排斥，总体上凯里市不同民族受访者对与其他民族的人交往持开放程度，无论是程度较深的聊天等交往方式，还是"结为亲家/成为亲密朋友"，接近100%的受访者都表示愿意（含"很愿意"和"比较愿意"）。

表1-35　　（汉族被访者回答）您是否愿意和少数民族的人交往　　单位:%

|  | 很愿意 | 比较愿意 | 不太愿意 | 不愿意 | 不好说 |
|---|---|---|---|---|---|
| 聊天 | 75.4 | 22.1 | 0.0 | 0.0 | 0.8 |
| 成为邻居 | 75.4 | 22.1 | 0.0 | 0.0 | 0.8 |
| 一起工作 | 74.6 | 23.0 | 0.0 | 0.0 | 0.8 |
| 成为亲密朋友 | 74.6 | 22.1 | 0.0 | 0.0 | 1.6 |
| 结为亲家 | 73.8 | 22.1 | 0.8 | 0.8 | 1.6 |

注：汉族受访者样本量是122。

表1-36　　（少数民族被访者回答）您是否愿意和汉族/
其他少数民族的人交往　　单位:%

|  | 和汉族 | | | | | 和其他少数民族 | | | | |
|---|---|---|---|---|---|---|---|---|---|---|
|  | 很愿意 | 比较愿意 | 不太愿意 | 不愿意 | 不好说 | 很愿意 | 比较愿意 | 不太愿意 | 不愿意 | 不好说 |
| 聊天 | 60.6 | 36.5 | 0.0 | 0.0 | 1.4 | 62.4 | 31.9 | 0.4 | 0.4 | 1.1 |
| 成为邻居 | 61.3 | 35.8 | 0.0 | 0.0 | 1.4 | 62.1 | 31.9 | 0.7 | 0.4 | 1.1 |
| 一起工作 | 61.3 | 35.5 | 0.0 | 0.0 | 1.8 | 62.1 | 31.9 | 0.4 | 0.4 | 1.4 |
| 成为亲密朋友 | 60.6 | 35.8 | 0.4 | 0.0 | 1.8 | 61.7 | 32.3 | 0.4 | 0.4 | 1.4 |
| 结为亲家 | 59.6 | 35.1 | 0.0 | 0.0 | 3.5 | 61.7 | 31.2 | 0.0 | 0.4 | 2.8 |

注：少数民族受访者的样本量是278。

（三）对民族间总体交往状况的评价

从历史角度来考察本地不同民族间相互关系发展状况时，9.0%的受访者认为改革开放前本地的民族关系不太好，其他历史发展阶段里持有此看法的受访者比例都不到2%。即便是"3·14"事件和"7·5"事件发生的最近五年时间，也只有1.9%的受访者认为本地民间关系不好（见表1-37）。可以看出，在受访者心中，凯里市近30年来的民族间关系朝着趋好的方向稳定发展。

表1-37　就本地来看，您对下列时期不同民族间相互关系的评价是? 单位:%

|  | 很好 | 较好 | 一般 | 不太好 | 很不好 | 合计（人） |
|---|---|---|---|---|---|---|
| 改革开放前 | 35.0 | 31.0 | 24.5 | 9.0 | 0.4 | 277 |

续表

| | 很好 | 较好 | 一般 | 不太好 | 很不好 | 合计（人） |
|---|---|---|---|---|---|---|
| 改革开放初期 | 43.3 | 30.9 | 23.8 | 1.8 | 0.4 | 282 |
| 建立社会主义市场经济体制时期 | 54.9 | 24.9 | 18.9 | 1.3 | 0.0 | 297 |
| 最近五年（"3·14"事件和"7·5"事件之后） | 52.3 | 29.9 | 15.9 | 1.9 | 0.0 | 321 |

## 二　民族认同

### （一）民族身份与个人生活

总的看来，民族身份对凯里市少数民族受访者的影响不明显（见表1-38）。只有不到2%的受访者表示"经常有"因为民族身份而对自己的日常生活、社会交往、工作就业或者外出等造成不便。而当继续问及具体的不便利是什么时，绝大多数受访者都指出是语言不通带来的沟通不畅，也有极个别受访者指出自己的民族节日与国家法定节假日冲突是一个困扰。

表1-38　　　您觉得您的民族身份在以下情境中有无不便利的问题　　单位:%

| | 经常有 | 偶尔有 | 很少 | 没有 | 合计（人） |
|---|---|---|---|---|---|
| 当地社会交往、就业、生活中 | 1.9 | 5.3 | 9.9 | 82.8 | 262 |
| 外出旅行、出国时 | 1.4 | 7.4 | 9.7 | 81.5 | 216 |

### （二）民族认同与国家认同之间的关系

民族认同与国家认同是民族研究中的一个重要议题。本次调查的凯里市城乡受访者中，总体上认为"各民族更加认同本民族意识"的比例只占2.9%，绝大多数受访者表示认同中华民族，其中46.8%的人表示既认同本民族也认同中华民族（见表1-39）。但是在面对外国人的场合，如果被问及民族身份，凯里市58.9%的少数民族受访者表示会先回答是中国人然后再说自己的民族，25.2%的人认为本民族和中国人这两个身份不分先后，只有3.7%的少数民族受访者选择先说本民族然后说中国人。是"更加认同本民族意识"还是"更加认同中华民族"，这个问题其实同时暗含横向和纵向两个比较维度；历时的民族意识变化则要参考更多的经验材料才能考察。

**表1－39**　　　　　**您认为当前我国民族意识的发展趋势如何？**　　　单位:%

| | 各民族更加认同本民族意识 | 更加认同中华民族 | 既认同本民族也认同中华民族 | 合计 | 样本量（个） |
|---|---|---|---|---|---|
| 汉族 | 2.0 | 58.2 | 39.8 | 100 | 98 |
| 苗族 | 2.9 | 48.3 | 48.8 | 100 | 172 |
| 侗族 | 7.1 | 46.4 | 46.4 | 100 | 28 |
| 其他少数民族 | 0.0 | 31.2 | 68.8 | 100 | 16 |
| 总体 | 2.9 | 50.3 | 46.8 | 100 | 314 |

# 第五节　凯里市城乡受访者的社会生活

## 一　城乡公共设施状况

从表1－40和表1－41可以看出，除了公共卫生室或医院以及小学之外，农业户籍受访者中表示"不清楚"某些公共设施离自家的距离的比例都要远远高于非农业户籍受访者；与此同时，在问及农业户籍受访者对本村公共设施的满意度时，除了公共卫生室或卫生院以及村道外，绝大部分受访者对本村其他公共设施的配备情况都表示"没有该设施"，其中回答没有残疾人无障碍及康复设施和老年服务中心的受访者比例分别为91.3%和81.2%。

如此高比例的"不清楚"和"没有该设施"的回答有至少两种可能，一是该地确实没有该设施，一是该设施的实际利用率或者知晓率极低。无论哪种情况，都说明这些公共设施的配备和利用情况堪忧。

而在清楚回答了某类公共设施离自家的距离的受访者中，包括幼儿园等在内的教育设施和公共卫生室或医院在内的医疗机构的距离在不同户籍受访者间的差异相对较小。但是，公共厕所、活动中心、老年服务中心和治安设施等服务性设施的可及性体现出明显的城乡差异，如60%左右的非农户籍受访者可以在自家3公里距离内找到公共厕所，而农业户籍受访者的此一比例为30%左右。可以看出，教育、卫生等生活性基础设施可及性的城乡差距正在缩小，但是老年中心、活动中心等福利性基础设施的农村配备还相对滞后。

当被问及村里的基础设施总体上是否能满足基本需要时，47.7%的受访者表示不能满足。他们提出的应该增加或完善的基础设施主要是路灯、运动和娱乐场所及器材，从此可以看出，农村地区公共设施建设的改善空间还很大。

表 1-40    受访家庭到最近下列公共基础设施的距离    单位:%

| 公共基础设施 | 分户籍 | 距离远近 | | | | | |
|---|---|---|---|---|---|---|---|
| | | 小于 1 千米 | 1—3 千米 | 3—5 千米 | 5—10 千米 | 10 千米以上 | 不清楚 |
| 公共厕所 | 非农业 | 43.4 | 16.3 | 1.5 | 1.5 | 2.6 | 34.2 |
| | 农业 | 23.8 | 6.8 | 2.4 | 0.0 | 1.9 | 64.1 |
| 老年服务中心 | 非农业 | 27.6 | 16.3 | 6.1 | 2 | 1.5 | 45.4 |
| | 农业 | 8.7 | 7.3 | 1.5 | 0.0 | 2.4 | 77.7 |
| 公共卫生室或医院 | 非农业 | 44.4 | 33.2 | 7.7 | 1.5 | 2 | 11.2 |
| | 农业 | 64.6 | 18.9 | 4.4 | 1 | 3.4 | 7.8 |
| 活动中心 | 非农业 | 24.5 | 34.2 | 6.1 | 2.6 | 1 | 31.6 |
| | 农业 | 27.2 | 9.7 | 1.9 | 0.5 | 2.4 | 56.3 |
| 幼儿园 | 非农业 | 40.3 | 34.2 | 12.2 | 3.6 | 1.5 | 8.2 |
| | 农业 | 37.9 | 19.4 | 3.4 | 2.4 | 2.4 | 32 |
| 小学 | 非农业 | 39.8 | 34.7 | 15.3 | 4.1 | 0.5 | 5.1 |
| | 农业 | 62.6 | 24.8 | 4.9 | 1.5 | 3.4 | 2.4 |
| 中学 | 非农业 | 26.5 | 33.2 | 21.9 | 6.1 | 2 | 9.2 |
| | 农业 | 27.2 | 25.7 | 9.2 | 1.9 | 8.3 | 26.7 |
| 治安设施 | 非农业 | 30.1 | 28.1 | 7.7 | 1.5 | 0.5 | 31.6 |
| | 农业 | 13.6 | 12.6 | 3.9 | 0.5 | 3.9 | 64.6 |
| 残疾人无障碍及康复设施 | 非农业 | 6.1 | 10.2 | 1.5 | 0.5 | 1 | 78.6 |
| | 农业 | 2.4 | 3.4 | 0.5 | 0.5 | 1.5 | 90.8 |
| 运动场所及器材 | 非农业 | 24 | 11.2 | 5.1 | 2 | 0.5 | 56.1 |
| | 农业 | 17 | 16.5 | 1 | 0.0 | 2.4 | 62.1 |

注：农业户口受访者样本量为 204，非农户口受访者样本量为 192。

表 1-41    农业户口受访者对本村公共设施的满意度    单位:%

| 公共设施种类 | 非常满意 | 比较满意 | 一般 | 不太满意 | 非常不满 | 没有该设施 | 合计（人） |
|---|---|---|---|---|---|---|---|
| 公共厕所 | 2.6 | 12.2 | 12.7 | 6.3 | 1.6 | 64.6 | 189 |
| 路灯 | 11.6 | 31.1 | 9.5 | 4.7 | 2.1 | 41.1 | 190 |
| 卫生设施 | 5.8 | 23.8 | 19.0 | 8.5 | 1.6 | 41.3 | 189 |
| 老年服务中心 | 0.5 | 6.3 | 8.9 | 1.6 | 1.6 | 81.2 | 191 |

续表

| 公共设施种类 | 非常满意 | 比较满意 | 一般 | 不太满意 | 非常不满 | 没有该设施 | 合计（人） |
|---|---|---|---|---|---|---|---|
| 公共卫生室或医院 | 6.3 | 40.5 | 31.6 | 8.4 | 3.2 | 10.0 | 190 |
| 活动中心 | 3.7 | 20.9 | 14.4 | 3.2 | 1.6 | 56.1 | 187 |
| 教育设施 | 2.1 | 14.1 | 9.9 | 4.2 | 1.0 | 68.6 | 183 |
| 治安设施 | 2.1 | 14.1 | 9.9 | 4.2 | 1.0 | 68.6 | 191 |
| 残疾人无障碍等设施 | 0.5 | 3.6 | 3.1 | 1.0 | 0.5 | 91.3 | 196 |
| 运动场所及器材 | 2.1 | 14.1 | 13.5 | 2.6 | 1.0 | 66.7 | 192 |
| 村道 | 10.2 | 33.7 | 32.7 | 12.8 | 6.1 | 4.6 | 196 |

## 二 城乡受访者对政府政策及其工作的评价

（一）对本地政府应对突发事件能力的评价

SARS 以后，应对突发事件和公共安全事件成为各级政府的一项重点工作，也成为政府执政能力的一项重要指标，本次问卷也考察了受访者对凯里市政府应对突发事件能力的评价，结果如表 1 - 42 所示。

可以看出，对于暴力恐怖等凯里市几乎没有发生过的事件，相当比例的受访者对于政府的应对能力表示"不清楚"。不满意比例最高的是本地政府应对自然灾害事件的能力。凯里市处于喀斯特地貌区，泥石流和地震多发，2013 年该市舟溪镇就发生过灾害性的泥石流，所以受访群众对此类事件的政府应对能力有过见闻或经历，因而对政府应对自然灾害事件能力表示"不清楚"的受访者比例最低（27.2%），但是表示"不满意"或者"很不满意"的比例最高（23%）。

表 1 - 42　　　　　　本地政府应对突发事件能力满意度　　　　单位：%

| | 很满意 | 满意 | 不满意 | 很不满意 | 合计 | 不清楚 |
|---|---|---|---|---|---|---|
| 自然灾害事件 | 5.5 | 71.5 | 21.5 | 1.5 | 100 | 27.2 |
| 生产安全事故 | 5.6 | 76.6 | 16.5 | 1.5 | 100 | 33.2 |
| 传染病及公共卫生事故 | 5.6 | 77.8 | 15.3 | 1.2 | 100 | 38.4 |
| 一般性社会治安事件 | 4.8 | 75.8 | 17.6 | 1.8 | 100 | 32.2 |
| 群体性突发事件 | 5.3 | 76.2 | 16.3 | 2.2 | 100 | 43.6 |
| 暴力恐怖事件 | 5.5 | 77.4 | 15.6 | 1.5 | 100 | 50.5 |

注：样本量为 315。不清楚的比例是选择不清楚的受访者占总样本量的比例。

（二）对提供公共服务能力的评价

当被问及当地政府（本县、县级市政府）在主要工作领域的表现如何时，受访者的态度如表 1-43 所示。受访群众不满意态度比较集中的前三个领域分别是：公开、公平、公正选拔干部、廉洁奉公，惩治腐败和政府办事效率，而满意度较高的前三个领域分别是：提供义务教育、公共医疗卫生服务和社会保障，其中对义务教育的提供满意度接近 90%。据此推断，受访者对当地的公共福利服务提供状况总体满意度较高。

必须说明的是，凯里市本次调查期间遭遇当地最近一任市政府的人事剧烈变动，前任市长因贪污受贿正接受上级调查。这一突发事件对当地受访者评价政府廉洁状况时造成的近因效应等影响不可忽视。

表 1-43　　　　　　　当地政府公共服务能力评价　　　　　单位:%

| | 很好 | 比较好 | 不太好 | 很不好 | 样本量（个） |
|---|---|---|---|---|---|
| 坚持为人民服务的态度 | 7.0 | 61.1 | 27.9 | 4.0 | 298 |
| 政府办事效率 | 6.3 | 55.1 | 31.9 | 6.6 | 301 |
| 公开、公平、公正选拔干部 | 7.4 | 52.0 | 33.2 | 7.4 | 271 |
| 公共医疗卫生服务 | 8.5 | 70.6 | 17.7 | 3.1 | 293 |
| 社会保障 | 8.5 | 69.8 | 19.0 | 2.7 | 295 |
| 义务教育 | 12.5 | 75.8 | 11.1 | 0.7 | 297 |
| 保护环境，治理污染 | 8.6 | 66.4 | 21.9 | 3.1 | 292 |
| 打击犯罪，维护社会治安 | 6.7 | 68.1 | 23.2 | 2.1 | 285 |
| 廉洁奉公，惩治腐败 | 6.7 | 54.1 | 32.8 | 6.3 | 268 |
| 依法办事，执法公平 | 6.9 | 57.4 | 30.7 | 5.1 | 277 |
| 发展经济，增加人们的收入 | 8.5 | 61.7 | 25.2 | 4.6 | 282 |
| 为中低收入者提供廉租房和经济适用房 | 9.7 | 60.4 | 26.4 | 3.5 | 227 |
| 扩大就业，增加就业机会 | 7.1 | 62.7 | 25.0 | 5.2 | 252 |
| 政府信息公开，提高政府工作的透明度 | 7.4 | 57.8 | 29.7 | 5.1 | 256 |

（三）城乡社会保障工作实施情况及评价

1. 城乡社会保障的参与

表 1-44 显示了城乡医疗和养老保险制度的居民参与情况。从覆盖范围来看，新农合的参保率与官方发布数字比较接近，几乎处于全面覆盖的水平；由于新农保还在试行阶段，且规定的是累计 15 年的缴费期限，所

以一部分农村居民尤其是年轻人的参保意愿低、缴费约束相对较少。而无论是新农保还是城镇居民养老保险，目前的待遇水平都还相对较低。2012年凯里市新农保包括100—800元共八个缴费水平，受访农村居民的平均缴费额度为96.3元，接近规定的最低缴费水平。

表1-44　　　　　　城乡各主要社会保障制度的居民参与情况

| 社保项目 | 农村 | | 城镇 | | | |
|---|---|---|---|---|---|---|
| | 新农合 | 新农保 | 居民医疗 | 职工医疗 | 居民养老 | 职工养老 |
| 参保率（%） | 94.2 | 73.2 | 39.7 | 52.6 | 24.5 | 53.1 |
| 年均缴费（元） | 50.5 | 96.3 | 190.8 | 434.4 | 1100.6 | 1107.1 |
| 年均领费（元） | 32 | 692.6 | 0 | 855.8 | 600 | 6376 |
| 总数（人） | 206 | 205 | 189 | 194 | 188 | 194 |

**2. 城乡受访者对社会保障制度覆盖范围满意度**

从农业户口受访者的情况来看（见表1-45），主要社会保障制度覆盖范围中满意度最高的是新农合，农村低保的覆盖范围满意度比较低，有12.9%的人表示"不太满意"。作为一项社会救助项目，农村低保是选择性的基于家计调查的补缺型制度，考虑到表中还是个人或者家庭成员享受了低保的情况下做出的回答，对于那些没有纳入农低保范围的人来说可能对覆盖范围有更高的不满意比例。非农户籍方面，主要社会保障制度的覆盖范围满意率都较高，最多的不满意率出现于城镇居民医疗，但是也仅有7.9%的受访者表示"不太满意"。

高龄津贴是凯里市城乡老年居民共享的一项福利制度，当地称"老龄补贴"。凯里市的老龄补贴不分城乡、不论是否享有其他社会养老保障、不论收入如何，只要年满60岁持有凯里市当地户籍就可以享受，补贴金额按照年龄段有不同规定。可以看出，这样的覆盖范围很得民心，只有1.4%的受访者表示"不满意"。

表1-45　　　　　　　不同社会保障项目覆盖范围满意度　　　　　　单位:%

| | 新农保 | 新农合 | 农低保 | 城居保 | 职工医疗 | 城镇居民医疗 | 高龄津贴 |
|---|---|---|---|---|---|---|---|
| 很满意 | 42.4 | 39.6 | 19.4 | 26.1 | 29.4 | 28.7 | 33.3 |
| 比较满意 | 54.3 | 57.2 | 67.7 | 68.1 | 63.3 | 63.4 | 52.4 |
| 不太满意 | 3.3 | 2.7 | 12.9 | 5.0 | 7.3 | 7.9 | 1.2 |

| | 新农保 | 新农合 | 农低保 | 城居保 | 职工医疗 | 城镇居民医疗 | 高龄津贴 |
|---|---|---|---|---|---|---|---|
| 很不满意 | 0.0 | 0.5 | 0.0 | 0.8 | 0.0 | 0.0 | 0.2 |
| 合计（人） | 151 | 187 | 31 | 119 | 109 | 101 | 42 |

### 3. 城乡受访者对社会保障制度管理水平的满意度

社会保障制度的管理水平从民众的角度考虑主要是社会保障制度便利性和安全性。横向来看，几乎每单项社会保障制度项目的管理水平满意度都略低于覆盖范围的满意度（见表 1－46）。其中，农低保和高龄津贴的管理水平不满意者比例都超过了 10%。可见，在社会保障项目由制度规定到服务传递和实现过程中，还是存在许多让受保者不满意之处。

表 1－46　　　　　　　　　不同社会保障项目管理水平满意度　　　　　　　单位:%

| | 新农保 | 新农合 | 农低保 | 城居保 | 职工医疗 | 城镇居民医疗 | 高龄津贴 |
|---|---|---|---|---|---|---|---|
| 很满意 | 40.1 | 37.6 | 20.0 | 26.1 | 29.6 | 29.3 | 33.3 |
| 比较满意 | 55.8 | 56.9 | 66.7 | 65.5 | 63.0 | 62.6 | 47.6 |
| 不太满意 | 4.1 | 5.0 | 13.3 | 7.6 | 7.4 | 8.1 | 19.0 |
| 很不满意 | 0.0 | 0.6 | 0.0 | 0.8 | 0.0 | 0.0 | 0.0 |
| 合计（人） | 147 | 18 | 30 | 119 | 108 | 99 | 42 |

### 4. 城乡受访者的社会保障制度保障水平满意度

社会保障制度保障水平一般由该制度的补贴水平决定。从表 1－47 可以看出，无论是医疗保险还是养老保险，城镇受访者的不满意比例都要高于农村受访者。不满意者比例最高的依然是高龄津贴和农村低保，分别有 20.9% 和 12.9% 的受访者表示不满意该制度的保障水平。当然，因为本次调查中访问到的个人或者家庭成员享受该两项制度的总人数都不高，所以要探求更真实的受保者态度还需要进一步研究。

表 1－47　　　　　　　　　不同社会保障项目保障水平满意度　　　　　　　单位:%

| | 新农保 | 新农合 | 农低保 | 城居保 | 职工医疗 | 城镇居民医疗 | 高龄津贴 |
|---|---|---|---|---|---|---|---|
| 很满意 | 38.2 | 36.6 | 19.4 | 26.9 | 30.6 | 29.0 | 32.6 |
| 比较满意 | 56.6 | 57.0 | 67.7 | 63.9 | 60.2 | 63.0 | 46.5 |

| | 新农保 | 新农合 | 农低保 | 城居保 | 职工医疗 | 城镇居民医疗 | 高龄津贴 |
|---|---|---|---|---|---|---|---|
| 不太满意 | 5.3 | 5.9 | 12.9 | 8.4 | 9.3 | 8.0 | 18.6 |
| 很不满意 | 0.0 | 0.5 | 0.0 | 0.8 | 0.0 | 0.0 | 2.3 |
| 合计（人） | 152 | 186 | 31 | 119 | 108 | 100 | 43 |

## 三　城乡受访者的生活压力评价

### （一）总体社会生活压力评价

从表1-48可以看出，社会经济地位越高的人群，感知到总体社会生活压力很大的比例越小。超过60%的社会经济地位偏下的受访者认为自己的"压力很大"或"有压力"，而地位偏上的受访者的此比例只有25%，差异很大。从户籍类型来看，农业户籍受访者中感觉到压力的比例也明显高于非农户籍受访者。也就是说，当前生活水平较高的一类人群的社会压力感相对较弱。

**表1-48　　性别、户籍类型、社会经济地位与总体社会生活压力**　　单位:%

| | | 压力很大 | 有压力 | 压力很小 | 没有压力 | 合计（人） |
|---|---|---|---|---|---|---|
| 性别 | 男 | 15.5 | 33.8 | 34.3 | 16.4 | 213 |
| | 女 | 16.9 | 39.2 | 27.5 | 16.4 | 189 |
| 户籍类型 | 农户 | 20.0 | 39.5 | 27.8 | 12.7 | 205 |
| | 非农户 | 12.3 | 32.3 | 34.9 | 20.5 | 195 |
| 社会经济地位 | 偏上 | 5.0 | 20.0 | 55.0 | 20.0 | 40 |
| | 居中 | 15.3 | 40.1 | 31.8 | 12.7 | 157 |
| | 偏下 | 22.2 | 39.2 | 26.3 | 12.3 | 171 |

### （二）压力来源及其程度

从不同户籍受访者面临的社会生活压力来看，总体上，非农户中表示压力很大的比例高于农户。在所有压力来源中，无论是农户还是非农户，感受到经济压力很大的受访者最多，其中近一半的农户觉得经济压力非常大。孩子教育和住房排在农户压力来源的第二位和第三位，非农户中医疗健康为17.3%，高于孩子教育16.8%和住房16.3%。

**表 1－49**　　　　　　　**户籍类型与社会压力来源及其程度**　　　　单位:%

| | | 经济 | 个人发展 | 社交 | 孩子教育 | 医疗健康 | 赡养父母 | 住房 | 婚姻生活 | 总体 |
|---|---|---|---|---|---|---|---|---|---|---|
| 压力很大 | 农户 | 48.1 | 16.6 | 7.3 | 25.7 | 20.0 | 10.7 | 25.7 | 1.9 | 20.0 |
| | 非农户 | 32.1 | 13.8 | 5.6 | 16.8 | 17.3 | 11.2 | 16.3 | 3.1 | 12.3 |
| 没有压力 | 农户 | 6.3 | 24.9 | 50.2 | 35.9 | 26.3 | 51.9 | 25.7 | 69.4 | 12.7 |
| | 非农户 | 10.7 | 39.0 | 53.3 | 37.2 | 21.4 | 57.1 | 36.7 | 70.1 | 20.5 |

注: 样本量为 402。

## 四　城乡受访者的安全感评价

### (一) 城乡受访者的总体社会安全感①

计算整理得到不同选项回答的有效百分比如表 1－50 所示。可以看出, 此次受访的凯里市城乡居民总体上认为社会安全状况较好, 只有 6.1% 的人认为社会安全状况不安全。从不安全感的来源来看, 认为不安全的受访者比例最高的前三个领域分别是财产安全、交通安全和食品安全。

**表 1－50**　　　　　　　　　**不安全感来源及其程度**　　　　　单位:%

| | 总体 | 财产 | 人身 | 交通 | 医疗 | 食品 | 劳动 | 信息 | 生态环境 | 人身自由 |
|---|---|---|---|---|---|---|---|---|---|---|
| 不安全 | 6.1 | 17.3 | 9.2 | 15.8 | 9.2 | 15.8 | 9.8 | 9.5 | 7.0 | 3.1 |
| 安全 | 73.9 | 82.7 | 90.8 | 84.2 | 90.8 | 84.2 | 90.2 | 90.5 | 93.0 | 96.9 |

注: 样本量为 402。

### (二) 城乡受访者的总体社会冲突感

与安全感息息相关的一个社会环境评价是对社会冲突的感知。本次问卷问及的是全国范围的社会冲突状况感知与评价 (见表 1－51)。"不清楚" 做缺失处理之后, 认为 "严重" 的有效百分比最高的前三类冲突依次是干部与群众冲突、医患冲突以及不同收入水平者间的冲突, 超过

---

① 在问询受访者的安全感感知时, 本问卷一共提问了 9 个可能的方面, 每个方面的安全感程度分为 "很不安全"、"不太安全"、"比较安全"、"很安全" 和 "不确定" 五个维度。为便于分析, 将 "很不安全" 和 "不太安全" 归类为 "不安全", 将 "比较安全" 和 "很安全" 归类为 "安全", "不确定" 作为缺失值删掉处理。

15%的受访者认为干部与群众间的冲突严重。

表1−51　　　　　　　　不同类型社会冲突评价　　　　　　单位:%

| | 非常严重 | 有点严重 | 不算严重 | 完全不严重 | 不清楚 |
|---|---|---|---|---|---|
| 干部与群众间冲突 | 2.0 | 14.6 | 32.7 | 14.6 | 36.1 |
| 民族间冲突 | 0.2 | 4.0 | 32.7 | 28.2 | 34.9 |
| 城乡居民间冲突 | 0.0 | 4.0 | 34.4 | 24.3 | 37.4 |
| 医患冲突 | 0.0 | 12.4 | 28.7 | 18.1 | 40.8 |
| 不同收入水平者间冲突 | 0.5 | 11.1 | 28.0 | 17.8 | 42.3 |
| 不同宗教信仰者间冲突 | 0.5 | 2.7 | 26.0 | 18.1 | 47.3 |
| 不同受教育水平者间冲突 | 0.5 | 3.0 | 31.2 | 20.0 | 45.3 |
| 不同职业的人之间的冲突 | 0.2 | 3.7 | 31.7 | 20.0 | 44.1 |

注:样本量为402。

## 五　城乡受访者的公平感

### （一）总体的社会公平感①

从表1−52可以看出,不公平感知最广泛的前三个领域分别是政府办事、住房和社会保障。接近1/3的受访者认为政府办事不公平,认为住房不公平的受访者超过1/4,而超过1/5的人认为社会保障领域存在不公平,而这些都是与百姓生活息息相关的领域。

表1−52　　　　　　　　总体公平感及各领域公平感　　　　　　单位:%

| | 总体 | 教育 | 语言文字 | 住房 | 医疗 | 社会保障 | 法律 | 政治 | 就业发展 | 政府办事 | 信息 |
|---|---|---|---|---|---|---|---|---|---|---|---|
| 不公平 | 14.5 | 14.6 | 5.6 | 27.6 | 13.9 | 21.3 | 11.5 | 14.7 | 17.3 | 31.5 | 11.6 |
| 公平 | 85.5 | 85.4 | 94.4 | 73.4 | 86.1 | 78.7 | 88.5 | 85.3 | 82.7 | 68.5 | 88.4 |

注:样本量为402。

### （二）社会经济地位自评与公平感

从表1−53可以看出,越是社会地位较低的人群,认为当前社会不公

---

①　问卷中,每个方面的公平感程度分为"很不公平"、"不太公平"、"比较公平"、"很公平"和"不确定"五个维度。为便于分析,将"很不公平"和"不太公平"归类为"不公平",将"比较公平"和"很公平"归类为"公平","不确定"作为缺失值删掉处理。

平（含"很不公平"和"不太公平"）的比例越高。从不同受教育水平人群的情况来看，认为社会不公平的比例最低的也正是大学受教育程度的人群。这种结果的出现有可能因为社会地位较高的人群是当前生活境况较好的人群，所以以己度人对社会整体满意度较高；也有可能因为本次调查访问到的受到过高等教育的人绝对数量较低，导致不能更好地反映这个群体的意志。

表 1 - 53　　　　　　　　　　社会地位与公平感　　　　　　　　　单位:%

| | | 很不公平 | 不太公平 | 比较公平 | 很公平 | 样本量（个） |
|---|---|---|---|---|---|---|
| 受教育程度 | 小学及以下 | 0.0 | 15.7 | 73.5 | 10.8 | 102 |
| | 初中 | 0.9 | 12.8 | 78.6 | 7.7 | 117 |
| | 高中 | 0.0 | 18.2 | 71.2 | 10.6 | 66 |
| | 大学 | 2.6 | 5.3 | 81.6 | 10.5 | 38 |
| 社会经济地位自评 | 偏上 | 0.0 | 2.9 | 85.3 | 11.8 | 34 |
| | 居中 | 0.0 | 12.5 | 72.4 | 14.7 | 136 |
| | 偏下 | 1.5 | 18.8 | 75.9 | 3.8 | 133 |

（三）不同群体遭遇不公平时的处理之道

从表 1 - 54 中可以看出，总体上面对不公平待遇采取忍受态度作为第一选择的受访者占大多数。还有 30.2% 的人优先选择法律作为应对的武器，选择比例排在第三的优先选择是业主委员会、宗族等民间调解和处理组织。

值得注意的是，非农业户口受访者和农业户口受访者应对不公平待遇的第一选择还有一些差异较大之处。农业户口受访者中，还有 11.5% 的人将"通过非正式的渠道如找关系、托熟人"作为第一选择去应对不公平待遇，而非农业户口受访者中的此项应答比例仅为 5.4%。同时，非农业户口受访者中有 11.4% 表示会首先"找相关报纸电视等媒体反映问题"，而农业户口受访者中有此想法的比例仅为 2.6%。

更明显的差别来自不同受教育水平受访者之间的选择。可以看出，受教育水平较高者中选择忍受来应对不公平遭遇的比例比受教育水平低的人群低，更高比例的人诉诸法律等渠道。必须指明的是，面对不公平遭遇时，大学及以上受教育水平受访者中，有 17.1% 的人表示自己会优先找媒体反映问题、9.8% 的人表示会通过非正式渠道如托人、找关系等来解决问题。一定程度上说明受教育水平较高者的社会资本相对较多。

社会地位自评偏上的受访者中，只有 10.3% 的人选择忍受，35.9% 的人选择法律诉讼等渠道，还有 15.4% 的人选择将问题向媒体反映、12.8% 的人选择上访或集体上访、10.3% 的人选择寻求非正式渠道的帮助。社会地位自评居中和偏下的受访者的优先选择比例排名跟总体情况一致。受过高等教育和社会地位自评偏上的人往往是"关系"等社会资本的拥有者，他们有更多的机会接触到各类媒体，尤其是社交网络等新兴媒体，同时他们也比其他群体更谙利用媒体之道。

表 1 –54　　　　　　　　　不同人群应对不公平的办法　　　　　　　单位:%

| | 总体 | 户籍类型 | | 受教育水平① | | | 社会地位自评 | | |
|---|---|---|---|---|---|---|---|---|---|
| | | 农业户 | 非农户 | 低 | 中 | 高 | 偏上 | 中 | 偏下 |
| 无能为力，只有忍受 | 32.6 | 33.5 | 32.1 | 38.6 | 29.9 | 26.8 | 10.3 | 37.3 | 37.2 |
| 通过法律诉讼等渠道 | 30.2 | 26.7 | 33.7 | 26.5 | 32.8 | 29.3 | 35.9 | 30.0 | 25.6 |
| 通过业主委员会、宗族等组织解决问题 | 9.8 | 9.4 | 10.3 | 10.6 | 9.8 | 7.3 | 12.8 | 8.7 | 10.9 |

## 六　全面小康社会信心度

### （一）户籍、年龄与全面小康社会信心度

贵州省提出要在 2020 年与全国同步全面建成小康社会，凯里市则提出 2015 年提前实现。对于这一宏观政治目标，受访者总体上表现出乐观的态度：受访的城乡居民中有 75% 左右的人表示有信心。与此同时，仍然有超过 10% 的人表示"没什么信心"，还有 14% 左右的人表示"没听说过"。其中，表示"没什么信心"的非农业户口受访者比例为 15.4%，高于农业户口受访者的 5.9%；而农业户口中表示"没听说过"的比例占到了 23.9%。

所有年龄组中，80 年代及以后出生的受访者"没听说过"目标的比例最高，接近 24%，这一定程度上说明年轻人的政治关切程度相对较低。但是，这一群体中表示对 2020 年全面建设小康社会"很有信心"的比例

---

① 注：此处将受教育水平为"小学及以下"归为"低"，"中"意味着受教育水平为"中学"（含初中、高中和中专等），"高"意味着受教育水平为大专及以上。

（17%）也是所有年龄群体中最高的，这可能因为年轻人对自己个人生活的信心投射到了对整个社会的信心之上。

表 1－55　　　　　　户籍、年龄与未来社会信心度　　　　　单位:%

|  | 很有信心 | 有信心 | 没什么信心 | 不可能 | 没听说过 | 样本量（个） |
|---|---|---|---|---|---|---|
| 总体 | 11.0 | 64.0 | 10.5 | 0.5 | 14.0 | 400 |
| 农户 | 11.2 | 58.5 | 5.9 | 0.5 | 23.9 | 205 |
| 非农户 | 10.8 | 69.7 | 15.4 | 0.5 | 3.6 | 195 |
| 50 年代及以前 | 8.4 | 69.0 | 9.7 | 0.0 | 12.9 | 155 |
| 60 年代 | 12.0 | 65.7 | 10.2 | 1.9 | 10.2 | 108 |
| 70 年代 | 13.4 | 57.3 | 14.6 | 0.0 | 14.6 | 82 |
| "80 后"及"90 后" | 17.0 | 51.1 | 8.5 | 0.0 | 23.4 | 47 |

（二）社会地位与全面小康社会信心度

此处使用受教育水平和自评的社会经济地位水平作为受访者社会地位的两个指标。

可以看出，受教育水平越高的受访者中，对 2020 年全面建成小康社会这一政治目标的知晓率越高，表示"很有信心"的比例也越高；类似的，社会地位自评越高，对 2020 年全面建成小康社会这一政治目标的知晓率越高、信心度也越高。这可能因为社会地位较低的人往往是生活较为困难的人群，他们从自身的生活境地出发，对整个社会的发展态势持相对悲观态度。

表 1－56　受教育水平、社会经济地位自评与全面小康社会信心度[①]　单位:%

|  |  | 很有信心 | 有信心 | 没什么信心 | 不可能 | 没听说过 | 样本量（个） |
|---|---|---|---|---|---|---|---|
| 受教育水平 | 小学 | 7.6 | 64.6 | 3.5 | 0.7 | 23.6 | 144 |
|  | 初中 | 10.4 | 64.4 | 11.9 | 0.0 | 13.3 | 135 |
|  | 高中 | 11.3 | 61.3 | 21.3 | 1.3 | 5.0 | 80 |
|  | 大学 | 25.6 | 62.8 | 11.6 | 0.0 | 0.0 | 43 |

---

① 注:此表中，大学含专科及研究生，高中含职高、中专等，小学含未上学。

续表

| | | 很有信心 | 有信心 | 没什么信心 | 不可能 | 没听说过 | 样本量（个） |
|---|---|---|---|---|---|---|---|
| 社会经济地位自评 | 偏上 | 22.5 | 60.0 | 10.0 | 0.0 | 7.5 | 40 |
| | 居中 | 12.7 | 65.2 | 10.1 | 0.0 | 12.0 | 158 |
| | 偏下 | 7.1 | 61.8 | 12.9 | 1.2 | 17.1 | 170 |

# 本章小结

尽管此次在凯里市开展的入户调查样本总规模相对较小，但是问卷详尽的题目设置还是让该调查展现了一些凯里城乡居民经济、社会生活形态和社会心理的概貌，主要如下。

## 一　经济生活方面

结合近年来凯里市国民经济发展态势来看，受"滴漏效应"影响，凯里市城乡居民的整体生活水平有显著提升，耐用消费品户均持有量、家庭生活条件等基础性指标间的城乡差距都渐渐缩小，与全国平均水平的差距高低不等。农业生产条件、新型城镇化和贵州省的工业化进程等同时影响着凯里市农村居民的就业形态，此次调查到的农业户籍受访者中，只靠务农来维持生活的人只有一半左右。在非农就业机会获得方面，家庭、亲友等依然是农民主要的社会支持；相对而言，政府、市场等对城市居民的就业支持力度较大。

受访的农村居民的消费信心高于城镇居民，但农村居民群体内部的收入差距高于城镇居民是一个不容忽视的问题，这种差距还有可能进一步拉大。然而，一部分低收入农民积贫积弱不符合全面建设小康社会的社会宗旨。

## 二　教育与文化方面

历史数据表明，凯里市城乡居民的受教育水平总体上相对较低。但此次调查显示，年轻时代的受教育水平总体上较高，性别间的受教育水平差距也在年轻人间缩小。

凯里市少数民族受访者对本民族的传统文化有深厚的自信心和自豪

感，乐于了解、保护和传承本民族语言、文字等传统民族特色，但同时也面临着城镇化进程中城市建设与传统文化保护尤其是传统民居保护之间的冲突。一方面，他们渴望城镇化改善他们的生活；另一方面也希望政府在保护民族文化上能有所作为。

## 三　社会交往、民族身份与民族认同方面

由于凯里市是黔东南州首府，同时是发展相对成熟的旅游城市，所以此次受访的凯里城乡居民都表现出较高的包容性和开放性。这不仅表现在对外来流入人员持相对欢迎的态度，同时也表现为不同民族间交往意愿较高、实际交往程度较深。此次受访的少数民族受访者总体上同时表现出较高的民族认同和国家认同，对整体的民族关系持乐观态度。但是，由于计划生育政策、高考加分政策等在不同民族间因类施政的变形以及社会形势的变化，因此导致的民族间心理不平衡现象值得重视。

## 四　社会生活方面

总的来说，凯里受访的城乡居民社会安全感高、冲突感低，但是压力感差异较大。凯里市整体经济水平快速提升带来的"滴漏效应"如何惠及最低层人民依然是个难题。

城乡居民的医疗和养老保障从覆盖面上讲逐渐走向完备，但是农村居民的养老保障和大病医疗保障水平相对较低。不同群体大的压力源不尽一致，但经济压力依然是受访居民主要的压力来源。经济基础决定上层建筑，由于经济生活悲观，社会经济地位相对较低的居民不仅对家庭生活信心度较低，对凯里市实现全面建设小康社会的预期也不高。

总之，窥一斑虽难见全豹，但此次调查显示受访的凯里市城乡居民无论是经济生活、文化生活还是社会生活形态都同时表现出对立性和统一性。统一性意即作为一个生活地域内的人民，他们沿袭着类似的文化、感受着近似的冲突、跟随着统一的引领；但是由于不同的禀赋、历史和制度环境，不同群体在生活形态和社会心态上又表现出了值得重视的差异。

# 第二章

# 贵州省镇宁布依族苗族自治县
# 问卷调查分析报告

镇宁布依族苗族自治县是贵州省安顺市下辖的自治县，此次社会经济调查，是为了深入了解正在变化的贵州少数民族地区的经济社会发展情况，为进一步进行民族地区和少数民族研究积累数据，为政策分析研究提供借鉴。本次调查的主要内容包括受访者基本情况、工作情况、家庭生产生活情况、公共设施状况、社会生活及评价、社会保障以及生产生活的其他方方面面。

## 第一节　镇宁布依族苗族自治县城乡受访者基本状况

### 一　镇宁布依族苗族县简介

镇宁布依族苗族自治县，简称镇宁县，面积1709.42平方公里，人口35万余人，全县共辖15个乡（镇），365村，居住着布依、汉、苗、仡佬、回等21个民族，其中布依族、苗族等少数民族占50.3%。镇宁为中国贵州省安顺市下辖的自治县，位于贵州中丘原西南部，地处"黔之腹，滇之喉"要塞，世界闻名的黄果树瀑布就坐落在镇宁县境内，是观世界名瀑，探少数民族文化的最佳旅游胜地，距贵州省会贵阳130千米，之间有高速公路连通。

镇宁县历史悠久，文化底蕴丰厚，其建制可以追溯到先秦时期，是重要的历史文化中心。古为夜郎国领地，元时改和宏州为镇宁州，镇宁之名从此开始，其后历经多次变革。民国二年（1913），改镇宁州为镇宁县。

1963 年 9 月 11 日，成立镇宁布依族苗族自治县，建制一直延续至今。①

镇宁境内地势北高南低，坡度变化较大，是一个典型的山区县，山地面积 1098 平方千米，丘陵面积 157.8 平方千米，分别占全县总面积的63.91% 和 9.19%。岩溶地貌分布广，占全县总面积的 60% 以上，是贵州省岩溶地貌发育最典型的地区之一。

因为地处西南，又是多山地形，镇宁县的经济发展面临着很多瓶颈。近年来，镇宁经济快速发展，2012 年全县完成生产总值 42.06 亿元，同比增长 18%；农民人均纯收入达到 4690 元，同比增长 17.3%；全社会固定资产投资、财政总收入、公共财政预算收入、工业增加值都有较大增幅。在全省 88 个县区综合测评预排位从 2011 年的第 38 位上升到第 27位，公共财政预算收入增速升至全省第 2 位，全部工业增加值增速升至全省第三位，税收收入增速升至全省第 5 位，地区生产总值增速升至全省第11 位。②

## 二　城乡受访者的基本情况

本次镇宁县调查的样本总量是 400，为使受访者的情况如性别、户籍、民族等状况看起来更加清晰和直观，我们将其放入表 2 – 1。

表 2 – 1　　　　　　　　　　调查样本状况　　　　　　　　单位:%

| | | 百分比 | | | 百分比 |
|---|---|---|---|---|---|
| 性别 | 男 | 61.5 | 户籍 | 农业户口 | 51.5 |
| | 女 | 38.5 | | 非农户口 | 48.5 |
| 政治面貌 | 群众 | 79.8 | 健康状况 | 健康、比较健康 | 77.8 |
| | 中共党员 | 15 | | 无残疾 | 96 |
| | 共青团员 | 3.5 | | 长期慢性病影响工作和生活 | 5 |
| 民族 | 汉族 | 47 | 婚姻状况 | 初婚有配偶 | 78.3 |
| | 布依族 | 28.8 | | 丧偶 | 11.3 |
| | 苗族 | 20.3 | | 未婚 | 4.5 |
| | 彝、回、黎、仡佬 | 4.4 | | 离婚、再婚有配偶 | 5.3 |

①　《镇宁布依族苗族自治县概况》编写组:《镇宁布依族苗族自治县概况》（修订本），民族出版社 2008 年版，第 1—2 页。

②　镇宁布依族苗族自治县 2012 年国民经济和社会发展统计公报，http://www.etmoc.com/gedi/itemlist.asp? id = 1406。

调查受访者的平均年龄是49岁，20岁以下的受访者只有9人，65岁以上的老年受访者有55人，占比14%，21—65岁的受访者有336人，占比84.63%。农村受访者中有202人填报了教育程度，其中小学及以下的比例是65.35%，初中文化程度的是29.70%，高中及以上的比例是4.95%。城镇受访者有192人填报了教育程度，其中小学及以下的比例是23.96%，初中文化程度的比例是40.63%，高中文化程度的比例是21.35%，大学及以上的文化程度比例是14.06%。

## 第二节　镇宁布依族苗族自治县城乡受访者的个人和家庭经济生活

经济基础决定上层建筑，经济生活既是生活其他方面的基础，又是其他方面的反映。而家庭是社会的细胞，是基本的生产生活单元。这部分我们以家庭为单位，通过土地拥有情况、收入与支出、消费情况、就业状况、家庭生活条件、公共设施与社会保障等方面反映镇宁少数民族地区人们的经济生活。

### 一　土地拥有情况

根据本次调查的数据整理分析来看，2013年大多数家庭的耕地拥有面积在2亩及以下，占比达到了74.9%；18%的家庭耕地拥有量在2.01—4亩，仅有3.4%的家庭耕地拥有量在6亩以上，0.5%的家庭拥有10亩以上耕地（见表2-2）。

表2-2　　　　　　　　　　受访家庭土地拥有情况

|  | 有效百分比（%） |
| --- | --- |
| 2亩及以下 | 74.9 |
| 2.01—4亩 | 18 |
| 4.01—6亩 | 3.7 |
| 6.01—8亩 | 1.6 |
| 8.01—10亩 | 1.3 |
| 10亩以上 | 0.5 |
| 合计 | 100 |
| 样本量（个） | 206 |

2013年绝大多数农村家庭人均拥有耕地的数量在0.5亩以内，占比达到了53.4%，27.9%的家庭人均耕地拥有量为0.5—1亩，仅有4.8%的家庭有1—1.5亩人均耕地，达到2亩以上的仅有11.5%的家庭。依据数据我们得出，家庭人均拥有耕地面积的均值为0.6。

与家庭拥有的耕地面积和人均拥有面积一致，2013年家庭自营的耕地面积在2亩以下的占75%，为比重最大的部分，2—4亩的占14.5%，2.5%的家庭自营耕地面积在4—6亩，只有1%的家庭和1.5%的家庭分别自营6—8亩或8亩以上耕地，而89.8%的家庭没有出租耕地。

相比耕地，山地面积更少，86.3%的家庭拥有的山地面积在2亩以下，拥有2—4亩的占3%，4—6亩的占3.5%，6亩以上的很少，仅占2.5%，与之相对应，家庭人均山地在0.5亩以下的占85.8%。家庭人均拥有山地面积的均值为1.17。家庭自营的山地面积相比耕地在2亩以下这一范围的占有更大比重，为86.5%，2—4亩的为2.5%，4—6亩的为3.5%，6亩以上的仅为1.8%。而山地的出租情况中，仅有7%的家庭出租山地，且面积都非常少。从上面的分析来看，家庭拥有的耕地、山地面积总量不多，人均拥有量也非常有限，主要为自营，很少出租。另外，镇宁地区拥有园地、牧草地、养殖水面的家庭极少。

## 二　城乡受访者的就业状况

根据问卷数据，镇宁县农村受访者中从事农林牧渔业的比重最大，只是务农的比例占农村总样本量的62.69%，以务农为主，同时也从事非农工作的比例为18.65%，以非农工作为主，同时也务农的比例是7.25%，只从事非农工作的比例是3.11%，另有不到9%的农村受访者正在上学、料理家务、退休等。从事农林牧渔业人员中，占有效百分比86.8%的人为农村家庭承包经营劳动者，11.8%的人为农村企业、农场、农村种养大户的雇工。

城镇受访者的职业较为分散，商业人员、办事人员、国家机关党群组织、企事业单位的从业比例都较高。但有相当部分从业人员所做的是摆摊、打零工等没在职业分类中，所以其他类所占比例为29.39%。

城镇就业受访者中劳动合同性质为固定职工（包括国家干部、公务员）的占比23.57%，9.29%的长期合同工，10%的短、临时工，10.71%没有合同人员，37.86%的私营或个体经营人员。

从民族视角进行分析发现，从事前四个职业（国家机关和企事业单位、专业技术人员、办事人员和商业人员）的均是汉族占较大比重，分别为 51.4%、75%、83.9%、82.6%。而在从事农林牧渔业的人员中，汉族仅为 11.1%，苗族为 37%，布依族为 51.9%。与户籍情况中汉族占非农人口的 84.6% 相对比，一致的是，汉族多居住在城镇，从事"体制内"工作或经商，而当地的两大少数民族苗族和布依族多居住在农村，从事农林牧渔业类的工作。

表 2-3　　　　　　　　城乡受访者的就业状况　　　　　　单位:%

| | 农业户口受访者 | 非农户口受访者 |
|---|---|---|
| 国家机关党群组织、企事业单位负责人 | | 14.95 |
| 专业技术人员 | 4.95 | 4.12 |
| 办事人员和有关人员 | | 15.98 |
| 商业人员 | 1.98 | 21.65 |
| 农林牧渔水利生产人员 | 53.47 | 0.52 |
| 生产、运输设备操作人员及有关人员 | 2.97 | 2.58 |
| 军人 | | 0.52 |
| 不便分类的其他从业人员 | 1.98 | 6.19 |
| 在校学生 | 0.99 | 0.52 |
| 从未工作过 | 1.98 | 3.61 |
| 其他 | 31.69 | 29.39 |
| 合计 | 100 | 100 |
| 样本量（个） | 202 | 194 |

调查数据显示，1978—2013 年有外出经验的农业户口受访者中，50% 以上的受访者通过朋友、熟人介绍找到的非农工作，15% 左右的受访者通过家人、亲戚介绍，通过招聘广告和政府、社区安排介绍的大约只占 24%。这说明镇宁县农村受访者外出从事非农就业活动主要还是依赖人们的社会关系网络。而 1952—2013 年从事过本地非农自营的受访者占比 3.1%，这些非农自营的受访者中有 28.6% 的比例在开业时向亲友借款，有 41.7% 的比例向银行或信用社贷款；在占比达到 2.8% 的有外出自营经验的受访者中，18.2% 的人开业时向亲友借款。

表 2 - 4　　　　　　　　农业户口受访者最初找到非农工作的渠道

|  | 百分比（%） |
|---|---|
| 招聘广告 | 14.7 |
| 直接申请（含考试） | 5.9 |
| 家人/亲戚介绍 | 14.7 |
| 朋友/熟人介绍 | 52.9 |
| 通过本乡同民族介绍 | 11.8 |
| 合计 | 100 |
| 样本量（个） | 34 |

以前有外出从业经历，但今年未外出从业的主要原因有：第一，家中农业缺乏劳动力，其占比重最大，是 39.3%。第二，选择收入没有在家稳定的比例是 14.3%。第三，认为生活条件太差和在当地能找到满意的工作的均占样本总量的 8.9%。此外，找不到工作（或担心找不到工作）、回家结婚、生育的均占 7.1%；因疾病或伤残而不能外出从业的占 5.4%，因语言能力不强没有外出的占 5.4%，认为在外受歧视的占 1.8%，因为缺乏同乡或熟人带领而没有外出的占 1.8%，因为其他原因（如孩子教育、照顾老人、年龄大、建房、自己做生意等）而放弃外出务工的有 25人，占有效百分比的 44.6%。

在非农户口受访者或外来务工人员当中，从事批发和零售业的人员比重最大，占样本总量的 27.4%；从事居民服务和其他服务业的占 21.9%；从事租赁和商业服务业的占 13.7%；从事教育事业的占 13.0%；其他人员从事交通运输、文化体育、公共管理、制造、建筑业等，但比重都较小。

2013 年，城镇户口或外来务工人员主要从业的地区，从表格统计来看，80.5% 的人主要在乡内从业，17.6% 的人主要在乡外县内从业，仅有 3 人离开本县，其中 1 人在县外省内，2 人在省外国内。这在一定程度上说明，城镇户口或外来务工人员县内的就业渠道比农村户口多，或他们从事自营，很少离开本地。而农村户口则到省外务工的人员较多。

得到第一份城镇工作的最主要渠道中，有 31.1% 的城镇受访者选择了家人、亲戚介绍，只有 7.6% 的受访者依靠朋友或熟人介绍，这与农村外出务工人员和本地非农务工人员的就业渠道不同，后者主要为朋友或熟人介绍。之后依比例大小排序为：政府社区安排介绍、直接申请考试和其他（如上学毕业分配、自己找等）。从这可以看出，在城镇，政府、社区在帮助就业方面作用较大，自己利用上学、广告找到工作的机会也更大。而有外出从业经历的人，外出从业的工作地点主要是乡镇外本县内或县外省内。

表 2 - 5　　　　　　　　　2013 年城镇受访者主要从业的地区

|  | 频率 | 有效百分比（%） |
|---|---|---|
| 乡内 | 128 | 80.5 |
| 乡外县内 | 28 | 17.6 |
| 县外省内 | 1 | 0.6 |
| 省外国内 | 2 | 1.3 |
| 合计 | 159 | 100.0 |

而在家庭成员没有工作的原因中，比重最大的为料理家务，然后依次为毕业后未工作、正在上学、丧失劳动能力等。82 位没有工作的人中，在没有工作期间，67 人没有通过任何渠道找工作，2 人回答不想找工作，6 人委托亲友找工作，3 人参加用人单位招聘或招考，仅有 1 人在职介机构求职，没有受访者利用网络及其他媒体求职，这充分说明，在本地区，网络还没有被充分利用起来，大部分处于失业的受访者在失业期间并没有主动寻找工作的意愿。

从数据分析来看，有外出就业经历的受访者认为，选择外出找工作障碍最大的是工作辛苦收入低，其占比是 37.5%，然后依次是：家里需要照顾必须返乡 25.8%、想留在当地但生活成本太高占 13.6%、孩子就学困难占有 8.3%。由此可见，工作原因、家庭原因和孩子的教育问题是阻碍就业者外出找工作的三大主要障碍。（见图 2 - 1）

### 三　城乡受访者个人与家庭的收入与支出

（一）家庭收入支出情况

收入和支出主要以家庭为单位进行分析。从表 2 - 6 可看出：2012 年大部分家庭的年收入都集中在 1 万—3 万元这一范围中，占 36.4%，其次是 3 万—6 万元的家庭占有 23.6%，说明 2012 年家庭总收入在 1 万—6 万元的家庭比较多，5000 元以下的仅占 12.2%，1 万元以下的占 26.6%，均值为 34032.9 元，标准差为 37210.7。仅有 28% 的家庭有出租、出售房

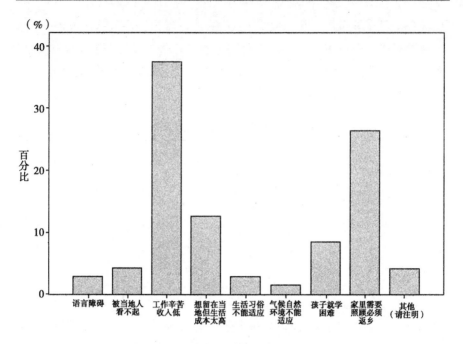

**图 2-1　城乡受访者外出主要障碍**

屋、土地收入，在问卷有效率为 75% 的情况下，23.3% 的家庭劳务收入（包括工资、务工）在 1 万—2 万元，16% 的家庭劳务收入在 2 万—3 万元，23.6% 的家庭劳务收入在 1 万元以下，这三个范围几乎涵盖了绝大部分家庭，只有 17.3% 的家庭 2012 年劳务收入在 3 万元以上。可见劳务收入依然是家庭收入的主要部分。本次调查样本中，农业户口受访者共 205人，其中汉族 29 人、苗族 75 人、布依族 101 人；城镇受访者 194 人，其中汉族 159 人，回族 2 人，苗族 6 人，彝族 1 人，布依族 14 人，黎族 9人，仡佬族 3 人。因此，城镇受访者以汉族为主，农村受访者以汉族、苗族和布依族为主。

表 2-6　　　　　　　　　　　家庭总收入分组

| 年收入<br>（元） | 频率 | 百分比（%） | 农业户口<br>受访者 | 百分比（%） | 非农业户<br>口受访者 | 百分比<br>（%） |
|---|---|---|---|---|---|---|
| 5000 以下 | 45 | 12.2 | 38 | 20.65 | 7 | 3.80 |
| 5000—1 万 | 53 | 14.4 | 37 | 20.11 | 16 | 8.70 |
| 1 万—3 万 | 134 | 36.4 | 64 | 34.78 | 70 | 38.04 |
| 3 万—6 万 | 87 | 23.6 | 32 | 17.39 | 55 | 29.89 |

| 年收入<br>（元） | 频率 | 百分比（%） | 农业户口<br>受访者 | 百分比（%） | 非农业户<br>口受访者 | 百分比<br>（%） |
|---|---|---|---|---|---|---|
| 6万—10万 | 32 | 8.7 | 9 | 4.89 | 23 | 12.50 |
| 10万以上 | 17 | 4.6 | 4 | 2.17 | 13 | 7.07 |
| 合计 | 368 | 100.0 | 184 | 100 | 184 | 100 |

从家庭总收入来看，5000元以下的12.2%的人中，8.5%为苗族和布依族，5000—1万元的占14.4%（布依族人数最多，占5%），而1万—3万元组和3万—6万元组则汉族与少数民族区别不大，略高或略低，6万—10万元组与10万元以上的范围中，均是汉族占较多比例，为8%中的4.75%，以及4.25%中的2.75%。可见，家庭总收入居于中间的汉族与少数民族差别不大，而低收入的少数民族居多，高收入的汉族居多。这一分部情况与城镇受访者主要为汉族有直接关系。

结合不同户籍和职业构成来看，家庭总收入在5000元以下的占12.2%（其中20.65%的为农业户口），5000—1万元的占14.4%（农业户口占20.11%），1万—3万元、3万—6万元的分别是36.4%（农业户口占34.78%）、23.6%（农业户口占17.39%），6万—10万元和10万元以上的则较多是非农户口。收入最高组和最低组范围明显呈现出农业户口家庭年收入低，非农户口收入高的差距。以及51.25%的农业户口中，汉族仅占7.25%，而48.5%的非农户口中，汉族占了39.75%。

无疑，家庭收入与家庭成员的职业相关，首先我们来将职业做一个"体制内与体制外"的划分，此处把国家机关、企事业单位负责人、办事人员和有关人员、军人划分为"体制内"工作，把表2-3中的其他职业划为"体制外"工作。我们可以看到，16.75%的受访者从事"体制内"工作中，11.25%为汉族。而收入比较可观的11.5%商业人员中汉族占9.5%，而收入较低的27%从事农林牧渔业的人中，少数民族占24%。

劳务收入（包括工资、务工收入）是家庭收入的主要部分，在工资收入中，5000元以下的占14.2%（其中包括无收入的2.25%），5000—1万元的占1%，1万—3万元的占23.2%，3万—6万元的占8.7%，6万元以上的2%，可见在分段的范围中，1万—3万元占的比重最大；农林牧渔水利生产人员在5000元以下和5000—1万元的范围中比重最大，商业人员在 1 万—3 万元和 6 万以上的范围中比重最大，而国家机关、企事业单位人员则在 3 万—6 万元的范围中比重最大。（据贵州人力资源和社会保障厅网站公布，2013 年按照不同地区划分了不同的工资标准，镇宁县数三类区，最低工资标准为每月 850 元，非全日制用工的小时最低工资标准为 9 元。）[1]

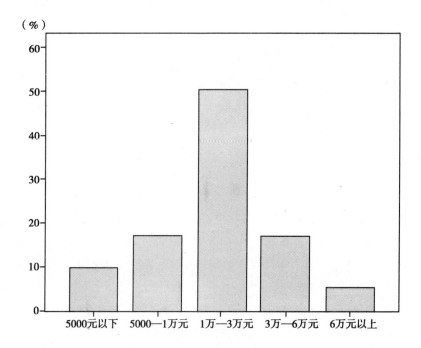

（％）

**图 2 - 2　家庭支出总额**

笔者认为，家庭收入居于中间组的少数民族与汉族相差不大，主要是因为这部分少数民族多为非农户口，从事商业或"体制内"工作；而居于低组的刚好是这部分从事农林牧渔业工作，为农业户口的少数民族。2012 年全年家庭总支出在 1 万—3 万元这一范围的家庭最大，占 50.8％，支出在 5000—1 万元和 3 万—6 万元的家庭次之。支出一项我们细分为生活消费支出、全年民俗支出（包括节日各项支出，这其中也包括信仰或宗教性支出）、全年人情往来费用，然后按不同范围分成各个小组。从数据分析来看，支出最多的部分是生活消费支出和人情往来支出，生活消费支出在 1000—2 万元的家庭占 84.8％，其中 1000 元以上 1 万元以内的占

---

60.8%，1 万—2 万元的仅占 24%，超过 2 万元的仅有 13%，不足 1000
元的仅有 2.1%。民俗支出为 500—3000 元的占 71.7%，3000—5000 元的
为 13%，此项支出在 500 元以下的不足 5%。在人情往来方面，支出在
1000—5000 元的家庭几乎为一半的数量，为 48.4%，5000—1 万元的占
22%，只有 9.4% 的家庭 2012 年全年人情往来的花费在 1000 元以下。
20% 的家庭人情往来费用超过 1 万元。有 55.6% 的家庭 2012 年借款总额
在 2 万—10 万元，28.4% 的家庭借款在 2 万元以下，包括全年无借款的
3.4% 的家庭。

从以上的分析可看出，无论是个人还是家庭，收入和支出成正比关
系，个人收入支出在 5000 元以下的占比重最大，而家庭收入支出则都集
中在 1 万—3 万元的范围。

家庭年支出在 5000 元以下和 5000—1 万元的家庭以农业户口居多，
在 3 万—6 万元和 6 万元以上的家庭以非农户口居多，而居于中间组的 1
万—3 万元的家庭农业户口与非农户口基本持平。

表 2 –7　　　　　　　　　　　家庭支出总额分布情况

| 家庭支出总额 （%） | 农业户口受访者 | 百分比（%） | 非农户口受访者 | 百分比（%） |
|---|---|---|---|---|
| 5000 以下 | 25 | 13.66 | 11 | 6.11 |
| 5000—1 万 | 35 | 19.13 | 28 | 15.56 |
| 1 万—3 万 | 92 | 50.27 | 91 | 50.56 |
| 3 万—6 万 | 25 | 13.66 | 37 | 20.56 |
| 6 万以上 | 6 | 3.28 | 13 | 7.22 |
| 合计 | 183 | 100 | 180 | 100 |

根据受访者自报的 2012 年家庭收入支出数额以及家庭人口总数，得
到了镇宁县农业户口受访家庭的人均收入为 4833.14 元，家庭总消费人均
支出 4225.553 元。城镇受访家庭的人均年收入为 13746.46 元，家庭总消
费人均支出是 8280.75 元。由此可见，城乡收入和消费差距在镇宁县较为
明显。劳务收入（工资、务工）占城镇受访家庭总收入的 96%，占农村
受访家庭的 87.71%；全年民俗支出（包括节日各项支出）在农村受访家
庭中占总支出的 53.56%，在城镇受访家庭中占总支出的 57.81%；宗教
信仰支出的比例在城乡都不高，城镇受访家庭是 3%，农村受访家庭是
0.1%；全年人情往来费用农村受访家庭占全年总支出的 30.03%，城镇

受访家庭该比例是 37%。

（二）个人收入与支出

看表可知：2012 年受访者个人总收入在 5000 元以下的比重是 32.15%，位居第二；在 5000—1 万元这个范围的占 16.22%，在 1 万—3 万元的占比 32.74% 是比例最高的，3 万—6 万元的占有 15.93%，在 6 万元以上的 2.95%；均值为 15428.18 元。农业户口受访者主要集中在 5000 元以下，占比 52.6%，其次是 1 万—3 万元的区间；城镇受访者主要集中在 1 万—3 万元的区间。

表 2-8　　　　　　　　受访者个人收入情况

| | 频率 | 百分比（%） | 农业户口受访者 | 百分比（%） | 非农户口受访者 | 百分比（%） |
|---|---|---|---|---|---|---|
| 5000 元以下 | 109 | 32.15 | 91 | 52.60 | 18 | 10.84 |
| 5000—1 万元 | 55 | 16.22 | 32 | 18.50 | 23 | 13.86 |
| 1 万—3 万元 | 111 | 32.74 | 39 | 22.54 | 72 | 43.37 |
| 3 万—6 万元 | 54 | 15.93 | 8 | 4.62 | 46 | 27.71 |
| 6 万元以上 | 10 | 2.95 | 3 | 1.73 | 7 | 4.22 |
| 合计 | 339 | 100 | 173 | 100.00 | 166 | 100.00 |

其中，收入来自出租收入的情况如下：出租收入的受访者主要集中在农村，有 103 位受访者自报有出租收入占样本总量 206 位的一半，城镇有出租收入的仅有 5 人。农村的出租收入主要是土地出租。

表 2-9　　　　　　　　主要职业与劳务收入交叉制表

| | 5000 元以下（%） | 5000—1 万元（%） | 1 万—3 万元（%） | 3 万—6 万元（%） | 6 万元以上（%） | 合计 | 样本量（个） |
|---|---|---|---|---|---|---|---|
| 国家机关党群组织、企事业单位负责人 | 3.33 | 3.33 | 33.33 | 56.67 | 3.33 | 100 | 30 |
| 专业技术人员 | 50.00 | 10.00 | 20.00 | 20.00 | 0.00 | 100 | 10 |
| 办事人员和有关人员 | 13.33 | 6.67 | 60.00 | 20.00 | 0.00 | 100 | 30 |
| 商业人员 | 15.38 | 10.26 | 53.85 | 7.69 | 12.82 | 100 | 39 |
| 农林牧渔水利生产人员 | 47.83 | 32.61 | 17.39 | 2.17 | 0.00 | 100 | 46 |
| 生产、运输设备操作人员及有关人员 | 0.00 | 11.11 | 77.78 | 0.00 | 11.11 | 100 | 9 |
| 军人 | 0 | 0 | 100 | 0 | 0 | 100 | 1 |

续表

| | 5000 元以下（%） | 5000—1 万元（%） | 1 万—3 万元（%） | 3 万—6 万元（%） | 6 万元以上（%） | 合计 | 样本量（个） |
|---|---|---|---|---|---|---|---|
| 不便分类的其他从业人员 | 7.69 | 30.77 | 46.15 | 15.38 | 0.00 | 100 | 13 |
| 不适用 | 33.96 | 22.64 | 33.96 | 7.55 | 1.89 | 100 | 53 |
| 合计 | 24.46 | 17.17 | 39.91 | 15.02 | 3.43 | 100 | 233 |

2012 年个人支出主要集中在 1 万—3 万元和 5000 元以下这两个区间，农村受访者主要集中在 5000 元以下，城镇受访者主要集中在 1 万—3 万元。

表 2 - 10　　　　　　　　　受访者个人支出情况

| | 频率 | 百分比（%） | 农业户口受访者 | 百分比（%） | 非农户口受访者 | 百分比（%） |
|---|---|---|---|---|---|---|
| 5000 元以下 | 95 | 30.06 | 77 | 44.77 | 18 | 12.50 |
| 5000—1 万元 | 79 | 25.00 | 45 | 26.16 | 34 | 23.61 |
| 1 万—3 万元 | 113 | 35.76 | 41 | 23.84 | 72 | 50.00 |
| 3 万—6 万元 | 26 | 8.23 | 7 | 4.07 | 19 | 13.19 |
| 6 万元以上 | 3 | 0.95 | 2 | 1.16 | 1 | 0.69 |
| 合计 | 316 | 100 | 172 | 100.00 | 144 | 100 |

## 四　城乡受访家庭的生活条件

本部分将从住房条件、做饭水源和能源条件、卫生条件、家庭物品拥有量等方面来描述家庭生活条件。其中住房条件主要关注住房拥有量、住房困难率、便捷程度、家庭总人口数与住房面积的关系，改善住房的意愿和住房政策满意程度也在讨论范围之列；能源条件主要描述家庭使用能源的类型及城乡使用上的区别；卫生条件和家庭拥有物品仅做简要分析。

住房条件是经济生活情况的一个重要侧面，城乡受访者家庭平均拥有 1 套住房，农村拥有 2 套及以上住房的比例高于城镇，农村没有住房的比例低于城镇。据统计，98.04% 的农村受访家庭仅拥有自有住房（拥有产权），城镇受访者家庭该比例是 82.51%。从现有的住房面积来看，农村受访家庭的住房面积大于城镇受访家庭。

表 2-11　　　　　　　　　　　住房和生活情况

| | 农业户口受访家庭 | 百分比（%） | 非农业户口受访家庭 | 百分比（%） |
|---|---|---|---|---|
| 平均拥有住房数（套） | | | | |
| 　没有 | 2 | 0.97 | 8 | 4.12 |
| 　1 套 | 179 | 86.89 | 177 | 91.24 |
| 　2 套及以上 | 25 | 12.14 | 9 | 4.64 |
| 　合计 | 206 | 100 | 194 | 100 |
| 住房面积 | | | | |
| 　0—40 平方米 | 7 | 3.40 | 25 | 12.96 |
| 　40—80 平方米 | 39 | 18.93 | 38 | 19.69 |
| 　80—120 平方米 | 68 | 33.01 | 55 | 28.50 |
| 　120—200 平方米 | 64 | 31.07 | 42 | 21.76 |
| 　200 平方米以上 | 28 | 13.59 | 33 | 17.10 |
| 　合计 | 206 | 100 | 193 | 100 |
| 住房的性质 | | | | |
| 　自有住房 | 201 | 98.04 | 151 | 82.51 |
| 　租/住廉租房 | 1 | 0.49 | 11 | 6.01 |
| 　租/住亲友房 | 2 | 0.98 | 8 | 4.37 |
| 　租/住私人房 | 1 | 0.49 | 10 | 5.46 |
| 　集体宿舍 | 0 | | 3 | 1.65 |
| 　合计 | 205 | 100 | 183 | 100 |
| 住宅外道路情况 | | | | |
| 　水泥或柏油路面 | 69 | 33.82 | 190 | 99.48 |
| 　沙石或石板等硬质路面 | 75 | 36.76 | 1 | 0.52 |
| 　自然土路 | 58 | 28.43 | | |
| 　其他 | 2 | 0.98 | | |
| 　合计 | 204 | 100 | 191 | 100 |
| 卫生设备 | | | | |
| 　水冲式厕所 | 34 | 16.67 | 164 | 84.97 |
| 　旱厕 | 151 | 74.02 | 23 | 11.92 |
| 　无厕所 | 19 | 9.31 | 6 | 3.11 |
| 　合计 | 204 | 100 | 193 | 100 |

续表

| | 农业户口<br>受访家庭 | 百分比（%） | 非农业户口<br>受访家庭 | 百分比（%） |
|---|---|---|---|---|
| 做饭的主要用水 | | | | |
| 　井水/山泉水 | 33 | 16.02 | 2 | 1.04 |
| 　窖水 | 4 | 1.94 | | |
| 　自来水 | 162 | 78.64 | 191 | 98.96 |
| 　其他 | 7 | 3.4 | | |
| 　合计 | 206 | 100 | 193 | 100 |
| 做饭的主要原料 | | | | |
| 　柴草（秸秆类） | 64 | 31.22 | 3 | 1.55 |
| 　煤炭 | | | 1 | 0.52 |
| 　煤气/液化气/天然气 | | | 1 | 0.52 |
| 　沼气 | 2 | 0.98 | | |
| 　电 | 139 | 67.80 | 189 | 97.42 |
| 　合计 | 205 | 100 | 194 | 100 |
| 住房类型 | | | | |
| 　钢筋混凝土结构 | 92 | 45.32 | 173 | 90.1 |
| 　混合结构 | 38 | 18.72 | 6 | 3.13 |
| 　砖木结构 | 71 | 34.98 | 9 | 4.69 |
| 　其他 | 2 | 0.99 | 4 | 2.08 |
| 　合计 | 203 | 100 | 192 | 100 |

　　城乡受访家庭做饭用水主要的来源为自来水，农村受访家庭中有16.02%的比例为井水或山泉水。

　　在做饭的能源方面，城乡受访家庭均使用电力作为主要原料，有31.22%的农业户口家庭仍然使用柴草（秸秆类）做饭，还有很少数的家庭使用煤炭、煤气（液化气或天然气）及沼气。可见在镇宁县，大部分农业户口和非农业户口受访家庭在做饭的水源、能源使用上区别不大，自来水、电力的使用已经非常普遍，具有很大的便利性。

　　城镇受访家庭的卫生设备以水冲式厕所为主，农村受访家庭的旱厕占大多数。可见在农村使用旱厕的较多，而非农业户口大多使用水冲式厕所。

　　住房的建筑类型为钢筋混凝土结构的农村受访家庭占45.32%，城镇受访家庭占90%；农村受访家庭还有一定比例的混合结构和砖木结构。一般来说，从事农业劳动的家庭主要分布在农村地区，建筑类型为混合结构和砖木结构的较多，农村建房用地的限制比城镇宽松，住房包括院落和房子周围的一些配套建筑，面积比较大，实地调查发现农业户口大部分都拥有独栋住宅，因此人均住房面积较多。而城镇户口住房主要是钢筋混凝土结构，居住楼房，且买房的经济压力较大，因此总体上看城镇住房困难率高于农村。

现有住房的便利程度方面，38.54%的农村受访家庭和71.2%的城镇受访家庭认为很便利或比较便利，20.94%的城镇受访家庭和31.17%的农村受访家庭认为便利程度一般，29.74%的农村受访家庭和7.85%的城镇受访家庭认为不太便利或不便利。在改善住房的意愿上，39.51%的农村受访家庭和20.94%的城镇受访家庭表示很迫切或比较迫切，39.02%的农村受访家庭和30.89%的城镇受访家庭认为一般，21.46%的农村受访家庭和48.17%的城镇受访家庭不迫切或不想改善，这表明非农业户口对现有住房的满意程度更高。

而如果想改善住房，85.89%的农村受访家庭和28.71%的城镇受访家庭会选择自建新房，45.54%的城镇受访家庭和3.07%的农村受访家庭会选择购买商品房，11.88%的城镇受访家庭会购买经济适用房，购买单位筹资共建房、换租更大的房子、购买小产权房或农村私有住房的比例总和城镇不足5%，农村不足3%。这也说明，农村改善住房主要通过自建新房的方式，而城镇主要通过购买商品房、自建或购买经济适用房的方式。

在对目前的住房和住房政策满意程度方面，23.9%的农村受访者和52.06%的城镇受访者表示很满意或满意，34.15%的农村受访者表示不太满意或不满意，城镇受访者该比例是18.04%；针对政府商品房的政策评价主要集中在城镇受访者中，有93.17%的农村受访者对此政策不清楚，感到很满意或满意的城镇受访者比例有30.41%；有11.86%的城镇受访者表示不满意。认为政府对两限房政策很满意或满意的城镇受访者比例是23.83%；表示很满意或满意政府有关廉租房的政策的城镇受访者占28.35%；而政府对经济适用房的政策方面，表示很满意或满意的占城镇受访者总数的29.90%，三项中持不满意态度的城镇受访者占比都在7%以下，同时也有相当比例的城镇受访者对这些政策不清楚。农村受访者对上述三个方面持不清楚态度的比例都在90%以上。有41%的城乡受访者对农村住房改造政策不清楚，认为很满意或满意的农村受访者占18.05%，城镇受访者占比为32.99%。

在家庭物品拥有量方面，将着重从家用电器和交通工具等方面进行分析。

80.58%的农村受访家庭拥有1台及以上显像管电视，城镇受访家庭该比例是63.92%。城镇受访家庭37.63%拥有液晶或等离子电视，农村受访家庭的比例是11.17%；45.15%的农村受访家庭和85.57%的城镇受访家庭拥有洗衣机；仅有13.41%的城镇受访家庭和2.43%的农村受访家庭拥有照相机或摄像机；拥有空调自备发电机的城镇受访家庭比例很低。城镇受访家庭中没有冰箱的比例占18.04%，农村受访家庭该比例远远高于城镇为70.87%。45.36%的城镇受访家庭拥有台式电脑，农村受访家庭中该比例只有3.88%；15.03%的城镇受访家庭有笔记本电脑，农村只有2.91%的受访家庭拥有笔记本电脑。没有手机的城镇受访家庭比例均为8%，这说明手机在镇宁县已经很普及，而且城镇拥有2部以上手机的受访家庭比例是77.84%，农村受访家庭比例为57.28%。可见手机、显像管电视、洗衣机的拥有量较高，其次是冰箱，均是家庭生活比较需要的物品，而如电脑则城镇受访家庭拥有比例明显高于农村。

交通、通信工具：16.49%的城镇受访家庭拥有1辆轿车或面包车，农村受访家庭该比例是3.88%；29.61%的农村受访家庭拥有摩托车，城镇受访家庭该比例是13.92%。拥有农用车的城镇受访家庭都很少。交通工具拥有较少，不仅与经济发展水平相关，且与当地多山、道路崎岖、人们习惯步行有关。

## 第三节 镇宁布依族苗族自治县民族文化与教育

民族语言和文字是民族传统文化的瑰宝，很多少数民族都有自己的语言，早期民族教育的特点是在实践中接受教育，即口传身教。近几十年来，国家越来越重视双语教学，旨在保护和传承优秀的少数民族文化。下面我们将讨论民族文化、传统与教育，而这又与民族认同有关。

### 一 民族语言与文字

对于小时候最先会说的语言，苗族、布依族和农村总体的少数民族都是本民族语言占绝大多数，苗族中有18.52%，布依族有8.7%，7.91%的农村少数民族受访者小时候最先会说汉语方言，城镇少数民族有60%的比例最先会说汉语方言。几乎全部的少数民族受访者都会使用汉语方言，本民族语言的使用主要集中在苗族、布依族和农村少数民族。城镇少数民族受访者利用普通话交谈的比例是85.71%，能使用本民族语言的城镇受访者只有45.71%。

表2-12　　　　　镇宁县少数民族语言文字使用情况　　　　单位:%

| | 苗族 | 布依族 | 农村少数民族受访者 | 城镇少数民族受访者 |
|---|---|---|---|---|
| 小时候最先会说的语言 | | | | |
| 普通话 | 0 | 0 | 0 | 0 |
| 汉语方言 | 18.52 | 8.7 | 7.91 | 60.00 |
| 本民族语言 | 86.42 | 92.17 | 93.79 | 45.71 |
| 样本量（个） | 81 | 115 | 177 | 35 |
| 用于交谈的语言 | | | | |
| 普通话 | 28.40 | 37.39 | 27.12 | 85.71 |
| 汉语方言 | 100 | 99.13 | 98.87 | 97.14 |
| 本民族语言 | 88.89 | 93.04 | 96.05 | 45.71 |
| 样本量（个） | 81 | 115 | 177 | 35 |
| 语言程度 | | | | |
| 普通话 | | | | |
| 熟练使用 | 57.14 | 46.94 | 45.00 | 82.76 |
| 不太熟练 | 32.15 | 28.57 | 45.00 | 17.24 |
| 能听懂一些但不会说 | 7.14 | 18.37 | 8.33 | |
| 听不懂也不会说 | 3.57 | 6.12 | 1.67 | |
| 汉语方言 | | | | |
| 熟练使用 | 98.75 | 58.26 | 72.57 | 97.06 |
| 不太熟练 | 1.25 | 40.0 | 26.59 | 2.94 |
| 能听懂一些但不会说 | | 0.87 | 0.57 | |
| 听不懂也不会说 | | 0.87 | 0.57 | |
| 本民族语言 | | | | |
| 熟练使用 | 98.16 | 96.30 | 98.82 | 64.71 |
| 不太熟练 | 1.39 | 1.85 | 0.59 | 29.41 |
| 能听懂一些但不会说 | | 0.93 | | 5.88 |

|  | 苗族 | 布依族 | 农村少数民族受访者 | 城镇少数民族受访者 |
|---|---|---|---|---|
| 听不懂也不会说 |  | 0.93 | 0.59 |  |
| 样本量（个） | 72 | 108 | 175 | 34 |
| 汉字 |  |  |  |  |
| 会 | 25.93 | 40.87 | 30.51 | 77.24 |
| 会一些 | 39.51 | 31.30 | 35.03 | 22.76 |
| 不会 | 34.56 | 27.83 | 34.46 |  |
| 汉字水平 |  |  |  |  |
| 流利书写或能书写书信 | 37.04 | 42.61 | 34.46 | 94.29 |
| 掌握文字数量不够，书写不流利 | 14.81 | 18.26 | 18.08 | 2.86 |
| 掌握文字数量太少，只能写简单字句 | 13.58 | 13.91 | 14.69 | 2.86 |
| 完全不能用文字书写 | 34.57 | 25.22 | 32.77 | 0 |
| 样本量（个） | 81 | 115 | 177 | 35 |

能熟练使用普通话的城镇少数民族受访者有 82.76%，农村少数民族熟练使用普通话的比例为 45%，苗族该比例是 57.14%，高于布依族 10.2 个百分点。听不懂也不会说的农村少数民族受访者只有 1.67%，布依族该比例高于苗族 2.55 个百分点。苗族、布依族和农村少数民族能熟练使用本民族语言的比例达到了 96% 以上，城镇少数民族熟练使用本民族语言的比例是 64.71%，低于农村少数民族受访者。

会汉字的城镇少数民族比例最高为 77.24%，其次是布依族、农村少数民族和苗族；城镇少数民族的汉字水平也是最高的，布依族、苗族和农村少数民族的文字水平与汉字的情况基本类似，这也说明城镇少数民族的汉字水平明显高于其他的少数民族。

问及是否愿意说民族语言时，城镇少数民族受访者有 5% 的比例不愿意说；无论是苗族、农村少数民族还是城镇少数民族都是"只在和本民族人在一起时才愿意说"的比例明显高于"很多时候都愿意说"的比例；城镇少数民族受访者"很多时候都愿意说"的比例是各类受访者中最低的。

对是否愿意送子女到双语学校学习，表示很愿意的人占有效百分比的 72% 以上，愿意的主要原因是认为学习双语便于交流（包括与别人交流和自家交流）；仅有 6.17% 的苗族受访者、2.61% 的布依族受访者、4.52% 的农村少数民族受访者和 2.86% 的城镇少数民族受访者表示不愿意；而不清楚双语教育效果是他们不愿意的主要原因。

表 2-13　　　　　　　　　　双语教育情况　　　　　　　单位:%

| | 苗族 | 布依族 | 农村少数民族受访者 | 城镇少数民族受访者 |
|---|---|---|---|---|
| 民族语言 | | | | |
| 不愿意说 | 1.32 | | 0.58 | 5.00 |
| 很多时候都愿意说 | 36.84 | 55.05 | 47.40 | 35.00 |
| 只在和本民族人在一起时才愿意说 | 61.84 | 44.95 | 52.02 | 60.00 |
| 送子女到双语学校 | | | | |
| 愿意 | 88.89 | 72.17 | 78.53 | 88.57 |
| 不愿意 | 6.17 | 2.61 | 4.52 | 2.86 |
| 无所谓 | 4.94 | 25.22 | 16.95 | 8.57 |
| 说当地汉话的好处 | | | | |
| 方便与其他民族交往 | 52.50 | 53.15 | 52.60 | 47.06 |
| 方便做买卖 | 2.50 | 1.80 | 1.73 | 5.88 |
| 对工作生活各方面都有好处 | 45.00 | 43.24 | 44.51 | 47.06 |
| 没太大好处 | | 1.80 | 1.16 | |
| 双语教育效果 | | | | |
| 好 | 55.56 | 33.93 | 40.23 | 55.56 |
| 一般 | 11.11 | 29.46 | 22.41 | 11.11 |
| 不好 | 2.47 | 3.57 | 2.87 | 2.47 |
| 不清楚 | 30.86 | 33.04 | 34.48 | 30.86 |
| 样本量（个） | 81 | 112 | 174 | 35 |

在评价少数民族地区双语教育的效果方面，55.56% 的苗族受访者和 55.56% 城镇少数民族受访者认为好，布依族该比例是 33.93%，农村少数民族受访者是 40.23%。各类受访者认为不好的比例很低，这说明当地少数民族对双语教育比较满意，但各类受访少数民族人群中有 1/3 的比例对双语教育效果表示不清楚。

人们认为会说当地汉话有很多好处，其中最重要的两个好处是方便与其他民族交往和对工作生活各方面都有好处，苗族、布依族和农村少数民族受访者选择方便与其他民族交往的比例明显高于认为对工作生活各方面都有好处的比例，城镇少数民族受访者两个比例一样。

## 二　民族传统

最具本地特色的传统文化类型问卷中罗列了 11 项，苗族受访者选择比例依次是传统服饰（87.65%）、传统节日（85.19%）、人生礼仪（35.8%）、传统文娱活动（8.64%）、传统饮食（7.41%）、人际交往习俗（6.17%）、传统民居（4.94%），其他四项的选择比例都低于2%。布依族受访者选择比例依次是传统服饰（91.3%）、传统节日（84.35%）、传统文娱活动（37.39%）、传统民居（26.09%）、传统饮食（8.7%）、人生礼仪（4.35%），其他四项的选择比例都低于2%。

留存或传播较好的本民族文化类型中，苗族受访者前三位与最具本地特色的传统文化类型完全一致，后四位的内容完全一致只是排列顺序略有不同；布依族受访者认为留存或传播较好的本民族文化类型依次是传统服饰、传统节日、传统文娱活动、传统民居、传统饮食和人生礼仪。

而已经濒危失传亟须恢复的文化类型中，苗族受访者选择比例主要集中在传统节日（52.31%）、传统服饰（46.15%）、传统民居（9.23%）；布依族受访者选择比例主要集中在传统服饰（64.49%）、传统节日（56.07%）、传统文娱活动（46.73%）、传统民居（24.3%）、传统饮食（14.95%）。

受访者认为自己的子女和自己及上辈人相比，愿意接受本民族语言、本民族文化、本民族风俗习惯，苗族几乎没有不愿意样本和比例，表示无所谓的受访者不足2%；布依族表示不愿意的比例不足1%，表示无所谓的受访者比例不足5%。

受访者了解本民族或其他民族民俗文化的最主要渠道是家庭内的口口相传或者耳濡目染，苗族和布依族该比例分别达到了86.42%和93.86%；位居第二的渠道是村庄或社区的生产、生活和文化活动，苗族受访者该比例是56.79%，布依族该比例是41.23%；名列第三的是广播、电视、互联网等，苗族受访者该比例是25.93%，布依族受访者该比例是22.81%；苗族受访者认为学校教育是传承渠道的比例为12.35%，布依族受访者该比例是18.42%。

### 三  民族文化的保护

对当地政府保护民族文化各项工作的评价中，苗族和布依族的满意度平均都达到了 80% 以上，对国家保护民族文化政策的评价达到了 85% 以上，但有部分受访者选择了不好说，尤其是布依族有 1/3 左右的受访者选择了不好说。这既有可能是受访者对上述内容不熟悉不了解，也可能是无法给出一个确定的评价。

问卷中有关城市建设涉及历史建筑（以旧的传统民居和祖屋为主）的改造拆迁问题时，涉及城市建设问题，所有农村受访者表示不清楚的比例达到了 68%，城镇受访者认为保持原貌的比例最高达到了 46.11%，其次是保持外形但内部可以改造，该比例是 22.8%。

表 2 - 14    当地城市建设中的历史建筑（以旧的
传统民居和祖屋为主）改造拆迁意向

|  | 农业户口受访者 | 百分比（%） | 非农业户口受访者 | 百分比（%） |
|---|---|---|---|---|
| 保持原貌不动 | 17 | 8.50 | 89 | 46.11 |
| 保持外形但内部可改造 | 21 | 10.50 | 44 | 22.80 |
| 拆迁 | 22 | 11.00 | 1 | 0.52 |
| 异地重建 | 4 | 2.00 | 2 | 1.04 |
| 不清楚 | 136 | 68.00 | 57 | 29.53 |
| 样本量（个） | 200 | 100 | 193 | 100 |

如果城市建设中自己的房屋被计划拆迁，城镇受访者的态度是：只要价钱合理就行的受访者占 33.16%，服从国家需要的占 44.56%，看周围邻居态度和价钱再高也不愿意拆迁的比例分别是 8.81% 和 4.15%，看拆迁工作的方式方法比例达到了 9.33%。农村受访者认为只要价钱合理就行的受访者比例为 52.68%，服从国家需要的占 22.93%，看拆迁工作的方式方法比例是 16.59%，其他方式的比例都不足 5%。

当开发旅游资源和保护本民族文化遗产发生冲突时，苗族受访者、布依族和农村受访者倾向于以发展经济、提高现代生活水平为主，汉族和城镇受访者倾向于保护本民族传统文化为主，不赞同过度商业化。从数据上看，苗族、布依族和农村受访者选择不好说的比重稍多。因苗族和布依族主要分布在镇宁县的农村，汉族主要居住在城镇，所以农村居民生活水平低，主要考虑经济发展提高生活水平，城镇居民虽然以汉族为主，但因达到了一定的生活水平，所以对精神生活包括对民族文化的重视要多于农村受访者。

**表 2 - 15　当开发旅游资源和保护本民族文化遗产冲突时的受访者倾向 单位:%**

|  | 汉族 | 苗族 | 布依族 | 农村受访者 | 城镇受访者 |
|---|---|---|---|---|---|
| 以发展经济，提高现代生活水平为主 | 36.36 | 28.75 | 30.36 | 32.51 | 33.33 |
| 保护本民族传统文化为主，不赞同过度商业化 | 37.97 | 27.50 | 13.39 | 15.27 | 44.27 |
| 不好说 | 25.67 | 43.75 | 56.25 | 52.22 | 22.40 |
| 样本量（个） | 187 | 80 | 112 | 203 | 192 |

# 第四节　镇宁布依族苗族自治县民族关系与身份认同

## 一　民族间交往

本次调查的镇宁地区，除了分别有 3%、2.25% 的汉族受访者表示自己信仰佛教或民间宗教以外，受访的其他民族几乎都表示自己没有宗教信仰。宗教信仰作为民族文化的重要部分，而宗教信仰的差别对民族间交往有一定程度的影响，这种现象在穆斯林和非穆斯林群体中非常显著。同时作为世界著名大瀑布之一、国家 5A 级景区的黄果树瀑布景区所在地，旅游的发展促进了各民族间的进一步了解和交往。因此，从数据分析来看，调查地的民族交往态势良好。

数据显示，有 70.3% 的汉族受访者有三个以上最好的其他民族朋友，74.3% 的汉族受访者有一个或一个以上其他民族的朋友；愿意和少数民族聊天、愿意与他们成为邻居、愿意与他们一起工作的汉族受访者均占有效百分比 98.4%，愿意与他们成为亲密朋友和愿意与他们结为亲家的均占 96.8%。而对于少数民族来说，愿意和汉族聊天、愿意与他们成为邻居的均占有效百分比 98.5%，愿意与他们一起工作占有效百分比 96.7%，愿意与他们成为亲密朋友的占 95.6%，愿意与他们结为亲家的占 95.7%。由此可见，当地少数民族与汉族的关系比较融洽，能够和平共处，在生活、工作和婚姻方面都可以相互交流。

对于不同民族间的通婚：汉族和少数民族对女儿外嫁、儿子娶妻为其他民族、对孙女或姐妹外嫁其他民族、对孙子或兄弟娶妻为其他民族表示不太介意的都占90%。可见当地人对族际间通婚持宽容态度。

谈及少数民族身份的影响时，占有效百分比87%的人表示在对当地的社会交往、工作结业、日常生活中没有不便利的问题，86.4%的人表示在外出旅行、出国时无不便利的问题。

## 二　地域间交往

在当地户籍的受访人中，对于到本地的外来人员，有 46.08% 的农村受访者和56.45%的城镇受访者表示非常欢迎，43.14%的农村受访者和41.94%的城镇受访者表示比较欢迎，两者之和占比为 89.22% 和98.39%，这说明绝大部分当地人对外来人员的流入持欢迎态度。仅有0.98%的农村受访者表示不欢迎。

表 2-16　　　　　　　当地城乡受访者对外来流入人员的态度

| | 频率 | 百分比（%） | 农业户口受访者 | 百分比（%） | 非农户口受访者 | 百分比（%） |
|---|---|---|---|---|---|---|
| 非常欢迎 | 199 | 51.4 | 94 | 46.08 | 105 | 56.45 |
| 比较欢迎 | 166 | 42.9 | 88 | 43.14 | 78 | 41.94 |
| 不欢迎 | 2 | 0.5 | 2 | 0.98 | | |
| 视情况而定 | 11 | 2.8 | 9 | 4.41 | 2 | 1.08 |
| 无所谓 | 9 | 2.3 | 11 | 5.39 | 1 | 0.54 |
| 合计 | 387 | 100.0 | 205 | 100 | 186 | 100 |

对欢迎外来人员来当地工作生活的原因，93.5%的人认为增强了民族间的交往，92.1%的人很同意或同意开阔了当地人的眼界，90.7%的人很同意或同意外来人口有利于弘扬本地的民族文化，88.9%的人认为外来人口增加了当地的劳动力市场，84.2%的人很同意或同意增加了当地的投资，83.7%的人认为带来了先进技术和管理方式，84.1%的人同意有利于缩小区域间的差距，79%的人认为提高了当地的服务水平，78.2%的人很同意或同意扩大了当地的就业机会，78.2%的人认为有利于国家安全。

外来者对当地对投资管理的态度、当地的社会包容性、当地的自然环境、投资当地的盈利状况（与东中部地区比较）、当地的社会交往、当地的社会安全性这几方面满意程度较高，投资环境、当地日常生活的便利性、当地对投资管理的效率认为好与不好各占一半，综合来看，外来者对当地的自然资源、社会交往、社会安全满意度较高，但对投资管理、投资环境、当地社会生活的便利性还颇有微词，因此要吸引外来人口，当地政府在投资环境、管理方面还有很多可以改进的空间，同时应该加强社会基础设施建设，增加生活的便利性。当问及外来者是否愿意加大投资或在当地长期居住时，75%的人表示愿意。

有过进城工作或生活经历的农业户口受访者对城市不习惯的地方在于：认为各类开销多经济压力大的占24%，8.8%的人认为城市太大，生活不方便，认为文化水平和技能低，难以找到满意的工作的占8%，认为收入和社会地位低，被人看不起的占7.8%，认为人际关系淡漠难有真朋友、住房拥挤的各占4.3%。可见，农民工在城市中工作或生活，经济问题是最重要的难题。

66.02%的农村受访者表示愿意生活在城镇或城市，33.98%的农村受访者表示不愿意；38.34%的城镇受访者表示愿意生活在城镇或城市。如下表可知：其中愿意的原因是：56.72%的农村受访者和52.63%的城镇受访者认为生活便利，其次是26.87%的农村受访者和21.05%的城镇受访者认为挣钱机会多，收入高于农村，倾向于其余理由的人较少。

**表2-17**　　　　　　　**城乡受访者选择生活在城市的原因**

| | 频率 | 百分比（%） | 农业户口受访者 | | 非农业户口受访者 | |
|---|---|---|---|---|---|---|
| | | | 频率 | 百分比（%） | 频率 | 百分比（%） |
| 生活便利 | 116 | 55.5 | 76 | 56.72 | 40 | 52.63 |
| 挣钱机会多，收入高于农村 | 52 | 24.9 | 36 | 26.87 | 16 | 21.05 |
| 看病上学方便 | 23 | 11.0 | 14 | 10.45 | 9 | 11.84 |
| 文化生活丰富 | 2 | 1.0 | 1 | 0.75 | 2 | 2.64 |
| 社会地位高于农村 | 5 | 2.4 | 3 | 2.24 | 2 | 2.63 |
| 信息多，提高个人能力途径多 | 11 | 5.3 | 4 | 2.99 | 7 | 9.21 |
| 合计 | 209 | 100.0 | 134 | 100 | 76 | 100 |

### 三　民族身份认同

民族文化可谓是民族认同的重要纽带。我们看到，在民族认同方面，受访者认为当前我国的民族意识的发展趋势是：14.5% 的受访者（8.25% 为汉族）认为各民族更加认同本民族意识，43.5% 的受访者（29.25% 为汉族、9.5% 为布依族）认为更加认同中华民族，25.5% 的受访者（12.25% 为苗族、8.75% 为布依族）认为既认同本民族也认同中华民族。因此，认同中华民族的实际上占 69%，近 7 成的人对中华民族这一大的范畴有认同感。普遍认为会更加认同本民族的苗族和布依族的比例远低于汉族，甚至认为更加认同中华民族的布依族比例高于认为更加认同本民族意识的 8%。

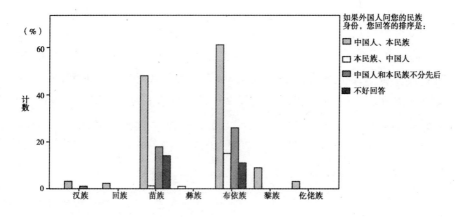

**图 2 - 3　民族身份的认同**

如果有外国人问起自己的身份，回答问题的汉族受访者只有 4 人，苗族 81 位受访者、布依族 113 位受访者；选择中国人、本民族的苗族受访者比例是 59.25%，布依族受访者比例是 53.98%；选择中国人和本民族不分先后的苗族受访者比例是 22.22%，布依族受访者比例是 23.01%，选择本民族、中国人的苗族受访者比例是 1.23%，布依族受访者比例是 13.27%，选择不好回答的苗族受访者比例是 17.28%，布依族该比例是 9.73%。同之前的民族认同意识趋势调查相一致，大部分受访者对自己的国民身份的意识排在本民族身份的意识之前。

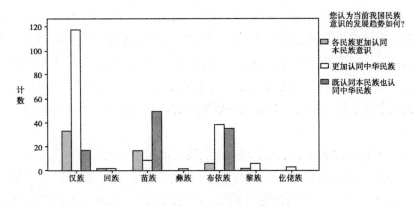

图 2 - 4　民族身份意识图

## 四　对民族关系的评价

就全国来看，人们认为下列时期不同民族关系很好或较好的：改革开放前（35.8%），改革开放初期（43.8%），建立社会主义市场经济体制时期（67.3%），最近五年占 51.6%；就本地（本县、县级市、区）来看，认为不同民族关系很好或较好的：改革开放前（43.3%），改革开放初期（50.1%），建立社会主义市场经济体制时期（65%），最近五年占64%。从数据可看出，无论全国还是本地，关系较好的时期是建立社会主义市场经济体制时期，都占 65% 左右，差一点的是改革开放初期，而最近五年不同民族关系在全国范围内好评率有所变化，下降 15.7 个百分点，但对当地影响较小。分不同民族即汉族、苗族、布依族，汉族受访者在不同时段的关系好评度逐段升高，从改革开放前的 32% 上升至最近五年的44%；苗族受访者也是对民族关系好评的比例越来越高，对最近五年的好评最高达到 81.48%，布依族从改革开放前至建立社会主义市场经济体制时期的好评逐步提升至 76.54%，最近五年的好评下降至 42.61%。

# 第五节　镇宁布依族苗族自治县城乡受访者的社会生活

## 一　公共生活与社会保障

在电视、网络收视信号和节目方面，只有 17.5% 的人能够收到国外的电视、网络信号和节目，其余大部分主要收看国内节目。人们出行选择步行的城镇受访者比例是 62.18%，农村受访者比例是 43.84%；选择公交车出行的农村受访者比例是 57.14%，城镇受访者该比例是 54.4%；农村受访者选择摩托车的有 25.12%，城镇受访者该比例是 8.81%；农村受访者还有 13.3% 的比例选择三轮车或拖拉机出行；城镇受访者有 15.03% 的比例乘坐小轿车出行，只有极少数城乡受访者会选择自行车或货运车辆出行。

公共基础设施离住处的距离：本次调查涉及了公共厕所、老年服务中心、公共卫生室或医院、活动中心（活动室、广场等）、教育设施（幼儿园、小学、中心）、治安设施（岗亭、警卫室等）、残疾人无障碍及康复设施、运动场所及器材共 10 项。从数据可知，城镇受访家庭中距离上述 10 项在 1 公里以内的比例有 42%—57%，远远高于农村受访家庭该比例。农村中只有农村小学距离受访家庭的距离在 1 公里以内的比例与城镇受访家庭的该比例持平。总体上，公共厕所、公共卫生室或医院、教育设施距离城乡受访家庭较近的比例较高，其他项目尤其在农村都距离较远，在 10 公里以上的占有一定的比例。

据统计分析，对本村基础设施的满意程度不容乐观，只对本村的公共卫生室或医院教育设施（幼儿园、小学等）表示非常满意或比较满意的比重稍高，分别为 40.7% 和 40.8%；满意度最低的是村道。从以上数据可见，很多地方还缺乏这些基础设施。

农业设施是高效农业的保障，根据调查得到的镇宁县 194 户农业户口受访家庭的农业灌溉方式的结果，采用自然水渠灌的和机电排灌的比重相近，分别是 45.4% 和 46.9%，这两种灌溉方式使用最多，而其他的如人力排灌和人力水窖仅占 7.7%。

认为这些基础设施能满足需要的占有效百分比 56.3%，仅比不能满足的 43.7% 高出 12.6%。人们对当地的大部分基础设施满意程度不高，基础设施还不能满足多数人的需要。

受访者所在村（或社区）基础设施建设的问题，79.1% 的人认为最大的是政府资金投入不足，其次依次是领导不重视（44.5%）、决策不透明（35.1%）、自然环境约束（16.2%）、村民意见不一（15.2%）、村民（或社区居民）筹资的积极性不高（11.5%）、规划不科学（7.5%）。

社会保障调查显示，镇宁县受访者中 7.3% 的人属于低保户，0.3% 的人为残疾人员，1.0% 的人为军属。25.8% 的人在 2012 年一共获得政府补助 1000 元，17.2% 的人获得 1000—3000 元，3.5% 的人获得 3000—5000 元，仅有 3% 的人获得 5000 元以上的政府补助。

参加社会保险的情况：除农村居民社会养老保险和新型农村合作医疗保险基本是农村受访者参加，其他的各类险种均是非农人口参加的多。户籍不同享受的保险及福利待遇存在很大差别，而诸如工伤保险、失业保险、生育保险覆盖率则非常低。

职业类型不同，享受的福利及保险也不同，从表 2 - 18 可看出，城镇职工养老保险、失业保险参加人数最多的都是国家机关、企事业单位负责人，而城镇居民养老保险、基本医疗保险都是商业人员参加得多，而农村居民养老保险和新型农村合作医疗保险则是农林牧渔业人员参加得多。

表 2 - 18　　　　　　　　　受访者个人参加社会保险情况

| | 国家机关党群组织、企事业单位负责人 | 专业技术人员 | 办事人员和有关人员 | 商业人员 | 农林牧渔水利生产人员 | 生产、运输设备操作人员及有关人员 | 不便分类的其他从业人员 | 从未工作过 | 不适用 | 全体 |
|---|---|---|---|---|---|---|---|---|---|---|
| 城镇职工养老保险 | 33.33% | 9.09% | 23.88% | 5.71% | 0.00% | 6.25% | 0.00% | 0.00% | 4.49% | 8.55% |
| 城镇居民养老保险 | 0.00% | 9.09% | 11.94% | 30.00% | 2.00% | 12.50% | 33.33% | 28.57% | 13.48% | 11.01% |
| 农村居民社会养老保险 | 4.76% | 22.73% | 0.00% | 5.71% | 43.50% | 18.75% | 11.11% | 19.05% | 26.97% | 23.19% |
| 城镇职工基本医疗保险 | 26.19% | 13.64% | 16.42% | 1.43% | 0.00% | 6.25% | 0.00% | 0.00% | 1.12% | 5.94% |
| 城镇居民基本医疗保险 | 4.76% | 13.64% | 20.90% | 47.14% | 1.00% | 18.75% | 40.74% | 19.05% | 19.10% | 15.65% |
| 新型农村合作医疗保险 | 5.95% | 22.73% | 1.49% | 10.00% | 53.50% | 37.50% | 14.81% | 19.05% | 31.46% | 28.55% |
| 工伤保险 | 1.19% | 4.55% | 7.46% | 0.00% | 0.00% | 0.00% | 0.00% | 4.76% | 1.12% | 1.45% |
| 失业保险 | 22.62% | 4.55% | 10.45% | 0.00% | 0.00% | 0.00% | 0.00% | 4.76% | 1.12% | 4.35% |
| 生育保险 | 1.19% | 0.00% | 7.46% | 0.00% | 0.00% | 0.00% | 0.00% | 4.76% | 1.12% | 1.30% |
| 样本量（个） | 84 | 22 | 67 | 70 | 200 | 16 | 27 | 21 | 178 | 690 |

过去一年中，25% 的受访者及家人享受到了老年津贴，获得 1000 元以下的占 5.3%，获得 1000—3000 元的占 3.3%，3000—1000 元的占

1%，10000 元以上的占 1.5%；19.5%的受访者及家人享受到了老年贫困补助，1000—6400 元不等，获得 1000 元以下的占 3.3%，获得 1000 元以上的占 3%。

医疗支出方面：2012 年个人医疗支出在 1000 元以下的占 27.5%，在 1000—3000 元范围内的占 6.0%，3000—5000 元的占 2.5%，5000—10000 元的占 3.8%，10000 元以上的占 4.5%。

个人共报销医疗费用：在 1000 元以下的占 23.8%，1000—3000 元的占 2.8%，3000—5000 元的占 1.8%，5000—10000 元的占 3.0%，10000 元以上的占 1.8%。全家医疗支出：在 1000 元以下的占 27%，在 1000—3000 元范围内的占 9.5%，3000—5000 元的占 4.0%，5000—10000 元的占 7.3%，10000 元以上的占 9.8%。

表 2 - 19　　　　　　　全家医疗费用总支出

|  | 频率 | 百分比（%） |
| --- | --- | --- |
| 1000 元以下 | 108 | 47.0 |
| 1000—3000 元 | 38 | 16.5 |
| 3000—5000 元 | 16 | 7.0 |
| 5000—10000 元 | 29 | 12.6 |
| 10000 元以上 | 39 | 17.0 |
| 合计 | 230 | 100.0 |

其中，门诊支出在 1000 元以下的占 28.3%，1000—3000 元的占 7%，3000—5000 元的占 2.3%，5000—10000 元的占 2.8%，10000 元以上的占 0.5%。

住院支出在 1000 元以下的占 17.5%，在 1000—3000 元范围内的占 3.0%，3000—5000 元的占 1.5%，5000—10000 元的占 4.8%，10000 元以上的占 5.8%。

全家共报销医疗费用：在 1000 元以下的占 22.3%，1000—3000 元的占 5%，3000—5000 元的占 2.8%，5000—10000 元的占 4.3%，10000 元以上的占 4.8%。

表 2-20　　　　　　　　　　　保险的评价　　　　　　　　　单位:%

| | 农业户口受访者 | | | | 非农户口受访者 | | | |
|---|---|---|---|---|---|---|---|---|
| | 覆盖范围 | 覆盖范围的满意度 | 保障水平的满意度 | 保障管理水平满意度 | 覆盖范围 | 覆盖范围的满意度 | 保障水平的满意度 | 保障管理水平满意度 |
| 新型农村养老保险制度 | 83.98 | 86.05 | 78.49 | 68.60 | 9.04 | 29.41 | 87.5 | 86.67 |
| 农村五保制度 | 2.91 | 83.33 | 66.67 | 66.67 | 0 | 68.6 | 83.33 | 66.67 |
| 农村低保制度 | 48.06 | 87.88 | 81.82 | 71.72 | 0 | 66.67 | 87.88 | 81.82 |
| 城镇居民养老保险制度 | 4.37 | 77.78 | 66.67 | 44.44 | 63.83 | 88.33 | 86.55 | 82.05 |
| 城镇低保制度 | 0 | 0 | | | 9.04 | 82.35 | 82.35 | 82.35 |
| 义务教育阶段学生营养改善计划 | 18.93 | 97.44 | 100 | 97.44 | 6.91 | 100 | 100 | 100 |
| 城镇职工基本医疗保险 | 0.97 | 100 | 100 | 100 | 29.26 | 94.55 | 94.55 | 94.55 |
| 新型农村合作医疗制度 | 97.09 | 95.96 | 92.46 | 82.91 | 20.21 | 92.11 | 89.19 | 86.11 |
| 城镇居民基本医疗保险制度 | 3.4 | | | | 72.34 | 86.03 | 83.82 | 80.60 |
| 失业保险 | 1.46 | | | | 18.62 | 68.57 | 68.57 | 68.57 |

注：农业户口受访者样本量为 205 个，非农户口受访者样本量为 190 个。

在保险方面，由以上数据可看出：农村惠及较多人口且满意度较高的社会保障项目是新型农村养老保险制度、新型农村合作医疗制度和义务教育阶段学生营养改善计划，城镇受访者参保率较高的是城镇居民养老保险制度、城镇居民基本医疗保险制度。相应地，农村受访者对农村类险种的满意度评价人数较多，对有些城镇险种的参评人数不足 7 人，因此将农村受访者的评价予以忽略。

## 二　城乡受访者对生活和社会变化的看法

当问及与 10 年（5 年）前相比生活水平有什么变化时，回答上升很多的农业户口受访者有 46.34%，非农户口受访者有 37.11%；回答略有上升的农业户口受访者比例为 47.32%，非农户口受访者比例为 53.09%；城乡两者之和都在 90% 以上；认为下降的城镇受访者比例是 3.08%，农村受访者比例是 1.46%。

通过交叉分析发现，回答生活水平上升的受访者多集中在自评为中间层次的经济地位，而回答略有下降或下降很多的多集中在经济地位为中下或下的受访者中。

表 2-21　　　　　与 10 年（或 5 年）前相比，生活水平与受访
本人的社会经济地位的自评

| 社会经济地位层次 | | 上 | 中上 | 中 | 中下 | 下 | 全体 |
|---|---|---|---|---|---|---|---|
| 与 10 年（或 5 年）前相比，生活水平的变化 | 上升很多 | 50.00% | 71.43% | 52.30% | 30.83% | 27.03% | 41.94% |
| | 略有上升 | 50.00% | 28.57% | 43.68% | 60.83% | 54.05% | 50.13% |
| | 没有变化 | | | 3.45% | 5.00% | 13.51% | 5.63% |
| | 略有下降 | | | 0.00% | 2.50% | 2.70% | 1.28% |
| | 下降很多 | | | 0.57% | 0.83% | 2.70% | 1.02% |
| | 合计 | 100% | 100% | 100% | 100% | 100% | 100% |
| 样本量（个） | | 2 | 21 | 174 | 120 | 74 | 391 |

认为未来 5 年（或 10 年）生活水平将会上升很多和略有上升的城镇受访者比例是 73.06%，而农村受访者比例是 84.95%；认为会下降的城镇受访者比例是 1.04%，农村受访者是 0.49%，但选择不好说的城镇受访者比例是 21.76%，农村该比例是 10.19%。

而对于在未来 5 年（或 10 年）中，感觉生活水平会发生什么变化的问题，回答会上升很多和略有上升的人家庭收入集中在 1 万—3 万元，回答会略有下降或下降很多的收入则在 1 万元以下。可见经济状况和社会信心相关，经济基础好的受访者对未来几年的生活有更大的信心。

表 2-22　　　　　未来的 5 年（或 10 年）生活水平变化与
家庭收入总额交叉制表

| | | 家庭收入总额 | | | | | | 合计（个） | 有效百分比（%） |
|---|---|---|---|---|---|---|---|---|---|
| | | 5000 元以下 | 5000—1 万元 | 1 万—3 万元 | 3 万—6 万元 | 6 万—10 万元 | 10 万元以上 | | |
| 感觉在未来 5 年（或 10 年）中生活水平变化 | 上升很多 | 16 | 16 | 37 | 22 | 15 | 9 | 115 | 37.3 |
| | 略有上升 | 24 | 19 | 69 | 45 | 11 | 5 | 173 | 56.2 |
| | 没有变化 | 3 | 7 | 1 | 4 | 1 | 1 | 17 | 5.5 |
| | 略有下降 | 0 | 1 | 1 | 0 | 0 | 0 | 2 | 0.7 |
| | 下降很多 | 1 | 0 | 0 | 0 | 0 | 0 | 1 | 0.3 |
| 合计 | | 44 | 43 | 108 | 71 | 27 | 15 | 308 | 100.0 |

调查显示，有70.39%的农村受访者通常会把自己或自己家的经济、生活情况与本乡村人相比；其次有12.62%的农村受访者与本乡村同民族的人相比；同亲戚朋友相比的比例是9.71%。城镇受访者中和亲戚朋友比较的最多达到了36.13%，其次是本乡村人，达到了20.94%；与本县里的人比是13.09%。城乡受访者中都有一定的比例表示说不清（城镇21.99%，农村6.31%）。

对2020年所在地区全面建成小康社会建设，71.3%的人很有信心或有信心，认为没信心也不可能的占16.6%，还有12.3%的没有听说过2020年全年建成小康社会这一提法。这充分说明，国家部分提法、政策的宣传在基层普通民众中间还有很多空白，还有很大的空间可以加强。人们没有信心的理由（按分析数据时出现的频数从多到少）依次为：经济收入提高慢、居住条件差、基础设施不足、社会保障不完善、扶持政策不到位、自然条件差、文化生活贫乏，其他的原因如干群关系紧张、民族关系紧张、中央援助不足则被认为几乎不是影响2020年全面建成小康社会的因素。大家认为加快本地建成小康社会，本地应该采取的措施（按分析数据时出现的频数从多到少）依次是：加快发展当地经济、加快当地的基础设施建设、中央政策应落实到位、应扩大当地就业、提高教育水平、应提高就业工资、提高养老金水平、政府应当更加廉洁、提高医疗水平、应调控房价。

## 三　城乡受访者生活压力状况

表 2-23　　　　　　　　　生活中面临的各种压力　　　　　　　单位:%

| | 农业户口受访者 | | | | 非农户口受访者 | | | |
|---|---|---|---|---|---|---|---|---|
| | 压力很大 | 有压力 | 压力很小或没有这方面压力 | 合计 | 压力很大 | 有压力 | 压力很小或没有这方面压力 | 合计 |
| 经济压力 | 51.46 | 38.35 | 10.2 | 100 | 46.91 | 24.23 | 28.86 | 100 |
| 个人发展 | 9.8 | 32.84 | 57.35 | 100 | 11.86 | 30.93 | 57.22 | 100 |
| 社交压力 | 1.47 | 26.47 | 72.06 | 100 | 5.67 | 21.13 | 73.2 | 100 |
| 孩子教育压力 | 13.59 | 32.04 | 54.37 | 100 | 22.8 | 18.13 | 59.07 | 100 |
| 医疗/健康压力 | 10.73 | 39.51 | 49.75 | 100 | 9.42 | 20.94 | 69.63 | 100 |

续表

| | 农业户口受访者 | | | | 非农户口受访者 | | | |
|---|---|---|---|---|---|---|---|---|
| | 压力很大 | 有压力 | 压力很小或没有这方面压力 | 合计 | 压力很大 | 有压力 | 压力很小或没有这方面压力 | 合计 |
| 赡养父母的压力 | 6.83 | 21.95 | 71.22 | 100 | 4.64 | 20.1 | 75.26 | 100 |
| 住房压力 | 11.17 | 33.5 | 55.34 | 100 | 20.1 | 24.23 | 55.67 | 100 |
| 婚姻生活压力 | 1.46 | 14.08 | 84.46 | 100 | 1.04 | 9.84 | 89.12 | 100 |
| 总体的社会生活压力 | 5.34 | 55.83 | 38.84 | 100 | 10.36 | 35.75 | 53.88 | 100 |

注：农业户口受访者样本量为 206 个，非农户口受访者样本量为 193 个。

从表 2-23 可看出，农村受访者认为总体社会生活压力很大的比重低于城镇受访者但有压力的比例又高于城镇受访者，认为没有压力的城镇受访者比例高于农村受访者。经济压力是大多数城乡受访者面临的最大压力，农村受访者在经济压力之后依次是医疗/健康、孩子教育、住房、个人发展等，压力最小的是婚姻生活、赡养父母和社交方面。城镇受访者在经济压力之后认为住房、个人发展、孩子教育、医疗/健康等，压力最小的方面也与农村一致。

## 四　城乡受访者安全感和公平感

对于社会总体安全感，城乡受访者认为安全的比例分别为 96.9% 和 96.11%，说明安全感很高。具体各项中，非农户口受访者认为安全的比例均在 90% 以上且高于农村受访者，农业受访者中对人身、个人和家庭财产、食品安全的比例居各项的前三位。

表 2-24　　　　　　　　城乡受访者的安全感感受　　　　　　　单位:%

| | 农业户口受访者 | | | 合计 | 非农户口受访者 | | | 合计 |
|---|---|---|---|---|---|---|---|---|
| | 不安全 | 安全 | 不确定 | | 不安全 | 安全 | 不确定 | |
| 个人和家庭财产安全 | 12.14 | 87.38 | 0.49 | 100 | 4.12 | 94.33 | 1.55 | 100 |
| 人身安全 | 4.37 | 92.23 | 3.40 | 100 | 2.58 | 96.39 | 1.03 | 100 |
| 交通安全 | 13.17 | 78.54 | 8.29 | 100 | 3.61 | 92.27 | 4.12 | 100 |

| | 农业户口受访者 | | | 合计 | 非农户口受访者 | | | 合计 |
|---|---|---|---|---|---|---|---|---|
| | 不安全 | 安全 | 不确定 | | 不安全 | 安全 | 不确定 | |
| 医疗安全 | 6.80 | 79.61 | 13.59 | 100 | 4.64 | 91.24 | 4.12 | 100 |
| 食品安全 | 7.80 | 86.35 | 5.85 | 100 | 4.64 | 92.27 | 3.09 | 100 |
| 劳动安全 | 0.98 | 78.53 | 20.49 | 100 | 2.06 | 94.85 | 3.09 | 100 |
| 个人信息、隐私安全 | 0.97 | 79.61 | 19.42 | 100 | 2.58 | 93.3 | 4.12 | 100 |
| 生态环境安全 | 5.83 | 64.56 | 29.61 | 100 | 1.55 | 93.81 | 4.64 | 100 |
| 人身自由 | 1.46 | 85.43 | 13.11 | 100 | 1.55 | 96.9 | 1.55 | 100 |
| 总体上的社会安全状况 | 1.46 | 96.11 | 2.43 | 100 | 1.55 | 96.9 | 1.55 | 100 |

注：农业户口受访者样本量为206个，非农户口受访者样本量为194个。

而对于社会各领域的公平感而言，城镇受访者的比例明显高于农村受访者。其中对住房是城镇受访者公平感比例最低的，也达到了79.28%，但农村受访者对就业发展上认为公平的比例是35.93%，认为政府办事公平的比例也仅为36.89%，认为信息公平的比例在40.49%，认为政治公平的比例是46.34%。

表2-25　　　　　　　　城乡受访者公平感情况　　　　　　　单位:%

| | 农业户口受访者 | | | 合计 | 非农户口受访者 | | | 合计 |
|---|---|---|---|---|---|---|---|---|
| | 不公平 | 公平 | 不确定 | | 不公平 | 公平 | 不确定 | |
| 教育公平 | 14.63 | 78.54 | 6.83 | 100 | 3.11 | 94.3 | 2.59 | 100 |
| 语言文字公平 | 7.32 | 77.56 | 15.12 | 100 | 2.07 | 96.89 | 1.04 | 100 |
| 医疗公平 | 17.65 | 78.43 | 3.92 | 100 | 6.77 | 90.63 | 2.6 | 100 |
| 住房公平 | 36.89 | 59.23 | 3.88 | 100 | 18.13 | 79.28 | 2.59 | 100 |
| 社会保障公平 | 39.51 | 57.08 | 3.41 | 100 | 18.13 | 80.32 | 1.55 | 100 |
| 法律公平 | 4.39 | 57.56 | 38.05 | 100 | 5.7 | 88.6 | 5.7 | 100 |
| 政治公平 | 8.29 | 46.34 | 45.37 | 100 | 5.7 | 87.05 | 7.25 | 100 |
| 就业发展 | 14.56 | 35.93 | 49.51 | 100 | 17.19 | 81.25 | 1.56 | 100 |
| 信息 | 19.51 | 40.49 | 40 | 100 | 12.44 | 82.38 | 5.18 | 100 |
| 政府办事 | 45.15 | 36.89 | 17.96 | 100 | 16.06 | 80.83 | 3.11 | 100 |
| 总体上的社会公平状况 | 16.26 | 75.86 | 7.88 | 100 | 7.77 | 91.71 | 0.52 | 100 |

注：农业户口受访者样本量为203个，非农户口受访者样本量为193个。

当生活中遭遇不公平时，农村受访者和城镇受访者的反映有比较大的差异。农村受访者中有66.02%的比例选择了"无能为力，只有忍受"，位居第二的是"通过业主委员会、宗族等组织解决问题"，该比例是8.74%，上访或集体上访的比例是8.25%，"通过非正式的渠道如托人、找关系"的比例是5.83%，其余方式的比例都不足3%。城镇受访者选择最多的是"通过业主委员会、宗族等组织解决问题"，达到了49.48%，"通过法律诉讼等渠道"位居第二，其比例是19.07%，第三位是"通过非正式的渠道如托人、找关系"的比例为12.89%，上访或集体上访的比例是6.7%，找相关报纸电视等媒体反映问题的比例是5.15%，其余方式选择的比例不足3%。

三个方面表示满意的受访者比例达到了三成，其余六项工作的评价不高满意比例在20%左右。

## 第六节　镇宁布依族苗族自治县城乡受访者的政策评价

### 一　扶贫政策

农村受访者对当地政府实施的扶贫政策的满意程度是：从数据统计分析来看，人们比较熟知的政策为"两免一补"政策，满意度占42.3%；退耕还林还草补助工程23.3%；道路修建和改扩工程41.8%；电力设施建设工程60.6%；人畜饮水工程46.6%；资助儿童入学和扫盲教育项目48.5%；卫生设施建设项目41.8%；村村通工程（广播电视/道路/通信网络）52.8%。由以上可知，人们对这些政策的满意程度普遍不高，最高的电力设施建设工程为60.6%，最低的退耕还林还草补助工程仅为23.3%，其余均在40%或50%。

问及对当前参与过的扶贫政策或扶贫活动的整体效果是否满意时，66.8%的人表示满意或很满意，14%的人表示不满意或很不满意，18.8%的人表示不清楚。可见在当前参与过的扶贫政策方面，近7成的人感到满意。

表2-26 农村少数民族受访者对当前参与过的扶贫政策
或扶贫活动的整体效果满意度

|  | 苗族 | 百分比（%） | 布依族 | 百分比（%） |
|---|---|---|---|---|
| 很满意 | 1 | 1.49 | 2 | 2.22 |
| 满意 | 54 | 80.60 | 59 | 65.56 |
| 不满意 | 9 | 13.43 | 28 | 31.11 |
| 很不满意 | 3 | 4.48 | 1 | 1.11 |
| 合计 | 72 | 100 | 97 | 100 |

## 二 民族政策

而对于少数民族地区及少数民族实行计划生育政策上看，74.43%的汉族受访者、85%的苗族受访者和74.34%的布依族受访者认为很好或好，认为不好的汉族受访者比例是5.11%，苗族受访者是2.5%。可见该政策的满意度很高，而且在民众中间已经被普遍认知接受。认为少数民族计划生育政策应该进行调整的农村受访者中占比最高的是支持全国各地区各民族应实行一样的政策，达到了89%，城镇受访者也是该比例最高，为75.29%。认为全国城市地区生育子女数量应统一，与赞成废除计划生育子女数量限制政策，由家庭自主决定的城乡受访者比例都不高。

而少数民族地区高考加分政策的满意度明显高于计划生育对少数民族的优惠政策满意度。少数民族中只有苗族有1.79%的比例对此政策表示不满，而汉族中表示不满的比例有13.18%，且主要集中在城镇。同样，对于针对少数民族的高考加分政策，满意度很高，仅有1.75%的苗族受访者和11.98%的汉族受访者表示不满意或很不满意，且汉族主要集中在城镇。可见在以上两项政策中，总体满意度较高，而汉族低于少数民族，非农户口受访者低于农业户口受访者。

表2-27 针对少数民族政策的评价 单位：%

|  | 汉族 | 苗族 | 布依族 | 农业户口受访者 | 非农业户口受访者 |
|---|---|---|---|---|---|
| 针对少数民族地区和少数民族实行的计划生育政策 |  |  |  |  |  |
| 很好 | 7.95 | 8.75 | 19.47 | 13.79 | 12.09 |
| 好 | 66.48 | 76.25 | 54.87 | 63.55 | 64.29 |

表 2 - 28　　　　　　　　　　　　针对少数民族政策的评价

| | 汉族 | 苗族 | 布依族 | 农业户口受访者 | 非农业户口受访者 |
|---|---|---|---|---|---|
| 一般 | 20.45 | 12.5 | 25.66 | 20.69 | 19.78 |
| 不好 | 5.11 | 2.5 | | 1.97 | 3.85 |
| 样本量 | 176 | 80 | 113 | 203 | 182 |
| 针对少数民族地区的高考加分政策 | | | | | |
| 很满意 | 5.99 | 14.29 | 28.74 | 20.81 | 9.04 |
| 满意 | 80.84 | 83.93 | 71.26 | 76.51 | 80.23 |
| 不满意 | 11.98 | 1.79 | | 1.34 | 10.73 |
| 很不满意 | 1.20 | | | 1.34 | |
| 样本量 | 186 | 81 | 115 | 149 | 177 |
| 针对少数民族的高考加分政策 | | | | | |
| 很满意 | 9.58 | 14.04 | 29.07 | 20.81 | 12.43 |
| 满意 | 78.44 | 84.21 | 70.93 | 76.51 | 77.97 |
| 不满意 | 10.78 | 1.75 | 0.00 | 1.34 | 9.60 |
| 很不满意 | 1.20 | 0.00 | 0.00 | 1.34 | 0.00 |
| 样本量 | 167 | 57 | 86 | 149 | 177 |
| 如果是少数民族且长期在城市居住，对其子女高考加分的态度 | | | | | |
| 应该 | 83.89 | 94.34 | 95.71 | 89.84 | 89.38 |
| 不应该 | 16.11 | 5.66 | 4.29 | 10.16 | 10.63 |
| 样本量 | 149 | 53 | 70 | 128 | 160 |
| 对当前政府实施的民族特殊优惠政策 | | | | | |
| 满意 | 96.18 | 94.67 | 94.68 | 93.71 | 97.58 |
| 不满意 | 3.82 | 5.33 | 5.32 | 6.29 | 2.42 |
| 样本量 | 157 | 75 | 94 | 175 | 165 |

　　94%的苗族和 96%的布依族都认为如果是长期居住在城市的少数民族，对其子女应高考加分，持此态度的汉族是 84%。以城乡划分，城镇和农村受访者持赞同意见的比例均达到了 89%。从中可以看出，汉族赞同民族地区和少数民族高考加分的优惠政策比例略低于苗族和布依族，但总体上大家都比较支持这一政策。

　　56.86%的农村受访者和 45.6%的城镇受访者认为在少数民族地区工作的干部学习和掌握当地的民族语言很有必要或有必要，只有 7%的农村受访者和8%的城镇受访者认为没必要。

而当前政府实施的民族特殊优惠政策的满意程度，汉族、苗族和布依族的满意度都在95%或以上，农村受访者的满意度是93.71%，城镇受访者的满意度是97.58%。

### 三　政府处理突发状况的能力评价

对现住地地方政府（本县、县级市政府）应对突发事件的能力满意程度上，城镇受访者的满意度明显高于农村受访者，在自然灾害事件、生产安全事故、传染病及公共卫生事故、一般性社会治安事件、群体性突发事件、暴力恐怖事件这六大方面的比例是73%—79%，说明满意度较高。农村受访者六方面的满意度均低于城镇，在一般性社会治安事件上的满意度为52%，为各项之首；自然灾害、生产安全事故上的满意度是33%和32%，其他三项的满意度均在1/4左右。

对于当地政府的工作，也是城镇受访者的满意度高于农村受访者。城镇受访者对于"坚持为人民服务的态度"、"政府办事效率"、"公开、公平、公正选拔干部和官员"、"提供公共医疗卫生服务"、"为群众提供社会保障"、"提供义务教育"、"保护环境，治理污染"、"打击犯罪，维护社会治安"的满意度都在83%以上，对于"依法办事，执法公平"、"发展经济、增加人们的收入"、"为中低收入者提供廉租房和经济适用房"、"扩大就业，增加就业机会"的满意度都在72%—75%，在"廉洁奉公，惩治腐败"、"政府信息公开，提高政府工作的透明度"方面的满意度是67%和69%。农村受访者在"提供义务教育"上的满意度最高达到了82.04%，"提供公共医疗卫生服务"的满意度是70.59%，"为群众提供社会保障"上是65.69%，"打击犯罪，维护社会治安"的满意比例达到了46.04%，"保护环境，治理污染"的满意比例是40.59%。

## 本章小结

通过对镇宁县的实地调研以及后期大量数据的统计整理，我们对镇宁县的社会经济状况分为六个部分进行了分析，并有了初步的认识。

经济生活方面：从家庭收入的构成来看，城镇居民的工资收入仍然是家庭收入的主要来源，其他经营性收入、财产性收入都不多。而对于农村居民来说，外出务工或在本地提供劳务的收入占有很大比重，据调查，很多受访者自己或家人都有外出务工的经历，农业生产性收入虽然仍然是家庭收入的主要来源，但比例已经有很大下降。无论是个人还是家庭，收入和支出成正比关系，家庭总收入居于中间的汉族与少数民族差别不大，而居于低组和高组的均是汉族比例高于少数民族。从家庭支出水平上看，家庭支出分布范围与家庭收入分布范围相似，二者为正相关。城镇居民收入大于农村居民。从支出结构上看，生活消费支出是支出的大头而人情往来支出也占有了一定的比重，农业家庭的消费支出总体小于城镇家庭，但有些支出如医疗支出（由于农村社会保障水平相比城镇还有待进一步完善）、民俗支出等方面在与家庭总支出的相对比例上却并不比非农家庭低。

生活条件方面：无论从住房、能源使用、卫生条件、家庭拥有物品量还是总体生活水平都有所提高。非农业户口多居住在钢筋混凝土结构的房屋里，一般来说，农村家庭平均总人口多于城镇居民，且多居住在独栋院落之中，因此房屋面积比城镇居民大。做饭的能源使用上电力已经非常普遍，农村少部分还是用沼气和柴草/秸秆。自来水也进入城乡居民家庭中，使用差别不大。

教育方面：年龄越大，受教育程度越低，且总体上女性低于男性，少数民族低于汉族，"体制内"从业人员高于"体制外"从业人员；从个人收入来看受教育程度与之呈正相关，一般来说，受教育程度越高，个人收入越高（除个别职业如商业人员除外）；而城镇居民的受教育程度普遍高于农村居民，他们也会在下一辈的教育上有更高的投入。

社会交往方面：首先，镇宁作为旅游风景名胜地，旅游的开发对人们交往的态度肯定有所影响；其次，镇宁自古以来就是多民族分布地；再次，外出务工人员多（相关资料显示，贵州省是农业人口较早外出务工的省份之一，在 2009 年以前就已经有大部分外出从业人员）；这造成了人与人交往态度和方式的不同，无论是地域间、民族间，无论是工作、生活、婚姻，镇宁的人们都持有一种宽容态度。他们更加认同中华民族，且对民族关系的发展态势非常乐观。

社会安全与和谐：当问及未来 5 年或 10 年，生活有没有或会不会有什么变化时，经济收入中高层次的人比收入较低的人更有信心，也表示现在的生活水平比以前确有提高；对建成小康社会，70% 以上的人表示很有信心，但仍有很多人不知道国家关于社会发展的政策提法，这些薄弱之处亟待改进。而经济压力是大多数人普遍存在的压力。总的来说，人们对社会各方面的安全感较高，只有生态环境安全方面安全感较低；而对社会各领域的公平感相比安全感则有很大欠缺。从数据可看出，人们对当地政府处理突发事件的能力满意程度不是很高；当地政府的工作，受访者非常肯定政府提供的公共医疗卫生服务、义务教育和社会保障。

民族文化与传承：语言方面会说当地汉语方言的少数民族受访者较多，高达95%以上，能够流利使用的比例也最高，能够使用少数民族语言和普通话的人比例相差不大，流利程度少数民族语言高于普通话。无论是汉族还是少数民族，汉字的使用比较普遍。传统文化方面，人们认为最具本地特色、最重要的本民族文化类型和保留、传播的较好的文化类型是传统服饰和传统节日，而濒危失传的最明显的则是传统民居和传统服饰。国家比当地政府在民族文化的保护工作方面获得的满意度更高。

综上所述，镇宁地区城乡之间、不同民族之间社会生活的各个方面都已经有很大变化，但受历史条件和自然地理条件的限制，中西部少数民族地区相比东部沿海，发展比较滞后，应该得到更多的支持和投入。

# 第三章

# 三都水族自治县问卷调查分析报告

在我国经济转型和社会变迁的大背景下，国家社科基金特别委托暨中国社科院创新工程重大专项课题《21世纪初中国少数民族地区经济社会发展综合调查》的开展对于研究民族地区的社会经济综合状况具有重大现实意义。本章基于三都水族自治县的调查数据，统计描述了三都县城乡受访者的人类学特征，从经济生活、民族政策、民族文化、民族关系和社会安全与和谐五个方面总结近年来三都水族自治县在社会经济综合发展过程中取得的成就和存在的不足，并对当地进一步发展提出了对策和建议。

## 第一节 三都水族自治县城乡受访者基本情况

三都水族自治县位于贵州省黔南布依族苗族自治州东南部。全县共有10个镇，11个乡，人口共35.6万人。三都水族自治县是一个多民族聚居的地区，县境内居住着14个民族，其中水族人口比例最大，占全县人口的66.71%。自成立以来，三都水族自治县一直响应党的领导和政府的号召，全面落实民族政策，认真执行民族工作，经过全县不懈努力，经济上飞速发展。经济总产值位列全省前位，2012年财政总收入提前完成"十二五"规划目标。① 民族之间实现了事实上的平等、团结、互助，形成了和谐的民族关系。我国是统一的多民族国家，民族地区社会经济综合状况关系到国家的团结统一和社会的稳定繁荣，摸清民族地区的社会发展状况，对于制定有效的民族政策、解决民族发展困难具有先导性的作用。三都水族自治县是全国唯一的水族自治县，也是多民族聚居的典型，研究本

---

① 三都水族自治县党政网：http://www.sdx.gov.cn/zjsx/。

县的社会经济综合状况，对于反映民族地区的综合发展水平具有代表性意义。

本报告关于"三都水族自治县社会经济综合状况"的分析数据来源于中国社会科学院民族学与人类学研究所于 2013 年开展实施的中国社会科学院创新工程重大专项《21 世纪初中国少数民族地区经济社会发展综合调查》在三都水族自治县的家庭问卷抽样调查数据。三都水族自治县调查回收有效问卷 400 份。本报告主要采用社会统计软件 SPSS 对有效问卷进行分析处理，得出相关数据。样本被访群体的人口特征如表 3 - 1 所示。

表 3 - 1　　2013 年被访对象人口特征及社会地位特征基本描述统计情况单位:%

| 性别 | 男 | 61.5 | 户籍类型 | 农业户口 | 53.7 | | 国家机关党群组织、企事业单位负责人 | 4.8 |
|---|---|---|---|---|---|---|---|---|
| | 女 | 38.5 | | 非农业户口 | 46.3 | | 专业技术人员 | 6.5 |
| 年龄 | 30 岁及以下 | 14.8 | 受教育程度 | 未上学 | 14.4 | 职业分类 | 办事人员和有关人员 | 2.7 |
| | 31—45 岁 | 38.3 | | 小学 | 31.6 | | 商业人员 | 13.2 |
| | 46—60 岁 | 28.5 | | 初中 | 29.5 | | 农林牧渔水利生产人员 | 35.2 |
| | 61 岁及以上 | 18.5 | | 高中 | 12.9 | | 生产、运输设备操作人员及有关人员 | 0.3 |
| 民族 | 汉族 | 16.0 | | 大学及以上 | 11.6 | | 军人 | 0.3 |
| | 苗族 | 8.8 | 个人年收入水平 | 5000 元及以下 | 31.1 | | 不便分类的其他从业人员 | 31.4 |
| | 布依族 | 24.5 | | 5001—10000 元 | 20.9 | | 从未工作过 | 5.6 |
| | 水族 | 49.5 | | 10001—30000 元 | 30.8 | 宗教信仰 | 伊斯兰教 | 2.0 |
| | 其他民族 | 1.3 | | 30001—50000 元 | 13.5 | | 佛教 | 2.0 |
| | | | | 50001 元及以上 | 3.7 | | 民间信仰 | 14.2 |
| 总样本（个） | | 400 | | | | | 没有宗教信仰 | 81.7 |

注：（1）民族维度中"其他民族"是由样本量低于 30 的民族共同构成，三都水族自治县的抽样数据中"其他民族"包含回族、彝族、土家族和高山族。

（2）职业类型是按照人力资源和社会保障部职业能力建设司公布的国家职业分类目录编制而成，详情可参见网站：http://ms.nvq.net.cn/nvqdbApp/htm/fenlei/index.html。

（3）"从未工作过"包括学龄前儿童或在校学生和非学生无业人员。

从三都水族自治县被访群体人类学特征来看，在性别方面，男性比例明显高于女性。在年龄分布上，30 岁以下的年轻人比例最少，占 14.8%，达到退休年龄的老人达 18.5%。在民族成分上，少数民族人口占 84%，水族人口最多，占全县人口的 49.5%，布依族人口占 24.5%，其余各民族人口比例相对较少。在户籍类型上，农业户口比例为 53.7%。在受教育程度上，接受本科及以上教育的有 11.6%。75.5%受教育程度在初中及以下，三都县整体受教育水平不高。在个人年收入方面，不超过 1 万元的人数占 52%。在职业类型分布上，从事农林牧渔水利生产的人数最多，占 35.2%。在宗教信仰上，81.7%的受访者没有宗教信仰。总体而言，三都县抽样调查被访群体的人类学特征符合本县人口基本情况。

## 第二节　三都水族自治县城乡受访者个人和家庭经济

经济生活是衡量一个地区社会综合发展程度的重要方面，是构成一个地区社会综合发展的基础层面。江泽民认为："维护民族地区的稳定，很重要的一条就是要不断加快这些地区的经济发展和社会进步。"[1] 本报告从家庭土地拥有情况、家庭收入与支出、就业及失业状况、家庭生活条件、社会生活保障和生活信心六个方面加以描述分析。

### 一　家庭土地拥有情况

在家庭农用土地拥有情况方面，三都水族自治县整体拥有农用土地面积少。在家庭耕地拥有情况方面，家庭平均拥有面积未超过 2.5 亩。其中，布依族的家庭拥有耕地面积和人均拥有耕地面积的平均值都是最高，分别为 2.1 亩和 0.5 亩。在家庭耕地使用情况方面，各族家庭主要以自营为主，出租面积非常少。其中，汉族家庭耕地平均出租面积为 0.2 亩，结合汉族家庭平均拥有面积最少的情况，其家庭耕地出租平均比例为各民族最高（除被访人口比例较少民族）。

表 3-2　　　　　　三都水族自治县各民族土地拥有情况　　　　单位：亩

|  |  | 家庭拥有 | 家庭人均拥有 | 自营 | 出租 |
|---|---|---|---|---|---|
| 耕地 | 汉族 | 0.6 | 0.1 | 0.3 | 0.2 |
|  | 苗族 | 0.8 | 0.2 | 0.7 | 0.0 |
|  | 布依族 | 2.1 | 0.5 | 2.1 | 0.1 |
|  | 水族 | 1.8 | 0.5 | 1.7 | 0.1 |
|  | 其他民族 | 0.0 | 0.0 | 0.0 | 0.0 |

---

[1]　江泽民：《在西北五省区国有企业改革和发展座谈会上的讲话》，《人民日报》1999 年 6 月 19 日第 1 版。

续表

| 山地 | | 家庭拥有 | 家庭人均拥有 | 自营 | 出租 |
|---|---|---|---|---|---|
| | 汉族 | 0.2 | 0.1 | 0.2 | 0.0 |
| | 苗族 | 4.7 | 1.1 | 4.4 | 0.0 |
| | 布依族 | 1.1 | 0.2 | 1.0 | 0.0 |
| | 水族 | 1.6 | 0.4 | 1.6 | 0.0 |
| | 其他民族 | 0.0 | 0.0 | 0.0 | 0.0 |

注：农村汉族样本 16，苗族样本 16，布依族样本 57，水族样本 124，其他民族样本 4。

在家庭山地平均拥有情况方面，苗族家庭拥有面积平均值最大，为 4.7 亩，水族家庭其次，家庭拥有山地面积平均值为 1.6 亩，汉族家庭山地拥有面积平均值为 0.2 亩。除苗族、布依族、水族外的其他民族家庭没有山地。在家庭山地使用方面，各民族受访家庭完全采用自营方式，没有出租使用的情况。

在家庭园地拥有情况方面，三都水族自治县有 1.5% 的家庭有园地，且都是自营园地。其中，各民族园地拥有面积平均值都很低。农村家庭拥有园地的比例为 2.8%，城市家庭为 0。此外，受自然条件和地形因素影响，三都水族自治县受访者家庭没有报告拥有牧草地和水面养殖面积。

## 二　收入与支出

从个人收入支出来看，在 2012 年人均年总收入方面，被访对象个人年均收入为 18777.2 元。从个人年均总收入的结构来看，出租/出售房屋、或土地收入占 31.1%，劳务收入（工资、务工）占 68.9%，本县被访者以劳务收入为主。从城乡差异来看，城镇人均年收入为 26757.4 元，农村人均年收入为 11980 元，城镇人均年收入为农村的 2.23 倍。从民族维度看，汉族人均年总收入为 32377.7 元，苗族为 18875 元，布依族为 13330.4 元，水族为 15314.3 元。汉族人均收入最高，苗族其次，水族再次，布依族人均收入最低。在 2012 年人均年总支出方面，被访对象个人年均支出为 10844 元。从城乡差异看，城镇人均年总支出为 13416.2 元，农村人均年总支出为 8565.4 元。城镇人均年总支出为农村的 1.57 倍。从民族维度看，汉族人均年总支出为 14014.7 元，苗族为 16116.7 元，布依族为 8506.1 元，水族为 9968.2 元。苗族人均支出最高，汉族其次，水族再次，布依族人均支出最低。

表 3 - 3　　　　　　　　　　　个人年总收入支出　　　　　　单位：元/个

| | | 个人收入 | 样本量 | 个人支出 | 样本量 |
|---|---|---|---|---|---|
| | 全县 | 18777.2 | 324 | 10844.0 | 306 |
| 户籍 | 农村 | 11980.0 | 172 | 8565.4 | 143 |
| | 城镇 | 26757.4 | 149 | 13416.2 | 125 |
| 汉族 | 农村 | 18178.6 | 15 | 12550.0 | 10 |
| | 城镇 | 46576.8 | 48 | 15479.4 | 34 |
| | 合计 | 32377.7 | 63 | 14014.7 | 44 |
| 苗族 | 农村 | 15938.5 | 15 | 13587.5 | 8 |
| | 城镇 | 20884.2 | 19 | 17673.1 | 13 |
| | 合计 | 18875.0 | 34 | 16116.7 | 21 |
| 布依族 | 农村 | 9728.6 | 55 | 9035.9 | 35 |
| | 城镇 | 18210.3 | 41 | 7733.3 | 24 |
| | 合计 | 13330.4 | 96 | 8506.1 | 59 |
| 水族 | 农村 | 11560.0 | 123 | 7493.3 | 90 |
| | 城镇 | 21850.0 | 72 | 14060.4 | 51 |
| | 合计 | 15314.3 | 195 | 9968.2 | 141 |

从家庭收入支出来看，在2012年家庭平均年总收入方面，被访对象的家庭年均收入为36612.8元。从家庭年均总收入的结构来看，出租/出售房屋、土地收入占45.4%，劳务收入（工资、务工）占54.6%，本县家庭收入以劳务收入为主。从城乡差异来看，城镇家庭平均年收入为51649.4元，农村家庭平均年收入为24166.3元，城镇人均年收入为农村的2.14倍。从民族维度看，汉族家庭平均年总收入为45053.3元，苗族为38842.9元，布依族为30860元，水族为28818.2元。汉族家庭平均收入最高，苗族其次，布依族再次，水族家庭平均年收入最低。在2012年家庭平均年总支出方面，被访对象家庭平均年总支出为24435.1元。从城乡差异看，城镇家庭平均年总支出为33340.7元，农村家庭平均年总支出为17030.8元。城镇家庭平均年总支出为农村的1.96倍。从民族维度看，汉族家庭平均年总支出为38781.2元，苗族为28613元，布依族为21026.9元，水族为19719.4元。汉族家庭平均支出最高，苗族其次，布依族再次，水族家庭平均年支出最低。

| 表3－4 | | 家庭年总收入支出 | | | 单位：元/个 | |
|---|---|---|---|---|---|---|
| | | 家庭总收入 | 样本量 | 家庭总支出 | 样本量 |
| 户籍 | 全县 | 36612.8 | 324 | 24435.1 | 306 |
| | 农村 | 24166.3 | 172 | 17030.8 | 143 |
| | 城镇 | 51649.4 | 149 | 33340.7 | 125 |
| 汉族 | 农村 | 31500.0 | 15 | 15650.0 | 10 |
| | 城镇 | 85922.6 | 48 | 53454.3 | 34 |
| | 合计 | 45053.3 | 63 | 38781.2 | 44 |
| 苗族 | 农村 | 24793.8 | 15 | 19608.3 | 8 |
| | 城镇 | 50673.7 | 19 | 35816.7 | 13 |
| | 合计 | 38842.9 | 34 | 28613.0 | 21 |
| 布依族 | 农村 | 30001.9 | 55 | 21805.8 | 35 |
| | 城镇 | 32089.2 | 41 | 20177.3 | 24 |
| | 合计 | 30860.0 | 96 | 21026.9 | 59 |
| 水族 | 农村 | 20558.5 | 123 | 15280.6 | 90 |
| | 城镇 | 42971.0 | 72 | 28413.8 | 51 |
| | 合计 | 28818.2 | 195 | 19719.4 | 141 |

## 三　家庭耐用消费品

在家庭耐用消费品拥有情况上，总体而言，家庭拥有耐用消费品数量最多的是手机，全县平均每个家庭拥有2.2部。本县家庭在农用车、轿车和照相机、摄像机方面的拥有数量很少。从城乡差异来看，城镇家庭液晶电视、农用车、轿车、冰箱、电脑、手机、洗衣机、照相机、摄像机和空调等大部分耐用消费品的平均拥有量都超过农村家庭，农村家庭只有在摩托车拥有数量上超过城镇家庭。从民族维度看，各民族家庭耐用消费品拥有数量差异不大。

| 表3－5 | | | | | | 家庭耐用消费品拥有情况 | | | | | 单位：台、辆、部 | |
|---|---|---|---|---|---|---|---|---|---|---|---|---|
| | 显像管彩电 | 液晶电视 | 农用车 | 轿车 | 摩托车 | 冰箱 | 电脑 | 手机 | 洗衣机 | 照相机、摄像机 | 空调 | 样本量 |
| 全县 | 0.9 | 0.4 | 0.2 | 0.2 | 0.4 | 1.0 | 0.6 | 2.2 | 0.7 | 0.2 | 0.3 | 377 |

续表

| | | 显像管彩电 | 液晶电视 | 农用车 | 轿车 | 摩托车 | 冰箱 | 电脑 | 手机 | 洗衣机 | 照相机、摄像机 | 空调 | 样本量 |
|---|---|---|---|---|---|---|---|---|---|---|---|---|---|
| 农村 | | 0.9 | 0.2 | 0.1 | 0.0 | 0.5 | 0.8 | 0.3 | 2.0 | 0.6 | 0.1 | 0.1 | 170 |
| 城镇 | | 0.9 | 0.6 | 0.2 | 0.3 | 0.4 | 1.2 | 1.0 | 2.4 | 0.9 | 0.4 | 0.5 | 204 |
| 汉族 | 农村 | 1.0 | 0.2 | 0.0 | 0.0 | 0.6 | 0.7 | 0.7 | 2.8 | 0.9 | 0.2 | 0.3 | 15 |
| | 城镇 | 0.9 | 0.7 | 0.2 | 0.4 | 0.5 | 1.3 | 1.2 | 2.6 | 1.0 | 0.5 | 0.6 | 46 |
| 苗族 | 农村 | 1.1 | 0.2 | 0.1 | 0.0 | 0.5 | 1.1 | 0.2 | 2.4 | 0.7 | 0.1 | 0.0 | 15 |
| | 城镇 | 0.7 | 1.1 | 0.2 | 0.5 | 0.2 | 1.3 | 1.2 | 2.5 | 1.1 | 0.6 | 0.4 | 19 |
| 布依族 | 农村 | 1.0 | 0.2 | 0.1 | 0.0 | 0.5 | 0.8 | 0.3 | 2.3 | 0.7 | 0.1 | 0.0 | 56 |
| | 城镇 | 0.9 | 0.4 | 0.3 | 0.3 | 0.4 | 1.2 | 0.9 | 2.1 | 0.7 | 0.3 | 0.3 | 39 |
| 水族 | 农村 | 0.9 | 0.2 | 0.1 | 0.1 | 0.4 | 0.8 | 0.2 | 1.8 | 0.5 | 0.1 | 0.1 | 118 |
| | 城镇 | 0.9 | 0.6 | 0.2 | 0.3 | 0.4 | 1.2 | 1.0 | 2.3 | 0.9 | 0.4 | 0.5 | 62 |
| 其他民族 | 农村 | 0.9 | 0.2 | 0.1 | 0.0 | 0.5 | 0.8 | 0.3 | 2.0 | 0.6 | 0.1 | 0.1 | 3 |
| | 城镇 | 0.9 | 0.6 | 0.2 | 0.3 | 0.4 | 1.2 | 1.0 | 2.4 | 0.9 | 0.4 | 0.5 | 4 |

## 四　城乡受访者的就业情况

根据被访者的数据统计，完全务农的占 64.4%，以务农为主，同时也从事非农业工作的占 21.8%，完全从事非农业工作的占 7.9%，以非农业工作为主同时也务农的占 3.5%。由此可知，本县居民以农业为主，这也符合农村人口较多的人类学特征。

表 3－6　　　　　农村被访对象目前的工作状况　　　　　单位:%

| | 只是务农 | 以务农为主，同时也从事非农业工作 | 以非农业工作为主，同时也务农 | 只从事非农业工作 | 失业或待业人员 | 家务劳动者 | 全日制学生 | 样本量（个） |
|---|---|---|---|---|---|---|---|---|
| 汉族 | 27.3 | 54.5 | 9.1 | 9.1 | 0.0 | 0.0 | 0.0 | 16 |

续表

| | 只是务农 | 以务农为主，同时也从事非农业工作 | 以非农业工作为主，同时也务农 | 只从事非农业工作 | 失业或待业人员 | 家务劳动者 | 全日制学生 | 样本量（个） |
|---|---|---|---|---|---|---|---|---|
| 苗族 | 62.5 | 18.8 | 0.0 | 12.5 | 0.0 | 6.2 | 0.0 | 16 |
| 布依族 | 75.9 | 11.1 | 1.9 | 9.3 | 0.0 | 0.0 | 1.8 | 57 |
| 水族 | 62.5 | 24.2 | 4.2 | 6.7 | 0.7 | 0.0 | 1.7 | 124 |
| 合计 | 64.4 | 21.8 | 3.5 | 7.9 | 0.4 | 0.5 | 1.5 | 213 |

在城镇就业岗位类型上，从整体来看，44%的被访对象职业不便分类外，从事商业的最多，这部分人占21.7%，其次是专业技术人员12.7%，然后是国家机关党群组织、企事业单位负责人占11.4%，其余职业很少，总体占比10.2%。从城乡角度看，农村方面，农村家庭承包经营劳动者达89.7%，从事农业企业、农场和农村种养大户的雇工的劳动者占3.4%，属于农林牧渔类产业的占2.1%。三都水族自治县农业生产经营以传统小农经营生产方式为主。

表3-7　　　　农业户口劳动者的职业岗位类型　　　单位:%

| | 农村家庭承包经营劳动者 | 农业企业、农场、农村种养大户雇工 | 农林牧渔类产业（企业）经营管理者 | 其他 | 合计 |
|---|---|---|---|---|---|
| 汉族 | 70.0 | 0.0 | 20.0 | 10 | 100 |
| 苗族 | 90.0 | 10.0 | 0.0 | 0 | 100 |
| 布依族 | 97.1 | 0.0 | 0.0 | 2.9 | 100 |
| 水族 | 89.0 | 4.4 | 1.1 | 5.5 | 100 |
| 合计 | 89.7 | 3.4 | 2.1 | 4.8 | 100 |

注：样本量同表3-6。

在农业户口劳动者务工就业途径上，从事本地非农务工的被访者，找到目前这份工作的途径是通过亲朋好友介绍的达81.6%，直接申请的占10.2%，通过政府/社区安排找到工作的为6.1%，通过商业职介找到工作的占2%。其中，苗族完全是靠亲友介绍；汉族、布依族和水族的第二找工作途径均是直接申请。有外出务工经验的被访者中，通过亲朋好友或本乡同民族介绍找到工作的占78.1%。直接申请的占15.6%，通过政府安排和商业职介的分别为3.1%。各个民族找工作的主要途径均是通过亲朋好友，其次是直接申请、政府安排和商业介绍的情况较少。因此，人情网络是本县农村务工群体找工作的主要途径。

表 3－8　　　　　　　　　农业户口劳动者找工作的渠道　　　　　　　单位:%

| | 本地非农务工 | | | | 外出务工 | | | |
|---|---|---|---|---|---|---|---|---|
| | 政府/社区安排介绍 | 商业职介（包括人才交流会） | 直接申请（含考试） | 通过亲朋好友介绍 | 政府/社区安排介绍 | 商业职介（包括人才交流会） | 直接申请（含考试） | 通过亲友介绍 |
| 汉族 | 0.0 | 0.0 | 14.3 | 85.7 | 0.0 | 0.0 | 20.0 | 80.0 |
| 苗族 | 0.0 | 0.0 | 0.0 | 100.0 | 0.0 | 0.0 | 50.0 | 50.0 |
| 布依族 | 0.0 | 0.0 | 11.1 | 88.9 | 5.6 | 0.0 | 11.1 | 83.3 |
| 水族 | 9.7 | 3.2 | 9.7 | 77.4 | 2.7 | 5.4 | 13.5 | 78.4 |
| 合计 | 6.1 | 2.0 | 10.2 | 81.6 | 3.1 | 3.1 | 15.6 | 78.1 |

注：亲友介绍包括：家人、亲戚介绍，朋友、熟人介绍，本乡同民族介绍。样本量同表 3-6。

在限制农村劳动力外出务工的原因上，三都水族自治县农业户口以往有外出从业经历，但今年未外出就业的被访对象中，整体而言，52.6% 是因为家中农业生产缺乏劳动力，11.3% 认为外出从业生活条件太差，因为担心找不到工作的占 10.3%。以上三个原因是限制本县农村劳动力外出务工最主要的三个原因。从民族维度看，汉族主要因为找不到工作、家中农业生产缺乏劳动力、当地能找到满意工作和要回家结婚生育，这四个因素各占 20%；苗族和布依族受访者以前有外出经历而今年未外出是源于家中农业生产缺乏劳动力的比例各占 50%。水族未外出的最主要原因也是家中农业生产缺乏劳动力，因此原因而未外出的占 57.1%。

表 3－9　　　　　　　农业户口劳动者以前有外出从业经历，但现在

如果未外出从业，主要原因:　　　　　　　单位:%

| | 生活条件太差 | 找不到工作 | 收入没有在家稳定 | 受歧视 | 疾病或伤残 | 家中农业生产缺乏劳动力 | 回家结婚生育 | 当地能找到满意的工作 | 语言能力不强 | 缺乏同乡或熟人带领 |
|---|---|---|---|---|---|---|---|---|---|---|
| 汉族 | 0.0 | 20.0 | 0.0 | 0.0 | 0.0 | 20.0 | 20.0 | 20.0 | 0.0 | 0.0 |
| 苗族 | 0.0 | 16.7 | 0.0 | 0.0 | 0.0 | 50.0 | 0.0 | 0.0 | 0.0 | 0.0 |
| 布依族 | 4.5 | 9.1 | 4.5 | 9.1 | 9.1 | 50.0 | 13.6 | 4.5 | 0.0 | 0.0 |
| 水族 | 15.9 | 9.5 | 0.0 | 3.2 | 1.6 | 57.1 | 0.0 | 4.8 | 3.2 | 4.8 |
| 合计 | 11.3 | 10.3 | 1.0 | 4.1 | 3.1 | 52.6 | 4.1 | 5.2 | 2.1 | 3.1 |

注：样本量同表 3-6。

　　在非农业户口外出就业地域上，总体而言，三都水族自治县被访者以乡镇外本县内区域为主，这部分受访者占58.6%。其次在自治区或省外东部沿海地区就业的占24.3%，再次在县外省内工作的占17.1%。在省外中部地区或国外和港澳台地区工作的比例为0。因此，非农业户口被访者外出务工表现出明显的就近特点。

表3-10　　　　　　非农业户口劳动者曾经外出从业的工作地点　　　单位:%

|  | 乡镇外本县内 | 县外省内 | 自治区或省外东部沿海地区 | 自治区或省外临近地区 | 自治区或省外中部地区 | 国外和港澳台 | 样本量（个） |
|---|---|---|---|---|---|---|---|
| 汉族 | 60.9 | 8.7 | 26.1 | 4.3 | 0.0 | 0.0 | 48 |
| 苗族 | 42.9 | 28.6 | 28.6 | 0.0 | 0.0 | 0.0 | 19 |
| 布依族 | 53.8 | 15.4 | 38.5 | 0.0 | 0.0 | 0.0 | 41 |
| 水族 | 64.0 | 20.0 | 16.0 | 0.0 | 0.0 | 0.0 | 72 |
| 合计 | 58.6 | 17.1 | 24.3 | 2.9 | 0.0 | 0.0 | 187 |

　　在非农业户口就业合同的性质上，整体而言，39%的被访者是从事私营或个体经营人员。22%是包括国家干部和公务员的固定职工，16.5%是短期或临时合同工，9.1%是长期合同工，仍有11.6%的被访者是没有合同的员工，说明仍有一部分劳动者的合法权益无法得到有效的保障。

表3-11　　　　　　非农业户口劳动者职业的劳动合同性质　　　单位:%

|  | 固定职工（包括国家干部、公务员） | 长期合同工 | 短期或临时合同工 | 没有合同的员工 | 从事私营或个体经营人员 | 其他 |
|---|---|---|---|---|---|---|
| 汉族 | 23.9 | 6.5 | 17.4 | 13.0 | 34.8 | 4.3 |
| 苗族 | 26.3 | 10.5 | 21.1 | 15.8 | 26.3 | 0.0 |
| 布依族 | 17.1 | 17.1 | 8.6 | 17.1 | 40.0 | 0.0 |
| 水族 | 21.7 | 5.0 | 20.0 | 6.7 | 45.0 | 1.7 |
| 其他民族 | 25.0 | 25.0 | 0.0 | 0.0 | 50.0 | 0.0 |
| 合计 | 22.0 | 9.1 | 16.5 | 11.6 | 39.0 | 1.8 |

注：样本量同表3-10。

　　在非农业户口劳动者的就业途径上，整体而言，人情网络关系也是就业的主要途径。关于第一份城镇工作的主要来源，通过亲友介绍的占

46.7%，直接申请的占 21.1%，政府安排占 17.1%，通过商业职介找到第一份工作的为 3.3%。从民族维度来看，被访对象人口比例较少民族主要以直接申请（含考试）为主，这部分人占 50%。具体到民族，汉族、苗族、布依族和水族受访者均以亲友介绍为找到第一份城镇工作的主要渠道。

表 3 – 12　　　　非农业户口劳动者得到第一份城镇工作的最主要渠道　　　单位:%

|  | 政府/社区安排介绍 | 商业职介（包括人才交流会） | 直接申请（含考试） | 亲友介绍 | 其他 |
|---|---|---|---|---|---|
| 汉族 | 16.3 | 0.0 | 25.6 | 46.5 | 11.6 |
| 苗族 | 35.3 | 0.0 | 5.9 | 58.8 | 0.0 |
| 布依族 | 10.0 | 0.0 | 33.3 | 43.3 | 13.3 |
| 水族 | 17.2 | 6.9 | 13.8 | 46.6 | 15.5 |
| 合计 | 17.1 | 3.3 | 21.1 | 46.7 | 11.8 |

注:样本量同表 3 – 10。

在本县被访群体未就业情况方面，三都水族自治县 15.5% 的被访对象本人没有工作，其中，因料理家务的占 24.2%，由于丧失劳动能力而未工作的占 21%，正在上学的占 12.9%，离退休人员占 11.3%。也就是说，目前未工作的被访者中，69.4% 要么不需要找工作，要么丧失劳动能力或退休，他们不属于失业群体，真正失业者占未就业群体的 30.6%。因此本县被访者的失业率是 4.9%。从户籍因素来看，农业户口被访对象目前未工作最主要的原因是料理家务占 32%，24% 是因为上学，20% 因为丧失劳动能力；非农业户口被访对象目前未工作最主要的原因是丧失劳动能力这部分人占 21.6%，因料理家务的占 18.9%，16.2% 是离退休人员。从民族维度看，汉族未工作被访群体主要因为承包土地被征用而没有工作，这部分人占 40%。苗族主要因为料理家务和承包土地被征用，两者各占 50%。布依族离退休人员占 33.3%，是其目前未工作的主要群体。水族未工作的主要原因是丧失劳动能力，这部分人占 29.7%。

表 3 – 13　　　　　　本县被访对象没有工作的原因:　　　　　单位:%

| | | 正在上学 | 丧失劳动能力 | 已离/退休 | 毕业后未工作 | 料理家务 | 因单位原因 | 因本人原因 | 承包土地被征用 | 样本量（个） |
|---|---|---|---|---|---|---|---|---|---|---|
| 户籍 | 农村 | 24.0 | 20.0 | 4.0 | 0.0 | 32.0 | 4.0 | 12.0 | 0.0 | 25 |
| | 城镇 | 5.4 | 21.6 | 16.2 | 2.7 | 18.9 | 5.4 | 5.4 | 16.2 | 37 |

| | | 正在上学 | 丧失劳动能力 | 已离/退休 | 毕业后未工作 | 料理家务 | 因单位原因 | 因本人原因 | 承包土地被征用 | 样本量（个） |
|---|---|---|---|---|---|---|---|---|---|---|
| 民族 | 汉族 | 20.0 | 0.0 | 20.0 | 0.0 | 20.0 | 0.0 | 0.0 | 40.0 | 5 |
| | 苗族 | 0.0 | 0.0 | 0.0 | 0.0 | 50.0 | 0.0 | 0.0 | 50.0 | 2 |
| | 布依族 | 11.1 | 11.1 | 33.3 | 0.0 | 22.2 | 11.1 | 0.0 | 5.6 | 18 |
| | 水族 | 13.5 | 29.7 | 0.0 | 2.7 | 24.3 | 2.7 | 13.5 | 5.4 | 37 |
| | 合计 | 12.9 | 21.0 | 11.3 | 1.6 | 24.2 | 4.8 | 8.1 | 9.7 | 62 |

注：因单位原因包括：破产、改制、下岗/内退/买断工龄、辞退等。因本人原因包括：家务、健康、辞职等。

在外出找工作的障碍方面，本县被访者最主要的前三项障碍分别是工作辛苦收入低、家里需要照顾必须返乡和语言障碍，有这三项障碍的受访者比例分别为23%、22.2%、20%。农村被访者最大的三项障碍分别是家里需要照顾必须返乡，工作辛苦收入低和语言障碍，有此困难的农村被访者分别占28.3%、20.7%、18.5%。城镇被访者最大的三项障碍分别是工作辛苦收入低，语言障碍和生活习俗不能适应，有这三项障碍的分别占26.8%、24.4%、14.6%。从民族维度看，汉族外出务工最主要的三项障碍是家里需要照顾必须返乡、工作辛苦收入低、语言障碍和生活习俗不能适应及气候自然环境不能适应并列。苗族受访者主要是语言障碍、家里需要照顾必须返乡、生活习俗不能适应。布依族受访者认为外出工作最大的三项障碍是工作辛苦收入低、语言障碍和家里需要照顾必须返乡。水族受访者认为外出工作最大的三项障碍是工作辛苦收入低、家里需要照顾必须返乡和语言障碍。

表3-14　　　　　　　　　　外出找工作的重要障碍　　　　　　　　单位：%

| | | 语言障碍 | 被当地人看不起 | 工作辛苦收入低 | 想留在当地但生活成本太高 | 生活习俗不能适应 | 气候自然环境不能适应 | 孩子就学困难 | 家里需要照顾必须返乡 | 当地政府的政策限制 |
|---|---|---|---|---|---|---|---|---|---|---|
| 户籍 | 农村 | 18.5 | 5.4 | 20.7 | 3.3 | 8.7 | 5.4 | 2.2 | 28.3 | 1.1 |
| | 城镇 | 24.4 | 7.3 | 26.8 | 0.0 | 14.6 | 4.9 | 0.0 | 9.8 | 7.3 |

续表

| 民族 | | 语言障碍 | 被当地人看不起 | 工作辛苦收入低 | 想留在当地但生活成本太高 | 生活习俗不能适应 | 气候自然环境不能适应 | 孩子就学困难 | 家里需要照顾必须返乡 | 当地政府的政策限制 |
|---|---|---|---|---|---|---|---|---|---|---|
| | 汉族 | 13.3 | 6.7 | 20.0 | 0.0 | 13.3 | 13.3 | 0.0 | 26.7 | 0.0 |
| | 苗族 | 28.6 | 0.0 | 14.3 | 0.0 | 21.4 | 7.1 | 0.0 | 28.6 | 0.0 |
| | 布依族 | 20.7 | 10.3 | 24.1 | 0.0 | 17.2 | 0.0 | 0.0 | 20.7 | 3.4 |
| | 水族 | 18.7 | 5.3 | 25.3 | 4.0 | 5.3 | 5.3 | 2.7 | 21.3 | 4.0 |
| | 其他民族 | 50.0 | 0.0 | 0.0 | 50.0 | 0.0 | 0.0 | 0.0 | 0.0 | 0.0 |
| | 合计 | 20.0 | 5.9 | 23.0 | 3.0 | 10.4 | 5.2 | 1.5 | 22.2 | 3.0 |

注：样本量同表 3 - 5。

## 五　家庭生活条件

在家庭住房条件方面，全县受访，家庭总住房面积平均值是 133.6 平方米。住房性质以自有住房为主。其中，91.1% 的被访者家庭目前有 1 套自有住房，6.6% 的家庭有 2 套自有住房，0.8% 的家庭有 4 套自有住房，没有自有住房和有 3 套自有住房的家庭分别占 0.8%。92.5% 的被访者家庭住自有住房，租住私人住房的占 5%，0.8% 的被访家庭租住亲友房，1% 被访家庭租住廉租房。住房结构方面，被访者现在居住的房屋中，54.2% 是钢筋混凝土结构，混合结构房屋占 17.1%，砖木结构房屋占 26.1%。上述数据说明三都水族自治县被访者家庭的住房需求基本得到满足。从城乡差异来看，城镇家庭无论是自有住房数量还是住房总面积，都超过农村家庭。从民族维度看，苗族受访家庭自有住房套数均值最高，其他民族受访家庭该比例最低。在家庭自有住房总面积平均值方面，依然是苗族受访家庭最高，其他民族最低。（见表 3 - 15）

表 3 - 15　　　　　　　　　　家庭自有住房数量和面积

| | | 汉族 | 苗族 | 布依族 | 水族 | 其他民族 |
|---|---|---|---|---|---|---|
| 家庭自有住房套数（套） | 农村 | 1.06 | 0.94 | 1.11 | 1.04 | |
| | 城镇 | 1.19 | 1.37 | 1.00 | 1.15 | 1.00 |
| 家庭自有住房面积（平方米） | 农村 | 133.44 | 114.25 | 132.93 | 118.61 | |
| | 城镇 | 156.76 | 181.05 | 117.54 | 150.72 | 70.75 |

注：样本量同表 3 - 5。

住宅外道路路面情况，全县59.3%的被访者的住宅外道路路面是水泥或柏油路面，33.5%的被访者的住宅外道路路面是沙石或石板等硬质路面，自然土路只占7.2%。92.8%的家庭外道路出行不受天气因素影响。因此，出行道路便捷。从城乡差异来看，城镇家庭住宅外道路路面没有自然土路，且水泥或柏油路面占84.8%，仅有37.1%的农村家庭住宅外道路路面为水泥或柏油路，城镇家庭住宅外道路路面状况明显优于农村。（见表3－16）

表3－16　　　　　　　　　　　住宅外道路路面情况　　　　　　　　单位:%

| | 农村 | | | | 城镇 | | |
|---|---|---|---|---|---|---|---|
| | 水泥或柏油路面 | 沙石或石板等硬质路面 | 自然土路 | 样本量 | 水泥或柏油路面 | 沙石或石板等硬质路面 | 样本量 |
| 汉族 | 50.0 | 43.8 | 6.3 | 16 | 87.5 | 12.5 | 48 |
| 苗族 | 50.0 | 50.0 | 0.0 | 16 | 89.5 | 10.5 | 19 |
| 布依族 | 43.9 | 47.4 | 8.8 | 57 | 90.2 | 9.8 | 41 |
| 水族 | 30.6 | 51.6 | 17.7 | 124 | 79.2 | 20.8 | 72 |
| 合计 | 37.1 | 49.8 | 13.1 | 213 | 84.8 | 15.2 | 180 |

在家庭生活用水方面，全县使用自来水做饭的受访家庭占92.4%，使用井水或山泉水的受访家庭占6.1%，使用江河湖水做饭的受访家庭有1.5%。这表明本县家庭做饭用水较便利。从城乡差异看，城镇家庭使用自来水的比例为97.8%，农村家庭为87.6%，且城镇家庭使用井水/山泉水或江河湖水的比例明显低于农村家庭。因此，城市家庭做饭用水更便捷。从民族维度看，无论城乡，水族家庭使用自来水比例最低，且江河湖水、井水或山泉水的使用比例明显高于其他各民族。

表3－17　　　　　　　　　居民家庭做饭用的水最主要的途径　　　　单位:%

| | 农村 | | | 城镇 | | |
|---|---|---|---|---|---|---|
| | 江河湖水 | 井水/山泉水 | 自来水 | 江河湖水 | 井水/山泉水 | 自来水 |
| 汉族 | 0.0 | 6.3 | 93.8 | 0.0 | 2.1 | 97.9 |
| 苗族 | 0.0 | 0.0 | 100.0 | 0.0 | 0.0 | 100.0 |
| 布依族 | 0.0 | 3.6 | 96.4 | 0.0 | 0.0 | 100.0 |
| 水族 | 4.1 | 14.6 | 81.3 | 1.4 | 2.8 | 95.8 |
| 合计 | 2.4 | 10.0 | 87.6 | 0.6 | 1.7 | 97.8 |

注：样本量同表3－16。

在家庭卫生设备使用情况方面，全县 64.6% 的被访家庭所使用的卫生设备是水冲式厕所，使用旱厕的家庭占 32.2%，3.2% 的家庭没有厕所。表明本县卫生设备普及率较高。从城乡差异来看，农村家庭水冲式厕所普及率为 39.3%，城镇家庭水冲式厕所高达 93.9%，5.2% 的农村家庭没有厕所，1.1% 的城镇家庭没有厕所。从民族维度看，布依族受访家庭中家庭卫生设备普及率最低，7.3% 的农村家庭和 5% 的城镇家庭没有厕所。（见表 3 - 18）

表 3 - 18　　　　　　　　　　家庭卫生设备使用情况　　　　　　　单位:%

| | 农村 | | | 城镇 | | |
|---|---|---|---|---|---|---|
| | 水冲式厕所 | 旱厕 | 无厕所 | 水冲式厕所 | 旱厕 | 无厕所 |
| 汉族 | 81.3 | 18.8 | 0.0 | 97.9 | 2.1 | 0.0 |
| 苗族 | 50.0 | 50.0 | 0.0 | 100.0 | 0.0 | 0.0 |
| 布依族 | 63.6 | 29.1 | 7.3 | 90.0 | 5.0 | 5.0 |
| 水族 | 21.8 | 72.6 | 5.6 | 91.4 | 8.6 | 0.0 |
| 合计 | 39.3 | 55.5 | 5.2 | 93.9 | 5.0 | 1.1 |

注: 样本量同表 3 - 16。

在生活用电方面，本县被访者做饭燃料以电为主，使用电做饭的家庭占 72.2%，13.7% 的家庭做饭使用柴草，12.7% 的家庭使用煤气。煤炭、太阳能和沼气等原料使用率非常低。总和占比为 1.4%，从城乡差异来看，农村家庭做饭使用柴草比例高达 23.8%，而城镇家庭仅 2.2%。96.2% 的城镇家庭做饭使用电或天然气，74.8% 的农村家庭使用电或天然气。城镇家庭在家庭做饭燃料使用方面，便捷性明显优于农村。（见表 3 - 19）

表 3 - 19　　　　　　　　　　家庭做饭的主要原料情况　　　　　　　单位:%

| | 农村 | | | | | 城镇 | | | | |
|---|---|---|---|---|---|---|---|---|---|---|
| | 柴草 | 煤炭 | 天然气 | 太阳能 | 电 | 柴草 | 煤炭 | 天然气 | 沼气 | 电 |
| 汉族 | 6.3 | 6.3 | 18.8 | 0.0 | 68.8 | 0.0 | 0.0 | 20.8 | 4.2 | 75.0 |
| 苗族 | 18.8 | 0 | 12.5 | 0.0 | 68.8 | 0.0 | 0.0 | 38.9 | 0.0 | 61.1 |
| 布依族 | 5.5 | 1.8 | 1.8 | 1.8 | 89.1 | 2.4 | 0.0 | 12.2 | 0.0 | 85.4 |
| 水族 | 35.0 | 0.0 | 3.3 | 0.0 | 61.8 | 4.2 | 0.0 | 22.2 | 0.0 | 73.6 |
| 合计 | 23.8 | 1.0 | 4.8 | 0.5 | 70.0 | 2.2 | 0.5 | 21.9 | 1.1 | 74.3 |

注: 样本量同表 3 - 16。

在住房便利程度方面，全县受访者，44%比较满意目前住宅，56%认为一般或不满意的。从城乡差异来看，农村家庭对目前住房满意的占44%，城镇家庭对目前住房满意的占43.7%，两者差异不明显。从民族维度看，汉族、苗族、布依族、水族认为目前住房满意的分别占50%、40%、45.4%、43.1%，汉族的满意度最高，苗族满意度最低。（见表3-20）

| 表3-20 | | 家庭住房满意度 | | | | 单位:% | |
|---|---|---|---|---|---|---|---|
| | | 很满意 | 满意 | 一般 | 不太满意 | 不满意 | 合计 |
| 农村 | 汉族 | 7.1 | 42.9 | 21.4 | 21.4 | 7.1 | 100 |
| | 苗族 | 13.3 | 26.7 | 20.0 | 26.7 | 13.3 | 100 |
| | 布依族 | 12.7 | 32.7 | 20.0 | 25.5 | 9.1 | 100 |
| | 水族 | 11.4 | 31.7 | 21.1 | 21.1 | 14.6 | 100 |
| | 合计 | 11.6 | 32.4 | 20.8 | 22.7 | 12.6 | 100 |
| 城镇 | 汉族 | 23.4 | 31.9 | 29.8 | 8.5 | 6.4 | 100 |
| | 苗族 | 21.1 | 31.6 | 21.1 | 10.5 | 15.8 | 100 |
| | 布依族 | 12.2 | 19.5 | 39.0 | 14.6 | 14.6 | 100 |
| | 水族 | 11.1 | 29.2 | 31.9 | 19.4 | 8.3 | 100 |
| | 合计 | 16.4 | 27.3 | 31.7 | 14.8 | 9.8 | 100 |

注：样本量同表3-16。

大都对目前住房政策的满意度调查显示，商品房政策方面，本县被访者的评价大都介于一般和满意之间。从城乡差异来看，农村各民族对商品房政策的评价都高于2.4分，低于3.4分。城镇各民族对商品房政策评价均高于3.1分，低于3.8分。可见城镇被访者满意度高于农村。从民族角度来看，农村苗族受访者对商品房政策满意度最低，为2.4分，汉族受访者满意度最高，为3.4分。此外，整体而言，本县被访者对两限房政策、廉租房政策、经济适用房政策和农村住房改造政策的评价均高于商品房政策。其中对于农村住房改造政策的评分为总体最高，达3.6分。城镇居民对住房政策的满意度普遍高于农村。苗族受访者对各项住房政策的满意评分最低。

**表3-21**　　　　　　　　　　目前住房政策满意度评价　　　　　　单位：分

| | | 商品房 | 两限房 | 廉租房 | 经济适用房 | 农村住房改造 |
|---|---|---|---|---|---|---|
| 农村 | 汉族 | 3.4 | 3.6 | 3.8 | 3.8 | 3.5 |
| | 苗族 | 2.4 | 2.6 | 2.1 | 2.7 | 3.5 |
| | 布依族 | 3.1 | 3.3 | 3.1 | 3.1 | 3.3 |
| | 水族 | 3.3 | 3.5 | 3.1 | 3.4 | 3.6 |
| 城镇 | 汉族 | 3.5 | 3.7 | 3.7 | 3.6 | 3.7 |
| | 苗族 | 3.1 | 3.2 | 3.3 | 3.3 | 3.4 |
| | 布依族 | 3.1 | 3.5 | 3.6 | 3.4 | 3.6 |
| | 水族 | 3.1 | 3.3 | 3.4 | 3.4 | 3.6 |
| | 其他民族 | 3.8 | 3.7 | 3.8 | 3.8 | 4.5 |

注：本报告对"政府住房政策满意度"的评价标准进行量化的方法是：很满意5分、满意4分、一般3分、不太满意2分，不满意1分。得分分值越高表明满意度相对越高。样本量同表3-16。

## 六　生活水平评价

在居民生活水平方面，与过去10年（或5年）前相比，全县受访居民生活水平普遍提高。其中，43.5%被访者认为生活水平上升很多，47.5%认为略有上升，9%认为没有变化或略有下降。从城乡差异看，农村被访者认为与过去10年（或5年）前相比生活水平有所提高的占90.5%，城镇占91.3%，略高于农村。从民族维度看，汉族、苗族、布依族、水族和人口比例较少民族中认为生活水平上升的比例分别为93.7%、88.5%、90.8%、90.3%、100%。

**表3-22**　　　与10年（或5年）前相比，居民生活水平变化情况　　　单位：%

| | | 上升很多 | 略有上升 | 没有变化 | 略有下降 | 合计 | 样本量（个） |
|---|---|---|---|---|---|---|---|
| 户籍 | 农村 | 42.9 | 47.6 | 8.0 | 1.4 | 100 | 213 |
| | 城镇 | 44.3 | 47.0 | 7.1 | 1.6 | 100 | 183 |
| 民族 | 汉族 | 54.0 | 39.7 | 4.8 | 1.6 | 100 | 63 |
| | 苗族 | 51.4 | 37.1 | 5.7 | 5.7 | 100 | 35 |
| | 布依族 | 39.8 | 51.0 | 8.2 | 1.0 | 100 | 98 |
| | 水族 | 40.6 | 49.7 | 8.8 | 1.0 | 100 | 198 |
| | 全体 | 43.5 | 47.5 | 7.5 | 1.5 | 100 | 394 |

在未来 5 年（或 10 年）居民生活水平变化上，全县受访者，94.6%认为有所提高，5.4%认为没有变化或略有下降。从民族维度看，汉族和人口比例较少的其他民族认为未来 5 年（或 10 年）居民生活水平有所提高的高达 100%，苗族、布依族和水族该比例相对较低，但也都在 90.6%以上。被访者对未来生活的信心较强。

表 3 - 23　　　未来 5 年（或 10 年）中，居民生活水平变化情况　　单位:%

| | | 上升很多 | 略有上升 | 没有变化 | 略有下降 | 合计 | 样本量（个） |
|---|---|---|---|---|---|---|---|
| 户籍 | 农村 | 33.9 | 61.7 | 3.3 | 1.1 | 100 | 213 |
| | 城镇 | 34.0 | 59.3 | 5.3 | 1.3 | 100 | 183 |
| 民族 | 汉族 | 35.8 | 64.2 | 0.0 | 0.0 | 100 | 63 |
| | 苗族 | 28.1 | 62.5 | 3.1 | 6.3 | 100 | 35 |
| | 布依族 | 34.6 | 58.0 | 6.2 | 1.2 | 100 | 98 |
| | 水族 | 34.1 | 60.4 | 4.9 | 0.6 | 100 | 198 |
| | 其他民族 | 33.3 | 66.7 | 0.0 | 0.0 | 100 | 394 |
| | 合计 | 33.9 | 60.7 | 4.2 | 1.2 | | |

在 2020 年所在地区全面建成小康社会方面，11.5%的被访者很有信心，63.9%有信心，没有信心的占 20.1%，仅 0.2%认为不可能，4.3%表示没有听说过。从城乡差异来看，农村被访者对在 2020 年所在地区全面建成小康社会比较有信心的占 74.2%，城镇居民占 76.8%；5.7%农村被访者对此没听说过，城镇仅 2.2%被访者没听说过。从民族维度看，汉族和苗族对在 2020 年所在地区全面建成小康社会比较有信心的分别占 88.7% 和 88.6%，布依族、水族和人口比例较少的其他民族的这一比例为 62.1%、75.5% 和 60%。民族差异非常明显。

表 3 - 24　　　居民对 2020 年所在地区全面建成小康社会情况　　单位:%

| | 很有信心 | 有信心 | 没什么信心 | 不可能 | 没听说过 | 合计 | 样本量（个） |
|---|---|---|---|---|---|---|---|
| 农村 | 13.4 | 60.8 | 20.1 | 0.0 | 5.7 | 100 | 213 |
| 城镇 | 8.8 | 68.0 | 20.4 | 0.6 | 2.2 | 100 | 183 |
| 汉族 | 14.5 | 74.2 | 8.1 | 1.6 | 1.6 | 100 | 63 |
| 苗族 | 14.3 | 74.3 | 11.4 | 0.0 | 0.0 | 100 | 35 |
| 布依族 | 9.5 | 52.6 | 28.4 | 0.0 | 9.5 | 100 | 98 |
| 水族 | 10.7 | 64.8 | 21.4 | 0.0 | 3.1 | 100 | 198 |
| 合计 | 11.5 | 63.9 | 20.1 | 0.3 | 4.3 | 100 | 394 |

关于不能在2020年所在地区全面建成小康社会的原因，全县受访者，最主要的三个因素依次是经济收入提高慢、居住条件差、文化生活贫乏，认为存在以上三个障碍因素的比例分别为66.7%、52.7%、40.9%。从城乡因素看，经济收入提高慢、居住条件差、文化生活贫乏也是对2020年所在地区全面建成小康社会没有信心的三大因素。从民族维度看，布依族和水族受访者也都认为2020年所在地区全面建成小康社会没有信心的原因最主要的三项障碍依次也是经济收入提高慢、居住条件差、文化生活贫乏。人口比例较少的其他民族受访者除了以上三个因素外，认为基础设施不足也是重要障碍。汉族受访者认为除了以上三个因素，基础设施不足也是重要障碍。苗族受访者认为，经济收入提高慢、扶持政策不到位是最主要的两项障碍，此外，认为存在社会保障不完善、文化生活贫乏、自然条件差的各占40%。

表3－25　　　　　　　　如果没有信心，您的理由是　　　　　　　单位：%

| | 居住条件差 | 自然条件差 | 社会秩序混乱、人们不安定 | 基础设施不足 | 文化生活贫乏 | 中央援助不足 | 扶持政策不到位 | 社会保障不完善 | 经济收入提高慢 | 样本量（个） |
|---|---|---|---|---|---|---|---|---|---|---|
| 农村 | 56.6 | 24.5 | 1.9 | 24.5 | 35.8 | 5.7 | 30.2 | 7.5 | 67.9 | 40 |
| 城镇 | 47.5 | 12.5 | 15.0 | 27.5 | 47.5 | 7.5 | 30.0 | 25.0 | 65.0 | 53 |
| 汉族 | 50.0 | 25.0 | 12.5 | 37.5 | 37.5 | 25.0 | 25.0 | 12.5 | 87.5 | 8 |
| 苗族 | 20.0 | 40.0 | 20.0 | 20.0 | 40.0 | 0.0 | 60.0 | 40.0 | 80.0 | 5 |
| 布依族 | 50.0 | 8.8 | 5.9 | 23.5 | 52.9 | 5.9 | 32.4 | 2.9 | 52.9 | 34 |
| 水族 | 57.8 | 24.4 | 6.7 | 24.4 | 31.1 | 4.4 | 26.7 | 22.2 | 71.1 | 45 |
| 合计 | 52.7 | 19.4 | 7.5 | 25.8 | 40.9 | 6.5 | 30.1 | 15.1 | 66.7 | 92 |

# 第三节　三都水族自治县民族文化

民族文化关系到本民族特色文化的传承和国家文化的繁荣，具有非常重要的地位。繁荣民族文化是社会主义的民族平等原则在文化领域的具体体现。[1] 本报告从民族文化现状、民族文化保护工作、民族文化传承信心和民族文化交流途径四方面加以描述分析。

---

① 王希恩：《当代中国民族问题解析》，民族出版社2002年版，第337页。

## 一　民族文化发展现状

在目前民族文化留存和传播方面，整体而言，传统节日和传统服饰是三都水族自治县留存或传播较好的民族文化类型。从民族维度看，汉族、苗族、布依族、水族受访者认为留存传播最好的两项民族文化类型都是传统节日和传统服饰。

表3-26　　　　　　　　留存或传播较好的本民族文化类型　　　　　单位：%

|  | 传统民居 | 传统服饰 | 传统节日 | 人生礼仪 | 传统文娱活动 | 传统饮食 | 道德规范 | 人际交往习俗 | 传统生产方式 | 宗教活动习俗 | 样本量（个） |
|---|---|---|---|---|---|---|---|---|---|---|---|
| 汉族 | 9.7 | 50.0 | 72.6 | 9.7 | 9.7 | 22.6 | 3.2 | 9.7 | 0.0 | 0.0 | 64 |
| 苗族 | 14.3 | 80.0 | 82.9 | 11.4 | 11.4 | 2.9 | 0.0 | 0.0 | 2.9 | 0.0 | 35 |
| 布依族 | 6.4 | 64.9 | 83.0 | 4.3 | 14.9 | 27.7 | 1.1 | 3.2 | 0.0 | 2.1 | 98 |
| 水族 | 9.7 | 71.3 | 88.7 | 2.1 | 10.3 | 12.3 | 0.5 | 2.1 | 1.0 | 1.0 | 198 |
| 合计 | 9.2 | 67.3 | 83.9 | 4.6 | 11.3 | 16.9 | 1.0 | 3.3 | 0.8 | 1.0 | 395 |

在选择已经濒危失传继续恢复的三种文化类型时，各民族相似性较强，但也存在一定差异性。相似性表现在各民族大都认为传统民居和传统服饰已经濒危失传，亟须恢复的文化。差异性表现在：除了传统民居和传统服饰以外，汉族更看重人生礼仪，少数民族更重视传统饮食和传统生产方式的拯救和恢复。传统民居、服饰、节庆等正在咄咄逼人的"现代趋同"浪潮冲击下消失和隐退。[①] 传统文化类型保护必须受到高度重视，否则，民族文化的许多特色将一去不复返。

表3-27　　　　　　　　已经濒危失传亟须恢复的文化类型　　　　　单位：%

|  | 传统民居 | 传统服饰 | 传统节日 | 人生礼仪 | 传统文娱活动 | 传统饮食 | 道德规范 | 人际交往习俗 | 传统生产方式 | 宗教活动习俗 | 样本量（个） |
|---|---|---|---|---|---|---|---|---|---|---|---|
| 汉族 | 31.9 | 23.4 | 12.8 | 23.4 | 6.4 | 12.8 | 19.1 | 17.0 | 17.0 | 6.4 | 64 |
| 苗族 | 32.0 | 16.0 | 8.0 | 16.0 | 12.0 | 36.0 | 12.0 | 20.0 | 36.0 | 0.0 | 35 |
| 布依族 | 36.1 | 22.2 | 6.9 | 5.6 | 9.7 | 19.4 | 8.3 | 25.0 | 38.9 | 1.4 | 98 |
| 水族 | 42.0 | 17.8 | 9.6 | 14.0 | 7.6 | 15.9 | 7.6 | 10.8 | 15.9 | 1.9 | 197 |
| 合计 | 38.0 | 19.7 | 9.2 | 13.4 | 8.5 | 17.7 | 9.8 | 16.1 | 23.6 | 2.3 | 394 |

---

① 杨福泉：《论我国现代化进程中的少数民族文化保护》，载《思想战线》1998年第5期。

## 二 民族文化保护工作

关于当地政府保护民族文化工作的满意度,全县受访居民评分较高。被访者对当地政府保护民族文化的各项工作满意度均在3.5分以上。从民族维度看,汉族受访者对当地政府保护文化评分最低两项是道德规范和传统生产方式,评分均为3.6分。苗族受访者评分较低的两项文化保护工作是传统生产方式和道德规范,评分分别为3.4分、3.8分。布依族受访者评分最低的两项是传统生产方式和道德规范,评分分别为3.1分、3.2分。水族受访者评分最低的两项是人生礼仪和传统民居,评分分别为3.5分、3.6分。此外,在保护民族文化相关国家政策方面,三都水族自治县被访者的满意度高于当地政府工作,且民族之间的满意度差异不大。

表3-28　　　　　　　居民对当地政府保护文化工作的评价　　　　　单位:分

|  | 传统民居 | 传统服饰 | 传统节日 | 人生礼仪 | 传统文娱活动 | 传统饮食 | 道德规范 | 人际交往习俗 | 传统生产方式 | 宗教活动习俗 | 样本量(个) |
|---|---|---|---|---|---|---|---|---|---|---|---|
| 汉族 | 3.9 | 4.1 | 4.1 | 3.8 | 4.0 | 3.9 | 3.6 | 4.0 | 3.6 | 3.8 | 64 |
| 苗族 | 3.9 | 4.0 | 4.1 | 4.0 | 4.0 | 4.0 | 3.8 | 4.0 | 3.4 | 3.9 | 35 |
| 布依族 | 3.2 | 3.8 | 3.9 | 3.6 | 3.8 | 3.6 | 3.2 | 3.3 | 3.1 | 3.5 | 98 |
| 水族 | 3.6 | 3.9 | 3.9 | 3.5 | 3.9 | 3.8 | 3.9 | 3.9 | 3.7 | 4.0 | 197 |
| 合计 | 3.6 | 3.9 | 4.0 | 3.7 | 3.9 | 3.8 | 3.7 | 3.8 | 3.5 | 3.8 | 394 |

注:本报告对"当地政府保护民族文化工作的评价"的评价标准进行量化的方法是:很满意5分、满意4分、一般3分、不太满意2分、不满意1分。得分分值越高表明满意度相对越高。

## 三 民族文化传承信心

在评价子女相比于其长辈接受本民族语言、文化和风俗习惯的意愿方面,91.3%的被访者认为,其子女与长辈相比更愿意接受本民族语言。其中,水族和布依族受访者子女的相关意愿较高,更愿意接受本民族语言的比例分别为92.7%、92.2%。人口比例较少的其他民族受访者相关比例仅为50%,为各民族最低。汉族和苗族受访者子女更愿意接受本民族语言的比例分别为87.8%、88%。此外,91.3%的被访者认为,其子女更愿意接受本民族文化;90.7%的被访者认为,其子女更愿意接受本民族民俗。数据记实各民族差异不明显。

表 3-29 居民接受本民族语言意愿 单位:%

| | 很愿意 | 较愿意 | 愿意 | 不愿意 | 很不愿意 | 合计 | 样本量（个） |
|---|---|---|---|---|---|---|---|
| 汉族 | 32.7 | 22.4 | 32.7 | 12.2 | 0.0 | 100 | 64 |
| 苗族 | 48.0 | 32.0 | 8.0 | 12.0 | 0.0 | 100 | 35 |
| 布依族 | 41.1 | 20.0 | 31.1 | 7.8 | 0.0 | 100 | 98 |
| 水族 | 41.6 | 30.3 | 20.8 | 6.7 | 0.6 | 100 | 198 |
| 全体 | 40.6 | 26.4 | 24.3 | 8.4 | 0.3 | 100 | 395 |

## 四 民族文化发展交流途径

在民族文化发展交流渠道方面，各民族了解本民族或其他民族民俗文化的主要渠道，都是家庭内的口口相传或耳濡目染，这部分居民占88.1%。其次是村庄或社区举办的生产、生活活动，相关比例为24.1%。图书报刊、旅游展示、广播互联网和政府部门保护项目等渠道的使用频率较低。从民族维度看，汉族、苗族、布依族、水族和人口比例较少的其他民族了解本民族或其他民族民俗文化的主要渠道，都是家庭内的口口相传或耳濡目染，相关比例分别为71%、94.3%、88.8%、92.8%、60%。其中人口比例较少的其他民族受访者除家庭传播外，认为广播、电视、互联网和村社活动也是了解本民族或其他民族民俗文化的重要途径。总体而言，传统文化传承方式相对集中单一。

表 3-30 居民了解本民族/其他民族民俗文化的主要渠道 单位:%

| | 学校教育 | 家庭内的口口相传 | 村庄或社区活动 | 政府部门保护项目 | 旅游展示 | 广播、电视、互联网 | 图书报刊 | 样本量（个） |
|---|---|---|---|---|---|---|---|---|
| 汉族 | 30.6 | 71.0 | 38.7 | 21.0 | 9.7 | 19.4 | 4.8 | 64 |
| 苗族 | 5.7 | 94.3 | 11.4 | 8.6 | 0.0 | 11.4 | 2.9 | 35 |
| 布依族 | 13.3 | 88.8 | 19.4 | 13.3 | 3.1 | 13.3 | 2.0 | 98 |
| 水族 | 11.8 | 92.8 | 23.6 | 10.8 | 1.5 | 10.3 | 0.5 | 197 |
| 合计 | 14.7 | 88.1 | 24.1 | 12.7 | 3.0 | 12.9 | 1.8 | 394 |

## 第四节 三都水族自治县民族关系与身份认同

民族关系是多民族地区社会生活的重要内容。北京大学的马戎教授提出了一个对中国民族关系现状进行调查研究的包括 8 个变量指标的研究框架，这 8 个变量指标分别是：1. 语言使用；2. 宗教与生活习俗的差异；3. 人口迁移；4. 居住格局；5. 交友情况；6. 族群分层；7. 族际通婚；8. 族群意识。[①] 本报告从民族间普通交往、民族间深层交往、民族身份认同情况、民族间关系评价、对外来人员评价和民族冲突状况这六个方面加以论述。

## 一　民族间普通交往

在民族之间聊天、成为邻居、一起工作等普通社会交往方面，各民族受访者的意愿都很高，均在 4.4 分以上。从民族的角度看，汉族愿与少数民族聊天、成为邻居、一起工作的评分均高于少数民族对汉族的相关意愿。在少数民族之间的普通交往中，苗族受访者在和其他少数民族聊天和成为邻居方面意愿高于其他少数民族。

表 3 – 31　　　　　　　　　民族之间普通交往情况　　　　　　单位：分

| | 汉族与少数民族 | | | 少数民族与汉族 | | | 少数民族之间 | | |
|---|---|---|---|---|---|---|---|---|---|
| | 聊天 | 成为邻居 | 一起工作 | 聊天 | 成为邻居 | 一起工作 | 聊天 | 成为邻居 | 一起工作 |
| 汉族 | 4.6 | 4.6 | 4.6 | — | — | — | — | — | — |
| 苗族 | — | — | — | 4.5 | 4.4 | 4.5 | 4.7 | 4.7 | 4.4 |
| 布依族 | — | — | — | 4.5 | 4.5 | 4.6 | 4.5 | 4.5 | 4.4 |
| 水族 | — | — | — | 4.4 | 4.4 | 4.5 | 4.5 | 4.5 | 4.5 |

注：本报告对"民族之间普通交往"的评价标准进行量化的方法是：很愿意 5 分、比较愿意 4 分、一般 3 分、不太愿意 2 分，不愿意 1 分。得分分值越高表明满意度相对越高。

## 二　民族间深层交往

有关民族之间的交友，全县 85.9% 被访者至少有一个最好的其他民族朋友，有三个及以上其他民族朋友的占 75.6%。从城乡差异来看，城镇被访者与其他民族成员交朋友的比例多于农村受访者。91.8% 的城镇被访者有其他民族的朋友，而农村有其他民族朋友的只占 80.7%。城镇的民族交往更频繁。从民族维度看，其他民族被访者 100% 都有其他民族朋

① 马戎：《民族社会学——社会学的族群关系研究》，北京大学出版社 2004 年版，第 219—226 页。

友，水族与其他民族交朋友的比例最低，为 80.8% 。在民族之间交朋友的意愿上，各民族受访者意愿值均在 4.4 分以上。

表 3 - 32　　　　　　　　民族之间交朋友状况　　　　　　　单位:%

| | | 三个以上 | 两个 | 一个 | 一个都没有 | 合计 | 样本量（个） |
|---|---|---|---|---|---|---|---|
| 户籍 | 农村 | 67.5 | 9.4 | 3.8 | 19.3 | 100 | 213 |
| | 城镇 | 85.2 | 3.8 | 2.7 | 8.2 | 100 | 184 |
| 民族 | 汉族 | 76.6 | 3.1 | 4.7 | 15.6 | 100 | 64 |
| | 苗族 | 82.4 | 11.8 | 2.9 | 2.9 | 100 | 35 |
| | 布依族 | 83.5 | 6.2 | 3.1 | 7.2 | 100 | 98 |
| | 水族 | 70.2 | 7.6 | 3.0 | 19.2 | 100 | 197 |
| | 合计 | 75.6 | 6.8 | 3.5 | 14.1 | 100 | 394 |

在通婚方面，各民族通婚意愿都比较高。从具体民族成分来看，汉族和少数民族之间相互通婚意愿均在 4.4 分以上。少数民族之间通婚意愿相对较低，苗族与其他少数民族通婚意愿值为 4.3 分，布依族与其他少数民族通婚意愿值也是 4.3 分。总体而言，民族之间的差异不大。此外，94% 以上被访者不太介意自己的兄弟姐妹、子女孙辈与其他民族的人通婚。由此可见，民族之间相处融洽。

表 3 - 33　　　　　　　　民族之间深层交往情况　　　　　　　单位：分

| | 汉族与少数民族 | | 少数民族与汉族 | | 少数民族之间 | | 样本量（个） |
|---|---|---|---|---|---|---|---|
| | 交朋友 | 结为亲家 | 交朋友 | 结为亲家 | 交朋友 | 结为亲家 | |
| 汉族 | 4.5 | 4.4 | — | — | — | — | 64 |
| 苗族 | — | — | 4.4 | 4.4 | 4.5 | 4.3 | 35 |
| 布依族 | — | — | 4.5 | 4.5 | 4.4 | 4.3 | 98 |
| 水族 | — | — | 4.5 | 4.4 | 4.4 | 4.4 | 197 |

注：本报告对"民族之间深层交往"的评价标准进行量化的方法是：很愿意5分，比较愿意4分，一般3分，不太愿意2分，不愿意1分。得分分值越高表明满意度相对越高。

## 三　民族身份认同情况

在民族身份认同方面，三都水族自治县各民族对中华民族认同较高，本民族意识和认同相对较低。更加认同中华民族的受访者比例是 25% ；既认同本民族也认同中华民族的受访者比例是 72.7% 。2.3% 的被访者更

加认同本民族意识，从民族维度看，各民族对中华民族的认同比例均在
95.3% 以上，人口比例较少的其他民族受访者对中华民族的认同比例为
100%。因此，中华民族认同度很高。

表 3 - 34　　　　　　　当前我国民族意识的发展趋势　　　　　单位:%

|  | 更加认同本民族意识 | 更加认同中华民族 | 既认同本民族也认同中华民族 | 样本量（个） |
|---|---|---|---|---|
| 汉族 | 3.4 | 39.0 | 57.6 | 64 |
| 苗族 | 3.0 | 12.1 | 84.8 | 35 |
| 布依族 | 4.7 | 14.0 | 81.4 | 98 |
| 水族 | 0.6 | 28.2 | 71.2 | 197 |
| 合计 | 2.3 | 25.0 | 72.7 | 394 |

在三都水族自治县当地社会交往、工作就业和日常生活中，95% 的少
数民族被访者不会因为民族身份而存在不便利的问题。认为民族身份有不
便利的被访者很少，且民族之间差异不突出。在外出旅行、出国时，
97.4% 的少数民族都未因为民族身份问题而遇到不便。因此，各民族被访
者不认为在不同民族之间，民族身份会带来隔阂。

表 3 - 35　　　　　　　民族身份有无不便利的问题　　　　　单位:%

|  | 在当地社会交往、工作就业、日常生活中 | | | 在外出旅行、出国时 | | | 样本量（个） |
|---|---|---|---|---|---|---|---|
|  | 经常有 | 偶尔有 | 很少 | 没有 | 偶尔有 | 很少 | 没有 |  |
| 汉族 | 0.0 | 6.7 | 0.0 | 93.3 | 0.0 | 0.0 | 100.0 | 64 |
| 苗族 | 0.0 | 3.3 | 3.3 | 93.3 | 0.0 | 0.0 | 100.0 | 35 |
| 布依族 | 1.1 | 1.1 | 1.1 | 96.6 | 2.9 | 1.4 | 95.7 | 98 |
| 水族 | 1.1 | 2.7 | 1.6 | 94.6 | 0.8 | 1.6 | 97.7 | 198 |
| 合计 | 0.9 | 2.5 | 1.5 | 95.0 | 1.3 | 1.3 | 97.4 | 395 |

## 四　民族间关系的评价

在对民族之间关系的评价上，总体而言，三都水族自治县被访者对改
革开放以来全国不同民族间关系和当地不同民族间关系的认识有更多的受
访者拥有自己的想法，说不清的比例分别由 23.8% 降到 8.8%，由 20.3%
降至 6%。在本县被访者看来，随时间的推移全国民族间相互关系的改善
程度最大，相关好评从改革开放前 31.1%，到近五年 76.3%，提高近 2.5

倍。其中，从改革开放到建立市场经济这段时间，民族关系变化程度最大，被访者认可程度大幅度提升。总体而言，本县被访者对本地民族关系的好评比例比全国民族关系好评比例更高。

表3－36　　　　　　　对（全国）民族间相互关系的评价　　　　　单位:%

| | 对（全国）民族间相互关系 | | | | 对（当地）民族间相互关系 | | | |
|---|---|---|---|---|---|---|---|---|
| | 改革开放前 | 改革开放初 | 市场经济时 | 近五年 | 改革开放前 | 改革开放初 | 市场经济时 | 近五年 |
| 很好 | 7.3 | 12.0 | 20.0 | 22.5 | 10.8 | 16.0 | 26.8 | 30.0 |
| 较好 | 23.8 | 28.3 | 45.8 | 53.8 | 28.3 | 34.3 | 45.8 | 51.3 |
| 一般 | 23.0 | 30.3 | 22.3 | 13.3 | 24.0 | 23.3 | 19.3 | 11.8 |
| 不太好 | 19.3 | 8.8 | 0.0 | 1.8 | 14.3 | 8.3 | 0.8 | 0.8 |
| 很不好 | 3.0 | 0.8 | 1.5 | 0.0 | 2.0 | 0.0 | 0.0 | 0.0 |
| 说不清 | 23.8 | 20.0 | 10.3 | 8.8 | 20.3 | 18.0 | 7.3 | 6.0 |
| 合计 | 100 | 100 | 100 | 100 | 100 | 100 | 100 | 100 |

注：样本量为394个。

## 五　对外来人员的评价

在对外来人员的态度方面，总体而言，96%的本地被访者很欢迎流入本地的外来人员。从城乡因素看，农村受访者对外来人口持欢迎态度的占97%，城镇为94.9%。从民族维度看，汉族和人口比例较少的其他民族受访者对外来人口持欢迎态度的比例都是100%。苗族受访者持欢迎态度的比例相对最低，为90.9%。关于欢迎外来人口的原因，85.3%的被访者认为主要是有利于弘扬本地的民族文化，认为有利于增加民族间交往的占87.1%，85.9%看重外来人口可以增加当地投资，有利于开阔当地人的眼界占84.8%。除此之外，外来人口能增加当地就业机会、有利于国家安全、提升当地社会服务水平、带来先进技术和管理方式、缩小地区差距、增加当地市场的劳动力等都是欢迎外来人口的重要因素。

表3－37　　　　　当地户籍住户对于到本地的外来流入人员的态度　　　单位:%

| | | 非常欢迎 | 比较欢迎 | 不欢迎 | 视情况而定 | 无所谓 | 合计 | 样本量（个） |
|---|---|---|---|---|---|---|---|---|
| 户籍 | 农村 | 58.6 | 38.4 | 0.5 | 2.0 | 0.5 | 100 | 213 |
| | 城镇 | 57.4 | 37.5 | 1.1 | 2.3 | 1.7 | 100 | 184 |

续表

| 民族 | | 非常欢迎 | 比较欢迎 | 不欢迎 | 视情况而定 | 无所谓 | 合计 | 样本量（个） |
|---|---|---|---|---|---|---|---|---|
| | 汉族 | 67.9 | 32.1 | 0.0 | 0.0 | 0.0 | 100 | 64 |
| | 苗族 | 63.6 | 27.3 | 0.0 | 3.0 | 6.1 | 100 | 35 |
| | 布依族 | 59.4 | 37.5 | 1.0 | 2.1 | 0.0 | 100 | 98 |
| | 水族 | 53.8 | 41.4 | 1.1 | 2.7 | 1.1 | 100 | 197 |
| | 合计 | 58.2 | 37.8 | 0.8 | 2.1 | 1.1 | 100 | 394 |

在外来人口对当地的评价方面，55.5% 的外来受访者认为目前当地投资环境不好；62.5% 的外来人口被访者不认可当地对投资管理的态度；57.1% 认为当地对投资的管理效率很低；62.5% 不满当地的投资盈利状况。但对当地社会交往和发展潜力较满意，有 88.9% 外来人口受访者愿意在当地继续或扩大投资。外来人口受访者中 63.6% 表示当地日常生活很便利。66.7% 认为当地社会包容性较好。认为当地自然环境较好的占58.3%。72.7% 的外来人口受访者反映当地社会交往很好；58.3% 认为当地社会安全性较高。

表 3-38　　　　　　　　外来人口对当地社会的评价　　　　　　单位：%

| | 很好 | 好 | 不好 | 很不好 | 合计 |
|---|---|---|---|---|---|
| 投资环境 | 11.1 | 33.3 | 44.4 | 11.1 | 100 |
| 当地对投资管理的态度 | 25.0 | 12.5 | 62.5 | 0.0 | 100 |
| 当地日常生活的便利性 | 9.1 | 54.5 | 18.2 | 18.2 | 100 |
| 当地的社会包容性 | 16.7 | 50.0 | 33.3 | 0.0 | 100 |
| 当地的自然环境 | 25.0 | 33.3 | 41.7 | 0.0 | 100 |
| 当地对投资的管理效率 | 14.3 | 28.6 | 57.1 | 0.0 | 100 |
| 投资当地的盈利状况（与东中部地区比较） | 12.5 | 25.0 | 37.5 | 25.0 | 100 |
| 当地的宗教文化 | 16.7 | 33.3 | 50.0 | 0.0 | 100 |
| 当地的社会交往 | 9.1 | 63.6 | 27.3 | 0.0 | 100 |
| 当地的社会安全性 | 8.3 | 50.0 | 41.7 | 0.0 | 100 |

注：样本量为 13 个。

## 六　对民族冲突的主观评价

在民族冲突方面，总体而言，本县少数民族认为民族冲突不严重。

47.3%少数民族被访者认为当前民族之间的冲突完全不严重，37.4%认为不算严重。14.8%认为民族之间冲突有点严重，仅0.5%认为非常严重。关于不同宗教信众之间的冲突，94.9%本县被访者认为完全不显著或不算严重。

表3-39　　　少数民族对民族间、宗教间冲突严重程度的评价　　　单位:%

|  | 民族间冲突 | 不同宗教信众的冲突 |
|---|---|---|
| 非常严重 | 0.5 | 0.0 |
| 有点严重 | 14.8 | 5.2 |
| 不算严重 | 37.4 | 35.1 |
| 完全不严重 | 47.3 | 59.8 |
| 合计 | 100.0 | 100.0 |

注：样本量为333个。

# 第五节　三都水族自治县城乡受访者的社会生活

## 一　社会保障和公共生活

在农村被访者社会保障水平的满意度方面，全县受访者对各项社会保障政策评分都较高。其中，农村被访者对新型农村养老保险、农村五保、农村低保、高龄津贴、农村合作医疗和住房福利的评分均在4.4分以上，表明比较满意。但对妇女福利和残疾人福利的评分较低，分别为3.3分和3分。

表3-40　　　　　　农村居民社会保障水平满意度评价　　　　　单位：分

|  | 新农养老保险 | 农村五保 | 农村低保 | 高龄津贴 | 农村合作医疗 | 妇女福利 | 残疾人福利 | 住房福利 |
|---|---|---|---|---|---|---|---|---|
| 汉族 | 5.0 | — | 3.0 | — | 4.8 | — | — | — |
| 苗族 | 4.6 | — | 4.8 | 4.0 | 4.5 | — | — | — |
| 布依族 | 4.3 | 4.3 | 4.4 | 4.0 | 4.4 | 4.0 | 4.0 | 5.0 |
| 水族 | 4.7 | 4.8 | 4.5 | 4.5 | 4.6 | 2.0 | 2.0 | — |
| 合计 | 4.6 | 4.5 | 4.4 | 4.4 | 4.6 | 3.3 | 3.0 | 5.0 |

注：本报告对"社会保障水平满意度"的评价标准进行量化的方法是：很满意5分，满意4分，一般3分，不太满意2分，不满意1分。得分分值越高表明满意度相对越高。样本量同表3-5的农村样本量。

在城镇被访者社会保障水平的满意度方面，城镇被访者对各项社会保障政策满意度都较高。城镇被访者对城镇居民养老保险、城镇低保制度、义务教育营养计划、城镇职工基本医疗保险、城镇居民基本医疗保险、工伤保险、生育保险和老年福利满意度评分均在 4.4 分以上。

**表 3 - 41　　　　　城镇居民社会保障水平满意情况　　　　单位：分**

|  | 城镇居民养老 | 城镇低保 | 义务教育营养计划 | 城镇职工基本医疗保险 | 城镇居民基本医疗保险 | 工伤保险 | 生育保险 | 老年福利 |
|---|---|---|---|---|---|---|---|---|
| 汉族 | 4.6 | 4.8 | 4.4 | 4.5 | 4.6 | 4.0 | 4.8 | — |
| 苗族 | 4.6 | 5.0 | 4.6 | 4.8 | — | — | — | 4.0 |
| 布依族 | 4.8 | 4.3 | 4.3 | 4.8 | 5.0 | 4.5 | 5.0 | — |
| 水族 | 4.3 | 4.4 | 4.6 | 4.6 | 4.8 | 5.0 | 5.0 | 5.0 |
| 合计 | 4.5 | 4.6 | 4.6 | 4.6 | 4.8 | 4.4 | 4.9 | 4.5 |

注：样本量同表 3 - 5 中的城镇样本量。

社会安全是一个国家和地区社会经济综合发展的基础和保障，是民族地区团结繁荣的前提。社会和谐既是构建和谐社会的重要组成部分，又是民族地区社会发展的长远目标。本报告从居民生活压力来源、安全感体会现状、公平性感受程度、各种利益冲突状况和政府处理突发事件的能力这五方面对三都水族自治县的社会安全与和谐程度加以描述分析。

## 二　生活压力评价

在居民社会生活压力方面，总体而言，压力程度由大到小排名前三的社会压力分别是：经济压力，评分 4.3 分；孩子教育压力，评分 2.9 分；医疗/健康压力，评分 2.8 分。从城乡差异来看，农村被访者最大的三项压力也是经济压力、孩子教育压力和医疗/健康压力，评分分别为 4.4 分、3.1 分、3.0 分。城镇被访者除了经济压力 4.2 分外，孩子教育压力、医疗/健康压力和总体社会生活压力都是 2.7 分。从民族维度看，汉族受访者的经济压力最大，为 4.1 分，其次是总体社会生活压力 2.6 分，再次孩子教育、医疗/健康、个人发展和住房四方面压力均为 2.5 分。苗族受访者的经济压力也最大 4.4 分，除此之外，孩子教育、医疗/健康和总体社会生活压力都是 3.0 分。布依族受访者除经济压力为 4.2 分外，医疗/健康和孩子教育两方面压力分别为 2.9 分、2.8 分。水族受访者除经济压力为 4.4 分外，总体社会压力和孩子教育压力都是 3.1 分。人口比例较少的其他民族受访者经济压力为 4.6 分，其次孩子教育压力为 3.0 分，再次医疗/健康压力和住房压力均为 2.8 分。相对而言，苗族受访者各项生活压力平均分值最大。

表 3 – 42　　　　　　　　居民社会生活压力现状　　　　　　单位：分

| | 经济压力 | 个人发展 | 社交压力 | 孩子教育压力 | 医疗/健康压力 | 赡养父母的压力 | 住房压力 | 婚姻生活压力 | 总体社会生活压力 |
|---|---|---|---|---|---|---|---|---|---|
| 农业户口 | 4.4 | 2.7 | 2.0 | 3.1 | 3.0 | 2.4 | 2.5 | 1.6 | 2.9 |
| 非农业户口 | 4.2 | 2.5 | 1.8 | 2.7 | 2.7 | 1.9 | 2.5 | 1.5 | 2.7 |
| 汉族 | 4.1 | 2.5 | 1.6 | 2.5 | 2.5 | 1.9 | 2.5 | 1.5 | 2.6 |
| 苗族 | 4.4 | 2.5 | 2.0 | 3.0 | 3.0 | 2.7 | 2.7 | 1.8 | 3.0 |
| 布依族 | 4.2 | 2.5 | 1.7 | 2.8 | 2.9 | 2.0 | 2.4 | 1.5 | 2.5 |
| 水族 | 4.4 | 2.8 | 2.1 | 3.1 | 2.9 | 2.3 | 2.6 | 1.6 | 3.1 |
| 合计 | 4.3 | 2.5 | 1.9 | 2.9 | 2.8 | 2.0 | 2.6 | 1.5 | 2.6 |

注：本报告对"居民社会生活压力现状"的评价标准进行量化的方法是：压力很大 5 分、有压力 4 分、压力一般 3 分，压力很小 2 分，没有这方面压力 1 分。得分分值越高表明压力越大。样本量同表 3 – 3。

## 三　安全感体会现状

在居民社会安全感体会方面，全县受访者的安全感评分较高。本县被访者安全感最强的三项分别是人身自由安全、总体社会安全和劳动安全，相应的安全感评分分别为 4.5 分、4.4 分、4.3 分。安全感最弱的两项是交通安全和食品安全，两项评分均为 4 分。从城乡差异看，农村被访者对各项社会生活的安全感评分均高于城镇受访者。从民族维度看，汉族受访者安全感最低的三项分别是交通安全、医疗安全和食品安全，评分均为 4.1 分。苗族安全感最低的三项分别是交通安全、财产安全和食品安全，评分分别为 3.8 分、3.9 分、4.1 分。布依族安全感最低的三项分别是交通安全 4.1 分、食品安全 4.1 分、医疗安全和生态环境安全均为 4.2 分。水族受访者安全感最低的三项分别是交通安全 3.8 分，财产安全、医疗安全、食品安全和生态环境安全均为 4.2 分。人口比例较少的其他民族受访者安全感最低的三项是财产安全 3.6 分、食品安全 3.6 分、医疗安全 3.8 分。整体而言，布依族受访者的社会安全感最强，人口比例较少的其他民族受访者社会安全感相对最低。

表 3 - 43　　　　　　　　　居民社会生活安全感状况　　　　　　　　单位：分

| | 财产安全 | 人身安全 | 交通安全 | 医疗安全 | 食品安全 | 劳动安全 | 信息、隐私安全 | 生态环境安全 | 人身自由 | 总体社会安全 |
|---|---|---|---|---|---|---|---|---|---|---|
| 农村 | 4.2 | 4.4 | 4.0 | 4.2 | 4.4 | 4.4 | 4.4 | 4.4 | 4.6 | 4.4 |
| 城镇 | 4.2 | 4.2 | 3.8 | 4.1 | 3.9 | 4.3 | 4.2 | 4.1 | 4.4 | 4.3 |
| 汉族 | 4.4 | 4.3 | 4.1 | 4.1 | 4.1 | 4.4 | 4.2 | 4.3 | 4.6 | 4.3 |
| 苗族 | 3.9 | 4.2 | 3.8 | 4.2 | 4.1 | 4.4 | 4.3 | 4.4 | 4.6 | 4.4 |
| 布依族 | 4.4 | 4.4 | 4.1 | 4.2 | 4.1 | 4.4 | 4.4 | 4.2 | 4.5 | 4.5 |
| 水族 | 4.2 | 4.3 | 3.8 | 4.2 | 4.2 | 4.3 | 4.3 | 4.2 | 4.5 | 4.4 |
| 合计 | 4.1 | 4.2 | 4.0 | 4.1 | 4.0 | 4.3 | 4.2 | 4.2 | 4.5 | 4.4 |

　　注：本报告对"居民社会生活安全感状况"的评价标准进行量化的方法是：很安全 5 分，比较安全 4 分，一般 3 分，不太安全 2 分，很不安全 1 分。得分分值越高表明安全感越强。样本量同表 3 - 5。

## 四　公平性感受程度

　　在社会生活公平感方面，全县被访者在以下三个领域公平感最强：语言文字公平评分为 4.3 分，法律公平和教育公平均为 4.2 分。全县被访者公平感最弱的三个领域是住房公平 3.6 分，社会保障公平和政府办事公平均为 3.7 分。从城乡差异来看，农村受访者在各个领域的公平感评分均高于城镇受访者。受访者从民族维度看，汉族受访者公平感最低的三项是政府办事公平 3.7 分，住房公平、社会保障公平和就业发展公平评分均为 3.8 分。苗族受访者公平感最低的三项是住房公平评分 3.6 分，社会保障公平和政府办事公平均为 3.9 分。布依族受访者公平感最低的三项是住房公平和社会保障公平，评分均为 3.4 分，及政府办事公平为 3.5 分。水族受访者公平感最低的三项是住房公平、政府办事公平和医疗公平，评分分别为 3.6 分、3.6 分和 3.7 分。人口比例较少的其他民族受访者公平感最弱的三项是住房公平、社会保障公平和政府办事公平，评分分别为 3.6 分、3.7 分和 3.7 分。由此可见，苗族受访者整体社会公平感最强，水族受访者社会公平感相对最低。

表 3 - 44　　　　　　　　　居民社会生活公平感状况　　　　　　　　单位：分

| | 教育公平 | 语言文字公平 | 医疗公平 | 住房公平 | 社会保障公平 | 法律公平 | 政治公平 | 就业、发展公平 | 信息公平 | 政府办事公平 | 总体社会公平 |
|---|---|---|---|---|---|---|---|---|---|---|---|
| 农村 | 4.2 | 4.3 | 3.9 | 3.7 | 3.9 | 4.3 | 4.2 | 3.9 | 4.0 | 3.7 | 4.1 |

续表

|  | 教育公平 | 语言文字公平 | 医疗公平 | 住房公平 | 社会保障公平 | 法律公平 | 政治公平 | 就业、发展公平 | 信息公平 | 政府办事公平 | 总体社会公平 |
|---|---|---|---|---|---|---|---|---|---|---|---|
| 城镇 | 4.1 | 4.3 | 3.6 | 3.5 | 3.6 | 4.1 | 4.0 | 3.7 | 3.9 | 3.6 | 4.0 |
| 汉族 | 4.2 | 4.3 | 3.9 | 3.8 | 3.8 | 4.1 | 4.1 | 3.8 | 4.0 | 3.7 | 4.1 |
| 苗族 | 4.2 | 4.4 | 4.1 | 3.6 | 3.9 | 4.4 | 4.2 | 4.0 | 4.3 | 3.9 | 4.2 |
| 布依族 | 4.2 | 4.4 | 3.6 | 3.4 | 3.4 | 4.2 | 4.0 | 3.7 | 3.7 | 3.5 | 4.0 |
| 水族 | 4.1 | 4.3 | 3.7 | 3.6 | 3.8 | 4.2 | 4.2 | 3.8 | 4.0 | 3.6 | 4.0 |
| 合计 | 4.2 | 4.3 | 3.8 | 3.6 | 3.7 | 4.2 | 4.1 | 3.8 | 3.9 | 3.7 | 4.0 |

注：本报告对"居民社会生活公平感状况"的评价标准进行量化的方法是：很公平5分，比较公平4分，一般3分，不太公平2分，很不公平1分。得分分值越高表明公平感越强。样本量同表3-3。

## 五　各种利益冲突状况的感受

在对社会冲突严重程度的评价方面，本县被访者认为冲突程度最高的两个领域是干群冲突、医患冲突，冲突评分分别为3.6分、3.7分。冲突程度最低的领域是宗教之间的冲突。从城乡差异来看，农村被访者对各项冲突的评分均高于城镇被访者，因此，农村受访者的社会冲突感比城镇受访居民弱。从民族维度看，汉族受访者认为干群冲突和医患冲突最严重，相关评分分别为3.5分、3.8分。苗族、布依族和水族受访者都认为冲突最严重的两项是干群冲突和医患冲突，且评分分值相近，分别为3.6分、3.7分。人口比例较少的其他民族受访者认为冲突最严重的两项是医患冲突和干群冲突，相关评分分别为3.3分和3.5分。其中社会整体冲突评价最强的是人口比例较少的其他民族，受访者整体冲突评价最弱的是布依族受访者。

表3-45　　　　　居民对各项社会冲突严重程度的评价　　　单位：分

|  | 干群冲突 | 民族间冲突 | 城乡冲突 | 医患冲突 | 贫富冲突 | 宗教间冲突 | 不同受教育水平者间冲突 | 不同职业人之间冲突 |
|---|---|---|---|---|---|---|---|---|
| 农业户口 | 3.6 | 4.2 | 4.3 | 3.8 | 4.5 | 4.6 | 4.4 | 4.4 |
| 非农业户口 | 3.5 | 4.1 | 4.1 | 3.7 | 4.2 | 4.4 | 4.3 | 4.2 |
| 汉族 | 3.5 | 4.2 | 4.2 | 3.8 | 4.2 | 4.4 | 4.3 | 4.3 |
| 苗族 | 3.6 | 4.2 | 4.0 | 3.7 | 4.4 | 4.5 | 4.3 | 4.1 |
| 布依族 | 3.6 | 4.2 | 4.3 | 3.7 | 4.4 | 4.7 | 4.4 | 4.4 |
| 水族 | 3.6 | 4.1 | 4.3 | 3.7 | 4.3 | 4.4 | 4.3 | 4.3 |

续表

| | 干群冲突 | 民族间冲突 | 城乡冲突 | 医患冲突 | 贫富冲突 | 宗教间冲突 | 不同受教育水平者间冲突 | 不同职业人之间冲突 |
|---|---|---|---|---|---|---|---|---|
| 合计 | 3.6 | 4.2 | 4.2 | 3.7 | 4.3 | 4.5 | 4.3 | 4.3 |

注：本报告对"居民社会生活冲突感状况"的评价标准进行量化的方法是：完全不严重 5 分，不算严重 4 分，一般 3 分，有点严重 2 分，非常严重 1 分。得分分值越高表明冲突程度越弱。样本量同表 3 - 3。

## 六  政府处理突发事件的能力

在政府应对突发事件的能力评价方面，全县被访者满意度不太高。对各项突发事件的满意度均未达到 4 分。其中，被访者认为政府应对群体性突发事件的能力最差，相关评分为 3.5 分，应对自然火害事件的能力最强，相关评分为 3.8 分。从城乡差异来看，农村被访者对政府应对群体性突发事件的能力的评分均低于城镇被访者。从民族维度看，汉族、苗族、布依族和水族受访者认为政府应对自然灾害事件和群体性突发事件的能力分别为最强和最弱。人口比例较少的其他民族受访者认为，政府应对暴力恐怖事件的能力最强，评分为 5 分；应对生产安全事故、传染病及公共卫生事故的能力最弱，评分均为 4.3 分。总体来看，水族受访者对政府应对突发性事件的能力的评分最低，人口比例较少的其他民族受访者相关评分最高。

表 3 - 46    居民对当地政府应对突发性事件的能力的评价    单位：分

| | 自然灾害事件 | 生产安全事故 | 传染病及公共卫生事故 | 一般性社会治安事件 | 群体性突发事件 | 暴力恐怖事件 |
|---|---|---|---|---|---|---|
| 农村 | 3.6 | 3.4 | 3.6 | 3.5 | 3.4 | 3.5 |
| 城镇 | 4.1 | 3.8 | 3.7 | 3.7 | 3.6 | 3.8 |
| 汉族 | 4.0 | 3.8 | 3.8 | 3.6 | 3.5 | 3.6 |
| 苗族 | 4.0 | 3.8 | 3.7 | 3.6 | 3.4 | 3.7 |
| 布依族 | 3.9 | 3.5 | 3.5 | 3.6 | 3.5 | 3.8 |
| 水族 | 3.7 | 3.4 | 3.6 | 3.6 | 3.5 | 3.7 |
| 合计 | 3.8 | 3.6 | 3.7 | 3.6 | 3.5 | 3.7 |

注：本报告对"居民对当地政府应对突发事件的能力评价"的评价标准进行量化的方法是：很满意 5 分，满意 4 分，一般 3 分，不满意 2 分，很不满意 1 分。得分分值越高表明满意程度越高。样本量同表 3 - 3。

# 第六节　三都水族自治县城乡受访者的政策评价

民族政策对于民族地区的经济发展、民族团结和社会生活影响重大。马克思主义民族理论提出，首先通过革命实现各民族在法律上的平等，然后在社会主义制度下通过对少数民族的各项优惠政策，逐步实现各民族在事实上的平等。① 新中国自成立以来，已经实现了各民族在法律上的平等，要实现事实上的平等，民族政策是重要的途径。本报告从计划生育政策、高考加分政策、双语教学政策、民族特殊优惠政策满意度和当地政府对民族政策落实情况等五个方面加以论述。

## 一　民族计划生育政策

在民族地区的计划生育政策满意度上，总体评价较高，12.2%的受访者认为计划生育政策很好，66.3%认为此政策比较好，16.1%认为一般，只有5.4%认为计划生育政策不好。从城乡差异来看，82.6%的受访农村居民认为计划生育政策较好，受访的城镇居民的相关比例为73.4%。从民族维度看，人口比例较少的其他民族受访者对计划生育政策的满意度最高，100%认为此政策比较好。布依族受访者其次，认为此政策好的占90.3%。汉族、苗族和水族受访者的满意率相对较低，其中，汉族受访者认为计划生育政策较好的比例仅为68.4%，为各个民族受访者中的最低。认为计划生育不好的被访者，对于调整此政策的主张主要是希望全国各地区各民族的计划生育政策都一样。

表3-47　目前针对少数民族地区及少数民族实行计划生育政策的评价 单位:%

|  | 很好 | 好 | 一般 | 不好 | 合计 | 样本量（个） |
|---|---|---|---|---|---|---|
| 汉族 | 11.7 | 56.7 | 25.0 | 6.7 | 100 | 63 |
| 苗族 | 20.0 | 60.0 | 17.1 | 2.9 | 100 | 35 |
| 布依族 | 11.8 | 78.5 | 4.3 | 5.4 | 100 | 98 |
| 水族 | 10.8 | 64.4 | 19.1 | 5.7 | 100 | 198 |
| 合计 | 12.2 | 66.3 | 16.1 | 5.4 | 100 | 394 |

① 《列宁全集》第29卷，人民出版社1959年版，第102—103页。

## 二　民族高考加分政策

在对民族地区高考加分政策评价方面，96.8%的受访居民都比较满意，不满意的比例仅占3.2%。从城乡角度看，农村被访者对高考加分政策的满意率为98.9%，城市被访者为94.5%，略低于农村。从民族维度看，汉族受访者对民族地区高考加分政策满意率最低，为91.1%，其他各个民族受访者的满意率均超过96.5%。其原因可能是汉族不在此项政策受益范围内。对于长期居住在城市的少数民族子女，全县仍有61.8%的被访者认为他们高考应该加分；23.5%的受访者对此表示不清楚；但也有13.3%的被访者认为城市居住的少数民族的子女不应该加分，其中汉族被访者该比例最高。

表3-48　　　　居民针对民族地区的高考加分政策的评价　　　　单位:%

| | | 很满意 | 满意 | 不满意 | 很不满意 | 合计 | 样本量（个） |
|---|---|---|---|---|---|---|---|
| 户籍 | 农村 | 47.7 | 51.2 | 1.2 | 0.0 | 100 | 213 |
| | 城镇 | 39.8 | 54.7 | 5.0 | 0.6 | 100 | 183 |
| 民族 | 汉族 | 48.2 | 42.9 | 7.1 | 1.8 | 100 | 63 |
| | 苗族 | 46.4 | 53.6 | 0.0 | 0.0 | 100 | 35 |
| | 布依族 | 45.3 | 51.2 | 3.5 | 0.0 | 100 | 98 |
| | 水族 | 41.6 | 56.5 | 1.9 | 0.0 | 100 | 198 |
| | 合计 | 43.8 | 53.0 | 3.0 | 0.3 | 100 | 394 |

## 三　民族双语教育效果

在双语教育效果方面，整体而言，被访者满意度不高。12.9%的被访者认为双语教育效果很好，认为效果好的比例占51%，34.1%的被访者认为双语教育效果一般，2%认为不好或很不好。从城乡因素来看，农村被访者认为双语教育效果较好的占70.7%，城镇的受访者相关比例为55.7%，低于农村。从民族维度看，人口比例较少的其他民族被访者对双语教育效果满意率高达100%。汉族被访者的满意率最低，仅51.2%。苗族、布依族和水族被访者该项满意率分别为69.6%、58.6%、69.1%。

表3－49　　　　　　　少数民族地区的双语教育效果评价　　　　单位:%

| | | 很好 | 好 | 一般 | 不好 | 很不好 | 合计 | 样本量（个） |
|---|---|---|---|---|---|---|---|---|
| 户籍 | 农村 | 10.5 | 60.2 | 27.8 | 1.5 | 0.0 | 100 | 213 |
| | 城镇 | 15.7 | 40.0 | 41.7 | 1.7 | 0.9 | 100 | 183 |
| 民族 | 汉族 | 16.3 | 34.9 | 46.5 | 2.3 | 0.0 | 100 | 63 |
| | 苗族 | 0.0 | 69.6 | 30.4 | 0.0 | 0.0 | 100 | 35 |
| | 布依族 | 8.6 | 50.0 | 41.4 | 0.0 | 0.0 | 100 | 98 |
| | 水族 | 16.3 | 52.8 | 27.6 | 2.4 | 0.8 | 100 | 198 |
| | 合计 | 12.9 | 51.0 | 34.1 | 1.6 | 0.4 | 100 | 394 |

## 四　民族特殊优惠政策

对于当前政府实施的民族特殊优惠政策，88.2%的被访者比较满意，总体而言满意度较高。从城乡差异来看，农村被访者对当前政府实施的民族特殊优惠政策比较满意的比例为85.8%，城镇被访者的相关比例为90.7%，略高于农村。从民族维度看，人口比例较少的其他民族被访者对当前政府实施的民族特殊优惠政策满意率最高，达100%，布依族被访者的满意率最低为83.7%，汉族、苗族和水族被访者的满意率分别为94.1%、90.3%、88.1%。（见表3－50）

表3－50　　　　当前政府实施的民族特殊优惠政策满意情况　　　　单位:%

| | | 很满意 | 满意 | 不满意 | 很不满意 | 合计 | 样本量（个） |
|---|---|---|---|---|---|---|---|
| 户籍 | 农村 | 13.1 | 72.7 | 13.6 | 0.6 | 100 | 213 |
| | 城镇 | 16.9 | 73.8 | 8.1 | 1.3 | 100 | 183 |
| 民族 | 汉族 | 15.7 | 78.4 | 5.9 | 0.0 | 100 | 63 |
| | 苗族 | 12.9 | 77.4 | 9.7 | 0.0 | 100 | 35 |
| | 布依族 | 14.1 | 69.6 | 15.2 | 1.1 | 100 | 98 |
| | 水族 | 15.0 | 73.1 | 10.6 | 1.3 | 100 | 198 |
| | 合计 | 14.8 | 73.4 | 10.9 | 0.9 | 100 | 394 |

## 五　当地政府执行民族政策的效果

在当地政府执行民族政策的效果上，本县被访者满意度最高的是义务教育，83.3% 的被访者对当地政府提供的义务教育很满意或满意。其次，78.1% 的被访者对当地政府提供的公共医疗服务比较满意。被访者对当地政府其余各项工作的不满意程度相对较高。其中，在政府的办事效率方面的不满意的比率最高，占 35%。其次，32.1% 的被访者对政府在保护环境、治理污染方面的工作不满意。再次，31.1% 被访者对当地政府廉洁奉公、惩治腐败工作不满，31% 的被访者不满意政府为人民服务的态度，30.8% 的被访者对当地政府在公平公正公开选拔干部方面的工作不满意。总体而言，被访者对当地政府执行民族政策效果的满意度不是很高。（见表 3 - 51）

表 3 - 51　　　　　当地政府执行以下民族政策工作的效果评价　　　　　单位:%

| | 很好 | 比较好 | 不太好 | 很不好 | 不清楚 | 合计 |
|---|---|---|---|---|---|---|
| 为人民服务的态度 | 12.8 | 51.8 | 27 | 4 | 4 | 100 |
| 政府办事效率 | 11.5 | 49 | 30.5 | 4.5 | 4 | 100 |
| 公平公正公开选拔干部 | 9.8 | 33 | 24.3 | 6.5 | 25 | 100 |
| 提供公共医疗卫生服务 | 19.3 | 58.8 | 14.5 | 2.5 | 4.5 | 100 |
| 为群众提供社会保障 | 19.8 | 49.5 | 17.8 | 2.5 | 9.5 | 100 |
| 提供义务教育 | 33.3 | 50 | 8.8 | 1.5 | 6 | 100 |
| 保护环境，治理污染 | 10.3 | 40.5 | 25.3 | 6.8 | 15.8 | 100 |
| 打击犯罪，维护治安 | 11.8 | 49.8 | 18 | 4.8 | 14.5 | 100 |
| 廉洁奉公，惩治腐败 | 9.5 | 37 | 23.3 | 7.8 | 22.3 | 100 |
| 发展经济，增加人们收入 | 14.5 | 41.8 | 17.3 | 3.5 | 22 | 100 |
| 依法办事，执法公平 | 11 | 41.8 | 23 | 6.3 | 17.3 | 100 |
| 为中低收入者提供廉租房和经济适用房 | 12.3 | 32.8 | 18 | 5 | 31 | 100 |
| 扩大就业，增加就业机会 | 12.5 | 39.5 | 17.8 | 4.3 | 25 | 100 |
| 政府信息公开，提高透明度 | 6.5 | 36.8 | 21.5 | 5 | 28.8 | 100 |

注：样本量为 394。

## 六　扶贫政策评价

全县受访者对扶贫政策或扶贫活动的整体效果满意度较高。从城乡差异来看，在农村，对扶贫政策或活动的整体效果持满意态度的被访者占71.2%。在城镇，对扶贫政策或活动的整体效果持满意态度的占 77.9%，城镇被访者相关满意度高于农村。从民族维度来看，农村的水族被访者对扶贫政策或活动的整体效果最高，满意比例为74.2%，汉族、苗族和布依族被访者满意度相对较低。城镇中被访人口比例较少的其他民族被访者相关满意度最高，满意比例为100%，其次是汉族被访者的满意比例为87.1%。

表3-52　　　　　　扶贫政策或扶贫活动的整体效果满意情况　　　　单位:%

| | | 很满意 | 满意 | 不满意 | 很不满意 | 合计 |
|---|---|---|---|---|---|---|
| 农村 | 汉族 | 7.1 | 57.1 | 21.4 | 14.3 | 100 |
| | 苗族 | 7.7 | 53.8 | 38.5 | 0.0 | 100 |
| | 布依族 | 10.2 | 59.2 | 28.6 | 2.0 | 100 |
| | 水族 | 7.9 | 66.3 | 20.8 | 5.0 | 100 |
| | 全体 | 8.5 | 62.7 | 24.4 | 4.5 | 100 |
| 城镇 | 汉族 | 17.9 | 69.2 | 12.8 | 0.0 | 100 |
| | 苗族 | 6.7 | 53.3 | 40.0 | 0.0 | 100 |
| | 布依族 | 17.6 | 58.8 | 20.6 | 2.9 | 100 |
| | 水族 | 8.1 | 67.7 | 21.0 | 3.2 | 100 |
| | 其他民族 | 0.0 | 100.0 | 0.0 | 0.0 | 100 |
| | 全体 | 12.3 | 65.6 | 20.1 | 1.9 | 100 |

注：样本量同表3-6的农村样本量。

# 本章小结

根据以上对三都水族自治县社会经济综合发展状况的描述和分析，可以得出以下结论：

## 一　调查得到的正向结论

1. 民族政策满意度高，家庭生活条件较好

民族政策方面，在计划生育政策和少数民族高考加分政策上，少数民族对民族地区的计划生育政策满意度很高，汉族的满意度相对较低。整体而言，各民族对于当地的双语教育效果比较满意。对民族特殊优惠政策非常满意。对扶贫政策和扶贫活动的满意度也比较高。家庭生活条件较好，住房需求基本得到满足，生活用水、用电、卫生状况较便利。居民对社会保障水平的满意度较高，对未来的生活很有信心。

2. 各族文化发展水平相对平衡，传承信心十足

在民族文化发展方面，各民族都非常重视本民族的民族服饰、传统民居和传统节日。且这三项都是各民族认为最能体现本民族特色的文化类型。居民对国家保护民族文化的政策比较满意。在民族文化传承方面，各民族对于本民族文化、语言、习俗的传承很有信心。各民族民俗文化的传承方式较传统单一。

3. 民族关系融洽，民族交往层次较高

在族际日常普通交往上，各民族的意愿都很高。在民族认同方面，各民族基本都既认同本民族意识，也认同中华民族意识，而更加认同中华民族意识的比例高于本民族认同，因此，本县的民族认同和中华民族认同比较和谐。在民族关系方面，改革开放以来，各族对民族关系的正向评价越来越高。在与外来人口的互动交往中，本县被访者绝大部分都欢迎外来人口。在民族冲突方面，本县被访者认为目前的民族间冲突不太严重。在族际通婚方面，各民族的通婚意愿也很强。美国社会学家戈登提出了研究和度量民族融合的 7 个方面，其中族际通婚被视为最重要的一个方面，他认为唯有当其他 6 个方面的民族关系都达到令人满意的程度时，大规模的族际通婚才有可能实现。① 由此可见，本县的民族关系融合程度处于很高的阶段。

## 二　调查发现存在的问题

1. 经济发展水平低，贫富差距较大

在土地拥有方面，家庭平均拥有面积很小，一部分农村人没有任何土地。但限制农村劳动力外出的最主要的原因是家中农业缺乏劳动力，由此可见，本县的农业生产方式还处于较传统的阶段。在收支平衡方面，各个民族虽略有结余，但总体余留不大。在家庭耐用消费品方面，除冰箱和手机外，在其他耐用消费品上，家庭平均拥有量不足 1 件。在生活压力方面，本县居民最主要的三个压力来源是经济压力、孩子教育压力和医疗/健康压力。经济压力是当地经济发展水平低的直接反映，孩子教育压力和医疗/健康压力从某种程度上说，与经济压力有密切的关联。在贫富差距

---

① 这 7 个方面是：文化、社会组织网络、通婚、民族意识、民族偏见的消除、民族歧视行为的消除、价值观和权力冲突的消除。(参见 M. Gordon, 1964, *Assimilation in American Life*, New York: Oxford University Press, pp. 70 - 82。)

方面，土地拥有情况方面，各民族家庭土地拥有面积差距较大。收入差距方面，城镇被访者的人均年收入是农村的 2.23 倍。汉族的人均年收入最高，约为少数民族人均年总收入的 2 倍。三都水族自治县是民族自治县，邓小平指出："实行民族区域自治，不把经济搞好，那个自治就是空的。"① 因此，总体来看，三都水族自治县经济发展水平有待进一步提高，同时要缩小贫富差距。

2. 居民对政府工作的满意度不高

在民族政策执行方面，被访者对当地政府相关工作效果的满意度相对较低。在文化保护方面，传统民居、传统服饰和人生礼仪处于濒危失传的境地。本县被访者对当地政府保护文化的评价不太高。在流动人口主观态度方面，外来人口对当地社会经济综合管理状况的评价不太高。在安全感体会方面，被访者在交通和食品方面的安全感较弱。在公平感体会方面，被访者对政府办事方面的公平感最弱。在利益冲突方面，被访者认为各种社会冲突中，干群冲突最为严重。在政府处理突发事件的能力方面，农村被访者的满意度较低，城镇被访者的满意度相对较高，但总体而言，被访者满意度都不太高。

3. 社会保障体系不够完善

虽然三都水族自治县对于目前当地的社会保障发展水平总体满意度较高，但社会保障体系仍存在一定的问题。在公平性感受方面，被访者在住房、社会保障方面的公平感较弱。在利益冲突方面，被访者认为医患冲突是除干群冲突外最严重的社会冲突。在生活压力来源方面，医疗健康压力在各项生活压力中位列第三。在住房政策的相关满意度方面，本县被访者的满意度不高。除此之外，三都水族自治县的社会保障项目还不够完善，失业保险、生育保险等项目并未很好地建立起来，社会救助也只集中在最低生活保障方面，社会福利子项目严重缺位，如妇女福利、儿童福利。

## 三　对策建议

### （一）转变经济发展方式

针对本县家庭土地拥有量很少，农村居民收入水平低，而农村人口比

---

① 邓小平：《关于西南少数民族问题》，《邓小平选集》第 1 卷，人民出版社 1989 年版，第 167 页。

例较大的事实，必须加快本县城镇化进程。城镇化进程不仅能够提高现有农村的家庭收入，还能够缩小农村与城镇的收入差距。加快本县城镇化进程的着手点在于转变农村经济发展方式。根据调查分析可知，限制农村劳动力外出就业的主要障碍是家庭农业缺乏劳动力，因此必须要通过政策、资金、人才、技术和设备的支持，促进农村生产方式由传统向现代转变，从而减少农村劳动力外出流动的障碍，解放农村劳动力，推进城镇化。推进城镇化的过程中，要注意保护现有农村的生态环境，保护农村具有特色的习俗文化，实现经济与自然，发展与传承的和谐。

（二）实现政府角色职能

当前，我国正处于社会主义市场经济建设时期，市场条件下，政府有政治、经济、文化、社会四大主要职能。在政治职能方面，三都县政府要维护公共秩序、实现社会稳定、确保国家安全，提高居民包括交通安全在内的各方面安全感。在经济职能方面，三都县政府要扮演好市场秩序提供者和仲裁者的角色，加大对包括食品在内的各种生活用品的监管力度，保障居民物质安全需求。在文化职能方面，三都县政府要促进科教文卫事业的发展，提高本县居民受教育程度，落实各项民族文化保护工作，努力探索民族文化创新。在社会职能方面，三都县政府要进一步完善公共基础设施和公共事业，提高公共义务教育的普及率，完善各种社会保障制度。除了实现以上四项职能，三都县政府加强自身能力建设，提高工作效率，提升办事的公平性，全心全意为人民服务。

（三）完善社会保障体系

完善社会保障体系是政府社会职能的基本内容，也是居民生活的重要保障。完善社会保障体系对于缩小贫富差距，提高居民对政府的满意度，增进社会和谐具有不可替代的作用。首先要完善社会救助、社会保险、社会福利的各个子项目设置，提高各个社会保障子项目的覆盖率，将更多的居民纳入社会保障体系中。其次，适当提高财政转移支付水平，充实社会保障各项资金，提高居民社会保障受益水平。再次，要提高社会保障机制运行效率，加大社会保障工作的监管力度，注重社会保障公平性原则，切实满足居民的社会保障需求。

# 第四章

# 贵州省台江县问卷调查分析报告

享有"天下苗族第一县"美誉的贵州省台江县是一个自然风光旖旎、苗族风情浓郁的少数民族县。该县位于贵州省东南部、黔东南苗族侗族自治州的中部。全县人口 15.9 万，有苗、侗、土家、布依等 15 个少数民族。主要民族成分是苗族，苗族占全县总人口的 97%，"天下苗族第一县"之称由此而来。① 为深入了解少数民族地区经济社会发展状况、民族政策的贯彻落实以及少数民族群众对这些政策的看法和心声，中国社会科学院民族学与人类学研究所于 2013 年组织了以"21 世纪初中国少数民族地区经济社会发展综合调查"为主题的大规模家庭问卷调查活动。本篇报告是在分析了台江县进行的 400 份有效问卷的基础上撰写的，报告内容主要涉及台江县调查背景及受访者基本情况、经济状况、工作就业、民族文化与教育、民族交往与社会生活保障、政策落实及评价等方面。

## 第一节　台江县城乡受访者基本情况

台江县苗族的人口状况在本次调查的随机抽样中予以了充分体现，共 400 份有效调查问卷中，有苗族受访者 339 人，占总受访者的 85.2%；其次是汉族受访者 50 人占比 12.5%；其余受访者为：侗族 6 人，布依族、土家族和仡佬族各 1 人。受访者家庭总人口主要集中在 3—5 人，家庭规模不大，总人口为 4 人的家庭所占比重较高，约为 27%，人口数为 5 人的家庭占 21.3%，14% 的受访家庭有 3 口人。调查数据显示，家庭人口总数、家庭在册人口和同吃住人口数基本一致，出入不大。

---

① 台江县基本概况见：http://www.gztaijiang.gov.cn/tjxqdy.jsp?urltype=tree.TreeTempUrl&wbtreeid=1011。

　　台江县已调查的 400 名受访者的性别、户籍、年龄、健康和受教育状况为：在性别上，被访者主要为男性，共 267 人，占总样本的 66.8%，女性受访者 133 人，占比 33.2%。从户籍看，208 位受访者有农业户口，占总受访者的 52.3%，非农业人口比例为 47.7%。在 208 位农村受访者中，汉族受访者 5 人，苗族 202 人，其他民族 1 人，所以农业户口受访者的分析将不再分民族，只集中在苗族。在非农户口受访者中汉族受访者 45 人，苗族受访者 137 人，其他少数民族 10 人，故城镇受访者可分汉族和苗族进行比较分析。本次调查的受访者出生年份跨度较大，从 1929 年到 1996 年都有分布，但年龄主要集中在 31—60 岁，占受访者总数的 68.8%。受访者总体健康状况良好，67% 的受访者表示自己的身体处于健康的状态，24% 身体处于一般状态，8% 左右的受访者正遭受长期慢性病的痛苦。但需要注意的是，农户受访者的健康状态同城市受访者有一定的差距。农村受访者身体健康比例低于总体水平，遭受长期慢性病的比例却高于平均水平；而对于城镇受访者来说，健康状况要优于平均水平。

　　在受教育方面，农业户口受访者的受教育水平明显低于非农户口受访者，非农户口受访者大专及以上的比例达到了 17.28%，而农村受访者该比例只有 1.46%；而未上学的农业户口受访者比例达到了 18.93%，而非农户口受访者只有 4.71%。农村的苗族受访者受教育程度也低于非农户口受访者整体和苗族城镇受访者。在城镇受访者中，苗族未上学比例低于汉族而高中、大专及以上的比例高于汉族，因而本次的苗族受访者的受教育水平高于城镇的汉族受访者。关于台江县受访人的受教育状况参见表 4 – 1。

表 4 – 1　　　　　　　　台江县受访者受教育情况　　　　　　　单位:%

| | 农业户口受访者 | | | 非农户口受访者 | | |
|---|---|---|---|---|---|---|
| | 全体 | 汉族 | 苗族 | 全体 | 汉族 | 苗族 |
| 未上学 | 18.93 | 80.0 | 19.50 | 4.71 | 6.67 | 4.41 |
| 小学 | 35.92 | 20.0 | 35.00 | 15.71 | 28.89 | 11.76 |
| 初中 | 37.86 | | 38.00 | 33.51 | 35.56 | 33.82 |
| 高中 | 5.83 | | 6.00 | 28.80 | 22.22 | 29.41 |
| 大专及以上 | 1.46 | | 1.50 | 17.28 | 6.67 | 20.59 |
| 合计 | 100 | 100 | 100 | 100 | 100 | 100 |
| 样本量（个） | 206 | 5 | 200 | 191 | 45 | 136 |

## 第二节　台江县城乡受访者个人和家庭基本经济生活

台江县城乡家庭基本经济状况可从土地拥有情况、住房状况以及收入与消费等几个方面进行衡量。住房状况与地理环境、传统建筑风格和经济发展水平三个因素紧密相关，而收入方式同地理资源、社会经济变迁有密切的关联。例如，当农业上种植粮食仅能维持自家食用、没有充裕的经济作物做支撑时，进城务工收入便成为农村家庭的主要收入方式。当然，这也与社会经济大发展、人口流动的社会大环境密不可分。

### 一　土地拥有及收入消费状况

在本次问卷调查的 400 名受访者中，208 人来自农村地区且苗族受访者为 202 人，汉族受访者 5 人，其他少数民族 1 人，所以以下的分析主要是针对台江县的农村苗族展开。根据调查数据得知，台江县的土地类型主要为耕地和山地，园地、牧草地和养殖区域都比较小。调查数据显示，台江县苗族农村家庭拥有耕地和山地面积在 1.5—1.6 亩，人均耕地和山地面积约 0.4 亩，基本用于自家耕种粮食，少有出租土地现象。总体来讲，该地区苗族农民无法从数量较少的土地上获得更多的经济收益维持生活，因此外出务工必然成为苗族农民获得更多收入的首选和主要途径。

综合分析个人收入及家庭收入数据，劳务收入无论在农业人口还是城镇人口中都占据着非常重要的地位，是主要的收入来源。在劳务收入、出租房屋和土地收入两种收入方式中，劳务收入是出租房屋和土地收入的 3.5—4.5 倍。但因为农村和城镇受访者的收入差距较大，需要根据户籍分别进行个人年收入的统计。数据显示农业户籍受访者在 2012 年的个人收入主要集中在 10000 元以下，共有 92 人，在其他收入区间的人数不足 5 人。除了在 0—10000 万元收入区间，在其他任何收入区间非农业户籍受访人数都要高于农业户籍受访人数，即非农业受访者的高收入者人数要远远高于农业受访者。非农业户籍受访者的年收入主要集中在 8000—10000 元、18000—20000 元两个收入区间。从下图便可清晰看出农业和非农业受访者的年收入状况。

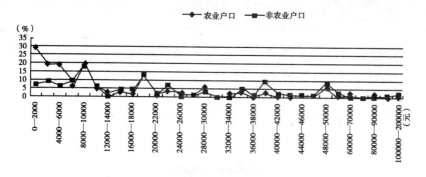

图 4 - 1    台江县农村和城镇居民 2012 年个人年收入

## 二    家庭住房条件及社区设施概况

住房数量、面积、家庭生活用品和设施是体现家庭经济状况的几个基本指标。在参与问卷调查的 400 名台江县受访者中，无论是农业户口家庭还是非农户口家庭的平均住房数量均为 1 套，农村受访者家庭中 1 套住房的比例是 88.67%，城镇受访者家庭中 1 套住房的比例是 81.68%；城镇受访家庭中无房家庭的比例是 6.28%，农村该比例是 0.99%。从中看出，台江县的农村受访者家庭的住房拥有和面积方面好于城镇受访者家庭，城镇受访家庭间的住房差距大于农村。

表 4 - 2    台江县城乡受访家庭的住房情况

|  | 农业户口受访者家庭 | 非农户口受访者家庭 |
|---|---|---|
| 平均拥有住房的数量（套） | 1 | 1 |
| 没有住房的家庭比例（%） | 0.99 | 6.28 |
| 拥有 1 套住房的家庭比例（%） | 88.67 | 81.68 |
| 拥有 2 套及以上住房的家庭比例（%） | 10.34 | 12.04 |
| 住房平均面积（平方米） | 104 | 102 |
| 住宅外道路路面情况 | | |
| 水泥或柏油路面（%） | 74.02 | 92.71 |
| 沙石或石板等硬质路面（%） | 21.08 | 5.73 |
| 自然土路（%） | 4.90 | 1.56 |
| 合计 | 100 | 100 |
| 样本量（个） | 206 | 192 |

　　住房数量和面积主要由家庭经济条件所决定，而住所周围的公共建设、家庭生活一些基本设备除了与家庭经济有关，也与自然环境、当地政府和社区建设项目有关。城镇受访居民家庭外的道路以水泥或柏油路面为主，达到了92.71%的比例，只有少量的沙石或石板等硬质路面，自然土路的比例是1.56%；而农村居民家庭外的水泥或柏油路面比例是74.02%，沙石或石板等硬质路面比例为21.08%。这也证实了台江县城镇道路设施的情况要好于农村。

　　调查数据还显示，台江县自来水已经进入了大部分受访家庭，使用率较高。但需要注意的是自来水的较高使用率实际发生在城镇居民家庭中，普及率高达97.9%，而在农村地区普及率仅为55.4%。关于家庭卫生设备，城镇受访家庭中水冲式厕所比例为87.5%，旱厕比例是12%；农村受访家庭中水冲式厕所的比例仅为18.27%，旱厕比例是72.6%，无厕所的家庭比例是9.13%。家用厨房电器在家庭生活中发挥了安全、快捷、省事的优点，使用率最高，因此电成为很多受访家庭做饭的主要原料。农村家庭中选择用电做饭的占51.9%，高达46.6%的家庭仍然依靠燃烧柴草和秸秆做饭，城镇家庭则呈现出高达85.8%的用电做饭比例。煤气、液化气和天然气在台江县的使用率则较低，仅为5.8%。城镇受访家庭主要住在钢筋混凝土建成的楼房，而农村苗寨主要为传统的木质结构房屋。

　　家庭住房条件不能单纯用家庭经济收入来进行解释，同时也受所生活地区自然地理环境的深刻制约和所在地域及其社区建设的影响，农村地区受访家庭厕所基本为旱厕，城市受访家庭基本使用水冲式厕所；虽然厨房电器、自来水已经被农村和城市受访家庭所采用，但农村家庭出于方便考虑，有46.6%的受访农村家庭选择烧秸秆做饭，而用山泉水做饭的农村家庭中95%为生活区域有山泉水的农村家庭；农村地区的苗族家庭受传统文化和禁忌的影响较深，更愿意保持原有的木质结构苗寨民居风格。

　　台江县受访家庭对现住房持满意态度的比例要高于持不满意态度的家庭比例，虽然对现住房的满意度不是很高，但表示认为住房不便利的受访家庭比例不足20%。当地城乡受访者对政府的廉租房、经济适用房和农村住房改造政策的满意度都在55%以上，但迫切想改善住房的大部分受访者更愿意选择自建新房这一途径，而不是购买经济适用房或两限房。关于苗族和汉族受访者的住房满意度可参考表4-3。

**表 4 – 3** 　　　　　　　　　　　　　对当前住房的满意度

| | 满意 | 一般 | 不满意 | 不清楚 | 合计 | 样本量（个） |
|---|---|---|---|---|---|---|
| 农业户口受访家庭（%） | 33.01 | 34.47 | 25.72 | 6.80 | 100 | 206 |
| 非农户口受访家庭（%） | 45.83 | 18.23 | 30.21 | 5.73 | 100 | 192 |
| 其中：苗族家庭（%） | 44.53 | 18.25 | 31.39 | 5.84 | 100 | 137 |
| 汉族家庭（%） | 48.89 | 15.56 | 31.11 | 4.44 | 100 | 45 |

注：因农业户口受访家庭中仅有 5 户汉族家庭和 1 户侗族家庭，所以未对其进行分类。

# 第三节　台江县城乡受访者的就业

## 一　城乡受访者的就业地域、类型及渠道

就业类型和状况不仅是民生现状也可以反映一个地区的市场经济环境、发展状况，同时可以由此间接折射该地区的社会资源配置问题。

对于台江县的农村人口来说，务农依然是核心，一切生活和工作都是围绕农作物的生长节气及农闲时间进行的。统计显示，台江县有 47.5% 的农业受访者所进行的全部工作是务农，没有其他的非农工作和收入来源。40.4% 的受访者是农业和非农工作两不误，即充分利用时间合理安排农业和非农业工作，其中 23.7% 的农业受访者更加重视非农工作带来的效益，以非农工作为主，同时也务农。关于非农业工作情况，可以从非农务工和非农自营两个方面进行考察和分析。农村受访者中从事非农业工作的数量远远高于非农自营。台江县农业人口开始出现大规模的本地和外出非农务工基本始于 2005 年前后，家人、亲戚、朋友和熟人介绍是其获得务工机会的最主要渠道，约 73.6% 的受访者是通过亲朋好友这一最直接的途径找到工作的。此外，招聘广告、政府社区介绍和直接申请也是受访者采用过的方式，但比例较低。通过本乡同民族介绍而获得当地和外地非农务工机会的概率分别为 5.7% 和 3.8%，比例偏低，这反映出在苗族人口占多数的台江县人际关系主要以亲朋好友为纽带，而不是民族身份。外出非农务工并不是台江县农村人口最主要的工作，他们最关注的还是农业生产。因此在影响他们返乡的因素中，家中农业生产缺乏劳动力所占比例最高，高达 38.1%。此外，因文化水平和技能低难以找到满意的工作、各类开销多经济压力大和生活条件差、收入和社会地位低被人看不起、孩

子就学难和语言障碍都是农村打工者不习惯的地方，也是促进农村打工者返乡的重要原因。纵使在城市中有很多不适应的地方，但69.9%有进城工作或生活经历的受访者表示愿意生活在城市中，其选择的主要原因在于城市可以提供更多的就业机会，且比在农村挣钱多。选择其他原因的次序是，在城市里生活便利，看病方便；大城市信息多，提高个人能力途径多。

　　与农村受访人口不同，城市受访人口主要集中在县内工作，有外出经历的比例仅占4.2%。在受访的城市人口中，其职业主要为私营或个体经营的商业，占34.8%，专业技术人员和办事人员占26.6%，还有7.6%的受访者职业为国家企事业单位人员。城市受访人口获得工作的渠道与城市中的社区管理工作、招聘方式、人际关系模式有直接的关系。较高比例的受访者（23.4%）是通过政府社区介绍找到工作，20.6%的受访者是通过直接申请（含考试）获得了工作，通过家人亲戚、朋友熟人介绍、本乡本民族介绍和招聘广告的受访者分别占23.4%、15.6%，相比农村受访人口呈现出较低的比例。关于该地区受访的农村人口和城镇人口寻找工作的主要渠道和差别，可参见表4-4。

表4-4　　　　　　　　　城乡受访者寻找工作的主要渠道

| | 本地非农业务工渠道 | | | | 外出务工渠道 | | | |
|---|---|---|---|---|---|---|---|---|
| | 政府/社区安排 | 招聘广告 | 直接申请 | 亲朋好友介绍 | 政府/社区安排 | 招聘广告 | 直接申请 | 亲朋好友介绍 |
| 农业户口受访者 | 2.0% | 7.8% | 3.9% | 86.3% | 3.9% | 16.9% | 6.5% | 72.7% |

城镇受访者得到第一份城镇工作的最主要渠道

| | 政府/社区安排 | 招聘广告 | 直接申请（含考试） | 家人亲戚介绍 | 朋友熟人介绍 | 本乡本民族介绍 | 其他 |
|---|---|---|---|---|---|---|---|
| 非农户口受访者 | 23.4% | 15.6% | 20.6% | 8.5% | 14.2% | 0.7% | 17% |

　　注：农业户口受访者样本量是206；非农户口受访者样本量是192。

　　通过对城乡受访者工作状况进行比较，我们可以清晰看出生活环境对人口流动、职业性质、就业渠道、人际关系都有深刻的影响。农村受访人口外出打工的情况远远多于城市受访人口，这不仅体现出没有固定收入的农村居民需要通过非农业务工获得经济收益，也与农业劳动时间上的弹性有关。关于工作性质，农村受访人口以务农为主，城市受访人口的职业类型主要为私营或个体的商业雇员，此外还有国企事业单位员工。在农村，人际关系主要为基于亲戚、朋友和邻里之间的血缘地缘关系，因此在寻找工作的渠道中亲朋好友的介绍是最核心的途径；而在城市中，社区管理是较基本的管理方式，尤其是居委会的管理基本可以涉及社区中的每个家庭，因此政府社区介绍工作成为城市受访者寻找工作的有效途径。而通过媒体获取招聘信息、直接申请工作也成为城市受访者较为普遍的寻找工作的途径。

## 二　失业、辞职人群分析

失业和辞职不仅是狭义上的因个人能力欠缺而失去原有工作，还包含上学、退休、丧失劳动能力和料理家务等原因造成的自愿退出劳动力市场。表 4 - 5 较为清晰地反映出 16 岁及以上成年人没有工作的主要原因。

表 4 - 5　　　　　台江县城镇 16 岁及以上成年人没有工作的原因

| 没有工作原因　＼　家庭成员 | 受访本人 | 家庭成员 1 | 家庭成员 2 |
|---|---|---|---|
| 正在上学 | 8.33% | 49.47% | 42.50% |
| 丧失劳动能力 | 16.67% | 6.32% | 12.50% |
| 毕业后未工作 | 8.33% | 11.58% | 20.0% |
| 料理家务 | 41.67% | 14.74% | 10.0% |
| 单位原因（破产、下岗） | 16.67% | 8.42% | 2.5% |
| 本人原因（家务、健康） | 2.78% | 1.05% | |
| 承包土地被征用 | 2.78% | | |
| 其他 | 2.78% | 8.42% | 12.50% |
| 合计 | 100% | 100% | 100% |
| 样本量（个） | 36 | 95 | 40 |

剔除老年人已经离退休和丧失劳动能力的原因，受访者中有 36 人自报处于失业或辞职状态。从比值上看，料理家务而退出劳动力市场的比例最高达到了 41.67%，因单位原因（破产、下岗）的比例是 16.67%。家庭成员失业或辞职的原因主要是正在上学，料理家务和毕业后未工作的人员比例都达到或超过了 12%。而料理家务的主要是家庭主妇，在接受访问的失业和辞职女性中，大约有 25% 的受访女性选择在家中料理家务。

对于毕业后未工作、因单位原因失去原工作以及本人辞职等原因的中青年人来说，再就业仍然是一个不得不面对的问题。他们更愿意选择委托亲友找工作这一更有把握的渠道，而选择在职业介绍机构求职和参加用人单位招聘或招考这些较为正规途径的受访者仅有 2.4% 和 5.6%，0.8% 的受访者利用网络及其他媒体求职。

# 第四节　台江县民族文化与教育

## 一　民族语言与文字

语言和文字的使用情况不仅可以看出该地区民族成分，也有利于分析民族间的相互影响及当地文化教育状况。抽样调查显示，台江县的农村苗族受访者小时候最先会说的语言是本民族语言的被访者占 97.03%。有 2.97% 的被访者从小最先学会汉语方言；但在城镇与农村有所不同，城镇苗族受访者小时候最先会说本民族语言的比例是 59.12%，最先会说普通话的比例是 4.38%，同时有 36.5% 的受访者最先会说汉语方言。

在不同民族的日常交往中汉语方言起着不可忽视的媒介作用，这有力地提高了台江县各民族学习和使用汉语方言的积极性。有 80.69% 的农村苗族受访者表示能够使用普通话，但普通话使用得准确流利的比例刚好为一半。城镇苗族受访者的普通话和汉语方言能力明显高于农村的苗族受访者，但本民族语言的掌握程度低于农村苗族受访者。汉语方言较高的准确使用率与其在当地不同民族交往过程的有效沟通媒介作用密不可分，也确实给他们带来了实实在在的益处。

高达 57.8% 的少数民族受访者认为会说当地汉话对工作生活各方面都有好处，36.7% 的受访者认为这将有利于与其他民族的交往，当地汉话是不同民族之间有效沟通的媒介。3.9% 的受访者将说汉话的原因归结于生计需要，认为会讲汉话方便做买卖。仅有 1.5% 的受访者认为会讲汉话没太大好处。但需要注意的是，根据当前较高的汉语方言使用率来论断台江县城镇少数民族对本民族语言的渐渐弱化证据不足。数据显示苗族受访者能够准确流利使用苗语的农村受访者占 95.96%，城镇受访者该比例是 83.33%；其比例远远高于汉语方言和普通话的比例。此外，还应注意的是，能够进行简单的沟通与熟练流利使用语言是不同的概念。

关于文字的使用情况，城镇苗族受访者对汉字的掌握程度明显好于农村苗族受访者，其熟练使用汉字的比例为 73.72%，而农村苗族受访者只有 34.67%。但需要注意的是城镇苗族受访者中听不懂也不会说本民族语

言的比例有 3.17% 。（见表4-6）

**表4-6　　　苗族受访者最先会说的语言及能够书写的文字**

| | 农业户口受访者 | 非农业户口受访者 |
|---|---|---|
| 小时候最先会说的语言 | | |
| 普通话 | | 4.38% |
| 汉语方言 | 2.97% | 36.50% |
| 本民族语言 | 97.03% | 59.12% |
| 合计 | 100% | 100% |
| 现在能使用的语言 | | |
| 普通话 | 35.15% | 73.72% |
| 汉语方言 | 80.69% | 78.83% |
| 本民族语言 | 98.51% | 86.86% |
| 合计 | 100% | 100% |
| 语言程度 | | |
| 普通话 | | |
| 熟练 | 49.73% | 69.77% |
| 不太熟练 | 45.90% | 27.9% |
| 听不懂也不会说 | 4.37% | 2.33% |
| 合计 | 100% | 100% |
| 汉语方言 | | |
| 熟练 | 61.22% | 93.69% |
| 不太熟练 | 23.47% | 6.31% |
| 听不懂也不会说 | 15.31% | 0 |
| 合计 | 100% | 100% |
| 本民族语言 | | |
| 熟练 | 95.96% | 83.33% |
| 不太熟练 | 3.53% | 13.5% |
| 听不懂也不会说 | 0.51% | 3.17% |
| 合计 | 100% | 100% |
| 文字使用水平情况 | | |
| 汉字 | | |
| 掌握 | 34.67% | 73.72% |
| 掌握文字数量不够，书写不流利 | 25.13% | 15.33% |
| 掌握文字数量太少，只能写点简单字句 | 23.12% | 4.38% |
| 完全不能用文字书写 | 17.09% | 6.57% |

续表

| | 农业户口受访者 | 非农业户口受访者 |
|---|---|---|
| 合计 | 100% | 100% |
| 本民族文字 | | |
| 掌握 | 3.23% | 2.38% |
| 掌握文字数量不够，书写不流利 | 4.03% | 1.19% |
| 掌握文字数量太少，只能写点简单字句 | 7.26% | 2.38% |
| 完全不能用文字书写 | 85.48% | 94.05% |
| 合计 | 100% | 100% |
| 样本量（个） | 202 | 137 |

关于使用本民族语言的意愿，该地区受访的少数民族主要为苗族（其他民族本次城乡总调查样本为 11 人，所以只集中分析苗族）表达出强烈的说苗语的意愿。不愿意讲本民族语言苗族的城镇受访者占 8.96%，城镇 44.78% 的受访者认为只有在跟本民族人在一起时才愿意说，而农村这一比例为 39.3%，59.7% 的农村苗族受访者和 39.55% 的城镇受访者在很多时候都愿意讲本民族的语言。较高的使用本民族语言比例无疑能够反映出较高的民族语言文化意识，但无法忽视的一个影响因素是该地区存在高比例苗族人口这一客观现实。台江县素有"天下苗族第一县"的称誉，参与本次问卷调查的 400 名受访者中，85.2% 来自苗族。在这个以苗族人口为主体的大环境中，苗语无疑是他们日常生活中重要的沟通媒介。相反，在少数民族人口比重不高的地区，民族语言在日常沟通中可能往往会失去效力，并有效降低少数民族讲民族语言的意愿。例如，青海互助土族自治县虽然是全国唯一的土族自治县，土族人口却仅占总人口的 17%。在笔者曾经进行调研的村子里，有相当数量的土族人认为讲土族语的前提是在土族人社区中。甚至有人认为土族语是不重要的，因为只有少量的土族人能够听得懂，当地存在大量不懂土族语的汉族人，土族语无法成为土族人和汉族人的有效沟通语言。如果走出了互助县，该语言更是没有用处。

实行双语教育是贵州省较为重视的文化教育内容，这项任务的重要性在"十二五"期间尤为突出。省民委在"十二五"期间将在全省扶持建设 10 个民汉双语服务基地。经过认真考察，目前省民委在台江县所属的黔东南州建立了两个基地。2011 年"台江县教育和科技事业发展第十二个五年规划"再次强调了加强双语教育的决心。同年该县教师培训中心完成了 62 名"双语教师"的培训,这在台江县教育和科技局教研室 2011年工作总结中有所体现。而在社会大众层面,少数民族是否愿意将孩子送到双语学校,以及教学效果是否让少数民族满意是本次调查涉及的问题。调查结果显示,农村有 75.63%,受访城镇有 71.43% 的苗族受访者愿意将子女送到双语学校,持不愿意态度的受访者比例农村为 7.11%,城镇为 9.77%。表4-7 展示了该地区主体人口苗族受访者讲本民族语言以及送子女到双语学校的意愿。关于苗族受访者对于少数民族地区双语教育的效果,农村受访者表示满意的比例高于城镇,26.63% 的农村苗族受访者和 22.39% 的城镇苗族受访者持"一般"的态度,而 7% 的城乡受访者认为双语教育的实施效果不尽如人意,城镇受访者中有 46.27% 的比例对双语教育效果不清楚,农村受访者该比例是 26.63%,这也说明需要政府加大对双语教育宣传、投入和监管力度。

**表4-7    苗族受访者讲本民族语言的意愿以及是否愿意送子女到双语学校**

|  | 农业户口受访者 | 非农户口受访者 |
|---|---|---|
| **讲本民族语言的意愿** | | |
| 不愿意 | 0 | 8.96% |
| 很多时候愿意 | 59.70% | 39.55% |
| 和本民族在一起才愿意 | 39.3% | 44.78% |
| 很愿意 | 1.00% | 6.72% |
| 合计 | 100% | 100% |
| **送子女到双语学校的意愿** | | |
| 愿意 | 75.63% | 71.43% |
| 不愿意 | 7.11% | 9.77% |
| 无所谓 | 17.26% | 18.80% |
| 合计 | 100% | 100% |
| **对少数民族地区双语教育的评价** | | |
| 好 | 39.2% | 23.88% |
| 一般 | 26.63% | 22.39% |
| 不好 | 7.54% | 7.46% |

续表

| | 农业户口受访者 | 非农户口受访者 |
|---|---|---|
| 不清楚 | 26.63% | 46.27% |
| 合计 | 100% | 100% |
| 样本量 | 202 | 133 |

## 二 传统文化现状、传承与政府工作评价

传统节日（贵州苗族姊妹节、独木龙舟节和敬桥节等节日）、服饰和银饰、民居（苗寨吊脚楼）和文娱活动被受访者评选为台江县最具特色的传统文化类型，也是苗族最具代表性的文化。其中传统服饰和节日在苗族受访者中被认为存留和传播得较好，但传统生产方式、道德规范、传统饮食、传统民居和人际交往习俗在受访者看来正在处于濒危的状态，亟须进行文化修复工作。针对目前濒临灭绝的民族文化，国家和地方政府都出台了各种保护和修复政策和措施，以期存留和传承好少数民族地区的特色文化。国家和台江县政府保护民族文化工作的效果到底如何，调查受访者给出了自己的评价。总体来讲，受访者对当地政府和国家保护民族文化工作持好评的态度，好评率基本不低于80%；但受访者对国家民族文化保护工作的好评率高于当地政府。对于目前存留和传播较好的传统文化，如传统服饰、传统节日，参与者对当地政府和国家的保护工作给予了高于90%的好评；而对正在慢慢消失的传统文化的保护，如传统生产方式、道德规范、人际交往习俗，无论是当地政府还是国家的工作，好评率基本不高于90%，其中当地政府对传统生产力方式保护的满意率为76.8%。

民族传统文化的传承首先是从民族文化的习得开始的，民族文化的习得有多种渠道，如家庭学校教育、社区活动、政府项目、广播媒体报刊以及旅游展示等。调查显示，家庭内的口口相传或者耳濡目染是最重要的了解本民族或其他民族民俗文化的渠道，而村庄或社区的生产、生活和文化活动也是较重要、较直接的一种学习和了解渠道。由于当前媒体业（如广播、电视和互联网）的蓬勃发展，媒体成为人们了解少数民族特色文化的一条常用的途径。学校教育（如人文地理教科书、民族教材）也是一条有利于学生重新认识本民族文化、知晓其他民族文化的正规途径。此外，政府部门的保护项目、旅游展示和图书报刊也成为部分受访者了解民

族文化的渠道，但比例相对较低。不同民族受访者对民族文化的获得渠道，可参见表 4 - 8。因该选项为多选，图表主要统计出选择该项的人数比例。

表 4 - 8　　　苗族了解本民族/其他民族文化的主要渠道

| | 农业户口受访者 | 非农户口受访者 |
|---|---|---|
| 家庭口口相传耳濡目染 | 80.6% | 92.7% |
| 学校教育 | 24.38% | 29.93% |
| 村庄或社区生活和文化活动 | 40.3% | 40.15% |
| 政府部门的保护项目 | 13.43% | 4.38% |
| 旅游展示 | 5.47% | 6.57% |
| 广播、电视、互联网 | 34.83% | 25.55% |
| 图书报刊 | 6.47% | 2.19% |
| 样本量（个） | 201 | 137 |

注：本题为多选题，所以各项加总不等于 100%。

传统民族文化的习得和传承不仅仅需要家庭的熏陶、国家社会的动员、学校的教育和媒体的宣传，更重要的是当前年轻人是否愿意接受本民族语言、文化和风俗习惯。调查结果较为乐观，农村调查中有 90% 以上的受访者子女愿意学习本民族的语言、文化和风俗习惯，但城镇受访者该比例为 77%—79%。在新生力量愿意学习和传承民族文化的基础上，社会各界齐心协力加强文化保护和传承，民族文化的传承和保护才能前途光明。

## 三　民族意识与民族身份

当在日常生活场景中问及"更认同本民族，还是中华民族？"这一问题时（剔除对此表示不清楚的受访者样本），51.5% 的少数民族受访者认为既认同本民族也认同中华民族，两者同样重要。42.7% 则更加认同中华民族，只有 5.8% 的受访者认为各民族应该更加认同本民族意识。将这一问题设定在另一个语境中，假设问题改为"如果外国人问您的民族身份，中国人和本民族，您的回答顺序是什么？"，61.2% 的少数民族受访者认为应该回答为"中国人、本民族"，22.7% 的受访者认为中国人和本民族不分先后，仅有 7.9% 的人会回答"本民族、中国人"，其他受访者表示该问题不好回答。在不同民族相互接触频繁、保护民族文化呼声不断扩大的社会环境下，少数民族的本民族意识和认同得到较大程度的激发，而国家层面爱国主义教育使得各民族的中华民族意识也得到了增强。由此，本民族意识和中华民族意识成为各民族心中并行不悖、无法割舍的重要内容。但是当少数民族走出国家这一地域时，中华民族意识便凸显出来并成为首要的选择。

在民族意识和认同层面上，少数民族对本民族和中华民族的认同感都较强。但在现实生活中，除了国家层面民族优惠政策带来的实际利益和意识的增强，民族身份是否同样令少数民族引以为豪或受益颇多是一个值得研究的问题。大约9%的少数民族受访者认为民族身份无论在当地社会还是外出旅游和出国的交往、工作就业、日常生活中都带来了一些不便利的问题，主要表现为语言障碍造成的沟通不便，例如与其他民族沟通、与游客交流过程中出现的不顺畅。不同的习俗也可能使少数民族与其他民族交往过程中造成一些矛盾。

## 第五节　台江县城乡受访者的社会生活

一个地区社会发展状况不仅可以从公共设施等硬件条件得到展示，也可以从政府政策法规、社会保障、公民评价等方面记实。

### 一　公共设施建设

公共基础设施是社区为满足居民基本生活需要而提供和修建的，这是衡量社区发展的重要指标。随着媒体、制造业的发展，家庭获取外部信息的主要媒介便是电视机，但居民无法决定收视频道的数量和内容，这些是由当地相关部门控制和管理的。在台江县受访者中，能收到国外电视、网络收视信号及节目的受访用户占23.3%，在这些家庭中，89.7%的用户主要收看国内节目。在所生活的社区区域内，人们通常采用步行的方式外出。如果距离稍远，公交车则成为人们的首选交通工具，5.1%的受访者有私家车，13.2%的受访者经常骑摩托车出门办事。76%的城镇受访者选择了出行乘坐公交车，农村受访者乘坐公交车的比例为45.8%，这种差距的主要原因在于交通资源的配置不均衡。此外，自行车、货运车和三轮车等交通工具也被少数人采用。

对于从事农业生产的受访者来说，该地区雨水的充足以及灌溉渠道的修建使自然水渠灌溉成为农业灌溉的首选方式。此外，利用周边水源进行人力和机电排灌也被较多的受访者选择，人工水窖和无灌溉的选择率均为6.4%。整体来看，台江县农村受访者对基础设施的效果评价不是很高，仅有一半的农村受访者认为村里提供的基础设施能够满足基本生活需要。在农村地区所提供的基础设施中，公共卫生室、村活动室或广场、教育设施（幼儿园、小学）、村道和公共厕所等得到了大部分受访者的好评。此外，参与问卷调查的农村受访者对公共基础设施建设的要求和期待，集中在希望能够增添其他基础设施。至少40%的受访者表示村里没有路灯、卫生设施（垃圾桶）和警卫室等，他们希望能够在村里安装路灯方便夜间行走以及进行娱乐活动，对于村里乱堆放垃圾造成的夏季环境污染问题他们也希望能得到尽快解决。76.3%的农村受访者所生活的村里没有老年服务中心，老年人的娱乐活动受到严重的制约。90.3%的农村受访者表示村里没有残疾人无障碍及康复设施。在农村受访者看来，阻碍村里基础设施建设的主要因素是当地政府资金投入不足、领导对群众基础设施建设不够重视、村民筹资的积极性不高等。

由上述分析可看出台江县已经开始着力提供较为全面的公共基础设施，但城市和农村地区的资源分配不均衡也是现实存在。城市地区的基础设施基本完善，所存在的不足主要表现为少量的家庭距离这些公共设施较远；对农村地区而言，公共设施建设不完善，还需要加大力度进行修建。教育设施、村道、卫生室等设施得到了农村受访者的广泛好评，但还需建设其他基础设施，如路灯、垃圾桶、老年活动中心和警卫室等。

## 二　社会保障

社会保障是一种用于保障那些低收入、无收入和遭受意外灾害的公民维持生存，保障劳动者在年老、失业、患病、工伤、生育时的基本生活不受影响的国民收入再分配形式。这是一种由国家推行的、旨在提高公民生活质量的福利服务，可以作为评估社会发展和公民生活水平的一个指标。社会保障由社会保险、社会救济、社会福利、优抚安置等组成。

### （一）老年福利

在400名受访人员中，有60%的受访家庭是政府补助对象，这些家庭主要享受的是低保户补助，而烈属、受灾人员、军属和残疾人员的比例较低。在低保户家庭中，农村家庭的比例较高，占总低保户家庭的60%。

2012 年上述家庭所获得的政府补助基本在 1000—2400 元之间浮动。家里有老人的家庭所享受的老年福利项目主要是老年津贴和老年贫困补助，这类发放津贴的方式最直接，也方便老年人支配。据调查统计，2012 年台江县发放的老年津贴大约是 600 元/人，老年贫困补助大约是 1200 元/人。但优质的老年生活需要的不仅仅是一定数量的津贴，还需要有利于身心健康的保健和文化服务，如文化性质福利服务（包括免费/优惠图书馆、展览等免开放）、旅游休闲性质福利服务（包括免费/优惠公园门票、老年娱乐室、社区老年活动设施等）、公共交通福利服务（包括免费/优惠公共交通等）、康复性质福利服务（包括免费/优惠体检、老年护理）等。这些服务可分担老年人的看病、出行、娱乐和文化方面的压力，提高老年人的身体素质和丰富老年人的精神文化生活。虽然台江县推行了文化、旅游、交通和康复性质的福利服务，但享受人群范围较为狭窄。仅有 15 个家庭的老人享受了康复性福利服务，8 个家庭的老人享受了旅游休闲性质服务。因此，在提高老年人福利方面，应该加强老年人精神文化福利服务的实施范围和力度。

（二）社会保险

社会保险是社会保障的核心内容，由政府举办，强制某一群体将其收入的一部分作为社会保险税（费）形式形成社会保险基金。在满足一定条件的情况下，被保险人可以从基金获得固定的收入或损失的补偿，其项目主要包括养老社会保险、医疗社会保险、失业保险、工伤保险和生育保险等。实施范围较广的是养老保险和医疗保险，而失业保险（4.1%）、工伤保险（0.8%）和生育保险（0.3%）仅限于城镇受访者参加，投保率较低。

养老保险和医疗保险针对不同户籍的人群推行了不同的保险服务。关于养老保险，农村户籍受访人口主要参加农村居民社会养老保险，城镇受访居民主要参与城镇职工养老保险或城镇居民养老保险。2011 年 9 月台江县城乡居民社会养老保险试点全面启动，成立了工作领导小组，印发了《台江县城乡居民社会养老保险试点实施方案》，把城乡居民养老保险工作列入县人民政府经济社会发展规划和年度目标考核管理。

58.2%持有农村户籍的被访者参加了农村居民社会养老保险。该保险个人每年缴费分为 100 元、200 元、300 元、400 元和 500 元五个档次，台江县 88%的农村人口缴费为每年 100 元。养老金待遇由基础养老金和个人账户养老金组成。中央确定的基础养老金标准为每人每月55元，个人账户养老金的月计发标准为个人账户全部储存额除以139。年满60周岁以上的农村老年人每年可从政府领取中央确定的660元基础养老金。调查显示台江县符合领取养老金标准的老年人在2012年领取的养老金主要集中在660元，也就是说养老金主要从政府获得，没有个人账户养老金。这主要因为台江县从2011年9月开始实施，这些老人还没有开始进行个人缴费。55.2%农村受访者的其他家庭成员也参加了该保险，家庭总缴费主要集中在200元和400元两个档次，家庭领取养老金待遇主要集中在660元，也就是平均每个家庭中有一位老人满足条件可以领取养老金。

城镇职工养老保险的缴纳和收益需要根据个人的月收入以及退休前所缴纳的金额，不像农村居民社会养老保险和城镇居民社会养老保险有一个全国统一的基础养老金。51名被访者参加了城镇职工养老保险，2012年缴费金额主要集中在1000元、2000元和3000元三个档次，在参加该保险的51位受访者中在2012年有13名达到标准领取养老金，最少的2000元。仅有17.3%的被访者家庭中有其他人员参加了该保险，参与率不高，这不仅与政策内容的合理性和高效的宣传、职工的意愿相关，也同职业类型有密切的关联。

参加城镇居民社会养老保险的受访者要多于参加城镇职工养老保险的受访者，参保人数共81人，占总城镇受访人口的43.8%。城镇受访居民在2012年的缴费主要集中在100元、200元、1000元、1600元和2000元四个档次，其中70%的参保者选择每年缴费100元，符合条件的被访者在2012年领到了大约660元由政府发放的保险金。37.5%的被访家庭其他成员也参加了城镇居民社会养老保险，该参与率比城镇职工养老保险高10个百分点，覆盖范围稍广。这与该政策具有较强的惠民性有直接的关系，不管缴费多少，凡是年满60周岁、未享受职工基本养老保险待遇以及国家规定的其他养老待遇的老年人均可享受政府每年发放的660元基础养老金，而城镇职工养老金的获得是建立在根据工资和工龄缴纳保险费的基础上的。城乡受访者对新型农村养老保险和城镇养老保险的满意评价比例都达到了92%，不满意的比例仅为8%。

（三）医疗保险

医疗保险是为补偿疾病所带来的医疗费用的一种保险。我国的医疗保险主要有三种：新型农村合作医疗保险、城镇职工基本医疗保险和城镇居民基本医疗保险。所持户籍基本决定了投保类型。持有农村户籍的受访者基本都会选择新型农村合作医疗保险，而持有城镇户籍的受访者基本会在城镇职工基本医疗保险和城镇居民基本医疗保险之间进行选择。医疗保险与养老保险最大不同点在于不能够领取基金，基本是在产生入院治疗时才会产生一定数额的报销效力。92.3%的持有农村户籍的被访者参加了新型农村合作医疗保险，调查显示台江县2012年实际缴费标准为50元/人/年，87.9%的受访人家庭有其他成员也加入了新型农村合作医疗保险，参与率比较高。

16.2%的持有城镇户籍的受访者参加了城镇职工基本医疗保险。2012年受访者个人缴纳的城镇职工基本医疗保险平均为345元。13.7%的受访者家人也参加该险种。44.6%的持有城镇户籍的受访者参加了城镇居民基本医疗保险，40.5%的被访者家人也参加了这项保险，参与率高于城镇职工基本医疗保险。表4-9提供了较为清晰的农村和城镇受访人口对相应医疗保险制度的评价。

表4-9　　　　　农村及城镇医疗保险制度保障水平的满意度调查

| | 很满意 | 比较满意 | 不太满意 | 很不满意 | 合计 | 样本量（个） |
|---|---|---|---|---|---|---|
| 新型农村合作医疗的保障水平满意度 | 42.6% | 50.5% | 4.7% | 2.2% | 100% | 200 |
| 城镇职工基本医疗的保障水平满意度 | 35.1% | 59.6% | 3.5% | 1.8% | 100% | 135 |
| 城镇居民基本医疗的保障水平满意度 | 44.6% | 47.0% | 7.2% | 1.2% | 100% | 135 |

上述新型农村养老保险制度、农村合作医疗制度、城镇职工养老制度、城镇居民养老制度、城镇职工基本医疗保险、城镇居民基本医疗保险制度是入保率较高的几项社会保险制度，无论在覆盖范围上还是保障水平和管理水平上，满意率均在90%以上。除此以外，享受农村低保、城镇低保、乡村公共卫生服务机构建设和义务教育阶段学生营养改善计划的受访者比例也较高。受访者对农村和城镇低保以及义务教育阶段学生营养改善计划的贯彻实施较为满意。享受和参加妇女福利、生育保险、灾害救助、失业保险、残疾人福利和医疗救助的人口比例较低，参与率浮动在1.5%—2.8%区间。

　　根据上述分析，我们发现台江县社会保障政策的实施有如下特点：第一，2012 年台江县城乡社会养老保险的发放数额基本为中央规定的 660 元基础养老金，基本没有个人账户养老金。这主要因为台江县从 2011 年 9 月开始进行城乡社会养老保险的试点运行，个人尚未进行缴费。第二，综合看来，农村地区的养老和医疗保险入保率远远高于城镇人口，新型农村合作医疗保险的参与度最高，高达 92.3%。第三，对于城镇受访者来讲，选择居民养老和医疗保险的比例远比职工养老和医疗保险的比例要多，一个重要的原因便是该保险的覆盖范围广，没有职业和单位性质的要求，而且国家帮助缴纳一定的费用，是一项让老百姓感到政府执政为民，并感到经济实惠的政策。第四，无论是农村受访者还是城镇受访者，参加医疗保险的主要目的就是能够报销部分医疗费用。数据统计结果显示，无论是受访者个人还是全家，共报销医疗费用基本为医疗费用总支出的 50%。第五，在教育方面，受访者的教育投入远远大于所享受的资助情况。调查数据显示，享受教育资助的数额为教育总支出的 5.5%，这也说明城乡受访居民对教育的重视。第六，台江县受访者主要参与医疗养老保险等较为基本的社会保障项目，对其他诸如失业保险、生育保险、生育福利等保险的参与和享受程度较低。

## 三　社会交往

### （一）受访者的社会活动

　　个人是生活在社会中的个体，具有较强的社会属性。因此，个人活动无法脱离社区和社会环境的制约。具体到个人的公益活动，这与所生活的社区有密切关系。调查显示，400 名台江县问卷受访者在过去一年参与频率较高的公益活动是捐款捐物、村内（或社区内）无偿帮工以及义务打扫社区、村的卫生。对于生活在农村中的村民来讲，最经常做的义务活动便是较为直接的捐款捐物以及邻里之间的相互帮助，至于专业咨询活动这样的义务活动在农村中是不常组织的，农民基本是受众而非组织者和传播者。

　　在工作后或晚上的闲暇时间，城乡受访者的时间主要用于看电视或电影、亲朋好友聚会、娱乐消遣活动和民族文化类的文体活动这四大类。随着传媒业的蓬勃发展、家电下乡政策的实施，休闲时间在家里看电视成为城乡受访者共同的首要选择。亲朋好友间因节日、婚丧嫁娶等举行的聚会成为城乡受访者共同的第二大选择。参与娱乐消遣活动的城市受访者比农村受访者要多，但是农村受访者在民族文化类的文体活动中的参与则高于城市受访者。在该地区选择休闲时间读书学习的受访者比例较低，这与受访者文化水平、工作性质以及社区文化报刊展示工作都有一定的关系。

表 4-10　　　　　　　　休闲时间农村和城镇人口参与活动的情况　　　　单位：人

| | 看电视或电影 | 朋友聚会 | 娱乐消遣 | 民族文化类的文体活动 | 读书学习 | 宗教活动 | 样本量（个） |
|---|---|---|---|---|---|---|---|
| 农村受访者 | 82.69% | 37.02% | 19.23% | 26.92% | 6.25% | 0.48% | 208 |
| 城镇受访者 | 82.81% | 38.54% | 39.58% | 6.77% | 9.90% | 0 | 192 |

（二）地域交往

生活在同一个环境中的本地人和外地人对该地区经济、文化和生态环境做出的主观判断以及相互间进行的评价可以体现出他们在个人生活之外关乎社区发展的想法和观念。

87.4%的当地受访者对外来流动人员持欢迎态度（其中持非常欢迎态度的占55.3%），持不欢迎的仅占3.1%，认为无所谓的被访者占4.1%，另外5.4%的受访者认为这一问题需要具体问题具体分析，区别对待不同类型、不同层次的外来流动人员。对外来流动人员持欢迎态度的问卷受访者认为这对本地经济发展、民族交往、民族文化传播都有促进作用。但被问及这种外来人口的到来是否能够有利于国家安全、缩小区域差距等重大目标时，受访者赞同的程度明显低于上述几点。对于不欢迎外来流入人员的人来说，最担心的是外来人员对当地经济资源的剥夺、对生活环境的破坏，这具体表现在外来人员争夺了就业机会导致当地人就业机会减少，外地人赚走了当地人的钱但对当地没有贡献，以及他们破坏了当地的生活环境。

很多外来者认为在台江县长期居住不是一个很好的选择。在参与问卷调查的13位外来受访者中，有80%的受访者表示不太愿意或明确表示不愿意长期居住在台江县，仅有20%的外来受访者明确表示愿意在当地长期居住。做出这样决定的原因可以从他们对当地的印象中找到答案。外来受访者对台江县的自然环境、日常生活便利性和社会安全性给

予了很高的评价，他们较为不满意的地方体现在经济效益。一半的外来
受访者认为与中东部地区相比投资当地的盈利状况不尽如人意，当地管
理效率不高，服务态度也不好。

（三）民族交往与民族关系

少数民族地区各民族之间的交往是其社会生活的重要组成部分，也是
衡量个人社会关系、社会生活质量的重要内容。调查受访者拥有其他民族
朋友的数量平均为 2 个，全县 64.7% 的受访者有三个以上其他民族朋友。
与存在不同宗教信仰的少数民族地区相比，这种较高程度的交往得益于台
江县存在较少阻碍民族间交往的禁忌。参与本次问卷的受访者主要为台江
县的苗族、汉族，以及个别的布依族、侗族、土家族和仡佬族，这些民族
之间没有特别严格的饮食、宗教禁忌阻碍民族间的交往。对汉族受访者来
讲，他们在与其他少数民族聊天、成为邻居、一起工作、成为亲密朋友甚
至结为亲家方面表达出了较高的意愿，各比例均高达 95% 及以上；对于
少数民族而言，高达 95% 的问卷受访者愿意同汉族聊天、成为邻居、一
起工作，但是进一步的交往，如成为亲密朋友和结为亲家，他们的意愿则
微弱一些，比例为 92%。至于少数民族与少数民族的关系，要比少数民
族同汉族的关系更密切些。就聊天、成为邻居和一起工作，意愿高达
96%，而愿意成为密切朋友和结为亲家的达到 94.7%。对于家庭成员
（如子女、孙子、兄弟姐妹）与其他民族的通婚，高于 92% 的被访人也表
达了不介意的观点。影响各民族间成为亲密朋友甚至结为亲家的因素很
多，除了语言不通导致沟通不畅、民族文化差异所导致生活摩擦，很多现
实因素（如经济状况）也会影响到民族之间的密切交往和通婚。表 4-11
清晰反映出受访的汉族同少数民族之间的互动程度和意愿。

表 4-11　　　　　　汉族与少数民族之间的互动程度和意愿

| | 聊天 | | 成为邻居 | | 一起工作 | | 成为亲密朋友 | | 结为亲家 | | 样本量 |
| | 愿意 | 不愿意 | 愿意 | 不愿意 | 愿意 | 不愿意 | 愿意 | 不愿意 | 愿意 | 不愿意 | （个） |
|---|---|---|---|---|---|---|---|---|---|---|---|
| 汉族 | 100.0% | 0.0% | 98.1% | 1.9% | 96.2% | 3.8% | 96.2% | 3.8% | 98.1% | 1.9% | 50 |
| 少数民族 | 96.0% | 4.0% | 94.9% | 5.1% | 94.5% | 5.5% | 92.5% | 7.5% | 92.1% | 7.9% | 339 |

对于新中国成立以来不同时期的民族关系，问卷受访者根据自己的观
察、印象和外界媒体的宣传给出了评价。就当地的民族关系而言，在改革

开放前、改革开放初期、建立社会主义市场经济体制时期和最近五年这四个时期，受访者认为总体来讲民族关系正在朝较好的方向发展，并且这种趋势呈现上升状态。有 20% 的受访者认为改革开放之前该地区的民族关系不好，改革开放初期民族关系出现缓和的迹象，而 20 世纪 90 年代建立的社会主义市场经济体制使各民族冲破了地域界限，交往空前加强，该时期认为民族关系不好的比例最低仅为 4.7%，但在最近五年认为民族关系不好的有 15% 的受访者，比例有所上升。就全国范围而言，民族关系呈现出相似的变化趋势，即民族关系总体上较为和谐。

## 四　受访者的社会评价

如何全面建成小康社会是台江县政府报告中的重要内容和不断追求的目标。为全面建成小康社会，台江县政府各职能部门积极开展行动确保达到小康社会的基本标准。综合考虑当前政府工作以及个人生活状况，农村受访者有 53.4%，城镇受访者有 61.78% 的比例认为在 2020 年台江县可以全面建成小康社会；9.23% 的农村受访者和 19.37% 的城镇受访者认为这一目标无法实现；同时，有 37.38% 的农村受访者和 18.85% 的城镇受访者表示没有听说过小康社会或 2020 年要实现小康社会这一任务。认为 2020 年台江县不能全面建成小康社会的受访者认为，阻碍这一目标的主要原因是该地区经济收入提高慢、基础设施建设不足、居住条件差以及扶持政策不到位，因此快速发展经济、扩大就业和提高就业工资是台江县实现小康社会工作的重中之重。此外，被访者对近 5 年或 10 年的个人生活水平给出了评估。84.47% 的农村受访者认为生活水平有所上升（其中 38.83% 的受访者认为生活水平上升很多），82.81% 的城镇受访者认为生活水平有所上升（其中 40.63% 的受访者认为生活水平上升很多）；12.5% 的城镇受访者和 12.14% 的农村受访者认为生活状况没有发生变化，1.94% 的农村受访者和 3.64% 的城镇受访者认为生活水平下降了。对于未来生活的展望，大多数受访者持较为乐观的态度，75.36% 的农村受访者和 60.94% 的城镇受访者认为再过 5 年或 10 年生活会更好。

在经济发展和保护民族文化政策项目并行推动和实施过程中，台江县受访者对经济发展和文化保护之间的矛盾与选择有着自己的看法。当开发旅游资源和保护本民族文化遗产发生冲突时，35.4% 的受访者认为发展经济更重要，应以发展经济、提高现代生活水平为主。36.8% 的受访者主张保护本民族传统文化为主，不赞同过度商业化。当去掉"经济发展"这一选项仅询问当地居民对传统文化的想法时，当地的居民表现出了一定的传统文化保护意识。对于城市建设中的历史建筑（以旧的传统民居和祖屋为主）改造拆迁问题，37.4% 的受访者倡导保持历史建筑原貌不动，不能对其进行诸如改造、异地重建等工作。25.4% 受访者认为在保持外形的基础上进行内部改造是更好的保护方式，仅有 5.9% 的人选择了拆迁这一选项，7.5% 的人不赞同僵化地保持原貌原址不动，而坚持异地重建的方式。23.8% 的受访者给出了"不清楚"这一答案。从表 4 - 12 可以看出不同民族、不同地区受访者对传统文化保护的不同观点。

**表 4 - 12　　　　　　　　　被访人对传统文化保护的看法**

| | 城市建设中的历史建筑的改造拆迁问题 | | | | | 旅游资源与文化遗产冲突时的选择 | | | 样本量（%） |
| --- | --- | --- | --- | --- | --- | --- | --- | --- | --- |
| | 保持原貌 | 保持外形但内部可以改造 | 拆迁 | 异地重建 | 不清楚 | 以发展经济为主 | 保护本民族传统文化为主 | 不好说 | |
| 农村人口 | 31.7% | 28.7% | 7.5% | 2.5% | 29.6% | 34.3% | 33.3% | 32.4% | 206 |
| 城镇人口 | 42.9% | 22.2% | 4.2% | 12.7% | 18.0% | 36.9% | 39.6% | 23.5% | 191 |
| 其中：苗族 | 38.6% | 27.1% | 5.7% | 4.9% | 23.7% | 35.0% | 37.5% | 27.5% | 137 |
| 汉族 | 34% | 18.0% | 8.0% | 16.0% | 24.0% | 36.0% | 30.0% | 34.0% | 45 |

对于城市化建设过程中存在的拆迁问题，当地居民更看重的是拆迁可以带来的经济益处，38.42% 的农村受访者和 49.21% 的城镇受访者认为在价格合理的前提下同意拆迁，31.03% 的农村受访者和 29.32% 的城镇受访者主张应该服从国家的需要。9.36% 的农村受访者和 12.04% 的城镇受访者较为在意拆迁工作的方式和方法，选择视情况而定，看周围人的态度以及价格再高也不愿意搬迁的钉子户的比例，城镇分别为 3.14% 和 6.28%，农村分别为 11.33% 和 9.85%。

关于台江县受访者的社会生活状况和质量，除了可以用上述个人经济收入、社会发展和保障等指标进行评估，也可以从受访者对社会生活压力、社会安全和社会公正的主观评价进行分析。

表 4 – 13 受访者面临各种压力的程度

| | 农业户口受访者 | | | | 非农户口受访者 | | | |
|---|---|---|---|---|---|---|---|---|
| | 有压力 | 压力很小 | 没有压力 | 合计 | 有压力 | 压力很小 | 没有压力 | 合计 |
| 经济压力 | 86.54% | 10.10% | 3.37% | 100% | 79.17% | 12.50% | 8.33% | 100% |
| 个人发展 | 60.10% | 21.15% | 18.75% | 100% | 56.25% | 12.50% | 31.25% | 100% |
| 社交压力 | 37.98% | 34.13% | 27.88% | 100% | 16.32% | 23.16% | 60.53% | 100% |
| 孩子教育压力 | 54.33% | 17.31% | 28.37% | 100% | 50.52% | 13.02% | 36.46% | 100% |
| 医疗/健康压力 | 56.25% | 30.29% | 13.46% | 100% | 36.65% | 25.65% | 37.70% | 100% |
| 赡养父母的压力 | 33.17% | 18.75% | 48.08% | 100% | 25.26% | 12.63% | 62.11% | 100% |
| 住房压力 | 45.19% | 33.65% | 21.15% | 100% | 52.88% | 14.14% | 32.98% | 100% |
| 婚姻生活压力 | 10.10% | 28.37% | 61.54% | 100% | 12.50% | 13.02% | 74.48% | 100% |
| 总体的社会压力 | 60.58% | 32.21% | 7.21% | 100% | 48.95% | 34.21% | 16.84% | 100% |
| 样本量（个） | 208 | | | | 192 | | | |

　　总体上，农村受访者感受到的总体社会压力的比例大于城镇受访者。无论城乡，受访者均认为经济压力大的比例最高，但农村受访者该比例高出了城镇受访者约 7 个百分点；个人发展是城乡受访者位于压力排序的第二位，同样是农村该比例高出城镇近 4 个百分点；医疗和健康压力在农村受访者中位居第三，而城镇位居第三的是住房压力；孩子教育压力在城乡都名列第四，这也说明台江县重视教育的氛围。当然这些压力并不是说明现行的教育、住房和医疗政策有问题，而是因为受访者的希望或需求与实际有差距。例如，九年义务教育之外的教育（幼儿园和高等教育）使家长承担了很多的教育支出，政府的住房政策仍然很难减轻大涨幅的房价带来的压力，需要去外地大医院就诊的重病患者享受的医疗报销比例过低等。此外，受访人在婚姻生活、社交和赡养父母等方面所承受的压力则较少。

　　就社会安全来讲，85% 及以上的城乡受访者认为总体社会安全状况较好。农村受访者认为交通不安全的比例是 23.08%，认为不安全的比例在 10% 以上的依次是医疗不安全、食品不安全、生态环境不安全和个人信息及隐私不安全。城镇受访者也认为交通不安全的比例最高，达到了 26.23%，高出农村该比例 3 个百分点；食品不安全的比例位居第二，达到了 20.31%，认为不安全的比例在 10% 以上的还有生态环境和医疗。

表 4 – 14　　　　　　　　　　　受访者的安全感体会

| | 农业户口受访者 | | | | 非农户口受访者 | | | |
|---|---|---|---|---|---|---|---|---|
| | 不安全 | 安全 | 不确定 | 合计 | 不安全 | 安全 | 不确定 | 合计 |
| 个人和家庭财产安全 | 7.21% | 87.5% | 5.29% | 100% | 9.38% | 86.97% | 3.65% | 100% |
| 人身安全 | 6.73% | 86.06% | 7.21% | 100% | 8.33% | 87.5% | 4.17% | 100% |
| 交通安全 | 23.08% | 61.05% | 15.87% | 100% | 26.23% | 63.3% | 10.47% | 100% |
| 医疗安全 | 16.35% | 73.07% | 10.58% | 100% | 12.57% | 82.72% | 4.71% | 100% |
| 食品安全 | 14.42% | 85.58% | 16.35% | 100% | 20.31% | 67.71% | 11.98% | 100% |
| 劳动安全 | 5.29% | 71.63% | 23.08% | 100% | 9.09% | 77.89% | 13.02% | 100% |
| 个人信息，隐私安全 | 10.10% | 67.3% | 22.60% | 100% | 9.38% | 84.89% | 5.73% | 100% |
| 生态环境安全 | 11.54% | 61.54% | 26.92% | 100% | 13.54% | 80.21% | 6.25% | 100% |
| 人身自由 | 5.31% | 75.37% | 19.32% | 100% | 5.73% | 89.06% | 5.21% | 100% |
| 总体上的社会安全状况 | 5.80% | 84.54% | 9.66% | 100% | 6.77% | 88.02% | 5.21% | 100% |
| 样本量（个） | 208 | | | | 193 | | | |

　　就总体社会公平程度来讲，持公平态度的有 71.15% 的农村被访者和 65.61% 的城镇受访者。无论城乡受访者都认为语言文字最为公平，分别达到了 77% 和 75%。农村持公平态度在 70% 以上比例的依次是：教育公平、医疗公平和社会保障公平；认为住房公平的比例是 66.35%，持公平态度的受访者比例在一半以下的是信息公平和就业、发展公平。城镇受访者持公平态度比例除语言文字外，医疗公平的比例达到了 73.96%，位居第二；城镇受访者对 11 项公平感的评价中没有低于一半的比例，这也说明城镇受访者对各项内容的公平感较强。认为不公平比例最高的是政府办事，其次是住房、就业发展和社会保障等。具体情况详见表 4 – 15。

表 4 – 15　　　　　　　　　受访者对不同领域的公平感

| | 农业户口受访者 | | | | 非农户口受访者 | | | |
|---|---|---|---|---|---|---|---|---|
| | 不公平 | 公平 | 不确定 | 合计 | 不公平 | 公平 | 不确定 | 合计 |
| 教育公平 | 18.27% | 73.56% | 8.17% | 100% | 19.27% | 68.23% | 12.50% | 100% |
| 语言文字公平 | 6.80% | 75.24% | 17.96% | 100% | 10.42% | 77.08% | 12.50% | 100% |
| 医疗公平 | 18.75% | 73.56% | 7.69% | 100% | 17.71% | 73.96% | 8.33% | 100% |

续表

| | 农业户口受访者 | | | | 非农户口受访者 | | | |
|---|---|---|---|---|---|---|---|---|
| | 不公平 | 公平 | 不确定 | 合计 | 不公平 | 公平 | 不确定 | 合计 |
| 住房公平 | 21.15% | 66.35% | 12.50% | 100% | 27.08% | 61.98% | 10.94% | 100% |
| 社会保障公平 | 19.23% | 70.67% | 10.10% | 100% | 25.00% | 64.58% | 10.42% | 100% |
| 法律公平 | 9.62% | 53.36% | 37.02% | 100% | 11.52% | 60.73% | 27.75% | 100% |
| 政治公平 | 10.10% | 50.48% | 39.42% | 100% | 12.50% | 59.9% | 27.60% | 100% |
| 就业、发展公平 | 21.84% | 48.55% | 29.61% | 100% | 26.32% | 54.21% | 19.47% | 100% |
| 信息公平 | 15.87% | 49.03% | 35.10% | 100% | 15.63% | 58.33% | 26.04% | 100% |
| 政府办事公平 | 29.81% | 53.84% | 16.35% | 100% | 30.21% | 50.52% | 19.27% | 100% |
| 总体上的社会公平状况 | 13.43% | 71.15% | 15.42% | 100% | 22.75% | 65.61% | 11.64% | 100% |
| 样本量（个） | 201 | | | | 189 | | | |

当生活中遭遇了不公平，城乡受访者选择"无能为力，只有忍受"的比例分别为 37% 和 31%。农村受访者选择"通过业主委员会、宗教等组织解决问题"的比例为 15.05%，"通过法律诉讼等渠道"的比例是 13.11%，"通过非正式渠道如托人、找关系"的比例为 9.71%，其余渠道的选择比例都较低（低于 5%）。城镇受访者选择"通过法律诉讼等渠道"的比例是 26.32%，"通过业主委员会、宗教等组织解决问题"的比例为 18.95%，"通过非正式渠道如托人、找关系"的比例为 9.47%，其余渠道的选择比例也同农村一样低于 5%。

# 第六节 台江县城乡受访者的政策评价

## 一 扶贫政策评价

为使扶贫开发实现资源、环境和人口的良性循环，走生产发展、生活富裕、生态良好的可持续发展路子，2010 年 1 月，台江县人民政府推出了《贵州省台江县"十二五"扶贫开发规划（2011—2015 年）》，并在全县推行了十六项扶贫政策。[①] 在这十六项扶贫项目中，实施范围较广且被群众知晓的扶贫政策主要为"两免一补"政策、村村通工程（广播电视/道路/通信网络）、资助儿童入学和扫盲教育项目、道路修建和改扩工程、教育扶贫工程、电力设施建设工程、退耕还林还草补助工程和移民搬迁工程。其中"两免一补"政策、资助儿童入学和扫盲教育项目、教育扶贫工程等有关教育的政策实施效果明显，得到了农村受访者的高度好评和支持，满意率分别为 90.7%、89.7% 和 88.4%。其次，有关农业种植、道路通信和电力设施建设的政策也较为成功，好评率在 85% 以上。卫生设施建设、道路修建和改扩工程、基本农田建设和移民搬迁工程的好评率略低，好评率分别为 73.3%、77.9%、76% 和 76%，这些都需要当地政府积极推进并贯彻落实。农村受访者反映较强烈的是加强农村地区卫生设施建设这一需求，农村地区缺乏垃圾桶和保洁人员，垃圾的堆积和腐烂严重影响村民的正常生活。

虽然台江县在扶贫方面下了大工夫，并在农业、教育等领域取得良好效果，受到了群众的普遍欢迎和支持，但台江县扶贫政策的实施出现了两个不平衡的特点：第一，城乡之间长久以来固有的差距仍然存在。城市公共卫生设施建设以及公路修建一直以来远远好于农村地区，农村地区卫生管理机制薄弱，没有垃圾桶和保洁人员这种现象没有很好解决；第二，扶贫内容落实不均衡，好评率参差不齐。"两免一补"等教育政策和粮食补贴政策的贯彻落实及效果令群众十分满意，但在公共卫生建设、道路修建和移民搬迁方面却差强人意，满意率稍微低一些。

## 二　少数民族计划生育及高考加分政策评价

有关少数民族优惠政策，本次调查着重在少数民族的计划生育和高考加分政策。各民族平等并不是绝对意义上的平等，而是在承认差距基础上的平等。这种平等就需要对少数民族实施适当的优惠政策。计划生育政策是我国的一项基本国策，是一项目的在于控制人口数量、提高人口素质的

---

① 十六项扶贫政策为：移民搬迁工程、"两免一补"政策、扶贫工程生产项目、退耕还林还草补助工程、道路修建和改扩工程、基本农田建设工程、电力设施建设工程、人畜饮水工程、技术推广及培训工程、资助儿童入学和扫盲教育项目、卫生设施建设项目、种植业/林业/养殖业扶贫金、村村通工程（广播电视/道路/通信网络）、教育扶贫工程、牧区扶贫工程、扶贫培训工程。

策略。计划生育在中国并不是不分地域和民族一刀切地执行，而是对少数民族实行不同于汉族的计生政策。计划生育提倡一对夫妇只生一个孩子，夫妻双方有一方为少数民族的农民家庭可以生育两个孩子，不受农村汉族地区第一个是男孩不准生二胎的限制。夫妻双方都是少数民族的农民，两个子女中有一个为非遗传性残疾，不能成长为正常劳动力的，可以申请再生育一个子女。① 针对贵州省台江县的计划生育政策，67%的受访者认为对少数民族实行计划生育政策是好的，24.5%的受访者对该政策的评价为一般，8.5%的受访者认为该政策不好。在后者看来，应该统一全国各地区各民族或城市地区生育子女数量统一，反对者中还有34.3%的受访者支持家庭的自主决定权，主张废除计划生育子女数量限制政策，由夫妇根据家庭状况自主决定。

经比较发现，苗族受访者对计划生育的好评率低于汉族受访者，持不满意态度比例较高。9.2%的苗族受访者认为针对少数民族的计划生育政策不好，远远高于全体被访人不满意的比例（8.6%），而汉族受访者持此观点的仅占4.5%。在如何调整计划生育政策上，38.5%的苗族受访者认为全国各地区各民族应该实行相同的生育子女数量标准，35.1%的苗族受访者认为应该由家庭自主决定，还有26.4%的苗族受访者表示应该重点调整享受优质生活和教育资源的城市计划生育政策。汉族受访者呈现出了与苗族受访者较类似的态度比例，但汉族受访者更倾向于不论地区和民族成分实行相同的计划生育政策。详细数据可以参见表4-16。

表4-16　受访者对少数民族地区及少数民族计划生育政策满意度调查

| | 评价少数民族（地区）计划生育政策 | | | | | 应如何调整计划生育政策 | | | | 样本量（个） |
|---|---|---|---|---|---|---|---|---|---|---|
| | 很好 | 好 | 一般 | 不好 | 合计 | 全国统一 | 城市地区统一 | 家庭自主 | 合计 | |
| 苗族 | 12.3% | 53.5% | 25% | 9.2% | 100% | 38.5% | 26.4% | 35.1% | 100% | 339 |
| 汉族 | 17.8% | 53.3% | 24.4% | 4.5% | 100% | 50% | 21.4% | 28.6% | 100% | 50 |
| 整体 | 13.2% | 53.8% | 24.5% | 8.6% | 100% | 40.7% | 25.0% | 34.3% | 100% | 400 |

针对少数民族地区或少数民族的高考加分政策，94.9%的受访者对此政策持赞同和满意的态度，表明高考加分政策获得了较高的支持率。但是

---

① 详见《贵州省人口与计划生育条例》。

给长期居住在城市的少数民族子女高考加分的支持率明显下降，降至80.5%，这表明人们不再一味地认为少数民族身份是加分的唯一凭证，而能够较为客观地分析怎样加分才是公正的。此外，出于自身利益的影响，对少数民族地区或少数民族高考加分政策持不满意态度的汉族受访者比例大约是苗族受访者的四倍，汉族受访者对长期居住城市少数民族子女加分的反对率高达26.5%。由此看来，少数民族高考加分政策虽然能够被大多数人理解，但如今人们开始认真理性思考这一政策的实施原则是民族身份还是教育水平。关于各民族受访者对少数民族地区/少数民族高考加分政策的满意度可从表4-17中得到答案。

表4-17　　　少数民族地区/少数民族高考加分政策满意度调查

| | 评价民族地区高考加分 | | 评价少数民族高考加分 | | 城市少数民族加分 | | 样本量（个） |
|---|---|---|---|---|---|---|---|
| | 满意 | 不满意 | 满意 | 不满意 | 应该 | 不应该 | |
| 苗族 | 96.1% | 3.9% | 95.4% | 4.6% | 81.8% | 18.2% | 339 |
| 汉族 | 85.4% | 14.6% | 82.9% | 17.1% | 73.5% | 26.5% | 59 |
| 整体样本 | 94.9% | 5.1% | 94.1% | 5.9% | 80.5% | 19.5% | 400 |

上述少数民族政策的落实有赖于当地政府部门的贯彻实施，政策在传达、宣传和落实的过程中总会遇到各种困难，这就需要干部对持有意见者进行沟通动员工作。在少数民族地区，会讲民族语言是干部同少数民族有效沟通的重要条件。79.9%的受访者认为台江县干部应该学习和掌握少数民族语言，13.7%的受访者持无所谓的态度，6.4%的受访者认为干部没有必要学习民族语言。年龄在46—60岁区间的受访者中，86%的受访者出于自身不会汉语或普通话的现实而希望当地干部会民族语言。而在30岁以下的受访者中80%的比例也赞同干部应该学习少数民族语言，这些本身会普通话、接受较好教育的年轻人对民族间有效沟通和民族关系的调整有更深刻的体会和见解。干部学习民族语言是一件十分有意义的事情，不仅仅为方便同少数民族的沟通，还可以拉近距离，获得群众的好感和支持。

## 本章小结

整体来讲，台江县在经济发展、民族文化、民族关系、社会安定、社会保障、扶贫政策等方面都呈现出良好的发展态势。但在综合分析台江社会状况时仍然需要注意一些问题，如整体水平与地区和不同民族发展水平的关系、社会资源配置均衡问题、环境对社会生活的影响以及群众对政府的真实评价等。

首先，城乡差距的问题在台江县依然存在。以自来水为例，我们可以发现台江县农村和城镇社区向居民提供生活设施的差距。调查显示台江县自来水普及率为75.9%。当对农村和城镇分别进行评估后，我们发现农村地区自来水普及率仅为55.4%，而城市自来水普及率为97.9%，由此可以明显看出两个地区公共用水设施的差距，以及加强农村地区自来水工程的必要性。另外，公共设施中的路灯、卫生设施（垃圾桶）和警卫室等这些在城市中是最基本的公共设施，但在农村的配置率较低，40%以上的农村受访者表示村里没有这些设施。除此之外的住房情况、生活环境和质量等也都表现出了城乡差异。

其次，台江县城镇的苗族受访者在普通话和汉语方言的使用与文字掌握上都明显好于农村苗族受访者。传统节日（贵州苗族姊妹节、独木龙舟节和敬桥节等节日）、服饰和银饰、民居（苗寨吊脚楼）和文娱活动被受访者评选为台江县最具特色的传统文化类型，也是苗族最具代表性的文化。有80%以上的城乡受访者对当地政府和国家保护民族文化工作持好评的态度；但受访者对国家民族文化保护工作的好评率高于当地政府。调查结果表明，农村中有90%以上的受访者子女愿意学习本民族的语言、文化和风俗习惯，城镇受访者该比例为77%—79%。家庭内的口口相传或者耳濡目染、村庄或社区的生产、生活和文化活动、媒体（如广播、电视和互联网）是受访者了解本民族特色文化的重要渠道；同时，学校教育（如人文地理教科书、民族教材）也是城乡受访者了解民族文化的正规途径，此外，政府部门的保护项目、旅游展示和图书报刊也成为部分受访者了解民族文化的渠道，但比例相对较低。

再次，随着国家民生政策的推行，台江县也积极贯彻落实国家各项政策具体如社会养老保险和医疗保险以保障公民的基本生活，实施"两免一补"以及义务教育阶段学生营养改善计划促进教育发展，这些政策在台江县都取得了良好的效果，并得到了受访者的好评。但这些政策在现实中仍然存在一些不足，需要不断完善。以新型农村合作医疗制度为例，越来越多的农村受访者看重国家帮助缴费、个人缴费少、可获医疗报销等优点，并积极参保。但在实践过程中，参保者经常在选择就医医院时犯难。重病患者寄希望于北京、上海等大医院能够治愈重病，但较低的报销比例让这些参保的重病患者望而却步。遇到这些困难的受访者认为应该扩大指定医院的范围，如果能够随意选择医院就更好。当然，这样势必会使大医院的就诊数量暴增，造成接待能力不足的后果。更为合理的建议是加大对地区医疗的技术和经济投资，平衡和优化不同地区的医疗资源，提高地区医院的医疗水平，使县级地区的医院有能力接待和治愈重病患者。

最后，本次调查也涉及了地方政府在全面贯彻落实国家政策之时的执行力度以及应对突发事件、保障人民生活安全等内容。调查结果表明，当地政府在提供公共医疗卫生服务、提供社会保障和义务教育方面做得十分到位，所获得的好评也最高。但在廉洁奉公、惩治腐败，公开、公平、公正选拔干部和官员，保护环境、治理污染，政府信息公开、提高政府工作透明度和政府办事效率方面，当地政府的工作力度还不够大，还需进一步改进。

综上所述，台江县居民生活水平和质量、不同地区不同民族关系、当地政府对国家政策的执行力度等经济社会各方面都呈现出一种良好势头，但是在社区公共设施建设、城乡资源配置、少数民族语言文字教育、民族政策和社会保障政策的调整、政府公正廉洁等方面还存在一些问题，亟待改进，以推动少数民族地区社会的全面发展，争取早日实现全面建成小康社会的宏伟目标。

# 第五章

# 云南省丽江市问卷调查分析报告

丽江市是中国纳西族最主要的聚居地区。本文基于丽江市 411 个受访者的家庭问卷调查数据，从家庭经济收支、家庭生活条件、公共设施状况、土地、民族与宗教、就业、社会生活与评价、社会保障等方面入手，对当地的经济社会发展情况进行描述与分析。

## 第一节　丽江市城乡受访者基本情况

### 一　丽江市概况

丽江市，云南省辖地级市，位于青藏高原东南缘，滇西北高原，金沙江中游。辖古城区、玉龙纳西族自治县、永胜县、华坪县、宁蒗彝族自治县，共有 69 个乡（镇）446 个村民委员会。地跨北纬 25°23′—27°56′，东经 99°23′—101°31′之间，东西最大横距 212.5 公里，南北最大纵距 213.5 公里。东接四川凉山彝族自治州和攀枝花市，南连大理白族自治州与楚雄彝族自治州，西、北分别与怒江傈僳族自治州及迪庆藏族自治州毗邻。

丽江市总面积 21219 平方公里，其中山区占总面积的 92.3%，高原坝区占 7.7%。地势西北高东南低，境内最高点为玉龙雪山主峰，海拔 5596 米。玉龙山以西为高山峡谷亚区，山高谷深，山势陡峻，河流深嵌其间。玉龙山以东属滇西北，海拔较高，山势也较浑厚。在主山脉两侧又广泛发育着东西向的沟谷，形成错综复杂的地块地貌景观，地势起伏，海拔悬殊。有 111 个大小坝子星罗棋布于山岭之间，海拔一般都在 2000 米以上，其中丽江坝最大，面积约 200 平方公里，平均海拔 2466 米。

丽江市属低纬暖温带高原山地季风气候。由于海拔高差悬殊，从南亚热带至高寒带气候均有分布，四季变化不大，干湿季节分明，气候的垂直差异明显，灾害性天气较多，年温差小而昼夜温差大，兼具有海洋性气候和大陆性气候特征。东南、西南的迎风斜面是多雨区，背风坡面是相对干燥的少雨区，金沙江河谷干燥少雨。全市年平均气温在 12.6—19.9 度之间，年均降雨量为 910—1040 毫米，雨季集中在 6—9 月。①

2010 年人口普查数据显示，丽江市总人口为 1244769 人。现有纳西、彝、傈僳、白、普米等 22 个少数民族，其中有 12 个世居民族。全市 5 个县（区）的人口中，汉族人口为 537893 人，占总人口的 43.21%；各少数民族人口为 706876 人，占总人口的 56.79%。其中，彝族人口为 243282 人，占总人口的 19.54%；纳西族人口为 240580 人，占总人口的 19.33%；傈僳族人口为 115730 人，占总人口的 9.30%。② 丽江市境内各民族孕育了丰富多彩的民族文化。各民族在语言文字、宗教信仰、神话传说、文学艺术、人生礼仪、节日庆典、服饰饮食等方面都拥有自己的独特风格。

2012 年，丽江市生产总值为 212.2 亿元，财政总收入 55.54 亿元，公共财政预算收入 38.01 亿元，全社会固定资产投资 295.6 亿元，社会消费品零售总额 65.7 亿元。农业总产值 65.6 亿元，粮食连续 9 年增产，培育有烟叶、芒果、雪桃、玛咖等高原特色农产业，生态产业基地发展到 330 万亩，畜牧业产值 27 亿元，年均增长 10.3%。工业总产值 171.3 亿元，境内金沙江中游水电开发进程加快。非公经济加快发展，占经济总量的比重达到 54.1%。③

丽江是全国著名的旅游城市，共有旅游风景点 104 处。其中具有代表性的有：国家级风景名胜区、省级自然保护区和省级旅游开发区玉龙雪山，世界文化遗产、国家级历史文化名城丽江古城，世界记忆遗产纳西东巴古籍，世界自然遗产金沙江、怒江、澜沧江"三江并流"景区，以及泸沽湖风景名胜区。2012 年，丽江市共接待海内外游客 1599.1 万人次，

---

① 数据来源：丽江政务网：http://www.lijiang.gov.cn/。
② 丽江市统计局、丽江市第六次全国人口普查领导小组办公室：《2010 年丽江市第六次全国人口普查主要数据公报》，2011 年 5 月 24 日。
③ 和良辉：《政府工作报告——2013 年 2 月 19 日在丽江市第三届人民代表大会第一次会议上》。

旅游综合收入达到211.2亿元。[①]

## 二　受访者基本情况

本次调查以家庭问卷的方式进行，在丽江市通过抽样得到的有效样本数共411个。本报告主要采用社会统计软件 SPSS 对有效问卷进行分析处理，得出相关数据。受访者的人口特征与基本社会情况如下表所示。

表5-1　　　　　受访者人口特征及基本社会情况描述统计　　　单位:%

| 性别(%) | 男 | 57 | 户籍类型(%) | 农业户口 | 83.2 | 职业分类(%) | 国家机关党群组织、企事业单位负责人 | 2.0 |
|---|---|---|---|---|---|---|---|---|
| | 女 | 43 | | 非农业户口 | 16.8 | | 专业技术人员 | 5.5 |
| 年龄(%) | 30岁及以下 | 27 | 受教育程度(%) | 未上学 | 6.6 | | 办事人员和有关人员 | 4.5 |
| | 31~45岁 | 29.2 | | 小学 | 27.3 | | 商业人员 | 9.8 |
| | 46~60岁 | 28 | | 初中 | 39.4 | | 农林牧渔水利生产人员 | 53.1 |
| | 61岁及以上 | 15.8 | | 高中 | 19.5 | | 生产、运输设备操作人员及有关人员 | 1.8 |
| 民族(%) | 纳西族 | 78.9 | | 大学 | 7.3 | | 军人 | 0.5 |
| | 普米族 | 8.6 | 个人年收入水平(%) | 5000元及以下 | 32.8 | | 不便分类的其他从业人员 | 3.5 |
| | 汉族 | 6.1 | | 5001~10000元 | 24 | | 学龄前儿童或在校学生 | 10.6 |
| | 彝族 | 2.0 | | 10001~30000元 | 33.4 | | 从未工作过 | 5.6 |
| | 藏族 | 1.7 | | 30001~50000元 | 6.0 | 宗教信仰(%) | 伊斯兰教 | 0.2 |
| | 傈僳族 | 1.7 | | 50001元及以上 | 3.8 | | 佛教 | 3.2 |
| | 白族 | 1.0 | | | | | 基督教 | 0.2 |
| | | | | | | | 民间信仰 | 4.2 |
| | | | | | | | 没有宗教信仰 | 92.1 |

# 第二节　丽江市受访者个人和家庭经济生活

家庭是社会生活的基本单位。通过分析丽江市受访者家庭的收入与支出状况，能够反映出当地经济社会发展水平。

---

① 和良辉:《政府工作报告——2013年2月19日在丽江市第三届人民代表大会第一次会议上》。

## 一　土地拥有情况与退耕还林

（一）耕地为主要的家庭拥有土地

从表 5 - 2 的数据可以得知，不管是从总体面积上还是拥有该土地类型的农村家庭数量上，耕地都是丽江市最主要的土地类型。被访者中又以农业户口的纳西族家庭为主，这说明坝区家庭农耕是当地纳西族的主要生计方式。

表 5 - 2　　　　　　　丽江市农村被访家庭各类土地面积总数统计

| 土地类型 | 耕地 | 山地 | 园地 | 牧草地 | 养殖水面面积 |
| --- | --- | --- | --- | --- | --- |
| 面积总数（亩） | 2717.3 | 725 | 744.1 | 314 | 4 |
| 家庭数（户） | 336 | 85 | 74 | 5 | 2 |

（二）家庭平均耕地面积约为 7 亩，人均耕地面积不足 2 亩

根据统计情况显示，农村家庭平均耕地面积为 6.9 亩，家庭人均拥有耕地面积约为 1.7 亩。西南地区山多平地少的自然地理特点，造就了云南相对较少的耕地面积。2010 年，云南人均耕地有 117.3 平方米，人均耕地少、山区面积大、坡耕地比重高、农田损耗多、土地产出率低，是云南省建设现代农业中面临的突出问题。[1]

（三）土地以自营为主，出租较少

被调查的 342 户农村家庭平均自营耕地面积为 4.2 亩，平均出租耕地面积为 0.7 亩；家庭平均自营山地面积为 1.7 亩，平均出租面积为 0.09亩；家庭平均自营园地面积为 1.9 亩，平均出租面积 0 亩；家庭平均自营牧草地面积为 0.8 亩，平均出租面积 0.01 亩；家庭平均自营养殖水面面积为 0.005 亩，平均出租面积 0.005 亩。

（四）近一半的家庭实施过退耕还林（退牧还草），过半被访者表示该政策效果好

调查显示，有（185 个）54.09% 的农村被访者家庭实施过退耕还林，累计退耕总面积 2590 亩。政策实施的起始年份最早为 1984 年，最晚为

---

[1]　孙燕、孙波：《提高云南土地出产率的几点思考》，载《中国农业信息》2012 年第 23 期。

2009 年，以 1998—2003 年之间开始实施退耕还林的家庭居多。每亩平均补贴标准为 125 元/年，平均实际收入为 250 元/年。

26% 的被访者表示当地有关部门实施过对退耕还林户的职业培训，有 22.4% 的被访者参加过对退耕户的职业培训。造林种草是退耕还林培训的主要内容，也有种植业、畜牧业、养殖业以及劳务（外出务工）培训。

超过一半的被访者表示退耕还林政策"非常好"或"比较好"，有 61% 的被访者表示退耕还林政策在未来应该扩大面积和提高补充标准。

## 二　受访者个人和家庭收入

### （一）城乡受访家庭的收入差距明显

在发放的 411 份问卷中，有 377 户城乡家庭填报了总收入。分析下表数据得知，316 户农业受访家庭 2012 年的家庭总收入平均值为 44339.56 元，总收入中值为 3 万元。有 32.18% 的农业家庭年收入在 5 万元以上，有 41% 的农业家庭年收入低于中值。多数农业家庭的年总收入在 1 万—5 万元，约占总数的 60.25%。年收入为 5 万—12 万元的农业家庭约占 26.5%。仍有 7.57% 的家庭年收入在 1 万元以下，同时也有 5.68% 的家庭年收入在 12 万元以上，农村家庭间的收入差距比较明显。61 户城镇受访家庭中 2012 年总收入平均值为 8.74 万元，总收入中值为 6 万元。有 34.43% 的城镇家庭年收入在 9 万元以上，有 37.71% 的城镇家庭年收入低于或等于 5 万元，年收入在 5 万—9 万元的城镇家庭比例是 27.86%，因此，城镇家庭间的收入差距也依然存在。

表 5 – 3　2012 年丽江市城乡受访者家庭总收入分组比率表（货币收入）

单位：元

| 全年家庭收入分组（元） | 农业户口受访家庭（%） | 非农户口受访家庭（%） |
|---|---|---|
| <5000 | 2.52 | 1.64 |
| 5000—1 万 | 5.05 | 0.00 |
| 1 万—2 万 | 18.93 | 6.56 |
| 2 万—3 万 | 14.50 | 3.28 |
| 3 万—4 万 | 18.30 | 14.75 |
| 4 万—5 万 | 8.52 | 11.48 |
| 5 万—7 万 | 13.25 | 18.02 |
| 7 万—9 万 | 7.57 | 9.84 |

| 全年家庭收入分组（元） | 农业户口受访家庭（%） | 非农户口受访家庭（%） |
|---|---|---|
| 9 万—12 万 | 5.68 | 14.75 |
| 12 万—20 万 | 3.47 | 11.48 |
| ≥20 万 | 2.21 | 8.20 |
| 合计 | 100 | 100 |
| 均值（元） | 44339.56 | 87442.62 |
| 中值（元） | 30000.00 | 60000.00 |
| 众数（元） | 30000 | 30000 |
| 家庭人均收入均值（元） | 10626.3 | 20476.5 |
| 样本量（个） | 316 | 61 |

在调查中，拥有农业户口的被访者主要居住在农村，而非农业户口的被访者主要居住在城市及郊区。比较他们各自的家庭年收入可以在一定程度上反映丽江市的城乡差异。上表数据中，非农业户口被访者的家庭年收入均值是农业户口被访者家庭年收入均值的 1.9 倍，中值达 2 倍。农业户口家庭的人均收入均值是 10626.3 元，非农户口家庭的人均收入均值是 20476.5 元。由此可见，丽江市的城乡差异较大。

（二）家庭收入结构分析

1. 劳务收入是家庭收入结构的重要组成部分。411 个被访者 2012 年的家庭劳务收入（工资、务工）总和占到了家庭总收入总和的近 55%，非农业户口被访者劳务收入占家庭总收入的 60%，而农业户口被访者的这一比率依然高达 52%。可见，外出务工已成为丽江市农村地区家庭的主要收入来源之一。

2. 财产性收入在家庭收入结构中占一定比重，过半的城镇居民依靠出租/出售房屋、土地以增加家庭收入。411 个被访者的家庭出租/出售房屋、土地收入是家庭年总收入的 31%，农业户口被访者的这一比重近 30%，非农户口被访者的比重则高达 36%。在总共 69 个非农业户口的被访者中，有 55% 的被访者家庭拥有出租/出售房屋、土地的收入（有效样本为 60，缺失样本 9，百分比为剔除缺失数据），有 36.6% 的被访者家庭出租/出售房屋、土地的收入占到了家庭总收入的 40% 以上，有 8.3% 被访者的家庭收入则完全依靠出租/出售房屋与土地。

**表5－4**　　　　　　　非农业户口被访者家庭出租/出售房屋、

土地的收入占家庭收入的比重

| 比值分组 | 频率 | 百分比（%） |
|---|---|---|
| 0% | 27 | 45 |
| 0%—25% | 5 | 8.3 |
| 25%—40% | 6 | 10 |
| 40%—60% | 6 | 10 |
| 60%—80% | 9 | 15 |
| 80%—99% | 2 | 3.4 |
| 100% | 5 | 8.3 |
| 总计 | 60 | 100 |

　　丽江城镇化进程的不断推进与旅游业的扩展是导致当地城镇居民财产性收入比重偏高的重要原因。80年代初，丽江的城镇化开始起步。1994年10月，云南省政府在丽江召开滇西北旅游规划会议，丽江开始走上旅游发展的道路。1996年2月3日7.0级地震后，恢复重建加快了丽江的城镇化进程。2002年丽江获准撤地设市，城市建设进一步扩大。丽江的城镇建成区面积从2003年至2007年扩大了1.75倍。[1] 同2000年第五次全国人口普查相比，城镇人口增加了161839人，乡村人口减少了43715人，城镇人口占总人口的比重上升了11.45%。[2] 丽江旅游业的发展与城镇化进程同步推进，从2003年到2012年，丽江市的游客接待人数从301.4万人增加到了1599.1万人。[3] 接受政府征地，将土地转让给房地产开发商，重新改造房屋出租给外来务工人员，将房屋出租给外来经营者等，都是丽江的城镇居民增加家庭财产性收入的重要途径。

## 三　受访者个人和家庭支出

### （一）家庭支出存在差距

　　在发放的411份问卷中，有356位城乡被访者填报了家庭总支出数

---

① 数据参考云南省城乡规划设计研究院：《丽江市市域城镇体系规划》，2004年。

② 丽江市统计局，丽江市第六次全国人口普查领导小组办公室：《2010年丽江市第六次全国人口普查主要数据公报》，2011年5月24日。

③ 数据来源：云南省丽江市旅游局旅游官方网，www.ljta.gov.cn/。

据。分析表 5 - 5 数据得知，298 户农村家庭 2012 年的总支出平均值为 33719.26 元，总支出中值为 25000 元。有 19.46% 的农村受访家庭年支出在 5 万元以上，有 49% 左右的家庭年支出低于中值。大多数家庭的年总支出在 1 万—5 万元，约占总数的 68.12%。年总支出为 5 万—12 万元的农村家庭约占 18.12%。仍有约 12.43% 的农村家庭年总支出在 1 万元及以下，有 1.34% 的农村家庭年总支出在 12 万元以上。58 户城镇受访家庭中，年家庭总支出均值是 4.3 万元，中值是 3.8 万元。有 31.03% 的城镇受访家庭年支出在 5 万元以上，有 50% 的城镇受访家庭年支出低于中值。大多数城镇受访家庭的年总支出在 1 万—5 万元，约占总数的 67.25%。这与农村受访家庭情况基本一致。年总支出为 5 万—12 万元的城镇家庭约占 29.31%。仍有约 1.72% 的城镇家庭年总支出在 1 万元以下，有 1.72% 的城镇家庭年总支出在 12 万元以上。

**表 5 - 5　　　　丽江市受访者家庭总支出分组比率表 （2012 年）**

| 支出分组（元） | 农业户口受访家庭（%） | 非农户口受访家庭（%） |
|---|---|---|
| <5000 | 4.03 | 1.72 |
| 5000—1 万 | 8.39 | 0.00 |
| 1 万—2 万 | 22.48 | 8.62 |
| 2 万—3 万 | 18.12 | 20.69 |
| 3 万—4 万 | 17.79 | 18.97 |
| 4 万—5 万 | 9.73 | 18.97 |
| 5 万—7 万 | 8.72 | 20.69 |
| 7 万—9 万 | 6.38 | 6.90 |
| 9 万—12 万 | 3.02 | 1.72 |
| 12 万—20 万 | 0.34 | 0.00 |
| ≥20 万 | 1.01 | 1.72 |
| 均值 | 33719.26 | 42979.31 |
| 中值 | 25000.00 | 38000.00 |
| 众数 | 20000 | 40000 |
| 样本量（个） | 298 | 58 |

通过城乡受访家庭的收入支出表可以看出，城乡家庭总支出的分布情况与城乡家庭总收入的分布情况大体相似，家庭总支出与家庭总收入密切相关。此外，非农业户口被访者的家庭年支出高于农业户口被访者的家庭

年支出。非农业户口被访者的家庭年支出均值是农业户口被访者家庭年收入均值的 1.27 倍，中值达 1.52 倍。

（二）家庭支出结构分析

首先，生活消费支出占总支出重头，城乡略有差别。从总体情况看，生活消费支出是家庭支出的主要部分，平均占到家庭支出的 78%。城镇与农村居民的生活消费支出略有差别，非农业户口被访者的家庭生活消费支出平均占到总支出的 80.25%，比农业户口被访者高出了 9.76 个百分点。

其次，节日是丽江各民族文化生活中必不可少的环节，因而民俗支出（包括节日各项支出）占总支出的 10%，信仰或宗教性支出占民俗支出的5%。对比不同民族受访者家庭民俗支出占总支出比率的平均值，我们发现，纳西族、普米族、傈僳族、藏族的民俗支出都超过了 10 个百分点。春节、清明、火把节是丽江各民族共度的重要节日，此外各民族也会欢度自己的特有节日，如纳西族的正月十五棒棒节、二月八三朵节，彝族的火把节、彝族年，傈僳族的阔时节，普米族的吾昔节等。每逢节日，各少数民族按照各自节日的风俗举行仪式，制备菜肴，家庭团聚，走亲访友。"文化立市"位居丽江市发展的"六大战略"① 之首。社区自发的民俗节日恢复（如一些纳西族聚居村发起的正月祭天仪式恢复活动），市场主导的文化产业开发，以及政府的支持引导（如 2007 年起，丽江市玉龙纳西族自治县将农历二月初八"三朵节"定为法定节假日）对促进传统民族节日的传承起到了一定的推动作用。

表 5-6　　丽江市不同民族受访者家庭民俗支出占总支出的平均比率比较

| 民族 | 民俗支出占家庭总支出的百分比（%） | 样本量（个） |
| --- | --- | --- |
| 纳西族 | 15.34 | 205 |
| 普米族 | 17.89 | 30 |
| 傈僳族 | 10.00 | 2 |
| 藏族 | 10.95 | 3 |
| 汉族 | 7.55 | 19 |
| 彝族 | 2.55 | 5 |

① 丽江市发展"六大战略"：文化立市、旅游强市、水能富市、和谐兴市、人才推动、全面开放。参见和良辉《政府工作报告——2013 年 2 月 19 日在丽江市第三届人民代表大会第一次会议上》。

续表

| 民族 | 民俗支出占家庭总支出的百分比（%） | 样本量（个） |
|---|---|---|
| 农村受访家庭 | 14.52 | 214 |
| 农村汉族 | 6.62 | 14 |
| 农村纳西族 | 14.66 | 164 |
| 农村普米族 | 21.97 | 22 |
| 城镇受访家庭 | 15.71 | 57 |
| 城镇汉族 | 10.15 | 5 |
| 城镇纳西族 | 18.81 | 41 |
| 城镇普米族 | 6.67 | 8 |

再次，全年人情往来费用约占农村受访家庭总支出的 16.59%，约占城镇家庭总支出的 19.28%，部分被访者表示人情消费是经济生活的负担之一。民族学人类学将人情消费看作是人类诸多互惠行为之中的一种，人们通过互赠礼品或金钱来加深情感、促进交往，强化社会连接。丽江的人情往来费用主要用于婚丧嫁娶、乔迁中榜等酒席的随礼钱上。农村受访者家庭填报人情往来费用的有 211 户，城镇受访者家庭中有 57 户填报了人情往来费用，其中有 6.16% 的农村被访者家庭人情消费占到了家庭年支出的 40% 及以上；有 8.77% 的城镇受访家庭的人情消费占到了家庭年支出的 40% 以上。一些被访者表示，过多的人情往来费用已经成为生活的负担。

## 四　家庭生活条件

丽江城乡受访家庭的住房建筑面积较大。调查显示，99.12% 的农村被调查者家庭和全部的城镇受访者家庭都拥有一套及以上住房。非农户口被访者家庭平均住宅面积是 344 平方米，中值也高达 300 平方米，有 72% 的非农户口被访者家庭住宅面积在 200 平方米以上；农业户口家庭的平均居住面积是 337 平方米。

城乡受访家庭的住房建筑类型以砖木结构为主。丽江的住房多以自建的传统民居为主，三房一照壁一天井是当地居民理想的住房结构类型。61.8% 的被调查者本户住房（被调查点）的建筑面积（或）宅基地面积在 200 平方米以上。砖木结构类型的房屋比率在农村受访家庭中的比例是 68.17%；城镇被访家庭的该比率也达到 60.87%。

表 5 - 7　　　　　　　　　　　　　住房相关情况

| | 农业户口受访家庭 | 非农户口家庭受访家庭 |
|---|---|---|
| 拥有一套或以上住房的比例（%） | 99.12 | 100 |
| 平均住房面积（平方米） | 434.68 | 344.21 |
| 住房建筑类型 | | |
| 　其中：钢筋混凝土结构（%） | 11.11 | 30.43 |
| 　混合结构（%） | 11.41 | 8.7 |
| 　砖木结构（%） | 68.17 | 60.87 |
| 　其他（%） | 9.31 | 0 |
| 　合计（%） | 100 | 100 |
| 住宅外的道路情况 | | |
| 　水泥或柏油路面（%） | 38.24 | 46.38 |
| 　沙石或石板等硬质路面（%） | 42.35 | 36.23 |
| 　自然土路（%） | 19.41 | 17.39 |
| 　合计（%） | 100 | 100 |
| 住房政策满意度 | | |
| 对当前的住房 | | |
| 　满意（%） | 64.91 | 88.24 |
| 　一般（%） | 24.85 | 8.82 |
| 　不满意（%） | 10.23 | 2.94 |
| 　合计（%） | 100 | 100 |
| 住房便利情况 | | |
| 　便利（%） | 68.15 | 78.79 |
| 　一般（%） | 24.40 | 13.64 |
| 　不便利（%） | 7.44 | 7.58 |
| 　合计（%） | 100 | 100 |
| 改善住房的意愿 | | |
| 　迫切（%） | 19.58 | 13.43 |
| 　一般（%） | 35.61 | 17.91 |
| 　不迫切（%） | 44.81 | 68.66 |
| 　合计（%） | 100 | 100 |
| 样本量（个） | 337 | 67 |

丽江城乡受访家庭中的住宅外道路以水泥或柏油路面和沙石或石板等

硬质路面为主，仍有19.41%和17.39%的城乡受访家庭住宅外为自然土路，这也与丽江的旅游发展相关。

城乡受访者对当前住房与住房政策满意率较高，两者相比，农村受访家庭对住房的满意比例低于城镇受访家庭。农村受访者对当前住房表示不满的比例为10.23%，比城镇受访家庭高出了7个百分点。认为当前住房方便的农村受访家庭比例低于城镇受访家庭比例，但认为不便利的城乡家庭比例几乎一致。改善住房意愿迫切的农村受访家庭为19.58%，城镇受访家庭该比例是13%。总体上，丽江农村受访家庭对住房的满意度、便利评价都低于城镇受访家庭；改善住房的意愿上农村受访家庭的比例高于城镇受访家庭。

调查所得的家电拥有情况如下表所示。从表5-8来看，丽江市的绝大多数城乡被访者家庭能够保障基本家电拥有。通过分析，56.52%的非农户口被访者家中拥有轿车/面包车，比农业户口被访者高出27个百分点。56.52%的非农户口被访者家中拥有电脑，这比农业户口被访者高出了34个百分点，可见家电拥有情况也存在着一定的城乡差别。

**表5-8　　　　丽江市被访者家庭不同类型家电的拥有率统计**

| 家电类型 | 城镇家庭拥有率（%） | 农村家庭拥有率（%） |
|---|---|---|
| 电视（液晶/显像管） | 98.54 | 99.12 |
| 手机 | 98.55 | 98.54 |
| 洗衣机 | 92.75 | 79.53 |
| 拖拉机/农用车 | 22.06 | 47.08 |
| 照相机/摄像机 | 37.68 | 16.37 |
| 空调 | 1.45 | 2.05 |
| 自备发电机 | 1.45 | 0.88 |
| 轿车/面包车 | 56.52 | 29.24 |
| 电脑（台式/笔记本） | 56.52 | 22.22 |
| 样本量（个） | 69 | 342 |

从表5-9可以看出，农村受访者以步行、公交车、小轿车为当地最主要的出行工具/方式；城镇受访者以小轿车、公交车和步行为最主要的出行工具/方式。

表 5 – 9　　　　　　　丽江市被访者的家庭出行工具/方式

| 出行方式 | 步行 | 自行车 | 摩托车 | 三轮车/拖拉机 | 货运车 | 小轿车 | 公交车 | 样本量（个） |
|---|---|---|---|---|---|---|---|---|
| 农村受访家庭（%） | 44.38 | 4.14 | 8.28 | 7.69 | 12.13 | 18.64 | 28.40 | 342 |
| 城镇受访家庭（%） | 29.41 | 4.41 | 7.35 | 0 | 2.94 | 45.59 | 44.12 | 69 |

　　在受访的 411 个家庭中，有过半的农村家庭以柴草（秸秆类）作为做饭的主要能源，城乡之间家庭能源使用结构存在一定的差异。在农业户口被访者中，有 63.74% 的家庭主要依靠烧柴草做饭，也有 19.01% 以煤气/液化气/天然气为主，4.97% 则依靠沼气，还有 11.11% 依靠电。有 43.48% 非农业户口被访者主要依靠煤气/液化气/天然气，使用柴火生火做饭的占 33.33%。

表 5 – 10　　　　　丽江市被访者家庭主要依靠的生活能源统计

| 做饭的主要原料 | 柴草（秸秆类） | 煤炭 | 煤气/液化气/天然气 | 沼气 | 电 | 样本量（个） |
|---|---|---|---|---|---|---|
| 农村受访家庭（%） | 63.74 | 1.17 | 19.01 | 4.97 | 11.11 | 342 |
| 城镇受访家庭（%） | 33.33 | | 43.48 | 2.9 | 20.29 | 69 |

　　在家庭生活卫生条件方面调查表明，旱厕是当地农村主要的卫生设备。这种旱厕是中国传统的室外非冲水厕所，在大部分农村地区的家庭中都能看到。粪便经过发酵以后可以作为肥料进行再利用。农业户口被访者中家庭使用旱厕的比率达到了 66.37%，比非农户口被访者家庭高出了 22.25 个百分点。过半的非农户口家庭使用的厕所是水冲式厕所。

表 5 – 11　　　　　丽江市被访者家庭的卫生设备统计

| 卫生设备 | 水冲式厕所 | 旱厕 | 无厕所 | 合计 | 样本量（个） |
|---|---|---|---|---|---|
| 农村受访家庭（%） | 29.24 | 66.37 | 4.39 | 100 | 342 |
| 城镇受访家庭（%） | 54.41 | 44.12 | 1.47 | 100 | 68 |

　　从表 5 – 12 可以看到，自来水是当地主要的饮用水。非农业户口被访者家庭的饮水主要是自来水，没有人引用雨雪水与江河湖水，引用井水的仍占一定比例，这与丽江的住房不无关系。一些城市居民居住在传统的庭

院建筑中，饮用水多取自院子里打出的井水。过半的农业户口被访者家庭喝上了自来水，仍有近 4% 的人依靠江河湖水与雨雪水生活。

表 5-12　　丽江市农业/非农业户口被访者的家庭饮用水类型　　单位:%

| 您家做饭用的水主要是 | 总体 | 非农业户口被访者 | 农业户口被访者 |
|---|---|---|---|
| 江河湖水 | 1.0 | 0 | 1.2 |
| 井水/山泉水 | 34.8 | 20.3 | 37.8 |
| 雨雪水 | 2.2 | 0 | 2.6 |
| 自来水 | 61.3 | 78.3 | 58.1 |
| 矿泉水/纯净水/过滤水 | 0.7 | 1.4 | 0.3 |
| 合计 | 100.0 | 100.0 | 100.0 |
| 人数 | 411 | 69 | 341 |

生活状况自我评价及预期上，绝大部分的被访者表示生活水平较以前上升，并对生活水平的进一步提高充满信心。在被问到"与 10 年（或 5 年）前相比，您的生活水平有什么变化"时，94.97% 的农村被访者和 97.10% 的城镇受访者表示"上升很多"或"略有上升"。在被问到"在未来的 5 年（或 10 年）后生活水平将会怎样变化"时，94.93% 的农村受访者和 98.41% 的城镇被访者表示将会"上升很多"或"略有上升"。

表 5-13　　　　　　生活状况主观评价

| | 农业户口受访家庭 | 非农户口受访家庭 |
|---|---|---|
| 与 10 年或 5 年前相比，生活水平状况 | | |
| 上升（%） | 94.97 | 97.10 |
| 没有变化（%） | 0 | 0 |
| 下降（%） | 5.03 | 2.90 |
| 未来 5 年或 10 年后的生活水平变化 | | |
| 上升（%） | 94.93 | 98.41 |
| 没有变化（%） | 4.05 | 1.59 |
| 下降（%） | 1.01 | |
| 社会经济地位的自我评价 | | |
| 上层（%） | 0.31 | 2.90 |
| 中层（%） | 91.41 | 95.65 |
| 下层（%） | 8.28 | 1.45 |

| | 农业户口受访家庭 | 非农户口受访家庭 |
|---|---|---|
| 一般说来，当您把您自己或您家的经济、生活情况与别人相比时，您相比的对象是 | | |
| 亲戚朋友（％） | 10.12 | 13.04 |
| 本乡村人（％） | 77.38 | 62.32 |
| 本乡村的同民族的人（％） | 5.06 | 10.14 |
| 2020年全面建成小康社会的信息 | | |
| 有信心（％） | 78.70 | 89.86 |
| 没信心（％） | 12.42 | 5.79 |
| 没听说过（％） | 8.88 | 4.35 |
| 样本量（个） | 342 | 69 |

91.41％的农村被访者和95.65％的城镇受访者认为自己的社会经济地位在当地处于中层（中上、中、中下）。在进行社会地位比较时，77.38％的农村被访者和62.32％的城镇受访者将本乡村人作为自己的家庭经济、生活情况对比对象。有10.12％的农村被访者和13.04％的城镇受访者选择亲戚朋友作为自己的对比对象。

多数被访者表示对实现全面建成小康社会充满希望。78.70％的农村被访者和89.86％的城镇受访者表示对自己所在的地区于2020年实现全面建成小康社会的目标"有信心"或"很有信心"。有12.42％的农村被访者和5.79％的城镇受访者表示"没有信心"或"不可能"，他们认为经济收入提高慢或政策扶持不到位是主要原因。

对于本地应该采取何种措施尽快实现小康社会，城乡被访者均以加快发展当地经济、加快当地基础设施建设、落实中央政策为选择比例最高的前三位。政府应当更加廉洁、应扩大当地就业成为前三位之后选择比例较高的加快实现小康社会的有效措施。

## 五　丽江市城乡受访者的就业情况

就业是民生之本，也是本次调查的主要内容之一。以下分析将分为农业户口受访者和非农户口受访者两类加以分析。

（一）农业户口被访者就业情况

1. 家庭承包经营是当地农业的主要经营形式

所有农业户口被访者中务农的人数占到了总比例的62.5％，在这些从事农业生产经营的被访者中，有 91.6% 是农村家庭承包经营劳动者，有 6.6% 是农林牧渔类产业（企业）经营管理者，有 1.8% 是农业企业、农场、农村种养大户的雇工。

2. 农业户口被访者从事非农务工的情况

丽江市城市化进程的不断发展给农村居民提供了越来越多的从事非农务工的就业机会。调查显示，从 2002 年开始从事本地非农务工的人数开始增加，这与丽江从 2002 年撤地设市起开始不断扩大城市建设有关，大部分从事本地非农务工的被访者主要是建筑业的帮工。直接申请和朋友介绍是他们获得工作的主要途径。其中有 64.4% 的被访者 2013 年从事非农务工的总时间达到了 6 个月以上。有 9% 的农业户口被访者拥有外出务工经历。从前有外出从业经历，但 2012 年没有外出务工的主要原因是家中缺乏劳动力、当地能找到合适的工作，以及回家生育、结婚。

3. 农业户口被访者从事非农自营的情况

非农自营的发展同样与丽江市城市化进程的推进密切相关。调查显示，从事本地非农自营的农业户口被访者人数从 2002 年开始不断增加。34 个从事本地非农自营的农业户口被访者中有 20.6% 曾在开业时向亲友借款；有 23.5% 曾在开业时有来自银行或信用社的贷款。有 6 人拥有外出自营的经验，其中有 5 人开业时无借贷，有 1 人在开业时有来自银行或信用社的贷款。

（二）城镇户口被访者就业情况

1. 就业的行业分布

从行业上来看，在 26 个被访者提供的有效数据中，从事的行业涵盖了公共管理和社会组织，农林牧渔业，交通运输、仓储和邮政业，批发和零售业，水利、环境和公共设施管理业，居民服务和其他服务业，教育，卫生、社会保障和社会福利业，文化、体育和娱乐业。

从职业上来看，在 31 个被访者提供的有效数据中，包括了国家机关党群组织、企事业单位负责人，专业技术人员，办事人员和有关人员，商业，农林牧渔水利生产人员，生产、运输设备操作人员及有关人员。

2. 劳动合同、就业渠道与主要从业地区

从事私营或个体经营的人员居多。在 34 个有效数据中，劳动合同性质为固定职工的被访者比率为 17.6%，长期合同工为 20.6%，短期或临时合同工 2.9%，没有合同的员工 2.9%，从事私营或个体经营人员 52.9%。

政府安排/社区介绍是主要的就业渠道。（33 个有效数据）就业渠道为政府/社区安排介绍的被访者比率为 42.4%，就业渠道为招聘广告的占 3.0%，直接申请（含考试）的占 9.1%，家人/亲戚介绍的为 30.3%，朋友/熟人介绍的占 6.1%。

本年度主要在本乡从业的人居多。（30 个有效数据）在本乡从业的人占到了 66.7%，县外省内从业者占到 10%，省外国内占到 20%，主要是在省外中部地区。有 2 人在国外和港澳台从业。

3. 失业及辞职人员情况

除去正在上学，以及已离/退休的情况，共有 38 个非农户口被访者没有工作。他们没有工作的原因为：在 38 个有效数据中，料理家务的比例最高是 39.47%；丧失劳动能力的比例是 18.42%，两者之和是 57.89%。毕业后未工作的人数只有 2 人，占比 5.26%。此外，有 71% 的失业或辞职受访者已经超过 2 年没有工作过。

寻找工作方面，有 80.95% 的受访者表示没有试图通过任何方式寻找工作，有 14.29% 的受访者表示不想工作，有 2.38% 委托亲友寻找工作，还有 2.38% 参加了用人单位的招聘或招考。

## 第三节 丽江市民族文化与教育

丽江市 411 位受访者的民族成分构成如图 5 - 1 所示。

六普数据中丽江市民族人口前三位的依次为汉族、彝族、纳西族。但调查样本中，纳西族受访家庭占比很高，成为主要的访问对象。以下分析基于调查结果，以纳西族为主，配合其他民族的情况进行论述。[①] 纳西族主要聚居于云南省丽江市古城区、玉龙纳西族自治县、维西、香格里拉（中甸）、宁蒗县、永胜县及四川省盐边县、木里县和西藏自治区芒康县盐井镇等。现有人口 326295 人（2010 年第六次全国人口普查数据）。玉

---

① 注：2002 年，原丽江地区行署（辖丽江纳西族自治县、宁蒗彝族自治县、华坪县、永胜县）改为丽江市（辖古城区、玉龙纳西族自治县、宁蒗彝族自治县、华坪县、永胜县）。撤地设市后，原丽江地区行政公署所在地丽江纳西族自治县的一部分设为古城区，其余地区改设为玉龙纳西族自治县。自元以降，"丽江"一直是纳西族及其先民的政治、经济、文化中心。丽江市也是全国纳西族分布最集中的行政区域，有近 74% 的纳西族人口居住在丽江。

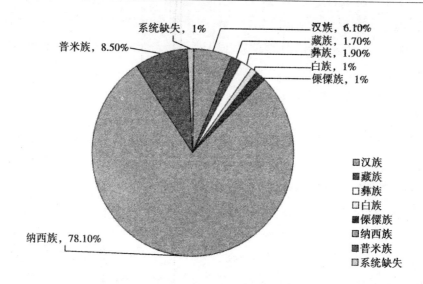

**图 5-1　丽江市被访者民族成分比例分布**

龙纳西族自治县是纳西族唯一的民族自治区域。有民族乡 4 个：云南省迪庆州香格里拉县三坝纳西族乡，云南省丽江市永胜县大安彝族纳西族乡，四川省凉山州木里藏族自治县俄亚纳西族乡，西藏昌都地区芒康县盐井纳西民族乡。"纳西"和"纳日"（摩梭人）是纳西族内部最大的两个支系。1954 年，中央民委派出云南民族识别调查小组确定纳西族为统一族称。纳西语属于汉藏语系藏缅语族彝语支语言，分东部与西部两大方言区方言的差异，"纳西"支系操西部方言，摩梭人操东部方言。东巴象形文字和哥巴表音文字是纳西族本土自创的文字。

## 一　民族语言文字

语言是民族的重要特征之一，它不仅是人们交流思想，表达感情的媒介，也是传承知识文化的载体，同时也是凝聚民族认同的重要纽带。了解被访者，特别是少数民族被访者的母语习得情况、语言文字使用状况和他们对双语教育的评价，是了解当地少数民族的语用情况与语言态度的重要途径。

（一）第一语言习得状况

近 85% 少数民族被访者的本民族语言是自己的第一习得语言，有 3% 被访者的第一习得语言为普通话。纳西族的被访者中，第一习得语言为纳西语的比率高达 97%。有 42.9% 的普米族被访者第一习得语言为普米语，有 12 个普米族被访者的第一习得语言为其他少数民族语言，这占到了第一习得语言为其他少数民族语的被访者总人数的50%。丽江当地有说法称"普米族都是语言天才",实际上这可能跟不同民族语言群体在一定区域内的强势弱势有关。

（二）语言使用状况与语言态度

能够准确流利地使用本民族语言的被访者比率高达92%,有87.8%的被访者能够使用普通话进行交谈,其中能够准确流利地使用普通话的占36.6%,其他则以带口音、口音重的为主。有68%的被访者表示能用汉语方言进行交谈,其中能够流利准确地使用汉语方言的占79%。有12.7%的被访者能够使用其他少数民族的语言进行交谈,其中有一半的人能准确流利地使用其他少数民族语言。

在321位纳西族被访者中,能够准确流利地使用纳西语的比率达到了96%,能准确流利地使用汉语方言的比率达到80%,能准确流利地使用普通话的比率达到37.8%,听不懂也不会说其他少数民族语言的比率达90%。有39%的纳西族被访者表示自己的普通话有口音。

79%的纳西族被访者表示"很多时候都愿意说"民族语言,另有21%表示"只在和本民族人在一起的时候才愿意说"。82%的被访者表示,在少数民族地区工作的干部需要学习和掌握当地的民族语言。

（三）文字使用状况

93%的少数民族被访者会汉字。有51%的少数民族被访者表示掌握足够汉字,能流利书写;有19%的少数民族被访者掌握较多文字,能写书写信;有13%的少数民族被访者掌握的文字数量不够,书写不流利。

88%的纳西族受访者完全不会本民族文字。仅有1个纳西族受访者表示掌握足够的本民族文字,能流利书写;另有5个纳西族掌握较多的本民族文字,能够写书写信。纳西族的本民族文字以东巴文与哥巴文为主,另有50年代新创制的拼音文字。东巴文与哥巴文是用于记写纳西族传统宗教东巴教经文的记写符号,自古以来这套文字都只为本民族的知识分子祭司东巴所掌握,而东巴的传承形式又以家族传承为主,因而大多数纳西族都不了解这套文字体系。随着丽江旅游业的发展和民族文化教育事业的不断博兴,为掌握谋生技艺,或旨在了解与学习本民族传统文化的民族文字学习者不断增多,政府主导或民间自发开办的文化传习班也给志在了解本民族文字的纳西族提供了学习平台。

## 二　双语教育及其评价

**表 5 – 14**　　　　　　少数民族被访者的双语教育意愿统计　　　　　　单位:%

| 是否愿意送子女到双语学校学习 | 农村 | | 城镇 | |
|---|---|---|---|---|
| | 纳西族 | 其他少数民族 | 纳西族 | 其他少数民族 |
| 愿意 | 67.42 | 60.78 | 80.39 | 90.0 |
| 不愿意 | 0.75 | | 1.96 | |
| 无所谓 | 31.83 | 39.22 | 17.65 | 10.0 |
| 合计 | 100 | 100 | 100 | 100 |
| 样本量（个） | 267 | 51 | 51 | 10 |

　　从表 5 – 14 的数据我们可以看出，67.42% 的农村纳西族被访者和 80.39% 的城镇纳西族受访者愿意自己的子女到双语学校学习，这说明对双语教育持肯定态度是纳西族的主流意见。大多数纳西族被访者表示，应该让子女学习与传承本民族的语言、文字与传统文化，多学习与掌握一门语言，对孩子的发展与生活都有益处。

## 三　民族文化的传承与保护

### （一）服饰、节日与民居是最具特色的传统文化类型

　　从调查数据统计的情况来看，传统的服饰被纳西族和其他少数民族认为是本地最具特色、最重要、保留或传播得最好的民俗活动类型。丽江一带各民族的男子服饰与邻近汉族已基本相同。妇女服装，除个别地方仍保持穿裙的习俗外，已改穿长裤，但整个服饰，仍具有鲜明的民族特色。丽江纳西族女子留发编辫，顶头帕或戴帽子。一般内穿立领右衽上衣。衣为布纽扣、长袖、宽腰，前幅短，后幅长，用蓝色、白色等布料制作。外罩一件用浅湖蓝色、蓝色、紫红色、大红色、黑色等颜色的棉布或毛质布料、灯芯绒缝制成的有衽圆领的坎肩，系围腰或搭裙。下着黑色或蓝色、灰色长裤，脚穿绣花鞋、布鞋或胶鞋，背披七星羊皮背饰。这种羊皮背饰是纳西族女子服饰中最具特色的部分，做工精美，造型别致。其上七个日月星辰图案，用彩线绣制，呈两排缀饰在羊皮背饰的表面。

　　选择传统节日的比例在十个选项中位居第二。丽江各民族有众多的特有节日，如纳西族的正月十五棒棒节、三朵节，彝族的火把节，傈僳族的

阔时节，普米族的吾昔节，摩梭人的转山节和他留人的粑粑节等。

再次为传统民居。纳西族民居以面阔三开间为一单体单元叫"一坊"，以一楼一底二层楼为主，以院子为中心组成内向庭院。家家都有宽敞的外廊，各坊房屋均由外廊相联系。院子面积较大，周边房屋高度适中，通风采光良好。正房是庭院的主导建筑，正房坐西朝东或坐北朝南，体现"紫气东来"、"彩云南现"，取其"反宇向阳"好风水的东、南朝向。

表 5 – 15　丽江市纳西族被访者对不同民俗活动类型的现状反馈统计　单位:%

| 民俗活动类型 | 本地最具特色的传统文化类型 | 您认为最重要的民族文化类型 | 留存或传播较好的本民族文化类型 | 已经濒临失传亟须恢复的文化类型 |
|---|---|---|---|---|
| 传统民居 | 63.5 | 49.9 | 46.2 | 16.5 |
| 传统服饰 | 77.9 | 65.2 | 66.7 | 21.7 |
| 传统节日 | 71.8 | 63 | 57.4 | 23.4 |
| 人生礼仪 | 6.1 | 15.1 | 10.2 | 37.5 |
| 传统文娱活动 | 26.3 | 26 | 31.4 | 19 |
| 传统饮食 | 14.4 | 13.1 | 20.2 | 13.9 |
| 道德规范 | 5.6 | 13.4 | 7.8 | 16.5 |
| 人际交往习俗 | 2.9 | 5.6 | 5.1 | 27 |
| 传统生产方式 | 3.4 | 8.0 | 2.9 | 44 |
| 宗教活动习俗 | 3.9 | 3.6 | 1.7 | 11.7 |
| 其他（东巴文字） | 2.7 | 1.9 | 0.2 | 9.5 |

注：样本量是 318。

（二）民族文化保护的评价

调查中有 80% 左右的被访者对政府、国家对各项民俗活动类型的保护表示满意。具体情况见表 5 – 16。

表 5 – 16　丽江市纳西族被访者对不同民俗活动类型的保护情况评价　单位:%

| 民俗活动类型 | 政府保护满意度 | | | | 国家保护满意度 | | | |
|---|---|---|---|---|---|---|---|---|
| | 很满意 | 满意 | 不太满意 | 很不满意 | 很满意 | 满意 | 不太满意 | 很不满意 |
| 传统民居 | 19.6 | 70.7 | 7.9 | 1.8 | 22 | 72.3 | 4.9 | 0.9 |

续表

| 民俗活动类型 | 政府保护满意度 | | | | 国家保护满意度 | | | |
|---|---|---|---|---|---|---|---|---|
| | 很满意 | 满意 | 不太满意 | 很不满意 | 很满意 | 满意 | 不太满意 | 很不满意 |
| 传统服饰 | 20.6 | 66.1 | 10.3 | 2.9 | 21.5 | 67.5 | 8.4 | 2.6 |
| 传统节日 | 11.9 | 76.1 | 9.9 | 2.0 | 13.4 | 74.3 | 9.2 | 3.1 |
| 人生礼仪 | 6.25 | 68.75 | 21.5 | 3.5 | 6.7 | 69.5 | 20.8 | 3 |
| 传统文娱活动 | 13.4 | 70.2 | 14.7 | 1.7 | 14.1 | 74.9 | 10 | 1 |
| 传统饮食 | 12.9 | 73.8 | 12.1 | 1.2 | 11.5 | 79.3 | 8.1 | 1.1 |
| 道德规范 | 5.5 | 63 | 28.2 | 3.4 | 6.8 | 70.3 | 18.1 | 4.8 |
| 人际交往习俗 | 8.8 | 66.2 | 22.4 | 2.6 | 9.1 | 69.1 | 19.6 | 2.2 |
| 传统生产方式 | 4.1 | 61.8 | 25.5 | 8.6 | 5.9 | 65.8 | 18.3 | 10 |
| 宗教活动习俗 | 6.2 | 71.5 | 18.7 | 3.6 | 6 | 79.4 | 12.1 | 2.5 |
| 其他（东巴文字） | 18.2 | 57.6 | 19.7 | 4.5 | 18.8 | 64.1 | 14.1 | 3.1 |

注：样本量是 318。

## （三）民族文化的传承

调查数据显示，近 90% 的纳西族和其他少数民族被访者表示子女愿意学习民族语言、文化与风俗习惯。经调查，89.5% 的纳西族和其他少数民族被访者表示子女"愿意"、"很愿意"，或"较愿意"学习民族语言；88.7% 的纳西族和其他少数民族被访者表示子女与自己和上辈相比"愿意"、"很愿意"或"较愿意"学习民族文化；88.5% 的纳西族和其他少数民族被访者表示子女与自己和上辈相比"愿意"、"很愿意"或"较愿意"学习民族风俗习惯。

家庭内部的口耳相传是丽江纳西族和其他少数民族被访者了解民族/民俗文化的最主要渠道。表 5-17 给出了丽江市纳西族和其他少数民族受访者了解民族文化渠道的选择情况，从中看出，纳西族和其他少数民族受访者选择家庭内口口相传或耳濡目染的比例都在 90% 以上，纳西族受访者中位居第二的是村庄或社区的生产、生活和文化活动，第三位是学校教育，第四位是广播、电视、互联网；其他少数民族中位居第二的是学校教育，位居第三的是村庄或社区的生产、生活和文化活动，第四位的是广播、电视、互联网。

表 5 –17　　　　　丽江市纳西族和其他少数民族被访者了解民族
　　　　　　　　　　文化渠道的选择频率统计　　　　　单位:%

| 您了解本民族/其他民族民俗文化的主要渠道是? | 家庭内的口口相传或者耳濡目染 | 学校教育 | 村庄或社区的生产、生活和文化活动 | 政府部门的保护项目 | 旅游展示 | 广播、电视、互联网等 | 图书报刊 | 样本量（个） |
|---|---|---|---|---|---|---|---|---|
| 纳西族 | 96.56 | 30.31 | 35.94 | 4.28 | 9.38 | 20.63 | 1.56 | 320 |
| 其他少数民族 | 90.16 | 45.90 | 32.79 | 3.28 | 6.56 | 14.75 | 1.64 | 61 |

## 四　宗教信仰

411 个被访者的宗教信仰情况如表 5 –18 所示，90.5% 的被访者表示自己并没有宗教信仰。有 17 名纳西族表示自己有民间信仰，有 1 名纳西族信基督教，有 1 名纳西族信伊斯兰教，9 名纳西族信仰佛教。

丽江市是一个多种宗教并存的地区，境内有佛教（藏传和汉传佛教）、道教、基督教、伊斯兰教、天主教和少数民族群众信仰的东巴教（纳西族）、毕摩教（彝族）、韩规教（普米族族）等原始宗教。信仰佛教、道教、伊斯兰教、基督教、天主教的信教群众达成 11.97 万人（不含原始宗教和民间信仰），占全市总人口的 10.88%（其中少数民族信众达 68.4%），已纳入依法登记的 97 个宗教活动场所，分布于全市各（区）80% 以上的乡镇。①

表 5 –18　　　　　　　丽江市被访者宗教信仰情况统计

| 您是否有以下宗教信仰 | | 频率 | 百分比（%） |
|---|---|---|---|
| 有效 | 伊斯兰教 | 1 | 0.2 |
| | 佛教 | 13 | 3.2 |
| | 基督教 | 1 | 0.2 |
| | 民间信仰 | 17 | 4.1 |
| | 没有宗教信仰 | 372 | 90.5 |
| | 小计 | 404 | 98.3 |

---

①　云南省丽江市文学艺术界联合会调研组：《丽江：多民族多宗教和谐共处的典范》，载《社会主义论坛》2009 年第 10 期。

续表

| 您是否有以下宗教信仰 | | 频率 | 百分比（%） |
|---|---|---|---|
| 缺失 | 其他（请注明）① | 3 | 0.7 |
| | 不知道（不清楚） | 2 | 0.5 |
| | 系统 | 2 | 0.5 |
| | 小计 | 7 | 1.7 |
| 合计 | | 411 | 100.0 |

从下表统计的情况来看，大部分丽江市被访者对宗教活动的具体情况并不了解。我们认为，问卷中给出信众规模发展趋势的被访者的样本数量过小，并不能准确说明当地信众的发展趋势。但从统计数据我们可以看出，佛教、藏传佛教、基督教、民间宗教，以及东巴教在当地相对有影响。

表5-19　　　丽江市被访者对当地信众规模的发展趋势估计情况　　　单位：%

| 您认为当地信众规模的发展趋势是 | 不断扩大 | 逐渐缩小 | 没有变化 | 不知道 | 系统缺失 |
|---|---|---|---|---|---|
| a. 伊斯兰教 | 1.2 | 1.0 | 3.6 | 85.9 | 8.3 |
| b. 道教 | 0.2 | 0.5 | 3.6 | 87.1 | 8.5 |
| c. 天主教 | 0.2 | 0.5 | 3.6 | 87.1 | 8.5 |
| d. 佛教 | 1.5 | 4.9 | 8.0 | 78.6 | 7.1 |
| e. 藏传佛教 | 1.7 | 6.8 | 10.7 | 71.8 | 9.0 |
| f. 基督教 | 2.9 | 2.2 | 5.1 | 81.0 | 8.8 |
| g. 民间宗教 | 0.5 | 6.8 | 7.1 | 77.4 | 8.3 |
| h. 其他（11人选择东巴教） | 27 | 54 | 9.5 | 9.5 | 0 |

注：样本量为411。

# 第四节　丽江市民族关系和身份认同

## 一　民族关系

民族关系是指民族与民族之间的关系，各民族之间在政治、经济、文

---

① 统计数据中并未显示注明情况。

化、语言等方面的相互关系。民族关系是具有特定内涵的特殊的社会关系。它是一种在人们的交往联系中，不仅具有社会性，而且具有民族性的社会关系。民族关系作为一种社会现象和社会存在，必然受到所处环境和发展条件的影响、制约。民族关系既是历史环境和条件的产物和积淀，更重要的是现实环境和条件的一种折射和反映。通过了解当地各民族的人际交往、通婚意愿，以及人们对不同时期民族关系的评价，可以反映出丽江市各民族关系的一个侧面。

（一）族际交往

从表 5 - 20 与表 5 - 21 所反映的情况来看，当地族际交往频繁，形式多样。各民族中绝大部分的被访者都表示愿意与其他民族的人聊天、成为邻居、一起工作、成为亲密的朋友或结为亲家。很多被访者都表示人际交往“一般都是看人，和民族的关系不大”。说明族别并不是丽江市各民族开展人际互动的限制因素。

92% 的被访者表示自己的民族身份在当地社会交往、工作就业、日常生活中并没有不便利的问题。近 95% 的被访者表示自己的民族身份在外出旅行、出国时并没有不便利的问题。认为有不便利的被访者主要认为是语言交流方面可能存在问题。

表 5 - 20　　　　丽江市汉族被访者的族际交往意愿统计　　　　单位:%

| （汉族被访者回答）您是否愿意和少数民族的人 | 很愿意 | 比较愿意 | 不太愿意 | 不愿意 | 不好说 | 合计 |
|---|---|---|---|---|---|---|
| a. 聊天 | 80.6 | 19.4 | 0 | 0 | 0 | 100 |
| b. 成为邻居 | 80.6 | 19.4 | 0 | 0 | 0 | 100 |
| c. 一起工作 | 80.6 | 19.4 | 0 | 0 | 0 | 100 |
| d. 成为亲密朋友 | 77.4 | 22.6 | 0 | 0 | 0 | 100 |
| e. 结为亲家 | 75.9 | 24.1 | 0 | 0 | 0 | 100 |

注：样本量为25。

表 5 - 21　　　　丽江市少数民族被访者的族际交往意愿统计　　　　单位:%

| | a. 汉族 | | | | | b. 本民族外的其他少数民族 | | | | |
|---|---|---|---|---|---|---|---|---|---|---|
| | 很愿意 | 比较愿意 | 不太愿意 | 不愿意 | 不好说 | 很愿意 | 比较愿意 | 不太愿意 | 不愿意 | 不好说 |
| a. 聊天 | 75.1 | 24.6 | 0.3 | 0 | 0 | 75.2 | 24.8 | 0 | 0 | 0 |
| b. 成为邻居 | 74.9 | 24.6 | 0.5 | 0 | 0 | 74.3 | 25.7 | 0 | 0 | 0 |

续表

| | a. 汉族 | | | | | b. 本民族外的其他少数民族 | | | | |
|---|---|---|---|---|---|---|---|---|---|---|
| | 很愿意 | 比较愿意 | 不太愿意 | 不愿意 | 不好说 | 很愿意 | 比较愿意 | 不太愿意 | 不愿意 | 不好说 |
| c. 一起工作 | 75.1 | 24.6 | 0.3 | 0 | 0 | 73.5 | 26.2 | 0.3 | 0 | 0 |
| d. 成为亲密朋友 | 75.2 | 24.5 | 0.3 | 0 | 0 | 74.1 | 25.6 | 0.3 | 0 | 0 |
| e. 结为亲家 | 71.7 | 26.1 | 1.3 | 0.8 | 0 | 70.9 | 26.9 | 1.4 | 0.8 | 0 |

注：样本量为382。

从表 5 - 22 统计的情况来看，大部分丽江市的被访者都不介意自己的近亲进行族际通婚。族际通婚是衡量民族关系的一项重要指标，它能够深刻反映民族关系的深层次状况。表中的数据反映出丽江市各民族之间存在的频繁婚姻往来，这无疑是当地各民族之间相处融洽的重要例证之一。

表 5 - 22　　　　　　　丽江市被访者通婚意愿统计　　　　　单位:%

| 您是否介意以下情况的通婚 | 汉族 | | | 纳西族 | | | 其他少数民族 | | |
|---|---|---|---|---|---|---|---|---|---|
| | 介意 | 不介意 | 不好说 | 介意 | 不介意 | 不好说 | 介意 | 不介意 | 不好说 |
| 女儿外嫁其他民族 | | 100 | | 1.25 | 95.95 | 2.80 | 4.92 | 93.44 | 1.64 |
| 儿子娶妻为其他民族 | | 100 | | 0.93 | 95.95 | 3.12 | 4.92 | 93.44 | 1.64 |
| 孙女外嫁其他民族 | | 96.0 | 4.0 | 1.25 | 91.9 | 6.85 | 4.92 | 93.44 | 1.64 |
| 孙子娶妻为其他民族 | | 96.0 | 4.0 | 0.93 | 92.22 | 6.85 | 4.92 | 93.44 | 1.64 |
| 姐妹外嫁其他民族 | | 96.0 | 4.0 | 1.56 | 92.52 | 5.92 | 4.92 | 93.44 | 1.64 |
| 兄弟娶妻为其他民族 | | 96.0 | 4.0 | 0.93 | 92.53 | 6.54 | 4.92 | 93.44 | 1.64 |
| 样本量（个） | 25 | 321 | 61 | | | | | | |

（二）不同时期民族关系的评价

从表 5 - 23 与表 5 - 24 的统计情况来看，对全国不同时期民族关系评价中说不清的比例高于对本地不同时期民族关系评价中表示说不清的比例。对本地各时期民族关系的好评比例高于全国各时期民族关系的好评比例。对全国不同时期民族关系的评价结果显示，超过 50% 的丽江市被访者认为全国与当地的民族关系自新中国成立以来一直都保持着"很好"

或"较好"的态势。对比两表数据发现，被访者认为各个时期当地的民族关系略好于全国的民族关系。在对全国不同时期民族关系评价中，汉族、纳西族和其他少数民族均从改革开放前至建立社会主义市场经济时期不同民族间相互关系好的评价比例逐渐增长，最近五年的好评比例在汉族、纳西族中最低，在其他少数民族中低于建立社会主义市场经济体制时期但高于改革开放前和初期时的比例。

表5-23　　　丽江市被访者对全国不同时期民族关系评价统计　　　单位:%

| | 汉族 | | | 纳西族 | | | 其他少数民族 | | |
|---|---|---|---|---|---|---|---|---|---|
| | 好 | 一般 | 不好 | 好 | 一般 | 不好 | 好 | 一般 | 不好 |
| 改革开放前 | 70.0 | 30.0 | | 69.34 | 16.98 | 13.68 | 54.29 | 22.86 | 22.86 |
| 改革开放初期 | 80.95 | 19.05 | | 75.77 | 23.35 | 0.88 | 57.89 | 36.84 | 5.26 |
| 建立社会主义市场经济体制时期 | 77.27 | 22.73 | | 81.07 | 18.11 | 0.82 | 80.49 | 17.07 | 2.44 |
| 最近五年 | 39.13 | 43.48 | 17.39 | 69.35 | 23.75 | 6.90 | 69.05 | 21.43 | 9.52 |
| 样本量（个） | 23 | | | 261 | | | 42 | | |

在对不同时期当地民族关系的评价中，好评比例均超过了75%，这也反映出当地良好的民族历史和现状。相比较，纳西族的好评比例在四个时期逐年增长明显，汉族和其他少数民族四个时段变化不大。

表5-24　　　丽江市被访者对本地不同时期民族关系评价统计　　　单位:%

| | 汉族 | | | 纳西族 | | | 其他少数民族 | | |
|---|---|---|---|---|---|---|---|---|---|
| | 好 | 一般 | 不好 | 好 | 一般 | 不好 | 好 | 一般 | 不好 |
| 改革开放前 | 75.0 | 20.0 | 5.0 | 78.7 | 10.0 | 11.3 | 83.78 | 8.11 | 8.11 |
| 改革开放初期 | 76.19 | 23.81 | | 83.2 | 14.34 | 2.46 | 84.62 | 10.26 | 5.13 |
| 建立社会主义市场经济体制时期 | 78.24 | 21.74 | | 91.67 | 7.58 | 0.76 | 85.71 | 11.90 | 2.38 |
| 最近五年 | 79.17 | 16.67 | 4.17 | 90.88 | 7.72 | 1.40 | 83.72 | 11.63 | 4.65 |
| 样本量（个） | 23 | | | 285 | | | 43 | | |

（三）区域交往

丽江是旅游城市，外来者较多。大部分的本地被访者对于到本地来的外来流入人员表示欢迎，其中农业户口受访者中有 92.79% 的受访者对外来务工者"非常欢迎"或"比较欢迎"；非农户口受访者中 87.69% 的受访者对外来务工者"非常欢迎"或"比较欢迎"。欢迎的主要原因如表 5 – 25 所示。

表 5 – 25　　　　丽江市本地被访者欢迎外来流入人员的原因统计　　　　单位:%

| 原因 | 农村 | | | | 城镇 | | | |
|---|---|---|---|---|---|---|---|---|
| | 同意 | 不同意 | 不清楚 | 合计 | 同意 | 不同意 | 不清楚 | 合计 |
| 增加了当地的投资 | 93.79 | 2.17 | 4.04 | 100 | 96.77 | 3.23 | | 100 |
| 扩大了当地的就业机会 | 86.96 | 7.76 | 5.28 | 100 | 91.94 | 6.45 | 1.64 | 100 |
| 有利于国家安全 | 30.84 | 55.45 | 13.71 | 100 | 43.55 | 16.13 | 40.32 | 100 |
| 开阔了当地人的眼界 | 89.44 | 3.42 | 7.14 | 100 | 96.77 | 1.61 | 1.61 | 100 |
| 提高了当地的社会服务水平 | 77.12 | 3.76 | 19.12 | 100 | 91.94 | 3.22 | 4.84 | 100 |
| 带来了先进技术和管理方式 | 67.60 | 6.85 | 25.55 | 100 | 83.87 | 6.45 | 9.68 | 100 |
| 有利于缩小区域间的差距 | 64.78 | 10.06 | 25.16 | 100 | 79.03 | 11.29 | 9.68 | 100 |
| 增强了民族间的交往 | 80.63 | 2.81 | 16.56 | 100 | 85.48 | 1.62 | 12.90 | 100 |
| 增加了当地劳动力市场中的劳动力 | 66.04 | 9.66 | 24.30 | 100 | 74.19 | 17.75 | 8.06 | 100 |
| 有利于弘扬本地的民族文化 | 76.18 | 5.32 | 18.50 | 100 | 72.58 | 16.13 | 11.29 | 100 |

上述 10 个方面表示同意的比例中，除了"有利于弘扬本地的民族文化"的农村受访者比例略高于城镇受访者外，其余 9 个方面的城镇受访者表示同意的比例都高于农村受访者；在有利于国家安全方面城乡受访者认同的比例最低。具体而言，农村受访者中认为增加了当地投资的比例最高达到了 93.79%，其次是开阔了当地人的眼界为 89.44%；认为扩大了当地的就业机会的比例是 86.96%。增加民族间交往的比例位居第四为 80.63%。城镇受访者比例在 90% 以上的有四项：增加了当地的投资、扩大了当地的就业机会、开阔了当地人的眼界、提高了当地的社会服务水平；带来了先进技术和管理方式和增强了民族间的交往的认同比例为 84% 和 85%。总体上，丽江纳西族和其他少数民族对外来流入人员表示欢迎的积极态度。

从 12 个外来被访者反映的情况看，大部分外来被访者对于当地的就业环境给予了较好的评价。具体情况见表 5 - 26。有 9 人表示愿意在当地继续或扩大投资，有 11 人表示愿意在当地继续居住。

**表 5 - 26　　丽江市外来被访者的当地就业主观评价感受频率统计**

| | 很好 | 好 | 不好 | 很不好 | 不清楚 | 合计 |
|---|---|---|---|---|---|---|
| 投资环境 | 16.67% | 75.00% | 0.00% | 0.00% | 8.33% | 100% |
| 当地对投资管理的态度 | 0.00% | 66.67% | 16.67% | 8.33% | 8.33% | 100% |
| 当地日常生活的便利性 | 8.33% | 58.33% | 25.00% | 0.00% | 8.33% | 100% |
| 当地的社会包容性 | 50.00% | 33.33% | 8.33% | 8.33% | 0.00% | 100% |
| 当地的自然环境 | 41.67% | 50.00% | 0.00% | 0.00% | 8.33% | 100% |
| 当地对投资的管理的效率 | 0.00% | 16.67% | 41.67% | 16.67% | 25.00% | 100% |
| 投资当地的盈利状况（与东中部地区比较） | 75.00% | 8.33% | 0.00% | 0.00% | 16.67% | 100% |
| 当地的宗教文化 | 0.00% | 33.33% | 0.00% | 0.00% | 66.67% | 100% |
| 当地的社会交往 | 33.33% | 41.67% | 8.33% | 8.33% | 8.33% | 100% |
| 当地的社会安全性 | 41.67% | 33.33% | 16.67% | 8.33% | 0.00% | 100% |

注：样本量为 12。

## 二　民族认同

经调查，大部分丽江市被访者认为，当前我国民族意识的发展趋势是既认同本民族也认同中华民族。汉族受访者该比例是 82.61%，纳西族受访者该比例是 84.98%，其他少数民族该比例是 94.74%。在被问到"如果外国人问您的民族身份，您回答的排序"时，纳西族 76.18% 的受访者选择了"中国人、本民族"；选择"本民族、中国人"的比例是 5.96%；选择"中国人和本民族不分先后"的比例是 17.55%；选择"不好回答"的比例是 0.31%。其他少数民族中，选择"中国人、本民族"的比例是 65.57%；选择"本民族、中国人"的比例是 6.56%，选择"中国人和本民族不分先后"的比例是 26.23%，选择"不好回答"的比例是 1.64%。这说明了丽江市的纳西族和其他少数民族对国家和本民族都保持了高度的认同。

表 5 – 27 丽江市被访者对于当前我国民族意识发展趋势的评价统计 单位：%

| | 汉族 | 纳西族 | 其他少数民族 |
|---|---|---|---|
| 更加认同本民族意识 | 4.35 | 4.15 | |
| 更加认同中华民族 | 13.04 | 10.86 | 5.26 |
| 既认同本民族也认同中华民族 | 82.61 | 84.98 | 94.74 |
| 合计 | 100 | 100 | 100 |
| 样本量（个） | 23 | 313 | 57 |

# 第五节 丽江市城乡受访者的社会生活

## 一 公共设施状况

公共基础设施不仅关系到群众的生活便利、生活质量，也反映了社会经济发展的水平。本次调查中对公共厕所、老年服务中心、公共卫生室或医院、活动中心（活动室、广场等）、教育设施（小学、幼儿园）、治安设施（岗亭、警卫室等）、残疾人无障碍及康复设施、运动场所及器材 10 个方面进行了调查。从城乡受访者的回答情况可看出，丽江城镇受访者家到公共基础设施的距离总体要近于农村受访家庭，也说明城镇的基础设施建设要优于农村。尤其是看病上学有关的公共卫生室或医院、幼儿园、小学、中学，城镇受访家庭的便利度明显高于农村。

表 5 – 28 丽江市城乡被访者家到各公共基础设施距离的
有效频率百分比统计 单位：%

| 从您家到下列公共基础设施的距离 | 城镇 | | | | | 农村 | | | | |
|---|---|---|---|---|---|---|---|---|---|---|
| | 小于1千米 | 1—3千米 | 3—5千米 | 5—10千米 | 10千米以上 | 小于1千米 | 1—3千米 | 3—5千米 | 5—10千米 | 10千米以上 |
| 公共厕所 | 72.22 | 20.37 | 5.56 | | 1.85 | 63.23 | 17.94 | 4.04 | 1.35 | 13.45 |
| 老年服务中心 | 66 | 6 | | | 28 | 71.3 | 6.94 | 5.09 | 2.31 | 14.35 |
| 公共卫生室或医院 | 61.29 | 22.58 | 8.06 | 3.23 | 4.84 | 39.16 | 25.87 | 15.03 | 4.55 | 15.38 |
| 活动中心（活动室、广场等） | 59.32 | 18.64 | 1.69 | 1.69 | 18.64 | 68.33 | 12.92 | 2.92 | 0.83 | 15 |

续表

| 从您家到下列公共基础设施的距离 | 城镇 | | | | | 农村 | | | | |
|---|---|---|---|---|---|---|---|---|---|---|
| | 小于1千米 | 1—3千米 | 3—5千米 | 5—10千米 | 10千米以上 | 小于1千米 | 1—3千米 | 3—5千米 | 5—10千米 | 10千米以上 |
| 教育设施（幼儿园） | 57.89 | 24.56 | 15.79 | 1.75 | | 48.67 | 32.33 | 15 | 3 | 1 |
| 教育设施（小学） | 44.83 | 31.03 | 18.97 | 5.17 | | 46.75 | 30.65 | 12.38 | 8.05 | 2.17 |
| 教育设施（中学） | 19.23 | 13.46 | 40.38 | 11.54 | 15.38 | 10.43 | 14.03 | 20.14 | 23.38 | 32.01 |
| 治安设施（岗亭、警卫室等） | 60.98 | 21.95 | 7.32 | 2.44 | 7.32 | 39.38 | 16.25 | 10 | 10 | 24.38 |
| 残疾人无障碍及康复设施 | 29.17 | | 4.17 | | 66.67 | 21.35 | 2.25 | | | 76.4 |
| 运动场所及器材 | 52.94 | 15.69 | 7.84 | | 23.53 | 71.78 | 14.85 | 2.97 | 1.49 | 8.91 |
| 样本量（个） | 58 | | | | | 323 | | | | |

本次调查以县为单位所以城镇化率低于城市，相应的调查样本中农村住户的比例大于城镇住户，在问卷的内容上也专门询问了农业受访家庭的农业灌溉最主要的方式以及受访者对农村公共基础设施使用效果的满意度。根据调查结果，丽江市的农业受访家庭最主要的农业灌溉方式是自然水渠灌溉。有48.5%的农村居民主要依靠自然水渠进行灌溉，28.2%依靠人力排灌，主要依靠机电排灌的农村居民不足4%。

对农村公共基础设施效果满意度的调查显示，超过一半的农村受访居民村中没有残疾人康复措施、路灯、治安设施（岗亭、警卫室）、垃圾桶和残疾人无障碍及康复设施。满意度最高的前三位是：教育设施、村道和活动中心，其中过半的农村受访居民表示对本村的教育设施（幼儿园、小学、中学）"满意"或"非常满意"。有70%的农村户口受访居民认为本村的基础设施能够满足基本需要。而选择不满足的农村受访居民认为路灯、厕所、村道、卫生室是本村比较需要的基础设施。农村被访者认为自己所在村（或社区）基础设施建设存在的问题主要是"政府资金投入不足"与"领导不重视"。

**表 5 - 29**　　　　　　　受访农户对本村公共基础设施使用效果的评价　　　　　单位:%

|  | 满意 | 一般 | 不满意 | 没有该设施 | 合计 |
|---|---|---|---|---|---|
| 公共厕所 | 23.97 | 21.14 | 13.88 | 41.01 | 100 |
| 路灯 | 8.87 | 7.95 | 7.65 | 75.54 | 100 |
| 卫生设施（垃圾桶、保洁等） | 13.8 | 16.87 | 5.52 | 63.8 | 100 |
| 老年服务中心 | 39.1 | 13.46 | 4.81 | 42.63 | 100 |
| 公共卫生室或医院 | 39.63 | 25.7 | 20.74 | 13.93 | 100 |
| 活动中心（活动室、广场等） | 44.98 | 21.68 | 7.44 | 25.89 | 100 |
| 教育设施（幼儿园、小学等） | 56.09 | 25.96 | 9.62 | 8.33 | 100 |
| 治安设施（岗亭、警卫室等） | 20.14 | 17.71 | 4.51 | 57.64 | 100 |
| 残疾人无障碍及康复设施 | 4.72 | 4.4 | 3.77 | 87.11 | 100 |
| 运动场所及器材 | 30.87 | 25.17 | 5.7 | 38.26 | 100 |
| 村道 | 49.69 | 22.96 | 24.84 | 2.52 | 100 |
| 样本量（个） | 318 | | | | |

## 二　城乡社会保障

　　社会保障是国家依法强制建立的、具有经济福利性的国民生活保障和社会稳定系统；在中国，社会保障应该是各种社会保险、社会救助、社会福利、军人保障、医疗保健、福利服务以及各种政府或企业补助、社会互助保障等社会措施的总称。[1]　一般来说，社会保障由社会保险、社会救济、社会福利、优抚安置等组成。其中，社会保险是社会保障的核心内容。社会保障是保障人民生活、调节社会分配的一项基本制度。了解丽江市被访者的社会保障情况，对把握当地的社会经济发展情况具有重要的作用。

　　总体上，丽江市 411 位被访者中自报获得政府补助的有 78 人，补助类型除了低保、军属、残疾人员、受灾人员之外，还包括独生子女补助、助学补助、贫困补贴、五保户、退伍及复员军人补助等。属于低保户的最多，有 60 人，其中农村 53 人，城镇 7 人。2012 年农村家庭获得政府补助的共 79 户，城镇家庭有 10 户。获得补助的农村家庭的年平均值是1603.101 元，获得补助的城镇家庭的年平均值是 1107.1 元。

---

　　① 郑功成：《社会保障学》，商务印书馆 2000 年 9 月版，第 11 页。

　　各类保险参保情况显示，农村受访者参加农村居民社会养老保险（78.96%）和新型农村合作医疗保险（97.95%）的比例最高，城镇受访者参加新型农村合作医疗保险的比例最高达到了54.24%，其次是城镇职工基本医疗保险，参保率是45.28%，第三位的是农村居民社会养老保险，参保率是43.64%。

　　老年福利项目中，获得老年津贴的共有66位受访者，其中城镇13人，农村53人。从下表的数据可看出，城乡差异不大。

表5–30　　　　　　　　丽江市被访者老年福利项目享受情况

| 老年福利项目类型 | 老年津贴 | 老年贫困补助 | 文化性质福利服务（包括免费/优惠图书馆、展览等） | 旅游休闲性质福利服务（包括免费/优惠公园门票、老年娱乐室、社区） | 公共交通福利服务（包括免费/优惠公共交通等） | 康复性质福利服务（包括免费/优惠体检、老年护理等） |
|---|---|---|---|---|---|---|
| 享受项目人数 | 66 | 17 | 4 | 25 | 32 | 17 |
| 城镇受访者人数 | 13 | 0 | 2 | 9 | 12 | 8 |
| 农村受访者人数 | 53 | 17 | 2 | 16 | 20 | 9 |

　　自报有医疗费用的城镇受访者有43位年平均支出3774.419元，农村受访者有199位年平均支出2907.693元；医疗费用报销比例上，农村受访者的平均比例是59.38%，城镇受访者的平均比例是56%。

　　共有219个受访家庭报告有教育方面的支出，其中农村受访家庭187户平均年教育支出是7411.23元，城镇受访家庭32户平均教育年支出是12782.81元。2012年，共有74个被访者家庭接受社会、政府、学校的教育资助，其中农村受访家庭有68户平均得到资助1821.765元，城镇受访家庭6户平均得到资助2036.667元。

　　在回答社会保障内容的城乡样本中，表示满意的比例占绝大多数。新型农村养老保险制度：农村受访者（277人）对该险种的覆盖满意度是88.09%，城镇受访者（31人）该满意度是90.32%。农村受访者（16人）对农村五保制度的满意比例为31.25%，表示不好说的比例较高，达到了68.75%，城镇受访者对此回答的仅1人，故省略。对农村低保制度表示满意的农村受访者（66人）比例达到了62.12%，城镇受访者对此回答的仅5人，故省略。城镇受访者20人全部对城镇居民养老保险制度的覆盖范围表示满意。回答城镇低保的城镇受访者只有 2 人，故省略。农村受访者 31 人中对高龄津贴覆盖范围表示满意的比例为 58.06%；义务教育阶段学生营养改善计划覆盖范围表示满意的农村受访者占该问题回答的 135 人的 89.63%；城镇 14 个回答者中满意比例达到了 93%；对乡村公共卫生服务机构建设表示满意的农村受访者占 45 个样本的 86.67%；城镇职工基本医疗保险的样本量共 27 人，表示满意的比例为 92.59%；农村合作医疗制度在 305 个农村样本中有 96.72% 表示满意，有 37 个城镇受访者回答了该问题，表示满意的比例为 94.59%。城镇居民基本医疗制度的城镇回答样本是 20，表示满意的比例是 95%。老年人福利项目，城镇 15 位回答的受访者均表示满意，农村 29 位受访者表示满意的比例是 89.66%；教育福利项目，回答该问题的城镇样本是 4 个，农村样本是 47 个，农村受访者对此表示满意的比例达到了 91.49%。其他项目的城乡样本量合计都在 10 个样本以下所以没有逐项分析。丽江受访者对社会保障水平和保障管理水平的满意度与覆盖范围满意度基本一致。

### 三　社会感受评价

#### （一）绝大部分城乡被访者认为总体社会状况公平

从统计的情况看，有 75.08% 的农村被访者和 86.95% 的城镇受访者认为总体社会状况"比较公平"或"很公平"。各领域的公平度认可都达到了 50% 以上。公平方面，农村受访者中认为教育公平的比率最高，城镇受访者认为语言文字最公平，教育和医疗紧随其后。认为政府办事公平、政治公平和信息公平的比率相对较低。对于政治公平持"不确定"评价的城乡被访者比率最高。

在被问到"如果当自己在社会生活中遇到不公平，您认为以下哪种途径能发挥作用？"时"无能为力，只有忍受"成为农村被访者选择最多的第一位应对方式（36.68%），其次才是"通过法律诉讼等渠道解决问题"（27.27%），再次为"通过业主委员会、宗族组织解决问题"（14.73%）。城镇受访者中选择"通过法律诉讼等渠道解决问题"的比例最高为 31.88%，其次是"无能为力，只有忍受"的比例为 27.54%；"通过业主委员会、宗族组织解决问题"的比例是 11.59%。

表 5 –31　　　　丽江市被访者对社会各领域公平感体会的统计　　　单位:%

| | 农村 | | | | 城镇 | | | |
|---|---|---|---|---|---|---|---|---|
| | 不公平 | 公平 | 不确定 | 合计 | 不公平 | 公平 | 不确定 | 合计 |
| 教育公平 | 7.89 | 89.19 | 2.92 | 100 | 13.04 | 82.61 | 4.35 | 100 |
| 语言文字公平 | 2.93 | 82.99 | 14.08 | 100 | | 86.96 | 13.04 | 100 |
| 医疗公平 | 17.06 | 77.94 | 5.00 | 100 | 14.49 | 82.61 | 2.90 | 100 |
| 住房公平 | 18.24 | 72.35 | 9.41 | 100 | 13.04 | 81.16 | 5.80 | 100 |
| 社会保障公平 | 19.41 | 73.24 | 7.35 | 100 | 15.94 | 79.71 | 4.35 | 100 |
| 法律公平 | 14.66 | 60.71 | 24.63 | 100 | 14.49 | 71.02 | 14.49 | 100 |
| 政治公平 | 12.94 | 51.47 | 35.59 | 100 | 14.49 | 63.77 | 21.74 | 100 |
| 就业、发展公平 | 15.54 | 54.25 | 30.21 | 100 | 17.39 | 69.57 | 13.04 | 100 |
| 信息公平 | 9.44 | 61.36 | 29.20 | 100 | 11.59 | 68.12 | 20.29 | 100 |
| 政府办事公平 | 19.30 | 61.4 | 19.30 | 100 | 21.74 | 66.67 | 11.59 | 100 |
| 总体上的社会公平状况 | 13.35 | 75.08 | 11.57 | 100 | 7.25 | 86.95 | 5.80 | 100 |

注：农村样本量为323，城镇样本量为58。

## （二）社会冲突的评价

绝大部分的城乡被访者认为当前我国社会出现的各项冲突"不算严重"或"完全不严重"。有近一半的农村受访者对于不同宗教信仰者之间的冲突并不了解。农村受访者中认为不同收入水平者之间的冲突严重比例最高，干群冲突和民族冲突认为严重的比例在诸项中位居中间。城镇受访者中认为医患冲突严重的比例最高，其次是干群冲突和民族间冲突，这也反映了城乡受访者不同的感受。

表 5 –32　　　丽江市被访者对当前我国社会各类型冲突的评价统计　　　单位:%

| | 农村 | | | | 城镇 | | | |
|---|---|---|---|---|---|---|---|---|
| | 严重 | 不严重 | 不清楚 | 合计 | 严重 | 不严重 | 不清楚 | 合计 |
| 干部与群众间冲突 | 8.19 | 80.11 | 11.7 | 100 | 14.71 | 82.35 | 2.94 | 100 |
| 民族间冲突 | 7.6 | 78.07 | 14.33 | 100 | 14.49 | 82.61 | 2.9 | 100 |
| 城乡居民间冲突 | 5.85 | 70.76 | 23.39 | 100 | 10.14 | 86.96 | 2.9 | 100 |
| 医患冲突 | 9.36 | 61.69 | 28.95 | 100 | 15.94 | 78.26 | 5.8 | 100 |

续表

| | 农村 | | | | 城镇 | | | |
|---|---|---|---|---|---|---|---|---|
| | 严重 | 不严重 | 不清楚 | 合计 | 严重 | 不严重 | 不清楚 | 合计 |
| 不同收入水平者间冲突 | 28.36 | 67.55 | 4.09 | 100 | 8.7 | 84.05 | 7.25 | 100 |
| 不同宗教信仰者间冲突 | 3.52 | 49.56 | 46.92 | 100 | 13.04 | 62.32 | 24.64 | 100 |
| 不同受教育水平者间冲突 | 1.47 | 62.65 | 35.88 | 100 | 7.25 | 79.71 | 13.04 | 100 |
| 不同职业的人之间的冲突 | 0.29 | 63.16 | 36.55 | 100 | 10.14 | 82.61 | 7.25 | 100 |

注：农村样本量为323，城镇样本量为58。

### (三) 绝大部分城乡被访者认为总体社会状况安全

有86.17%的农村受访者和94.12%的城镇受访者认为总体社会状况安全。在9项具体安全感的回答中农村受访者认为安全比例最低的三项是：个人信息、隐私安全（70%）、食品安全（71%）和生态环境安全（74%）；城镇受访者认为安全比例最低的三项是食品安全（55%）、医疗安全（67%）、个人信息、隐私安全（77%）。

90%以上的城乡被访者表示个人家庭和财产，以及人身安全"比较安全"或"很安全"。

**表5-33　　　丽江市被访者对社会各方面的安全感体会统计**　　　单位:%

| | 农村 | | | | 城镇 | | | |
|---|---|---|---|---|---|---|---|---|
| | 安全 | 不安全 | 不确定 | 合计 | 安全 | 不安全 | 不确定 | 合计 |
| 个人和家庭财产安全 | 95.32 | 3.51 | 1.17 | 100 | 95.65 | 4.35 | 0 | 100 |
| 人身安全 | 92.06 | 5 | 2.94 | 100 | 89.86 | 10.14 | 0 | 100 |
| 交通安全 | 78.66 | 15.2 | 6.14 | 100 | 79.71 | 18.84 | 1.45 | 100 |
| 医疗安全 | 74.49 | 17.89 | 7.62 | 100 | 66.67 | 33.33 | 0 | 100 |
| 食品安全 | 71.34 | 19.01 | 9.65 | 100 | 55.07 | 39.13 | 5.8 | 100 |
| 劳动安全 | 75.29 | 6.47 | 18.24 | 100 | 86.77 | 8.82 | 4.41 | 100 |
| 个人信息、隐私安全 | 70.09 | 7.92 | 21.99 | 100 | 76.82 | 11.59 | 11.59 | 100 |

续表

| | 农村 | | | | 城镇 | | | |
|---|---|---|---|---|---|---|---|---|
| | 安全 | 不安全 | 不确定 | 合计 | 安全 | 不安全 | 不确定 | 合计 |
| 生态环境安全 | 73.69 | 10.23 | 16.08 | 100 | 84.05 | 8.7 | 7.25 | 100 |
| 人身自由 | 87.39 | 0.59 | 12.02 | 100 | 88.4 | 2.9 | 8.7 | 100 |
| 总体上的社会安全状况 | 86.17 | 6.18 | 7.65 | 100 | 94.12 | 4.41 | 1.47 | 100 |

注：农村样本量为323，城镇样本量为58。

### （四）生活压力感受

丽江城乡被访者最近一段时间生活面临的各种压力程度统计结果显示，农村受访者感受压力的比例大于城镇受访者。经济压力是最主要的压力，农村受访者表示经济压力很大或有压力的比例达到了68.91%，城镇受访者该比例是42.02%。医疗健康压力在农村和城镇均位居第二，农村受访者中表示医疗健康压力很大或有压力的比例是45.29%，城镇受访者该比例27.54%。孩子教育有很大压力和有压力的农村受访者比例是42.18%，城镇受访者中该比例是26.47%，也都位居第三。农村位居第四的是个人发展，赡养父母和住房压力紧随其后，社交压力和婚姻压力的比例为最低的后两位。城镇受访者中位居第四的是个人发展压力，第五是住房压力，赡养父母、社交和婚姻觉得压力很大或有压力的比例是后三位。

表5-34　　　　　丽江市被访者社会压力评估统计　　　　单位:%

| | 农村 | | | | | 城镇 | | | | |
|---|---|---|---|---|---|---|---|---|---|---|
| | 压力很大 | 有压力 | 压力较小 | 没有压力 | 合计 | 压力很大 | 有压力 | 压力较小 | 没有压力 | 合计 |
| 经济压力 | 26.39 | 42.52 | 18.48 | 12.61 | 100 | 10.14 | 31.88 | 36.23 | 21.74 | 100 |
| 个人发展 | 6.45 | 32.84 | 37.24 | 23.46 | 100 | 1.47 | 23.53 | 44.12 | 30.88 | 100 |
| 社交压力 | 1.47 | 15.63 | 38.94 | 43.95 | 100 | | 13.24 | 50 | 36.76 | 100 |
| 孩子教育压力 | 14.16 | 28.02 | 18.88 | 38.94 | 100 | 4.41 | 22.06 | 35.29 | 38.24 | 100 |
| 医疗/健康压力 | 11.47 | 33.82 | 34.12 | 20.59 | 100 | | 27.54 | 50.72 | 21.74 | 100 |
| 赡养父母的压力 | 5.85 | 21.93 | 21.93 | 50.29 | 100 | 1.45 | 14.49 | 31.88 | 52.17 | 100 |
| 住房压力 | 6.16 | 21.41 | 28.45 | 43.99 | 100 | 1.45 | 17.39 | 39.13 | 42.03 | 100 |

续表

| | 农村 | | | | | 城镇 | | | | |
|---|---|---|---|---|---|---|---|---|---|---|
| | 压力很大 | 有压力 | 压力较小 | 没有压力 | 合计 | 压力很大 | 有压力 | 压力较小 | 没有压力 | 合计 |
| 婚姻生活压力 | 0.59 | 9.38 | 20.82 | 69.21 | 100 | | 1.45 | 36.23 | 62.32 | 100 |
| 总体的社会生活压力 | 10.39 | 32.64 | 47.48 | 9.5 | 100 | 2.94 | 16.18 | 69.12 | 11.76 | 100 |

注：农村样本量为 323，城镇样本量为 58。

# 第六节　丽江市城乡受访者的政策评价

## 一　民族政策的评价

在民族区域自治制度下，国家针对少数民族地区、少数民族采取了一些特殊优惠政策。随着改革开放的不断深入，一些针对民族优惠政策的质疑声不绝于耳。分析被访者，尤其是少数民族被访者自身对包括民族高考加分、民族计划生育等一系列民族优惠政策的评价与意见，在一定程度上可以反映出民族优惠政策对于民族地区与少数民族的意义与重要性，以及在当地的具体实施情况。

（一）民族地区与少数民族计划生育政策

315 个纳西族被访者中，有 74.92% 的比例，59 个其他少数民族中有 79.66% 的比例，表示目前针对少数民族地区及少数民族实施计划生育政策"很好"或"好"。

在认为"不好"的 11 个被访者中，有 82.4% 的人认为，计划生育政策应该"全国各地区各民族都一样"。有 16.2% 的人认为，应该废除计划生育子女数量限制政策，让家庭自主决定。个别纳西族的被访者提出"纳西族人少，应当适量放宽"。

（二）民族地区与少数民族高考加分政策

71.38% 的纳西族受访者和 93.22% 的其他少数民族被访者表示对民族地区与少数民族的高考加分政策"满意"或"很满意"。72% 的被访者认为，如果是少数民族且长期在城市居住，其子女高考时应该给予加分。对高考加分政策表示"不满意"或"很不满意"的被访者中，纳西族占到了90%以上。

丽江不同地区不同民族的加分情况各不相同。纳西族考生并不享受高考加分政策，但在报考高校时与其他考生在同等条件下优先录取。同属丽江市的宁蒗彝族自治县（彝族、普米族为主）则为执行边疆政策县，县内各民族均享受20分加分。此外傈僳族享受10分加分政策，部分在高寒贫困山区的傈僳族可加20分。由于纳西族所享受到的高考优惠政策相较邻近民族少，大多数纳西族被访者都对此表示了自己的不满。

（三）当前政府的民族优惠政策

调查表明，79.18%的纳西族和85.25%的其他少数民族被访者表示对当前政府的民族优惠政策"满意"或"很满意"。

## 二　扶贫政策的评价

农村被访者对当地的教育扶贫及农村建设扶贫政策评价最高。

从表5-35的统计数据来看，农村受访者对教育方面的扶贫政策（"两免一补"、教育扶贫）与农村建设方面的扶贫政策（道路修建和改扩、基本农田建设、退耕还林、"村村通"）给予好评的比率最高。由于当地移民搬迁户少，也基本没有牧区，所以对于这两项扶贫项目表示"不好说"的被访者占到了将近一半。被访者中对扶贫培训工程不太了解的也相对较多。

表5-35　　丽江市农村被访者对当地政府扶贫政策的评价情况统计　　单位:%

| 项目 | 满意 | 不满意 | 不好说 | 合计 | 样本量（个） |
|------|------|--------|--------|------|--------------|
| 移民搬迁工程 | 24.39 | 6.51 | 69.11 | 100 | 246 |
| "两免一补"政策 | 73.64 | 2.12 | 24.24 | 100 | 330 |
| 扶贫工程生产项目 | 44.60 | 13.63 | 41.73 | 100 | 278 |
| 退耕还林还草补助工程 | 51.74 | 10.77 | 37.50 | 100 | 288 |
| 道路修建和改扩工程 | 61.86 | 7.22 | 30.93 | 100 | 291 |
| 基本农田建设工程 | 45.39 | 10.81 | 42.80 | 100 | 271 |
| 电力设施建设工程 | 61.67 | 4.53 | 33.80 | 100 | 287 |
| 人畜饮水工程 | 53.02 | 14.59 | 32.38 | 100 | 281 |
| 技术推广及培训工程 | 33.98 | 14.29 | 51.74 | 100 | 259 |
| 资助儿童入学和扫盲教育项目 | 49.65 | 8.51 | 41.84 | 100 | 282 |

续表

| 项目 | 满意 | 不满意 | 不好说 | 合计 | 样本量 |
|---|---|---|---|---|---|
| 卫生设施建设项目 | 41.09 | 18.91 | 40.00 | 100 | 275 |
| 种植业/林业/养殖业扶贫金 | 44.66 | 11.45 | 43.89 | 100 | 262 |
| 村村通工程（广播电视/道路/通信网络） | 70.45 | 5.52 | 24.03 | 100 | 308 |
| 教育扶贫工程 | 66.67 | 3.70 | 29.63 | 100 | 270 |
| 牧区扶贫工程 | 19.47 | 3.16 | 77.37 | 100 | 190 |
| 扶贫培训工程 | 33.07 | 7.00 | 59.92 | 100 | 257 |

## 三　对当地政府工作的评价

（一）被访者对于地方政府应对突发事件的能力基本满意

从统计的情况来看，50% 被访者对现住地地方政府应对自然灾害事件、生产安全事故、传染病及公共卫生事故，一般性社会治安案件的评价为"满意"或"很满意"。对于群体性突发事件与暴力事件，过半的被访者表示并不清楚。只因当地并未产生影响较大的群体突发事件或暴力恐怖事件。在六个方面中，无论是农业户口受访者还是非农户口受访者都对地方政府应对自然灾害事故的能力满意度最高，农村受访者该比例为72.81%，城镇受访者该比例为82.61%。

表5－36　丽江市被访者对地方政府应对突发事件能力的评价情况统计 单位:%

| 对现住地方政府（本县、县级市政府）应对突发事件的能力满意度 | 农村 | | | 城镇 | | |
|---|---|---|---|---|---|---|
| | 满意 | 不满意 | 不清楚 | 满意 | 不满意 | 不清楚 |
| 自然灾害事件 | 72.81 | 11.69 | 15.5 | 82.61 | 8.69 | 8.7 |
| 生产安全事故 | 50.88 | 9.94 | 39.18 | 68.12 | 10.14 | 21.74 |
| 传染病及公共卫生事故 | 50.29 | 8.83 | 40.88 | 75.36 | 10.15 | 14.49 |
| 一般性社会治安事件 | 59.06 | 8.78 | 32.16 | 79.71 | 5.8 | 14.49 |
| 群体性突发事件 | 33.33 | 6.14 | 60.53 | 56.52 | 7.25 | 36.23 |
| 暴力恐怖事件 | 23.1 | 4.39 | 72.51 | 39.13 | 4.35 | 56.52 |
| 样本量（个） | 323 | | | 58 | | |

（二）被访者对于当地政府的工作效果基本满意

从统计的情况来看，农村受访者除了"为中低收入者提供廉租房和经济适用房"以及"政府信息公开,提高政府工作的透明度"这两项以外,被访者对其他几项工作给予肯定评价的比率都达到了60%以上。34.5%的被访者表示对于政府工作透明度并不清楚,其中的原因一方面可能是政府信息公开渠道并不通畅,另一方面可能是民众对于政府工作的监督意识并不到位。此外由于被访者中以农村居民为主,对于面向城镇居民的廉租房和经济适用房政策关注度不高,因而表示对此"不清楚"的比率占到了近一半。

表5-37　　　丽江市被访者对地方政府工作效果的评价情况统计　　　单位:%

| 对当地政府（本县、县级市政府）以下工作的效果评价 | 农村 | | | | 城镇 | | | |
|---|---|---|---|---|---|---|---|---|
| | 好 | 不好 | 不清楚 | 合计 | 好 | 不好 | 不清楚 | 合计 |
| 坚持为人民服务的态度 | 76.32 | 15.2 | 8.48 | 100 | 79.71 | 11.59 | 8.7 | 100 |
| 政府办事效率 | 60.82 | 28.07 | 11.11 | 100 | 63.77 | 26.09 | 10.14 | 100 |
| 公开、公平、公正选拔干部和官员 | 59.53 | 24.34 | 16.13 | 100 | 58.82 | 25 | 16.18 | 100 |
| 提供公共医疗卫生服务 | 74.85 | 21.35 | 3.8 | 100 | 71.01 | 24.64 | 4.35 | 100 |
| 为群众提供社会保障 | 74.71 | 18.82 | 6.47 | 100 | 86.76 | 11.77 | 1.47 | 100 |
| 提供义务教育 | 90.62 | 5.27 | 4.11 | 100 | 97.1 | 0 | 2.9 | 100 |
| 保护环境,治理污染 | 67.74 | 15.25 | 17.01 | 100 | 81.16 | 13.04 | 5.8 | 100 |
| 打击犯罪,维护社会治安 | 55.29 | 11.47 | 33.24 | 100 | 81.16 | 11.59 | 7.25 | 100 |
| 廉洁奉公,惩治腐败 | 40.94 | 21.63 | 37.43 | 100 | 52.17 | 33.34 | 14.49 | 100 |
| 依法办事,执法公平 | 48.97 | 20.53 | 30.5 | 100 | 65.22 | 24.64 | 10.14 | 100 |
| 发展经济,增加人们的收入 | 66.86 | 13.49 | 19.65 | 100 | 85.51 | 8.69 | 5.8 | 100 |
| 为中低收入者提供廉租房和经济适用房 | 29.33 | 14.37 | 56.3 | 100 | 42.03 | 20.29 | 37.68 | 100 |
| 扩大就业,增加就业机会 | 56.51 | 13.9 | 29.59 | 100 | 75.36 | 14.5 | 10.14 | 100 |

续表

| 对当地政府（本县、县级市政府）以下工作的效果评价 | 农村 | | | | 城镇 | | | |
|---|---|---|---|---|---|---|---|---|
| | 好 | 不好 | 不清楚 | 合计 | 好 | 不好 | 不清楚 | 合计 |
| 政府信息公开，提高政府工作的透明度 | 44.21 | 18.1 | 37.69 | 100 | 52.94 | 25 | 22.06 | 100 |
| 样本量（个） | 323 | | | | 58 | | | |

# 本章小结

调查结果表明，丽江市的经济社会发展取得了一定的成就。随着旅游业的持续发展，当地的经济水平不断提高，城镇化进程也不断推进。良好的投资环境吸引了外来的资金与劳力，并在当地创造着更多的就业机会。丽江市民的生活条件不断改善，并对当地未来的发展势头表达了乐观的预期。社会生活和谐，被访者对公共设施与社会保障基本满意，对当地政府的行政能力表示满意。丽江市纳西族的民族语言文化传承状况与传承意愿较好，各民族族际关系和谐，在不丢失本民族认同的基础之上拥有着较高的国家认同。

与此同时，丽江市的经济社会发展也存在一些问题。调查表明，经济压力仍然是被访者们面临的主要社会压力。从家庭收支、家庭生活来看，当地的城乡经济发展并不平衡。此外，当地农村的公共设施亟待完善。社会保障的覆盖面需要进一步扩大、保障形式应力求多样化、保障服务也亟待完善。在民族优惠政策方面，纳西族被访者对于不能享受与周边人口较少民族对等的高考加分政策表达了自己的意见。当地纳西族民族语言文化的传承情况总体良好，但一些被访者也对母语的传承表达了自己的担忧。此外，民族文字与本民族历史文化知识的传承教育还需进一步加强。

# 第六章

# 云南省大理市问卷调查分析报告

云南省大理市是中国社会科学院民族学与人类学研究所主持的国家社科基金特别委托暨中国社会科学院创新工程重大专项《21世纪初中国少数民族地区经济社会发展综合调查》，2013年16个调查点之一。

## 第一节 大理市城乡受访者基本概况

云南大理白族自治州是我国唯一的白族自治州，也是闻名于世的电影"五朵金花"的故乡。以白族先民为主的大理各民族，不仅用自己的勤劳智慧创造了独特的本土文化，并以开放包容的胸襟，主动汲取、接受中原文化的长期熏陶，进而形成了白族博大包容的和谐文化，云南大理市被西方学者誉为"亚洲文化十字路口的古都"、"多元文化与自然和谐共荣的典范"。大理州有13个世居民族，分别是：汉、白、彝、回、傈僳、苗、纳西、壮、藏、布朗、拉祜、阿昌、傣民族。有8个人口较少民族，分别是傈僳、苗、傣、阿昌、壮、藏、布朗、拉祜民族。2013年末，全州户籍总人口356.92万人，其中：男180.18万人，女176.74万人；少数民族183.75万人，占总人口的51.48%，其中：白族120.78万人①。

云南大理白族自治州的州府大理市位于云南省滇西中部，总面积1815平方公里，其中山地面积1278.8平方公里，占总面积的70.5%；坝区面积286.2平方公里，占总面积的15.8%；洱海水域面积250平方公里，占总面积的13.7%。地势西、北高，东、南低，海拔最高点4097米（苍山玉局峰），最低点1340米（太邑乡坦底摩村）。大理市属北亚热带

① 《大理概况》，http://www.dali.gov.cn/dlzwz/5116653226157932544/20121126/267789.html。

高原季风气候类型，年均气温 14.9℃，年日照时数 2227.5 小时，年降雨量为 1051.1 毫米，年均无霜期 228 天。同时还以风高著名，故有"风城"之称。大理市是全州政治经济文化中心，集"全国历史文化名城"、"国家级风景名胜区"、"国家级自然保护区"、"中国优秀旅游城市"、"最佳中国魅力城市"、"苍山国家地质公园"和"中国十佳旅游休闲城市"等多顶桂冠于一身。大理市同时也是滇缅公路、滇藏公路交汇地，古为"蜀身毒道"和"茶马古道"的重要中转站，现为云南省规划建设的滇西中心城市、区域交通枢纽和滇西物流中心，初步形成了铁路、高等级公路、航空结合，城乡连通，辐射周边的立体交通网，北可进川藏和印度，南可通往老挝、越南等国家。

　　大理市下辖 10 镇（下关镇、大理镇、凤仪镇、喜洲镇、海东镇、挖色镇、湾桥镇、银桥镇、双廊镇、上关镇）1 乡（太邑彝族乡）、1 个省级经济开发区（省级高新技术开发区）、1 个省级旅游度假区，共有 111 个村委会、31 个社区居委会。大理市是以白族为主的多民族聚居地区，市内共有 25 个民族居住，白、汉、彝、回等为世居民族。2010 年末，全市总人口 607478 人，其中白族人口 412103 人，白族占总人口的 67.84%①。

　　2012 年，大理市生产总值完成 255 亿元，比 2007 年增长 82.7%，年均递增 12.8%；财政总收入完成 32.66 亿元，比 2007 年增长 1.3 倍，年均递增 18.1%；固定资产投资完成 165 亿元，比 2007 年增长 2.08 倍，年均递增 25.3%；城镇居民人均可支配收入达 20551 元，比 2007 年增长 76.9%，年均递增 12.1%；农民人均纯收入达 8050 元，比 2007 年增长 1 倍，年均递增 15%。2009—2011 年连续三年进入全省县域经济发展十强县②。

　　本次在大理的问卷调查涉及了经济发展、劳动就业、文化教育、人民生活和政策执行等方面的情况，在云南省大理市共完成有效问卷 456 份。

　　以下是大理城乡受访者的基本情况：

---

① 云南省统计局编：《云南省统计年鉴 2013 年》，中国统计出版社 2013 年版。
② 《大理市 2013 年政府工作报告》，http://www.yndali.gov.cn/zfb/zfgz/zfgzbg/2013 – 05 – 15 – 2567.html。

表 6 – 1　　　　　　　　　　　受访者基本情况

| | | 人数 | 百分比（%） | | | 人数 | 百分比（%） |
|---|---|---|---|---|---|---|---|
| 性别 | 男 | 276 | 60.5 | 民族 | 白族 | 410 | 90.9 |
| | 女 | 180 | 39.5 | | 汉族 | 41 | 9.1 |
| 年龄 | 30 岁及以下 | 116 | 25.4 | 教育程度 | 未上学 | 25 | 5.5 |
| | 31—45 岁 | 155 | 34.0 | | 小学 | 116 | 25.7 |
| | 46—60 岁 | 131 | 28.7 | | 初中 | 198 | 43.8 |
| | 61 岁及以上 | 54 | 11.8 | | 高中 | 48 | 10.6 |
| 户籍 | 农业户口 | 366 | 80.3 | | 中专 | 25 | 5.5 |
| | 非农业户口 | 90 | 19.7 | | 职高技校 | 2 | 0.4 |
| 婚姻状况 | 未婚 | 66 | 14.5 | | 大学专科 | 23 | 5.1 |
| | 初婚有配偶 | 360 | 79.1 | | 大学本科 | 15 | 3.3 |
| | 再婚有配偶 | 7 | 1.5 | 政治面貌 | 中共党员 | 84 | 18.8 |
| | 离婚 | 5 | 1.1 | | 共青团员 | 58 | 13.0 |
| | 丧偶 | 16 | 3.5 | | 群众 | 305 | 68.2 |

注：除特殊说明，数据代表整体受访者。值得注意的是，大理汉族受访者仅为 41 人，占 9.1%，比例较低，白族比例占据绝大多数。

根据调查问卷中"家庭情况表"的记录，我们把受访者职业进行编码归类，其中国家机关党群组织、企事业单位负责人占 3.1%；专业技术人员占 3.1%；办事人员和有关人员占 6.5%；商业人员占 8.9%；农林牧副渔水利生产人员占 36.4%；生产、运输设备操作人员及有关人员占 6.3%；军人占 0.2%；不便分类的其他从业人员占 21.7%；学龄前儿童或在校学生占 8.9%。此外，城乡受访者中有 88.4% 认为自己是比较健康或健康的，97.1% 的人无残疾；91.7% 的城乡受访者户籍在现居住地，只有 3.2% 的人是因嫁娶或工作调动在现居住地居住。大理市的白族人口较多，2013 年城镇化率是 59.6%。本次调查也是为了重点了解白族的经济、社会、文化教育以及主观感受的具体情况，因而在抽样上侧重于白族聚居社区，同时农业户口样本量占比也相对较高。

大理的旅游业发展迅速，2013 年接待国内外游客 720 万人次，比 2007 年增长 30.7%，年均递增 5.5%，其中海外游客 41 万人次，比 2007 年增长 1.07 倍，年均递增 15.6%；旅游社会总收入预计完成 78 亿元，比

2007 年增长 1. 43 倍，年均递增 19. 5%①。

# 第二节　城乡受访者个人和家庭经济生活

## 一　受访者个人和家庭的收入与支出

家庭是社会生活和生产的基本单位之一。家庭的收入和支出状况是反映家庭经济生活的一个重要方面。在本次调查中，调研组不仅询问了受访者家庭和个人的年总收入，还询问了受访者和个人的出租/出售房屋、土地收入，劳务收入（工资、务工）。在消费支出方面，我们不仅询问了受访者个人和家庭的总支出，还询问了生活消费支出、全年民俗支出（包括节日各项支出）。

（一）个人收入与支出

本次调查询问了受访者在 2012 年个人及全家的收入和生活消费支出主要情况，在访谈中我们发现，受访者普遍有把个人和家庭收入估低、支出估高的倾向，虽然直接估算的数字可能与实际数字有偏差，但能够在一定程度上反映出收入与支出的等级情况。

表 6 - 2　　　　　　　　　　受访者个人收入分组

| | 城镇受访者 | | 农村受访者 | |
|---|---|---|---|---|
| | 频率 | 百分比（%） | 频率 | 百分比（%） |
| 5000 元及以下 | 12 | 14. 81 | 85 | 28. 24 |
| 5000--1 万元 | 12 | 14. 81 | 65 | 21. 59 |
| 1 万—2 万元 | 23 | 28. 40 | 77 | 25. 58 |
| 2 万—4 万元 | 27 | 33. 33 | 57 | 18. 94 |
| 4 万—6 万元 | 3 | 3. 70 | 3 | 1. 01 |
| 6 万—10 万元 | 2 | 2. 47 | 12 | 3. 99 |
| 10 万元以上 | 2 | 2. 47 | 2 | 0. 66 |
| 合计 | 81 | 100 | 301 | 100 |

---

①《大理市 2013 年政府工作报告》，http://www.yndali.gov.cn/zfb/zfgz/zfgzbg/2013 - 05 - 15 - 2567. html。

　　根据受访者自报的个人年收入计算得到了不同收入段的城乡受访者分布。从表6–1可以看出，城镇受访者个人年收入在2万—4万元的比例最高是33.33%，1万—2万元占比28.40%，5000元以下和5000—1万元的比例均为14.81%，4万元以上的高收入人群占比8.64%。农村受访者个人年收入在5000元以下的比例最高为28.24%，1万—2万元的占比为25.58%，5000—1万元的占比为21.59%；4万元以上的高收入人群占比达到了5.66%。大理的城镇受访者在2012年的人均收入水平为19511.73元，农村受访者的年人均收入水平是15883.86元。（按照云南省人力资源和社会保障厅规定的最低工资标准，大理市执行的是二类地区最低工资标准，从2013年5月1日起，月最低工资为1130元/月，小时最低工资为10元①。）

表6–3　　　　　　　　　　　　　劳务收入与职业

| 目前/最后的主要职业 | 劳务收入分组（%） | | | | | | | 样本量（个） |
|---|---|---|---|---|---|---|---|---|
| | 5000元及以下 | 5000—1万元 | 1万—2万元 | 2万—4万元 | 4万—6万元 | 6万—10万元 | 10万元以上 | |
| 国家机关党群组织、企事业单位负责人 | 0 | 0 | 41.67 | 33.33 | 25 | 0 | 0 | 12 |
| 专业技术人员 | 0 | 23.08 | 53.85 | 7.69 | 7.69 | 7.69 | 0 | 13 |
| 办事人员和有关人员 | 14.29 | 28.57 | 32.14 | 21.43 | 0 | 3.57 | 0 | 28 |
| 商业人员 | 27.03 | 21.62 | 13.51 | 18.92 | 8.11 | 10.81 | 0 | 37 |
| 农林牧渔水利生产人员 | 53.08 | 23.08 | 18.46 | 5.38 | 0 | 0 | 0 | 130 |
| 生产、运输设备操作人员及有关人员 | 16.67 | 16.67 | 33.33 | 33.33 | 0 | 0 | 0 | 24 |

　　我们将个人劳务收入与职业交叉分析（见表6–3），发现个人收入在5000元及以下的职业性质属于农林牧副渔水利生产人员占比最多，而商业人员的个人收入分部范围最广，从年收入最低到10万元的范围，均有分布。

　　根据城乡受访者自报的2012年个人支出数据，我们得到了表6–4的城乡受访者个人支出分布情况。

---

　　① 朱册：《大理州5月1日起上调最低工资标准》，《大理日报》2013年5月5日。

表 6 - 4　　　　　　　　　　　　受访者个人支出分组

| 个人支出（元） | 城镇 | | 农村 | |
| --- | --- | --- | --- | --- |
| | 样本 | 百分比（%） | 样本 | 百分比（%） |
| 5000 及以下 | 22 | 24. 18 | 103 | 33. 88 |
| 5000—1 万 | 23 | 25. 27 | 75 | 24. 67 |
| 1 万—2 万 | 13 | 14. 29 | 30 | 9. 87 |
| 2 万—4 万 | 15 | 16. 48 | 34 | 11. 18 |
| 4 万—6 万 | 1 | 1. 10 | 3 | 0. 99 |
| 6 万—10 万 | 4 | 4. 40 | 3 | 0. 99 |
| 10 万以上 | 13 | 14. 29 | 56 | 18. 42 |
| 合计 | 91 | 100 | 304 | 100 |

　　由上表我们可以看出，农村个人支出在 5000 元及以下的所占比重最大，为 33. 88%；城镇个人支出在 5000—1 万元，占 25. 27%，城镇个人支出 2 万—4 万元的受访者比例最高为 16. 48%，农村该比例为 11. 18%。

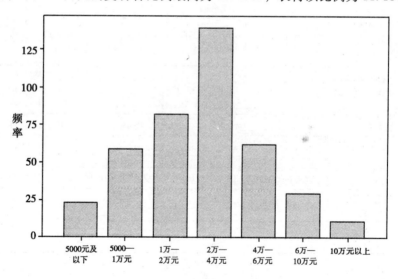

图 6 - 1　家庭收入分组

（二）家庭收入与支出

　　从上表可以看出，大理市受访者家庭年收入在 2 万—4 万元的比例最高，为 30. 7%，年收入在 5000—1 万元的与 4 万—6 万元的基本持平，前者为 12. 9%，后者为 13. 6%；年收入在 6 万—10 万元之间的比例为 6. 4%，5000 元及以下的有 5%，年收入在 10 万元以上的比例为 2. 4%。

其中家庭出租土地收入在 5000 元及以下的占 59.6%，5000—1 万元的占 11.2%，1 万—2 万元的比例为 6.6%，2 万元以上的比例为 4%，可见出租土地收入并不是大理市大多数家庭收入的主要来源。劳务分组收入中，分布范围较出租土地的收入更为平均，2 万—4 万元的比例最高，为 21.7%，其次是 1 万—2 万元，占 16.9%，5000 元及以下的与 5000—1 万元的比例相差不大，分别为 13.8% 和 12.7%。4 万—6 万元的收入群比例为 9.9%，6 万元以上的比例为 6.8%。在这个问题上，有 18.2% 的人表示不清楚或拒绝回答。

表 6－5　　　　　　　　　　　受访家庭收入

| | 农业户口 | | 非农业户口 | |
|---|---|---|---|---|
| | 样本量（个） | 所占比例（%） | 样本量（个） | 所占比例（%） |
| 5000 元及以下 | 18 | 5.50 | 4 | 5.13 |
| 5000—1 万元 | 54 | 16.51 | 5 | 6.41 |
| 1 万—2 万元 | 71 | 21.71 | 11 | 14.10 |
| 2 万—4 万元 | 105 | 32.11 | 35 | 44.87 |
| 4 万—6 万元 | 50 | 15.29 | 12 | 15.38 |
| 6 万—10 万元 | 20 | 6.12 | 9 | 11.54 |
| 10 万以上 | 9 | 2.75 | 2 | 2.56 |
| 合计 | 327 | 100 | 78 | 100 |

我们将家庭总收入与户口性质交叉分析（见表 6－6），发现家庭年总收入在 2 万—4 万元的比例最高，农业家庭中比例有 32%，非农业家庭中比例有 45%。年收入在 2 万元及以下的农业家庭比例为 44%，而非农业家庭为 26%。年收入在 4 万元以上的非农业家庭比例为 24%，非农业家庭比例为 29%。农村受访家庭人均年收入是 6846.495 元，城镇受访家庭人均年收入是 10692.27 元。

表 6－6　　　　　　　　　　　受访家庭支出

| | 农业户口 | | 非农业户口 | |
|---|---|---|---|---|
| | 样本量（个） | 所占比例（%） | 样本量（个） | 所占比例（%） |
| 5000 元及以下 | 16 | 5.00 | 2 | 2.47 |
| 5000—1 万元 | 35 | 10.94 | 7 | 8.64 |
| 1 万—2 万元 | 90 | 28.13 | 13 | 16.05 |
| 2 万—3 万元 | 86 | 26.88 | 21 | 25.93 |

续表

|  | 农业户口 | | 非农业户口 | |
| --- | --- | --- | --- | --- |
|  | 样本量（个） | 所占比例（%） | 样本量（个） | 所占比例（%） |
| 3 万—4 万元 | 34 | 10.63 | 17 | 20.99 |
| 4 万—5 万元 | 24 | 7.50 | 7 | 8.64 |
| 5 万—7 万元 | 20 | 6.25 | 7 | 8.64 |
| 7 万—10 万元 | 5 | 1.56 | 2 | 2.47 |
| 10 万元以上 | 10 | 3.13 | 5 | 6.17 |
| 合计 | 320 | 100 | 81 | 100.00 |

数据显示（见表 6 - 6），农村受访家庭的年支出主要集中在 1 万—3 万元，两者比例之和达到了 55.01%；城镇受访家庭的年支出主要集中在 1 万—4 万元，三者比例之和达到了 63.97%。农村家庭人均支出是 5950.655 元；城镇家庭人均支出是 9331.156 元。城乡之间的差距较为明显，同家庭年人均收入相比，支出小于收入。因调查中要求受访者回答家庭和个人的年收入和支出情况，在事先没有准备的情况下调查者中有 28.3% 的受访者表示不清楚。全年民俗支出包括信仰或宗教支出、全年人情往来费用、本年度借款总额，这种直接估算难度较大，很多受访者很难将之与生活消费支出区分开，因此，造成数据与实际情况可能出现一定的偏颇，这也是本书没有对此进行统计描述的原因。

## 二　家庭耐用消费品拥有情况

通过耐用消费品不仅可了解一个家庭的经济状况，还可分析不同家庭之间的消费差异。为此，本章给出了大理市农业户口受访家庭和非农户口受访家庭的消费品情况。

表 6 - 7　　　　　　　　家庭耐用消费品情况

|  | 非农户口受访家庭 | 农业户口受访家庭 |
| --- | --- | --- |
| 显像管电视机（%） | 58.43 | 75.41 |
| 拥有 1 台或以上液晶/等离子电视（%） | 50.0 | 32.88 |
| 农用拖拉机（%） | 8.89 | 13.38 |
| 轿车/面包车（%） | 33.33 | 17.21 |
| 摩托车（%） | 32.22 | 43.44 |

续表

| | 非农户口受访家庭 | 农业户口受访家庭 |
|---|---|---|
| 冰箱（%） | 76.67 | 60.11 |
| 冰柜（%） | 7.78 | 9.02 |
| 台式电脑（%） | 40.45 | 21.04 |
| 笔记本电脑（%） | 27.78 | 15.03 |
| 手机（%） | 94.44 | 98.09 |
| 洗衣机（%） | 84.44 | 64.38 |
| 照相机或摄像机（%） | 24.44 | 14.21 |
| 空调（%） | 2.22 | 1.54 |
| 自备发电机（%） | 1.11 | — |
| 样本量 | 90 | 366 |

上表的数据显示，农村和城市的受访家庭中拥有量最高的是手机和电视，洗衣机和冰箱作为家庭常用消费品的拥有比例也较高；城镇受访家庭拥有摩托车的比例是 32.22%，拥有轿车的比例是 33.33%；而农村受访家庭拥有摩托车的比例较高为 43.44%，这也说明在大理市，摩托车是农村家庭的主要出行工具，而城市家庭的主要出行工具是摩托车和轿车。城镇受访家庭拥有台式电脑的比例达到了 40.45%，远远高出农村受访家庭的拥有比例。

## 三 居住条件

调查问卷详细询问了受访者家庭所拥有的住房数量、面积以及相关配套设施、生产生活条件方面的情况，尤其关注到受访者本人对目前的住房和住房政策的满意程度。

表 6-8　　　　　　　　　拥有产权房数量

| 住房套数 | 城镇受访者 | | 农村受访者 | |
|---|---|---|---|---|
| | 样本量 | 比例（%） | 样本量 | 比例（%） |
| 1 | 75 | 84.27 | 316 | 86.81 |
| 2 | 12 | 13.48 | 45 | 12.36 |
| 3 | 2 | 2.25 | 3 | 0.82 |
| 样本量（个） | 89 | 100 | 364 | 100 |

| 住房套数 | 城镇受访者 | | 农村受访者 | |
|---|---|---|---|---|
| | 样本量 | 比例（%） | 样本量 | 比例（%） |
| 住房面积 | | | | |
| 住房面积在 100 平方米以下 | 8 | 9.41 | 46 | 15.86 |
| 住房面积在 100—200 平方米 | 14 | 16.47 | 81 | 27.93 |
| 住房面积在 200 平方米以上 | 63 | 74.12 | 163 | 56.21 |
| 样本量（个） | 85 | 100 | 290 | 100 |

　　如表 6-8 调查数据显示，84.27% 的城镇受访家庭和 86.81% 的农村受访家庭拥有一套住房，拥有两套住房的比例城乡仅相差一个百分点，拥有三套住房的农村受访家庭比例低于城镇受访家庭。从住房面积看，如果受访者回答属实的话，城乡受访家庭的住房面积大都在 200 平方米以上，城镇受访家庭的平均住房面积大于农村受访家庭。

表 6-9　　　　　　　　　　　　住房建筑类型

| | 农业户口 | | 非农业户口 | |
|---|---|---|---|---|
| | 样本量 | 比例（%） | 样本量 | 比例（%） |
| 钢筋混凝土结构 | 101 | 27.82 | 45 | 50.00 |
| 混合结构 | 54 | 14.88 | 13 | 14.44 |
| 砖木结构 | 206 | 56.75 | 31 | 34.44 |
| 其他 | 2 | 0.55 | 1 | 1.11 |
| 合计 | 363 | 100 | 90 | 100 |

　　从受访者住房的建筑类型方面来看，非农业家庭住房建筑类型为钢筋混凝土的比例为 50.00%，而农业家庭住房所占比重为 27.82%。在农业家庭住房中，砖木结构的比例达到 56.75%，城镇受访家庭住房的砖木结构比例是 34.44%；混合结构在城乡受访家庭的比例基本一致。

表 6-10　　　　　　　　　　　　住宅外的道路情况

| | 农业户口 | | 非农业户口 | |
|---|---|---|---|---|
| | 样本量（个） | 比例（%） | 样本量（个） | 比例（%） |
| 水泥或柏油路面 | 223 | 61.60 | 77 | 85.56 |
| 沙石或石板等硬质路面 | 121 | 33.43 | 11 | 12.22 |

续表

| | 农业户口 | | 非农业户口 | |
|---|---|---|---|---|
| | 样本量（个） | 比例（%） | 样本量（个） | 比例（%） |
| 自然土路 | 18 | 4.97 | 2 | 2.22 |
| 合计 | 362 | 100 | 90 | 100 |

　　上表的住宅外面道路路面情况中，我们把受访者的户口分为农业户口和非农户口进行对比，61.60%的农业户口受访家庭住宅外是水泥或柏油马路，而非农业户口受访家庭这一情况占的比例为85.56%。只有不到5%的居民住宅外是自然土路。可以看出，农业家庭和非农业家庭住宅外是自然土路的比例都不高，虽然城乡受访家庭外都以水泥或柏油路面为主，但农村受访家庭中有33.43%的比例是沙石或石板等硬质路面，说明农村道路情况还是要比城镇道路情况要差。

表6-11　　　　　　　　　　　　做饭用水情况

| | 农业户口 | | 非农业户口 | |
|---|---|---|---|---|
| | 样本量（个） | 比例（%） | 样本量（个） | 比例（%） |
| 江河湖水 | 1 | 0.27 | 0 | |
| 井水/山泉水 | 45 | 12.33 | 5 | 5.56 |
| 雨雪水 | 1 | 0.27 | 0 | |
| 自来水 | 317 | 86.85 | 85 | 94.44 |
| 矿泉水/纯净水/过滤水 | 1 | 0.27 | 0 | |
| 合计 | 365 | 100 | 90 | 100 |

　　从表6-11可以看出，绝大部分大理城乡居民依赖自来水做饭，其中农业家庭占86.85%，非农业家庭占94.44%。只有12.33%的农业家庭用井水或山泉水，在做饭用水方面，城乡差异不明显。

表6-12　　　　　　　　　　　　家庭卫生设备

| | 农业户口 | | 非农业户口 | |
|---|---|---|---|---|
| | 样本量（个） | 比例（%） | 样本量（个） | 比例（%） |
| 水冲式厕所 | 130 | 38.12 | 57 | 67.86 |
| 旱厕 | 170 | 49.85 | 22 | 26.19 |

续表

| | 农业户口 | | 非农业户口 | |
|---|---|---|---|---|
| | 样本量（个） | 比例（%） | 样本量（个） | 比例（%） |
| 无厕所 | 41 | 12.02 | 5 | 5.95 |
| 合计 | 341 | 100 | 84 | 100 |

表6-12显示的是家里卫生设备状况，农业户口受访家庭使用水冲式厕所的比例为38.12%，非农业户口受访家庭该比例为67.86%。旱厕在农业户口受访家庭中占的比重最大，为49.85%，而非农业户口受访家庭该占比是26.19%。有12.02%的农业户口受访家庭表示自己家里无厕所，城镇受访家庭该比例是5.95%。厕所状况是生活质量的重要内容，农村受访家庭的水冲式厕所比例远低于城镇受访家庭，城乡差异较为明显。

**表6-13** 　　　　　　　　　　家庭做饭使用的燃料

| | 农业户口 | | 非农业户口 | |
|---|---|---|---|---|
| | 样本量（个） | 比例（%） | 样本量（个） | 比例（%） |
| 柴草（秸秆类） | 101 | 27.82 | 6 | 7.23 |
| 煤炭 | 2 | 0.55 | 1 | 1.20 |
| 煤气/液化气/天然气 | 11 | 3.03 | 6 | 7.23 |
| 沼气 | 5 | 1.38 | 3 | 3.61 |
| 电 | 244 | 67.22 | 67 | 80.72 |
| 合计 | 363 | 100 | 83 | 100 |

能源消费的一个重要方面是生活能源的使用。从表6-13可以看出，非农业家庭中只有7.23%的比例使用柴草做饭，80.72%的比例使用电做饭。农业家庭中，使用柴草做饭的比例为27.82%，使用电做饭的家庭达到67.22%。可以看出，城乡之间在能源使用方面有些不同，除了电，农业家庭中柴草作为生活能源的比重占了很大一部分。

**表6-14** 　　　　　　受访者对住房和住房政策的评价　　　　　单位：%

| | 城镇受访者 | | | | 农村受访者 | | | |
|---|---|---|---|---|---|---|---|---|
| | 满意 | 一般 | 不满意 | 不清楚 | 满意 | 一般 | 不满意 | 不清楚 |
| 对当前的住房满意度 | 67.78 | 14.44 | 16.67 | 1.11 | 57.1% | 20.77 | 15.03 | 7.10 |

续表

| | 城镇受访者 | | | | 农村受访者 | | | |
|---|---|---|---|---|---|---|---|---|
| | 满意 | 一般 | 不满意 | 不清楚 | 满意 | 一般 | 不满意 | 不清楚 |
| 政府商品房的政策 | 46.67 | 7.78 | 13.33 | 32.22 | 24.66 | 13.42 | 8.50 | 53.42 |
| 政府两限房政策 | 48.89 | 6.67 | 8.88 | 35.56 | 22.8 | 11.54 | 4.95 | 60.71 |
| 政府廉租房的政策 | 51.11 | 8.89 | 7.78 | 32.22 | 28.30 | 13.74 | 5.76 | 52.20 |
| 政府经济适用房政策 | 53.33 | 5.56 | 8.89 | 32.22 | 25.82 | 14.84 | 5.22 | 54.12 |
| 农村住房改造政策 | 58.89 | 8.89 | 10 | 22.22 | 48.49 | 21.64 | 7.13 | 22.74 |

注：城镇样本量是83，农村样本量是363。

　　受访者对当前的住房表示满意或很满意的农村受访家庭占比是57.1%，城镇受访家庭该比值是67.78%，是所有六项评价中满意度最高的。这也表明大部分城乡受访家庭对目前的住房情况较为满意。政府商品房政策、政府两限房政策、政府廉租房政策、经济适用房政策表示不清楚的城镇受访者比例均在32.22%—35.56%，而农村受访者中对上述政策表示不清楚的比例都超过半数，在52.12%—60.71%。之所以出现这样的情况，一方面是上述政策主要是针对城镇居民，农村受访者很难享受到相关政策所以关注较少；另一方面是政策的宣传力度不够。

　　在对自己的现有住房便利程度的问题上，74.71%的城镇受访者和67.22%的农村受访者认为自己的住房很便利或比较便利；城乡受访者认为住房便利程度一般的比例基本一致分别是17.24%和17.63%；8.05%的城镇受访者和15.15%的农村受访者认为住房不便利或者不太便利。在问及改善住房的意愿时，39.08%的城镇受访者和32.78%的农村受访者迫切想改善住房；表示一般的城镇受访者比例是17.24%，而农村受访者该比例是31.96%；43.68%的城镇受访者和35.26%的农村受访者表示改善住房的愿望不迫切或不想改善。

　　在问及如果有改善住房的想法会选择的途径时，绝大部分城乡受访者表示自建新房，愿意购买商品房的城镇受访者比例是15.79%，明显高于农村受访者，城乡受访者愿意购买经济适用房的比例都不高，基本一致。

表 6-15　　　　　　　　　　　改善住房的途径

| | 农业户口 | | 非农业户口 | |
|---|---|---|---|---|
| | 样本量（个） | 比例（%） | 样本量（个） | 比例（%） |
| 自建新房 | 237 | 91.15 | 46 | 80.70 |
| 购买商品房 | 9 | 3.46 | 9 | 15.79 |
| 购买经济适用房 | 9 | 3.46 | 2 | 3.51 |
| 购买两限房 | 2 | 0.79 | 0 | |
| 购买单位筹资共建房 | 1 | 0.38 | 0 | |
| 换租更大的房子 | 1 | 0.38 | 0 | |
| 购买农村私有住房 | 1 | 0.38 | 0 | |
| 合计 | 260 | 100 | 57 | 100 |

## 四　土地拥有情况

本次调查询问了农村受访者所拥有的耕地、山地、园地、牧草地和养殖面积。大理市调查数据显示，自报有家庭耕地面积的 257 位受访者中 38.2% 的受访者家庭拥有 1 亩以内的耕地面积，比例最高。30.9% 的家庭拥有 1—2 亩的土地，拥有 2 亩以上—3 亩土地的家庭占 14.9%，3 亩以上—10 亩的占 11.4%。

家庭人均拥有耕地方面，34% 的家庭人均拥有耕地在 0—0.2 亩，比例最高。其次是 0.21—0.40 亩，比例为 27.6%。有 17.5% 的家庭人均拥有土地在 0.41—0.6 亩，0.61—4 亩的比例为 16.5%。去掉极值，我们得出家庭人均拥有耕地面积的均值为 0.45，标准差为 0.34。有 91% 的家庭表示耕地出租面积为"0"，也就是未出租。此外，有 28.4% 的受访家庭有山地，2.9% 的家庭有园地，1.1% 的家庭有牧草地，只有 0.2% 的家庭有养殖水面。

## 五　城乡受访者的就业

为了更准确地了解大理市的就业情况，本部分以当地居民和外来务工人员；当地农业户口受访者和城镇户口受访者两个不同视角对受访者目前的工作情况、从业地区、工作性质进行分析并对失业、辞职人员的原因加以描述。

表 6 – 16　　　　　　　　　　　农业户口受访者的工作状况

|  | 频率 | 有效百分比（%） |
|---|---|---|
| 只是务农 | 118 | 32.3 |
| 以务农为主，同时也从事非农工作 | 79 | 21.6 |
| 以非农工作为主，同时也务农 | 77 | 21.1 |
| 只从事非农工作 | 35 | 9.6 |
| 失业或待业人员 | 4 | 1.1 |
| 家务劳动者 | 11 | 3.0 |
| 退休人员（指领取职工养老保险待遇的农业户口人员） | 2 | 0.6 |
| 全日制学生 | 35 | 9.6 |
| 其他不工作也不上学的成员 | 4 | 1.1 |
| 合计 | 365 | 100.0 |

从大理当地农业户口的受访者工作状况来看（见表 6 – 16），32.3%的农村受访者只是务农，21.6%的人以务农为主，同时也从事非农工作，21.1%的人以非农工作为主，同时也务农，只从事非农工作的人员比例为9.6%，退休人员的比例为0.6%，全日制学生的比例为9.6%，失业或待业人员、家务劳动者及其他不工作也不上学的成员比重为5.2%。

本地农业户口人员非农务工方面的数据显示，1964—2013 年，有23.5%的受访者从事过本地非农务工，其中34.2%的受访者是通过朋友/熟人介绍，19%的受访者是通过家人/亲戚介绍，通过招聘广告和直接申请（含考试）的人员比例一样，均为13.9%，有8.9%的人是通过本乡同民族介绍，有6.3%的人是通过政府/社区安排介绍，而比例最低的是通过商业职介（包括人才交流会）的比例为3.8%。回答从事过非农自营的受访者比例是14.3%，最早开始的时间是1981 年，最晚的时间是2013年，其中49.3%的人开业时向亲友借过款，43.2%的人开业时有来自银行或信用社的贷款。22.1%的受访者有外出从业经历的受访者中：时间是1967—2013 年，其中大部分是通过朋友/熟人介绍。40.9%的外出自营人员开业时向亲友借过款，45%的外出自营人员有来自银行或信用社的贷款。以前有外出从业经历，但今年如果为外出就业的主要原因上，比例最高的原因是"家中农业生产缺乏劳动力"、"回家结婚、生育"和"收入没有在家稳定"，分别为31%、13.8%、12.9%。在从事农林牧副渔业的被访者中，劳动属于农村家庭承包经营劳动者的比例最高，有效百分比达到 96.7%。

在城镇户口或城镇外来务工人员群体中，从就业范围看，76.8% 的人在本乡内工作，比重最大，只有 0.2% 的人在省外国内范围工作，其余都在省内；从职业来看，其中工作的职业比例最高的是办事人员和有关人员，占 21.7%，国家机关党群组织、企事业单位负责人和农林牧副渔水利生产人员比例一样，均为 14.5%，专业技术人员占 11.6%，商业人员占 10.1%，从事生产、运输设备操作人员及有关人员的比例为 8.7%，军人的比例为 1.4%。从劳动合同性质来看，22.5% 的人属于长期合同工，比例最高；18.3% 的人是固定职工，没有合同的员工和从事私营或个体经营人员的比例一样，均为 12.7%，短期或临时合同工的比例为 11.3%。在得到第一份城镇工作的最主要渠道方面，最主要的是通过政府/社区安排介绍和直接申请（含考试），比例分别为 25% 和 22.1%。

在我们询问的 456 名受访者中，有 14.3% 的人没有工作，问及原因和连续没有工作的时间，多数人表示不愿多谈或说不清，家庭成员中年满 16 岁没有工作的人员多是因为正在上学。（见图 6 - 2）

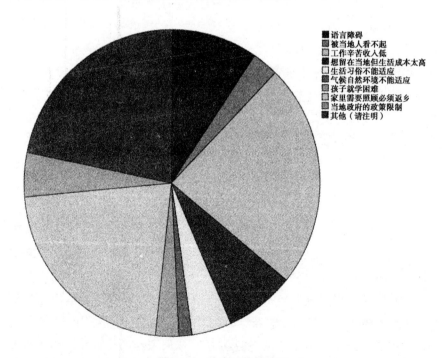

图 6 - 2　外出工作的障碍

曾有过外出就业经历的受访者认为外出找工作的重要障碍方面，工作辛苦、收入低的原因比例占 23.7%，21.9% 的受访者认为家里需要照顾必须返乡，9.3% 的受访者因为语言障碍，想留在当地但生活成本太高的比例为 7.5%，认为当地政府限制的占 4.7%，生活习俗不能适应的受访者比例为 4.3%，认为被当地人看不起受访者的比例为 2.9%，认为孩子就学困难的受访者占 2.5%，气候自然环境不能适应的受访者比例为 1.4%。

# 第三节　大理市民族文化与教育

我国政府历来重视民族地区教育事业的发展，保护和发展少数民族语言文字，为增进各民族间的了解和沟通，发展平等团结互助和谐的民族关系，促进各民族共同发展，多年来我国政府致力于在民族地区开展"双语"（民族语言和汉语）教学，并取得了良好效果。调查问卷设计了有关语言文字、对当地民族或民俗文化的了解以及民族身份认同等问题，据此本部分给出了相关的描述。

## 一　民族语言和文字

大理市受访者中白族受访者所占比例是 90%，因此，不同民族有关语言文字的掌握、使用等情况将针对白族展开分析。白族受访者中被问及小时候最先会说的话时，1.1% 的受访者表示是普通话，10.1% 的受访者是汉语方言，90.8% 的受访者是本民族语言；在问及现在能用哪些话与人交谈时，81.4% 的受访者会用普通话，95.2% 的受访者会用汉语方言，93.6% 的受访者会用本民族语言，也有 3.5% 的受访者会说其他少数民族语言；汉语方言语言程度上，能流利准确使用的比例为 68.4%，听不懂也不会说的仅占 1.1%；本民族语言的掌握程度上，96.7% 的受访者能流利准确地使用，但也有 2% 的受访者表示听不懂也不会说；其他少数民族语言程度方面，94.1% 的受访者表示听不懂也不会说，但有 2.5% 的受访者能流利准确地使用；在普通话语言程度上，35.4% 的受访者能流利准确地使用，能熟练使用但有些音不准和口音较重的比例相差不大，分别为 14.7%、14.9%，基本能交谈但不太熟练的比例为 11.6%，只有 2.2% 的受访者听不懂也不会说（见图 6-3）。

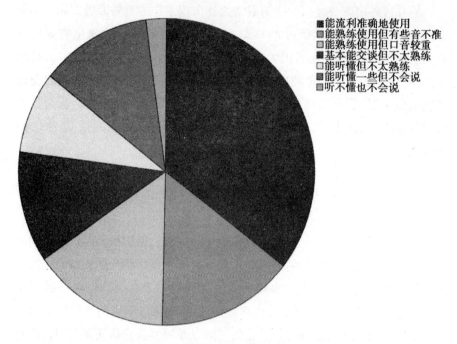

图 6-3　您的语言程度怎样——普通话

现代白族有自己的语言，但一般使用汉字书写。历史上，白族有自己的文字，后来失传，中华人民共和国成立以后创制的白族文字一般称为新白文或拼音白文，是一种以拉丁字母为符号基础的拼音文字。而白文作为一种民间文字，只应用于白语民间文学创作和宗教活动领域。根据调查数据，在问及是否会写汉字时，79.6%的受访者表示会，9.9%的受访者表示会一些，10.3%的受访者表示不会；在问及是否会使用本民族文字时，4.1%的受访者表示会，93.8%的受访者表示没有文字，有0.7%的受访者表示不知道有没有文字；其他民族的文字书写方面，有0.4%的受访者表示会。

在对受访者进行城乡划分后发现，农业户口受访者小时候最先会说本民族语言的比例是 93.99%，而非农户口受访者该比例为 77.78%；相应的非农户口受访者会说汉语方言和普通话的比例都高于农业户口受访者。目前能用普通话与人交谈的非农户口受访者比例是 87.87%，农业户口受访者比例是 79.78%；能用汉语方言进行交谈的城镇受访者比例是 98.89%，农村受访者比例是 94.26%；能用本民族语言进行交谈的城镇受访者比例为 85.56%，而农村受访者该比例是 95.63%。这说明，大理城乡白族对普通话和汉语方言的口语掌握程度很好，和农村相比，城镇受访者本民族语言的口语水平略差。在文字方面，掌握汉字程度较好的城镇受访者比例是 89.89%，农村受访者该比例是 72.33%；掌握本民族文字程度较好的城镇受访者比例仅为 33.33%，农村受访者该比例是 10.96%。

　　因大理白族的普通话和汉语方言的水平都较高，加上白族文字的应用面很窄，因而双语教育主要体现在对白语的保护和传承上。

表 6－17　　　　　　　　白族受访者愿意说民族语言的态度　　　　　　单位:%

|  | 全体 | 城镇受访者 | 农村受访者 |
|---|---|---|---|
| 不愿意说 | 1.0 | 2.94 | 0.60 |
| 很多时候都愿意说 | 83.46 | 82.35 | 83.69 |
| 只在和本民族人在一起时才愿意说 | 15.54 | 14.71 | 15.71 |
| 合计 | 100 | 100 | 100 |
| 样本量（个） | 409 | 68 | 331 |

　　在问及是否愿意说民族语言时，83.46% 的受访者表示很多时候都愿意说，15.54% 的人表示只在和本民族人在一起时才愿意说，1.0% 的人表示不愿意说。城乡受访者加以比较后发现城乡差异不大。访谈过程中我们也发现有少数受访者因为个人或其他原因不会说本民族语言，愿意却不会说。

　　问及受访者感觉会说当地汉话有无好处时，51.3% 的受访者认为对工作生活各方面都有好处，45.6% 的受访者认为有好处，方便与其他少数民族交往或者做买卖，另外也有 1.3% 的受访者认为没太大好处，同时有1.8% 的受访者表示不好说。城乡受访者进行比较后发现，城镇受访者没有认为会说当地汉话没有好处的样本，而农村受访者中有 2.38% 的比例表示不好说，有 1.79% 的比例认为没有好处。

　　在问及是否愿意送子女到双语学校学习时（见图 6－4），37.9% 的人表示很愿意或较愿意，29.4% 的人回答愿意。城乡受访者表示很愿意、较愿意和愿意的比例均为 79%，其主要理由是"方便孩子上学或者交流""有利于白族文化的传承"。4.2% 的受访者表示不愿意或很不愿意，理由是"推广普通话较好""本地无双语学校"或"汉语发展机会比白语好"。另有 14% 的城镇受访者和 16% 的农村受访者表示无所谓。可见，当地学校教育授课等是以汉语为主。对少数民族地区的双语教育效果，有

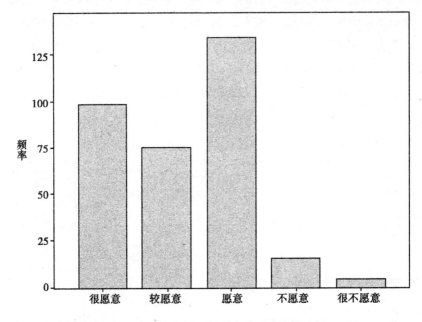

**图 6 - 4　您是否愿意送子女到双语学校学习**

50%的城镇受访者和43.45%的农村受访者表示好或很好，25%的农村受访者和12.86%的城镇受访者评价一般，也有4.76%的农村受访者和5.71%的城镇受访者表示不满意。

80%的城镇受访者和78.11%的农村受访者认为在少数民族地区工作的干部需要学习和掌握当地的少数民族语言，11%的城乡受访者认为没有必要。

## 二　民族/民俗传统文化

在最具本地特色的传统文化类型方面，60.1%的受访者选择了传统民居，68.9%的受访者选择了传统服饰，61.6%的受访者选择了传统节日，6.6%的受访者选择了人生礼仪，11.8%的受访者选择了传统文娱活动，20.6%的受访者选择了传统饮食，7.5%的受访者选择了道德规范，2.4%的受访者选择人际交往习俗，2.6%的受访者选择传统生产方式，10.7%的受访者选择宗教活动习俗。最重要的和留存或传播较好的本民族文化类型中，传统民居、传统服饰以及传统节日也是受访者选择比例最高的，在最重要的本民族文化类型方面，依然是传统民居、传统服饰以及传统节日比重最大，分别是 41.7%、52.4% 和 52.6%；在留存或传播较好的本民族文化类型选择上，上述三者的比例达到 49.6%、53.3% 和 54.4%。

表 6 – 18　　　　　　　　　白族对民族或民族文化的认识和态度

| | 最具本地特色的传统文化类型 | | 最重要的本民族文化类型 | | 留存或传播较好的本民族文化类型 | | 已经濒危失传亟须恢复的文化类型 | |
|---|---|---|---|---|---|---|---|---|
| | 城镇 | 农村 | 城镇 | 农村 | 城镇 | 农村 | 城镇 | 农村 |
| 传统民居 | 66.15 | 62.80 | 46.15 | 43.52 | 49.23 | 54.04 | 9.23 | 17.13 |
| 传统服饰 | 63.08 | 75.61 | 53.85 | 57.10 | 50.77 | 59.32 | 13.85 | 16.82 |
| 传统节日 | 67.69 | 64.63 | 47.69 | 56.79 | 61.54 | 58.39 | 10.77 | 12.15 |
| 人生礼仪 | 4.62 | 6.71 | 12.31 | 9.26 | 6.15 | 9.32 | 30.77 | 22.12 |
| 传统文娱活动 | 16.92 | 10.67 | 16.92 | 13.27 | 13.85 | 7.45 | 16.92 | 23.99 |
| 传统饮食 | 21.69 | 21.65 | 15.38 | 15.12 | 13.85 | 10.87 | 15.38 | 13.08 |
| 道德规范 | 13.25 | 6.55 | 13.85 | 16.36 | 10.77 | 7.76 | 18.46 | 17.13 |
| 人际交往习俗 | 6.02 | 1.71 | 9.23 | 7.10 | 10.77 | 3.73 | 16.92 | 17.13 |
| 传统生产方式 | 4.82 | 2.28 | 7.69 | 8.95 | 1.54 | 3.73 | 36.92 | 30.84 |
| 宗教活动习俗 | 7.23 | 12.25 | 16.92 | 18.52 | 16.92 | 17.39 | 13.85 | 13.71 |
| 样本量（个） | 65 | 328 | 65 | 324 | 65 | 322 | 65 | 321 |

　　表 6 – 18 给出了分城乡的结果，数字显示出在最具本地特色的传统文化类型选择上虽然前三位的内容一致但排列顺序有所不同。农村受访者的排序是传统服饰、传统节日、传统民居；而城镇受访者的排序是传统节日、传统民居和传统服饰。同其他选项比例相比，前三位的选择很集中，都在半数以上。在传统饮食之后，城镇受访者选择的是传统文娱活动和道德规范，农村受访者选择的是宗教活动习俗和传统文娱活动。城乡受访者选择的前三位最重要的本民族文化类型城乡受访者的排序完全一样。留存或传播较好的本民族文化类型前三位也是传统服饰、传统节日、传统民居，农村受访者的排序始终不变，而城镇受访者的排序略有不同。

　　在被问及已经濒危失传亟须恢复的文化类型时，30.5% 的受访者选择了传统生产方式，其比例最高，宗教活动习俗、人际交往习俗、道德规范、传统饮食、传统文娱活动、人生礼仪、传统服饰及传统民居的比重在16.0% 上下浮动，相差不大。分城乡来看，传统生产方式是城乡受访者首选的濒危失传亟须恢复的文化类型，之后的顺序表现出了城乡差异。

　　受访者就当地政府对各种民俗活动保护和民族工作及国家保护民族文

化政策的评价，综合来看，约有 68.0% 的受访者表示满意或很满意，约
18.0% 的受访者表示不满意或不太满意，约 14.0% 的受访者表示不好说。
绝大部分城乡受访者都对当地政府保护民族文化工作表示很满意或满意，
城镇受访者对上述 10 项内容的满意度在 58.89%—78.89%，农村受访者
在 59.29%—77.60%。城镇受访者满意比例最低的是人生礼仪，为
58.89%；其次是宗教活动的比例为 61.11%；再次是传统生产方式的比
例是 64.44%。农村受访者满意比例最低的三位是：传统生产方式
59.29%，人生礼仪 60.93%，道德规范 63.39%。城乡受访者对国家保护
民族文化政策的评价满意度高于对当地政府保护民族文化工作的评价满意
度，农村受访者的选择比例在 63.29%—81.37%，城镇受访者的选择比
例范围是 62.22%—82.22%。

表 6-19　　白族受访者对子女接受本民族文化的意愿评价及传播渠道　单位:%

| | 城镇受访者 | | | | 农村受访者 | | | |
|---|---|---|---|---|---|---|---|---|
| | 愿意 | 不愿意 | 无所谓 | 合计 | 愿意 | 不愿意 | 无所谓 | 合计 |
| 民族语言 | 94.44 | 2.22 | 3.33 | 100 | 95.59 | 1.66 | 2.75 | 100 |
| 民族文化 | 93.33 | 3.33 | 3.33 | 100 | 96.15 | 0.83 | 3.05 | 100 |
| 民族风俗习惯 | 93.33 | 3.33 | 3.33 | 100 | 95.01 | 1.66 | 3.32 | 100 |
| 样本量（个） | 70 | | | | 335 | | | |

95% 以上的农村受访者和 93% 以上的城镇受访者的子女愿意接受本
民族语言、文化和风俗习惯，也有约 3% 的城镇受访者和不足 2% 的农村
受访者表示其子女为不愿意，约 3% 的城乡受访者子女表示无所谓；问及
了解本民族/其他民族民俗文化的主要渠道时（此题为多选题），选择比
例最高的是通过家庭内的口口相传或者耳濡目染，城镇受访者该比例是
86.96%，农村受访者该比例是 93.24%；位居第二的是通过村庄或社区
的生产、生活和文化活动，城镇受访者该比例是 39.13%，农村受访者该
比例是 35.59%，远远低于第一位的比例值；位居第三的是学校教育，城
镇受访者该比例是 36.23%，农村受访者该比例是 27.35%；位居第四的
是广播电视互联网，城乡受访者比例为 14.49% 和 16.18%。通过政府部
门的保护项目、旅游展示和图书报刊的比例都较低，城镇受访者选择的比
例都低于 2%，农村受访者选择旅游展示的比例是 7.06%，其他两项的选
择比例都低于 5%。

| 表6-20 | 受访者对历史建筑和文化保护的态度 | 单位:% |
|---|---|---|
| | 城镇受访者 | 农村受访者 |
| 对历史建筑的改造拆迁态度 | | |
| 保持原貌不动 | 41.57 | 35.81 |
| 保持外形但内部可改造 | 37.08 | 36.91 |
| 拆迁 | 2.25 | 3.58 |
| 异地重建 | 3.37 | 1.93 |
| 不清楚 | 15.73 | 21.76 |
| 合计 | 100 | 100 |
| 样本量（个） | 89 | 363 |
| 当开发旅游资源和保护本民族文化遗产发生冲突时的态度 | | |
| 以发展经济、提高现代生活水平为主 | 22.99 | 19.55 |
| 保护本民族传统文化为主，不赞同过度商业化 | 64.37 | 60.34 |
| 不好说 | 12.64 | 20.11 |
| 合计 | 100 | 100 |
| 样本量（个） | 87 | 353 |

上表显示，当历史建筑面临改造拆迁时，城镇受访者选择保持原貌不动的比例最高，农村受访者选择保持外形但内部可改造的比例最高；这两种都是城乡受访者选择最多的方式。当开发旅游资源和保护本民族文化遗产发生冲突时，选择保护本民族文化传统为主，不赞同过度商业化的城乡受访者达到了64%和60%，这也代表了城乡绝大部分受访者的意见。

## 三 民族认同和国家认同

民族认同和国家认同是目前的热点问题，本次问卷调查设计了相关的题目，一是询问了受访者对我国民族意识的发展趋势评价；二是受访者是否觉得其自身的民族身份对当地社会交往、工作就业、日常生活有不便利；三是受访者是否觉得其民族身份在外出旅行、出国时有不便利；四是外国人询问受访者的民族身份时的相应回答。具体内容如下表所示。

表 6-21 民族认同与国家认同 单位:%

| | 城镇受访者 | 农村受访者 |
|---|---|---|
| 当前的民族意识发展趋势 | | |
| 更加认同本民族 | 2.99 | 4.35 |
| 更加认同中华民族 | 29.85 | 17.70 |
| 既认同本民族也认同中华民族 | 61.19 | 60.87 |
| 不清楚 | 5.97 | 17.08 |
| 合计 | 100 | 100 |
| 样本量 | 67 | 322 |
| 民族身份在对当地社会交往、工作就业、日常生活中有无不便利 | | |
| 偶尔有 | 2.99 | 4.71 |
| 很少 | 7.64 | 4.41 |
| 没有 | 89.55 | 87.06 |
| 不清楚 | | 3.82 |
| 合计 | 100 | 100 |
| 样本量（个） | 67 | 340 |
| 民族身份在外出旅行或出国时有无不便利 | | |
| 偶尔有 | 1.49 | 1.18 |
| 很少 | 1.49 | 4.72 |
| 没有 | 91.04 | 84.96 |
| 不清楚 | 5.97 | 9.14 |
| 合计 | 100 | 100 |
| 样本量 | 67 | 339 |
| 外国人询问民族身份时的回答 | | |
| 中国人、本民族 | 75.0 | 71.47 |
| 本民族、中国人 | 2.94 | 4.12 |
| 中国人和本民族不分先后 | 10.29 | 30.0 |
| 不好回答 | 11.76 | 4.41 |
| 合计 | 100 | 100 |
| 样本量（个） | 68 | 340 |

如上表所示，大理的白族既认同本民族也认同中华民族的城乡受访者比例超过了半数，更加认同中华民族的城镇受访者比例是 29.85%，农村受访者该比例是 17.70%；表示不清楚的城乡受访者比例为 5.97% 和 17.08%；表示更加认同本民族的比例城镇受访者是 2.99%，农村受访者是 4.35%。在问及受访者感觉自己的民族身份在对当地社会交往、工作就业、日常生活中有无不便利的问题上，89.55% 的城镇受访者和 87.06% 的农村受访者表示没有，表示偶尔或很少有的城乡受访者比例为 10.63% 和 9.12%，另有 3.82% 的农村受访者表示不清楚。认为有不便利的表现主要有：民族语言是白语，普通话或汉语方言存在语言障碍、感到因为是少数民族在找工作或上学时被歧视等。

91% 的城镇受访者和 84.96% 的农村受访者认为自己的民族身份在外出旅行、出国时没有不便利的问题，2.98% 的城镇受访者和 5.9% 的农村受访者表示很少或偶尔有，原因有"因为白族服饰不同，会引起人们好奇心，造成围观""经济收入低，被人看不起""语言障碍""边防检查严格""宗教歧视"等。

如果有外国人问及民族成分时，75% 的城镇受访者和 71.47% 的农村受访者回答"中国人、本民族"，有 2.94% 城镇受访者和 4.12% 的农村受访者人回答"本民族、中国人"，表示"中国人"和"本民族"不分先后的城镇受访者比例是 10.29%，农村受访者该比例是 30%，也有 11.76% 的城镇受访者和 4.41% 的农村受访者表示不好回答。

由此可见，大理的白族对中华民族和国家认同度很高，大理一直以来民族关系就很融洽。

# 第四节　民族关系和身份认同

## 一　民族交往和民族关系评价

大理市调查样本中的民族成分分为白族和汉族，其中白族占了 90.9%，在对民族交往进行分析时因汉族样本量较少，因此只对白族进行城乡的划分。

表 6 - 22　　　　　　　　　　　最好的其他民族朋友数量　　　　　　　　单位:%

| 您有几个最好的其他民族朋友? | | 民族 | | 城镇白族 | 农村白族 |
|---|---|---|---|---|---|
| | | 汉族 | 白族 | | |
| | 三个以上 | 65.85 | 62.56 | 76.81 | 59.64 |
| | 两个 | 4.88 | 10.34 | 11.59 | 10.09 |
| | 一个 | 2.44 | 1.97 | 0 | 2.37 |
| | 一个都没有 | 26.83 | 25.12 | 11.59 | 27.89 |
| | 合计 | 100 | 100 | 100 | 100 |
| 样本量（个） | | 41 | 406 | 69 | 337 |

　　在被问及有几个最好的其他民族的朋友时，我们将受访者按照民族成分划分，63.3%的受访者表示有三个以上，汉族受访者中有 65.9%，白族受访者中 62.6%；9.7%的受访者表示有两个，汉族受访者中有 4.9%，白族受访者中有 10.3%；2.0%的受访者有一个，汉族受访者中有 2.4%，白族受访者中有 2.0%；25.0%的受访者一个也没有，汉族受访者中有 26.8%，白族受访者中有 25.1%。经过交叉对比我们可以看出，汉族受访者与白族受访者在此问题上相差不大，多数都有三个以上的其他民族的朋友。如果再对白族受访者进行城乡的划分后发现，城镇白族受访者和其他民族的交往面更宽。

　　调查结果显示，所有的汉族的受访者都表示很愿意或比较愿意和少数民族的人聊天、成为邻居、一起工作、成为亲密朋友或者结为亲家。在白族受访者中，约 97.1%的受访者愿意跟汉族人或者其他少数民族的人聊天、一起工作，96.1%的受访者愿意和汉族人或者其他少数民族的人成为邻居、亲密朋友或者结为亲家。对白族受访者进行城乡划分后的结果差异不大。

　　调查问卷中列举了几种不同民族间通婚的情况，如女儿外嫁其他民族、儿子娶妻为其他民族、孙女外嫁其他民族、孙子娶妻为其他民族、姐妹外嫁其他民族、兄弟娶妻为其他民族。约 94.0%的受访者表示不介意或不太介意，3.1%的受访者表示介意或很介意自己的儿子或女儿跟其他民族通婚，约 2.5%的受访者表示介意或很介意孙子、孙女、姐妹、兄弟跟其他民族通婚。对白族受访者进行城乡划分后的结果基本一样。

　　大理市城乡受访者对全国和当地民族关系的评价为：绝大部分城乡受访者认为全国和当地的民族关系很好，随着时间的推进，民族关系越来越好，即民族关系最好的是最近五年，其次是建立社会主义市场经济体制时期，再次是改革开放初期，排在最后的改革开放前。

## 二 地域间的交往

本次调查询问了当地户籍住户对外来流入人员的态度，城乡受访者对外来流入人员持欢迎态度的比例均是93%，这也表明绝大部分的当地受访居民欢迎外来人员。

表6-23 　　　　　当地户籍受访者欢迎外来人员的原因 　　　　单位:%

| | 城镇 | | | 农村 | | |
|---|---|---|---|---|---|---|
| | 同意 | 不同意 | 不清楚 | 同意 | 不同意 | 不清楚 |
| 增加了当地的投资 | 91.86 | 2.33 | 5.81 | 84.31 | 6.45 | 9.24 |
| 扩大了当地的就业机会 | 86.05 | 9.3 | 4.65 | 79.55 | 11.77 | 8.68 |
| 有利于国家安全 | 56.98 | 23.25 | 19.77 | 49.58 | 18.59 | 31.83 |
| 开阔了当地人的眼界 | 88.37 | 9.3 | 2.33 | 83.19 | 10.65 | 6.16 |
| 提高了当地的社会服务水平 | 80.23 | 13.96 | 5.81 | 71.35 | 16.29 | 12.36 |
| 带来了先进技术和管理方式 | 89.53 | 5.82 | 4.65 | 73.6 | 12.64 | 13.76 |
| 有利于缩小区域间的差距 | 89.53 | 3.29 | 7.18 | 74.93 | 13.52 | 11.55 |
| 增强了民族间的交往 | 93.02 | 3.49 | 3.49 | 87.64 | 7.02 | 5.34 |
| 增加了当地劳动力市场中的劳动力 | 91.86 | 5.81 | 2.33 | 79.72 | 10.14 | 10.14 |
| 有利于弘扬本地的民族文化 | 86.05 | 9.3 | 4.65 | 77.68 | 10.46 | 11.86 |

表6-23给出了当地户籍城乡受访者欢迎外来人员的原因，除了有利于国家安全的比例为57%和50%，其他原因的选择比例城镇受访者均在80%以上，农村受访者都在70%以上。城镇受访者选择增加民族间交往的比例最高，其次是增加了当地的投资和增加了当地劳动力市场中的劳动力，带来了先进技术和管理方式、有利于缩小区域间差距的选择比例相同都是位居第三；农村受访者也是选择增加民族间交往的比例最高，其次是增加了当地的投资，位居第三的是开阔了当地人的眼界，位居第四的是增加了当地劳动力市场中的劳动力。

持不欢迎态度的城乡受访者表示最主要原因是"他们到来后本地人的就业机会减少"，其次是"他们破坏了当地的资源等自然环境"，以及

"他们赚走了当地人的钱，但对当地没有贡献"。

作为外来人员，有 90.9% 的受访者觉得当地投资环境很好，同样的比例应用于对当地投资管理的态度、当地社会包容性、当地的社会交往的评价。有 81.8% 的受访者认为当地日常生活的便利性、安全性很好，70.0% 的受访者认为当地对投资的管理效率及投资当地的盈利状况（与东中部地区比较）很好。所有回答此题的受访者均对当地的自然环境和宗教文化感到满意。可见大理的自然环境和宗教文化，是吸引外来者很重要的因素。外来人员是否愿意在当地继续扩大投资方面，91.7% 的受访者表示愿意，8.3% 的受访者表示不太愿意。是否愿意在当地长期居住的问题上，91.7% 的受访者表示愿意或很愿意，8.3% 的受访者表示不愿意。

## 第五节　大理市城乡受访者的社会生活

本部分就受访者当地的公共设施状况、社会生活与交往、社会发展和保障以及评价与对策等方面进行统计描述，以求尽量全面地展现大理市受访者们真实客观的现实状况。

### 一　公共基础设施

（一）公共设施状况

受访者中有 82% 的城镇受访者和 85% 的农村受访者收不到国外电视、网络收视信号及节目，在 15.1% 能收到国外电视、网络收视信号及节目的群体中，98.84% 的城镇受访者和 97.05% 的农村受访者以收看国内节目为主，不足 2% 的城乡受访者以收看国外节目为主。

家庭外出常用的出行方式及交通工具方面城乡受访者表现出一定的差异，城镇受访者依赖公交车的比例是 32.22%，其次是小轿车 25.56%，步行的比例是 28.89%，摩托车的比例是 14.44%，选择自行车的比例是 7.78%，其余方式的比例都在 5% 以内。农村受访者选择步行的比例最高，达到了 43.84%，其次是摩托车比例为 25.83%，公交车的比例是 24.92%，货运车的比例是 15.32%，自行车的比例是 10.51%，小轿车的比例为 9.61%，三轮车或拖拉机的比例最低为 5.41%。

受访者从家到公共基础设施的距离表明了公共基础设施的便利程度。这里我们选取距离区间所占比例最大的数据来说明，同时把回答不清楚的样本加以剔除。城镇受访者从家到公共厕所的距离均小于 3 公里；而有8.09% 的农村受访者从家到公共厕所的距离超过了 3 公里。老年服务中心距离城镇受访者家的距离在 3 公里以内的比例是 98.63%；农村受访者从家到老年服务中心的距离在 3 公里以内的比例是 90.23%。从城镇受访者家到公共卫生室或医院的距离在 3 公里以内的比例是 97.73%，而农村受访者该比例是 88.76%。活动中心距离家 3 公里以内的城镇受访者比例是98.72%，而农村受访者该比例是 88%；幼儿园距离家在 3 公里以内的城镇受访者比例是 95.4%，农村受访者该比例是 86.47%；小学距离家在 3公里以内的城镇受访者比例是 93.33%，农村受访者该比例是 84.99%；中学距离家在 3 公里以内的城镇受访者比例是 61.80%，农村受访者该比例是 66.67%。治安岗亭在 3 公里以内的城镇受访者比例是 96.20%，农村受访者该比例是 83.59%。运动场所及器材距离家 3 公里以内的城乡受访者比例分别为 88% 和 80%。城乡受访者有 70% 左右的比例表示不知道附近有无残疾人无障碍及康复设施。上述数据表明，大理市在公共基础设施上虽然城乡有别，但差距不大。

**表 6－24**　　　　　　　　**学龄前儿童的教育方式**　　　　　　单位:%

| | 城镇受访者 | 农村受访者 |
|---|---|---|
| 村内（社区内）幼儿园或学前班 | 51.85 | 64.72 |
| 乡镇（街道）内幼儿园或学前班 | 13.58 | 9.04 |
| 县城（跨区）内幼儿园或学前班 | 3.7 | 2.33 |
| 母亲照料 | 12.35 | 14.87 |
| 父亲照料 | | 0.29 |
| 祖父母照料 | 12.35 | 6.41 |
| 其他 | 6.17 | 2.33 |
| 合计 | 100 | 100 |
| 样本量（个） | 81 | 343 |

如上表，学龄前儿童的教育方式以幼儿园为主，家庭附近的村内或社区内幼儿园或学前班选择的比例超过半数位居第一，城镇受访者还有24.7% 的比例选择母亲或祖父母照料，农村受访者这一比例却低于城镇受访者 3 个百分点。县城（跨区）内幼儿园或学前班的比例城镇受访者为3.7%，农村受访者是 2.33% 都较低，这也说明大理城乡受访者在幼儿园

阶段以就近为主。

对 343 位农村户口的受访者，本次调查询问了农业灌溉、本村公共基础设施的满意度及问题等。33.6% 的农业家庭选择自然水渠灌，比例最高。人力排灌和无灌溉比例相当，为 11.1%，机电排灌的比例为 10.1%，其次是人工水窖，占 1.1%。

（二）公共基础设施评价

本次调查有 343 户农业家庭对本村公共基础设施使用效果进行了评价，具体为：

公共厕所：23.0% 比较或非常满意，25.4% 不太满意或非常不满，21.1% 表示一般，13.8% 表示没有该设施。路灯：33.1% 比较或非常满意，13.4% 不太满意或非常不满，15.4% 表示一般，22.6% 表示没有该设施。卫生设施：27.2% 比较或非常满意，22.1% 不太满意或非常不满，21.3% 表示一般，12.9% 表示没有该设施。老年服务中心：25.7% 比较或非常满意，10.1% 不太满意或非常不满，24.8% 表示一般，20.4% 表示没有该设施。公共卫生室或医院：42.1% 比较或非常满意，9.7% 不太满意或非常不满，27.4% 表示一般，4.2% 表示没有该设施。活动中心（活动室、广场）：28.3% 比较或非常满意，7.7% 不太满意或非常不满，29.4% 表示一般，16.0% 表示没有该设施。教育设施（幼儿园、小学等）：52.0% 比较或非常满意，4.4% 不太满意或非常不满，22.8% 表示一般，3.9% 表示没有该设施。治安设施（岗亭、警卫室等）：38.6% 比较或非常满意，8.4% 不太满意或非常不满，26.3% 表示一般，8.8% 表示没有该设施。残疾人无障碍及康复设施：11.0% 比较或非常满意，4.8% 不太满意或非常不满，6.6% 表示一般，65.4% 表示没有该设施。运动场所及器材：20.4% 比较或非常满意，7.3% 不太满意或非常不满，19.7% 表示一般，36.2% 表示没有该设施。村道：36.0% 比较或非常满意，21.7% 不太满意或非常不满，19.3% 表示一般，4.8% 表示没有该设施。

综上基础设施情况，有 56.6% 的人认为可以满足基本需要，5.5% 的表示不清楚，22.4% 的人认为不能满足基本需要，认为需要健全本村的基础设施、需要老年协会、完善村卫生等。

所在村（或社区）的基础设施建设存在的问题方面（多选题），有 12.1% 的人认为决策不透明，55.0% 的人认为政府资金投入不足，21.9% 的人认为领导不重视，16% 的人认为村民（或社区居民）筹资的积极性不高，9.9%的人认为村民意见不一，5.5%的人认为自然环境约束。

## 二　城乡受访者的社会生活

在宗教信仰方面，城镇受访者有 51.11% 的比例表示没有宗教信仰，农村受访者该比例是 32.42%。在城乡受访人群中，城乡受访者有民间信仰的比例都是最高的，城镇受访者该比例是 35.56%，农村受访者该比例是 53.85%；信仰佛教的城镇受访者比例是 7.78%，农村受访者该比例是 10.44%。可见当地宗教信仰以佛教和民间信仰为主。问及宗教在当地信众规模的发展趋势，绝大部分城乡受访者表示不知道。20.45% 的城镇受访者和 40.11% 的农村受访者认为民间宗教的信众规模会不断扩大。

公益活动方面，城乡受访者参加最多的是捐款捐物，2012 年有 61.64% 的城镇受访者和 62.5% 的农村受访者参加过该活动，位居第二的是义务打扫社区、村卫生，城镇受访者参加过该活动的比例是 28.77%，农村受访者是 23.48%；有 20.55% 的城镇受访者和 23.11% 的农村受访者做过村内（或社区内）的无偿帮工，16.44% 的城镇受访者和 15.91% 的农村受访者参加了环境保护活动，16.44% 的城镇受访者和 14.39% 的农村受访者参加了义务献血活动，义务照顾社区、村的孤寡老人和义务参加专业咨询活动的比例都较低。

休闲时间（工作后或晚上）经常参与的活动方面（多选），有 91.11% 的城镇受访者和 90.16% 的农村受访者选择看电视或看电影，选择朋友聚会的城乡受访者比例分别是 51.11% 和 36.89%；有 40% 的城镇受访者和 28.69% 的农村受访者选择娱乐消遣活动，23.33% 的城镇受访者和 17.7% 的农村受访者选择读书学习，11.11% 的城镇受访者和 6.56% 的农村受访者进行民族文化类的文体活动，参加宗教活动的城乡受访者均为 2%，另有 4% 的城乡受访者参与其他活动，如上网、散步、听歌、种花、养宠物、扎染、做手工活等。

在问及感觉受访者自己的社会经济地位在本地大体属于哪个层次时，90 位城镇受访者和 365 位农村受访者中的 1.11% 的城镇受访者和 0.82% 的农村受访者认为自己属于上层；5.56% 的城镇受访者和 8.22% 的农村受访者认为自己属于中上层；61.11% 的城镇受访者和 52.06% 的农村受访者认为是中等；20% 的城镇受访者和 26.3% 的农村受访者认为自己处于社会的中下等；10% 的城镇受访者和 9.04% 的农村受访者自报自己属于社会的下层；还有2.22%和3.56%的城乡受访者表示不好说。这也说明，认为自己处于中等阶层的城乡受访者比例最高。

在把自己的经济情况跟别人对比时，80%的城镇受访者和85.71%的农村受访者倾向于跟本乡村人对比，表示说不清的城镇受访者比例是8.89%，农村受访者比例是8.52%；其余跟亲戚朋友、县里的人、县里同民族的人、城市人、同民族的人和全国人的比照对象选择比例都在5%以下。由此可见，受访者更加倾向于跟离自己近的人相比较。

表6-25　　　　　　　　　　　城乡受访者的压力评价　　　　　　　单位:%

| | 城镇受访者 | | | | | 农村受访者 | | | | |
|---|---|---|---|---|---|---|---|---|---|---|
| | 压力很大 | 有压力 | 压力很小 | 没有压力 | 合计 | 压力很大 | 有压力 | 压力很小 | 没有压力 | 合计 |
| 经济压力 | 38.89 | 21.11 | 27.78 | 12.22 | 100 | 36.34 | 34.97 | 20.49 | 8.2 | 100 |
| 个人发展 | 14.44 | 22.22 | 37.78 | 25.56 | 100 | 9.37 | 32.23 | 30.3 | 28.1 | 100 |
| 社交压力 | 7.87 | 13.48 | 37.08 | 41.57 | 100 | 2.76 | 18.51 | 34.25 | 44.48 | 100 |
| 孩子教育压力 | 18.89 | 14.44 | 23.33 | 43.33 | 100 | 18.63 | 24.11 | 23.01 | 34.25 | 100 |
| 医疗/健康压力 | 13.48 | 19.1 | 34.83 | 32.58 | 100 | 14.6 | 23.69 | 33.61 | 28.1 | 100 |
| 赡养父母压力 | 7.78 | 17.78 | 26.67 | 47.78 | 100 | 6.83 | 19.67 | 27.6 | 45.9 | 100 |
| 住房压力 | 15.56 | 16.67 | 28.89 | 38.89 | 100 | 14.25 | 20.82 | 24.93 | 40 | 100 |
| 婚姻生活压力 | 3.33 | 10 | 25.56 | 61.11 | 100 | 2.19 | 9.59 | 22.47 | 65.75 | 100 |
| 总体的社会压力 | 13.33 | 28.89 | 47.78 | 10 | 100 | 14.09 | 37.29 | 40.61 | 8.01 | 100 |
| 样本量（个） | 90 | | | | | 362 | | | | |

生活的压力方面，认为总体的社会压力很大或有压力的城镇受访者比例是42.22%，农村受访者该比例是51.38%；这表明在大理市，更多的农村受访者感受到了社会压力。分城乡看，压力很大或有压力的城镇受访者选择比例排序为：经济压力、个人发展、孩子教育压力、医疗健康压力、住房压力、赡养父母的压力、社交压力和婚姻生活压力。农村受访者选择比例从高到低的顺序是：经济压力、孩子教育压力、个人发展、医疗健康压力、住房压力、赡养父母的压力、社交压力和婚姻生活压力。总体上，城乡受访者感受到压力选择顺序基本一致，且城乡受访者感受经济压力的比例为60%和71.31%，远远超出选择其他压力的比例。

**表 6 - 26**　　　　　　　**受访者对生活安全感的体会**　　　　单位:%

| | 城镇受访者 | | | | | 农村受访者 | | | | |
|---|---|---|---|---|---|---|---|---|---|---|
| | 很不安全 | 不太安全 | 比较安全 | 很安全 | 不确定 | 很不安全 | 不太安全 | 比较安全 | 很安全 | 不确定 |
| 个人和家庭财产安全 | 2.22 | 5.56 | 55.56 | 34.44 | 2.22 | 1.09 | 5.46 | 57.65 | 33.88 | 1.91 |
| 人身安全 | 1.11 | 3.33 | 60 | 35.56 | | 0.82 | 4.64 | 63.11 | 30.05 | 1.37 |
| 交通安全 | 3.33 | 12.22 | 52.22 | 31.11 | 1.11 | 6.58 | 12.05 | 56.99 | 20.55 | 3.84 |
| 医疗安全 | 2.22 | 7.78 | 58.89 | 28.89 | 2.22 | 2.46 | 7.65 | 64.21 | 22.68 | 3.01 |
| 食品安全 | 4.44 | 13.33 | 47.78 | 31.11 | 3.33 | 4.38 | 13.97 | 55.34 | 23.29 | 3.01 |
| 劳动安全 | 1.12 | 6.74 | 56.18 | 32.58 | 3.37 | 0.55 | 5.23 | 61.43 | 28.93 | 3.86 |
| 个人信息、隐私安全 | 1.11 | 5.56 | 60 | 26.67 | 6.67 | 0.55 | 9.32 | 54.79 | 26.3 | 9.04 |
| 生态环境安全 | 2.25 | 16.85 | 55.06 | 21.35 | 4.49 | 2.19 | 6.85 | 59.45 | 23.84 | 7.67 |
| 人身自由 | | 3.33 | 56.67 | 37.78 | 2.22 | 0.27 | 2.74 | 61.92 | 32.05 | 3.01 |
| 总体上的社会安全状况 | | 5.62 | 71.91 | 22.47 | | 0.56 | 5 | 66.94 | 26.11 | 1.39 |
| 样本量（个） | 89 | | | | | 360 | | | | |

总体上的社会安全状况评价为较安全和很安全的城镇受访者比例是94.38%，农村受访者该比例是93.05%。具体到各方面，城镇受访者不安全感比例前四位的是生态环境（19.1%）、食品（17.77%）、交通（15.55%）和医疗（10%）。农村受访者不安全感比例前四位的是交通（18.63%）、食品（18.35%）、医疗（10.11%）、生态（9.04%）。由此可见，城乡受访者不安全感较高的方面较为集中，城镇受访者更关注生态，农村受访者更关注交通。

**表 6 - 27**　　　　　　　**对生活公平感的评价**　　　　单位:%

| | 城镇受访者 | | | | | 农村受访者 | | | | |
|---|---|---|---|---|---|---|---|---|---|---|
| | 很不公平 | 不太公平 | 比较公平 | 很公平 | 不确定 | 很不公平 | 不太公平 | 比较公平 | 很公平 | 不确定 |
| 教育公平 | 3.37 | 12.36 | 58.43 | 22.47 | 3.37 | 0.82 | 11.48 | 66.94 | 18.31 | 2.46 |
| 语言文字公平 | 2.25 | 8.99 | 61.8 | 20.22 | 6.74 | 0.55 | 6.28 | 62.02 | 21.86 | 9.29 |
| 医疗公平 | 5.62 | 15.73 | 57.3 | 16.85 | 4.49 | 1.37 | 12.33 | 65.48 | 18.63 | 2.19 |
| 住房公平 | 7.78 | 21.11 | 51.11 | 14.44 | 5.56 | 2.2 | 21.76 | 58.4 | 12.4 | 5.23 |
| 社会保障公平 | 4.55 | 14.77 | 61.36 | 14.77 | 4.55 | 2.76 | 17.96 | 62.15 | 12.15 | 4.97 |

续表

| | 城镇受访者 | | | | | 农村受访者 | | | | |
| --- | --- | --- | --- | --- | --- | --- | --- | --- | --- | --- |
| | 很不公平 | 不太公平 | 比较公平 | 很公平 | 不确定 | 很不公平 | 不太公平 | 比较公平 | 很公平 | 不确定 |
| 法律公平 | | 4.49 | 69.66 | 19.1 | 6.74 | 2.47 | 8.49 | 56.99 | 21.92 | 10.14 |
| 政治公平 | 1.11 | 11.11 | 66.67 | 14.44 | 6.67 | 3.01 | 13.15 | 56.71 | 12.88 | 14.25 |
| 就业和发展公平 | 3.37 | 17.98 | 59.55 | 10.11 | 8.99 | 3.29 | 15.34 | 58.9 | 10.96 | 11.51 |
| 信息公平 | 2.22 | 14.44 | 62.22 | 12.22 | 8.89 | 2.47 | 10.16 | 59.62 | 11.26 | 16.48 |
| 政府办事公平 | 1.12 | 17.98 | 62.92 | 10.11 | 7.87 | 6.03 | 19.45 | 58.36 | 10.41 | 5.75 |
| 总体上的社会公平状况 | 2.25 | 16.85 | 62.92 | 13.48 | 4.49 | 2.79 | 13.13 | 67.88 | 14.53 | 1.68 |
| 样本量（个） | 89 | | | | | 356 | | | | |

城镇受访者对总体社会公平感认为较为公平或公平的比例是 76.4%，农村受访者该比例是 82.41%。城镇受访者对公平感的排序是：法律公平、语言文字公平、政治公平、教育公平、社会保障公平、信息公平、医疗公平、政府办事公平、就业和发展公平、住房公平；农村受访者对公平感的排序是：教育公平、医疗公平、语言文字公平、法律公平、社会保障公平、信息公平、住房公平、就业和发展公平、政治公平、政府办事公平。而当生活中遭遇了不公平时，城镇受访者排在第一位的是"通过法律诉讼等渠道"（55.56%），其次是"无能为力，只有忍受"（18.89%），然后是"通过业主委员会、宗族等组织解决问题"（8.89%），其他的方式选择比例都低于 4%。农村受访者虽然也是选择上述三种方式的比例最多，但"通过法律诉讼等渠道"的比例是 27.95%，"无能为力，只有忍受"的比例为 33.7%，"通过业主委员会、宗族等组织解决问题"的比例是 13.42%。

当前我国社会出现了一些群体间或地区间的利益冲突，本次调查也询问了相关内容。

表 6 - 28　　对我国社会出现的一些群体间或地区间利益冲突的评价　　单位:%

| | 城镇受访者 | | | | | 农村受访者 | | | | |
| --- | --- | --- | --- | --- | --- | --- | --- | --- | --- | --- |
| | 非常严重 | 有点严重 | 不算严重 | 完全不严重 | 不清楚 | 非常严重 | 有点严重 | 不算严重 | 完全不严重 | 不清楚 |
| 干部与群众间冲突 | | 17.78 | 52.22 | 24.44 | 5.56 | 3.55 | 14.75 | 56.56 | 18.58 | 6.56 |

续表

| | 城镇受访者 | | | | | 农村受访者 | | | | |
|---|---|---|---|---|---|---|---|---|---|---|
| | 非常严重 | 有点严重 | 不算严重 | 完全不严重 | 不清楚 | 非常严重 | 有点严重 | 不算严重 | 完全不严重 | 不清楚 |
| 民族间冲突 | | 2.25 | 55.06 | 37.08 | 5.62 | 1.37 | 5.74 | 52.46 | 34.97 | 5.46 |
| 城乡居民间冲突 | | 7.78 | 47.78 | 37.78 | 6.67 | 1.09 | 10.38 | 51.91 | 30.05 | 6.56 |
| 医患冲突 | 4.44 | 7.78 | 48.89 | 27.78 | 11.11 | 0.82 | 9.84 | 51.37 | 28.96 | 9.02 |
| 不同收入水平者间冲突 | 3.33 | 8.89 | 45.56 | 31.11 | 11.11 | 1.1 | 16.16 | 49.59 | 26.03 | 7.12 |
| 不同宗教信仰者间冲突 | 1.11 | 4.44 | 43.33 | 37.78 | 13.33 | 1.92 | 4.11 | 45.75 | 30.68 | 17.53 |
| 不同受教育水平者间冲突 | 1.11 | 5.56 | 47.78 | 36.67 | 8.89 | 0.55 | 9.02 | 50.27 | 29.51 | 10.66 |
| 不同职业的人之间的冲突 | 1.11 | 5.56 | 46.67 | 35.56 | 11.11 | 0.55 | 8.2 | 47.27 | 31.42 | 12.57 |
| 样本量（个） | 90 | | | | | 366 | | | | |

　　城镇受访者对上述八个方面的评价中，认为冲突很严重或比较严重的比例从高到低的排序是：干群冲突（17.78%）、不同收入水平者间冲突（12.22%）、医患冲突（12.22%）、城乡居民冲突（7.78%）、不同教育水平者间冲突（6.67%）、不同职业的人之间的冲突（6.67%）、不同宗教信仰者间冲突（5.55%）、民族间冲突（2.25%）；农村受访者认为冲突很严重或比较严重的比例从高到低的排序是：干群冲突（18.3%）、不同收入水平者间冲突（17.26%）、城乡居民冲突（11.47%）、医患冲突（10.66%）、不同受教育水平者间的冲突（9.57%）、不同职业的人之间的冲突（8.75%）、民族间冲突（7.11%）、不同宗教信仰者间冲突（6.03%）。由此可见，大理市的城乡受访者绝大部分都认为上述八个方面的冲突不严重，认为干群冲突严重的比例最高，但也只有18%，也就是说大理市整体氛围和谐。

表6-29　　　　　　　　农村受访者愿意生活在城市的理由

| | 频率 | 有效百分比（%） |
|---|---|---|
| 生活便利 | 75 | 33.9 |
| 挣钱机会多，收入高于农村 | 74 | 33.5 |
| 看病上学方便 | 24 | 10.9 |
| 文化生活丰富 | 27 | 12.2 |

续表

|  | 频率 | 有效百分比（%） |
|---|---|---|
| 社会地位高于农村 | 3 | 1.4 |
| 信息多，提高个人能力途径多 | 18 | 8.1 |
| 合计 | 221 | 100.0 |

在问及是否愿意生活在城镇或城市时，49.9% 的农村受访者表示愿意，同时 50.1% 的受访者给予了否定的回答。愿意生活在城市的理由中（见表 6－29），生活便利和挣钱机会多、收入高于农村是主要的，比例为 33.9% 和 33.5%，其次是文化生活丰富占比 12.2%，看病上学方便占 10.9%，信息多、提高个人能力途径多和社会地位高于农村比例最小。

在有进城工作或生活经历的农村受访者中，感觉城市让人不习惯的地方主要集中在，66.9% 的受访者觉得各类开销多经济压力大，25.8% 的受访者认为城市太大，生活不方便，20.8% 觉得人际关系淡漠难有真朋友，20.0% 的受访者觉得住房太拥挤了，16.9% 的受访者表示收入和社会地位低、被人看不起，12.6% 的受访者表示文化水平和技能低。难以找到满意的工作，也有 3.4% 的受访者觉得老人养老问题难解决。除此之外，受访者还列举出一些例子，如"环境问题""治安太乱""城市无耕地"等。

## 三　社会发展评价

十八大明确提出在 2020 年要全面建成小康社会，本次调查不仅询问了受访者对大理市在 2020 年全面建成小康社会的信心，同时还了解了受访者认为本地应采取的相关有效措施。

表 6－30　　　　城乡受访者对全面建成小康社会的信心　　　　单位：%

|  | 城镇受访者 | 农村受访者 |
|---|---|---|
| 2020 年全面建成小康社会 |  |  |
| 很有信心或有信心 | 85.23 | 78.43 |
| 没有信心 | 6.82 | 8.4 |
| 没听说过 | 7.95 | 13.17 |
| 样本量（个） | 88 | 357 |
| 为加快本地建成小康社会应采取的措施 |  |  |
| 加快发展当地经济 | 64.04 | 66.95 |

续表

| | 城镇受访者 | 农村受访者 |
|---|---|---|
| 加快当地的基础设施建设 | 46.07 | 45.98 |
| 政府应当更加廉洁 | 11.24 | 18.10 |
| 重要政策应落实到位 | 24.72 | 19.83 |
| 应扩大当地就业 | 13.48 | 21.84 |
| 应提高就业工资 | 15.73 | 17.24 |
| 应调控房价 | 6.74 | 3.16 |
| 提高医疗水平 | 17.98 | 17.82 |
| 提高养老金水平 | 5.62 | 9.48 |
| 提高教育水平 | 17.98 | 16.09 |
| 样本量（个） | 89 | 348 |

上表说明绝大部分城乡受访者对当地全面建成小康社会充满信心，但有7.95%的城镇受访者和78.43%的农村受访者对此表示不知道，这也说明应继续加大小康社会建设的宣传。为加快小康社会建设，应采取的措施集中在加快当地经济发展和加快当地的基础设施建设。根据自评的社会经济地位，发现自报经济层次位于中等及以上的人对建成小康社会有信心，而自报经济层次较低人群倾向于对此持悲观态度。对全面建成小康社会没有信心的理由，主要集中在经济收入提高慢，扶持不到位和社会保障不完善。

89.9%的受访者不知道体现本地发展特色或精神的口号，4.4%的受访者列举了口号，如"白族刺绣之乡""保护洱海""保护海西，开发海东""大理，你一生不能不到的地方""洱海清，大理兴""美丽幸福新大理""发展新农村建设"。

表6-31　　　　　　　　　城乡受访者生活变化评价　　　　　　单位:%

| | 城镇受访者 | 农村受访者 |
|---|---|---|
| 与10年（或5年）前相比，生活水平的变化 | | |
| 上升很多 | 48.89 | 46.45 |
| 略有上升 | 40.00 | 45.63 |
| 没有变化 | 8.89 | 6.28 |
| 略有下降 | 0 | 1.37 |

续表

| | 城镇受访者 | 农村受访者 |
|---|---|---|
| 下降很多 | 1.11 | 0.27 |
| 不好说 | 1.11 | 0 |
| 合计 | 100 | 100 |
| 样本量 | 90 | 366 |
| 感觉在未来 5 年（或 10 年）中，生活水平的变化 | | |
| 上升很多 | 37.78 | 42.90 |
| 略有上升 | 48.89 | 42.62 |
| 没有变化 | 3.33 | 4.10 |
| 略有下降 | 2.22 | 0 |
| 下降很多 | 0 | 0.27 |
| 不好说 | 7.78 | 10.11 |
| 合计 | 100 | 100 |
| 样本量（个） | 90 | 366 |

上表中城乡受访者与 10 年（或 5 年）前相比，生活水平上升很多或略有上升的比例达到了 89% 和 92%，说明绝大部分城乡受访者的生活水平有所提高；未来 5 年或 10 年的预期，农村受访者较之城镇受访者更为乐观，但相应的持不好说的比例分别有 7.78% 和 10.11%。总体上，大理的城乡受访者对未来持积极乐观的态度。

## 四　城乡社会保障

在调查的 446 位城乡受访者中均有 6% 的比例是低保户，没有受灾人员，2.3% 的农村受访者是残疾人员，城镇受访者中没有残疾人员，这些都属于政府补助对象。

表 6 - 32　　　　　　　　受访者个人参加社会保险的情况　　　　　　单位:%

| | 城镇受访者 | 农村受访者 |
|---|---|---|
| 城镇职工养老保险 | 23.33 | 0.96 |
| 城镇居民养老保险 | 18.39 | 3.53 |
| 农村居民社会养老保险 | 38.64 | 76.58 |
| 城镇职工基本医疗保险 | 23.33 | 0.64 |

续表

|  | 城镇受访者 | 农村受访者 |
|---|---|---|
| 城镇居民基本医疗保险 | 21.84 | 1.28 |
| 新型农村合作医疗保险 | 56.82 | 98.36 |
| 工伤保险 | 7.95 | 1.60 |
| 失业保险 | 11.36 | 0.96 |
| 生育保险 | 7.95 | 0.64 |
| 样本量（个） | 88 | 312 |

社会保险方面：城乡受访者参加新型农村合作医疗保险和农村居民社会养老保险的比例居前两位，农村受访者其他保险的参保率都很低，而城镇受访者除此之外还有城镇职工养老保险和城镇职工基本医疗保险的参保率都为23.33%，城镇居民基本医疗保险和城镇居民养老保险的参保率也都在22%和18%。受访者所在家庭的参保情况与个人基本相同。

老年福利项目方面：2012年21.15%的城镇受访家庭和29.72%的农村受访家庭享有老年津贴，在城镇11个受访家庭获得的老年津贴中，范围从60元至2400元；农村61个受访家庭获得的老年津贴中，范围从60元至1440元。1.92%的城镇受访家庭和2.83%的农村受访家庭享有老年贫困补助，城镇1个受访家庭获得的老年贫困补助是270元，而农村6户受访家庭中获得老年贫困补助从60元至1400元不等。

7.69%的城镇受访家庭和4.25%的农村受访家庭享受过文化性质的福利（包括免费/优惠图书馆、展览等），9.62%的城镇受访家庭和8.02%的农村受访家庭享受过旅游休闲性质福利服务（包括免费/优惠公园门票、老年娱乐室、社区老年活动设施），5.77%和3.77%的城乡受访家庭享受过公共交通福利服务（包括免费/优惠公共交通等），13.46%的城镇受访家庭和7.08%的农村受访家庭享受过康复性质福利服务（包括免费/优惠体验、老年护理等）。

2012年，48位城镇受访者填报了个人医疗支出费用，其平均值为3685.625元；农村有208位受访者自报了个人医疗支出费用，其平均值是2751.683元。

表6-33　　　　　　　　　对社会保障项目的满意度　　　　　　　　单位:%

| | 受访者及家庭成员享受到的项目 | | 覆盖面的满意度 | | 保障水平的满意度 | | 保障管理水平的满意度 | |
|---|---|---|---|---|---|---|---|---|
| | 城镇受访者 | 农村受访者 | 城镇受访者 | 农村受访者 | 城镇受访者 | 农村受访者 | 城镇受访者 | 农村受访者 |
| 新型农村养老保险制度 | 66.28 | 90.98 | 96.49 | 95.80 | 94.74 | 93.99 | 94.74 | 91.29 |
| 农村五保制度 | 1.16 | 1.64 | | | | | | |
| 农村低保制度 | 2.33 | 5.74 | | 95.24 | | | | |
| 城镇居民养老保险制度 | 36.05 | 2.46 | 96.77 | | 90.32 | | 90.32 | |
| 城镇低保制度 | 2.33 | 0.27 | | | | | | |
| 高龄津贴制度 | 9.30 | 7.65 | | 92.86 | | | | |
| 义务教育阶段学生营养改善计划 | 26.74 | 31.42 | 100 | 89.57 | 100 | 88.70 | 100 | 86.96 |
| 残疾人康复和就业培训 | 2.33 | 0 | | | | | | |
| 乡村公共卫生服务机构建设 | 9.30 | 21.86 | | 83.75 | | 80.00 | | 81.25 |
| 城镇职工基本医疗保险 | 32.56 | 1.64 | 89.29 | | 89.29 | | 85.71 | |
| 新型农村合作医疗制度 | 77.91 | 98.91 | 100 | 96.4 | 97.01 | 95.57 | 95.52 | 93.61 |
| 城镇居民基本医疗保险制度 | 25.58 | 0.82 | 100 | | 90.91 | | 90.91 | |
| 失业保险 | 18.60 | 1.91 | 81.25 | | | | | |
| 工伤保险 | 11.63 | 1.64 | | | | | | |
| 生育保险 | 10.47 | 1.37 | | | | | | |
| 老年人福利 | 2.33 | 5.46 | | | | | | |
| 妇女福利 | 1.16 | 0.27 | | | | | | |
| 儿童福利 | 1.16 | 1.64 | | | | | | |
| 残疾人福利 | 1.16 | 0.27 | | | | | | |
| 住房福利 | 3.49 | 0.82 | | | | | | |
| 教育福利 | 4.65 | 10.11 | | | | | | |
| 灾害救助 | 1.16 | 3.83 | | | | | | |
| 医疗救助 | 4.65 | 1.64 | | | | | | |
| 样本量（个） | 86 | 366 | 86 | 366 | 86 | 366 | 86 | 366 |

上表中受访者个人和家人享受到的社会保障项目比例较高的是新型农

村养老保险制度，城镇居民养老保险制度、义务教育阶段学生营养改善计划、城镇职工基本医疗保险、新型农村合作医疗制度、城镇居民基本医疗保险制度。其他项目的享受比例都较低。为此，对于城镇受访者样本量不足 20，农村受访者样本量不足 40 的项目均不给出相应的满意度评价。上表中城乡受访者对社会保障项目的覆盖范围、保障水平、保障管理水平的满意度评价都在 80% 以上，三者之间的评价情况基本一致，说明绝大多数的城乡受访者对现行的社会保障制度较为满意，且城乡差异不大。

## 第六节 大理市城乡受访者的政策评价

本次调查询问了当地政府实施的农村扶贫政策情况，"两免一补"政策、扶贫工程生产项目、退耕还林还草补助工程、道路修建和改扩工程、基本农田建设工程、电力设施建设工程、人畜饮水工程、技术推广培训工程、资助儿童入学和扫盲教育项目、卫生设施建设项目、种植业/养殖业扶贫金、村村通工程（广播/道路/通信网络）、教育扶贫工程、扶贫培训工程在大理市的农村实施范围较为广泛，牧区扶贫工程和移民搬迁工程主要集中在部分地区，所以知道这两项扶贫政策的农村受访者比例相对较低。对 16 项扶贫政策进行的评价中，表示非常满意或满意比例最高的是人畜饮水工程，达到了 90.82%，电力设施建设工程的满意度比例为89.90%，"两免一补"政策的满意度是 88.89%，基本农田建设工程的满意度是 87.54%，村村通工程（广播/道路/通信网络）的满意度是84.21%，教育扶贫工程的满意度比例是 83.1%，扶贫培训工程的满意度是80.08%。满意度比例在 70%—79% 的有牧区扶贫工程（79.79%）、退耕还林还草补助工程（79.61%）、道路修建和改扩工程（76%）、资助儿童入学和扫盲教育项目（75.75%）、种植业/养殖业扶贫金（75.38%）、技术推广培训工程（75.20%）、卫生设施建设项目（70.46%）；移民搬迁工程的满意度比例最低为 63.28%。农村受访者对当前参与过的扶贫政策和扶贫活动的整体效果很满意或满意的比例达到了 72.98%，不满意或很不满意的比例是 16.44%，表示不清楚的比例是 10.58%。总体上，大理市在农村地区实施的扶贫政策令绝大多数农村受访者非常满意或满意。

大理市农村受访者中，49.7% 的受访者实施过退耕还林/退木还草，最早实施的时间是 1980 年，最晚的时间是 2012 年。从起始年份到 2013

年，退耕、退牧累计面积在 1 亩以内的家庭占 8.3%，1—3 亩占 15.6%，3—5 亩占 9.0%，5—10 亩占 4.6%，10 亩以上占 12.1%。29.2% 的受访者表示 2013 年新增面积，在 1 亩及以内的占 0.8%，1 亩以上的也占相同比例，最高值为 6 亩。13.9% 的受访者补贴标准为 200 元/亩以内，16.4% 的受访者补贴标准在 200/亩以上，实际年收入最低为 0 元，最高为 6000 元。21.9% 的受访者表示参加过对退耕（退牧）户的培训，培训项目（见表 6-34），2.0% 的受访者表示培训过种植业，21.5% 的受访者为造林种草，0.4% 的受访者是畜牧业、养殖业，0.4% 的受访者为劳务（外出务工）培训。36.4% 的受访者认为这个政策的效果好或非常好，8.6% 的受访者认为一般，3.3% 的受访者认为不太好或很差。

表 6-34　　　　　　　　　　对退耕（退牧）户的培训

|  | 样本量 | 所占比例（%） |
| --- | --- | --- |
| 种植业 | 9 | 8.1 |
| 造林种草 | 98 | 88.3 |
| 畜牧业、养殖业 | 2 | 1.8 |
| 劳务（外出务工）培训 | 2 | 1.8 |
| 合计 | 111 | 100.0 |

在问及退耕还林（退木还草）政策未来走向时，23.0% 的农村受访者认为扩大面积和提高补充标准，17.1% 的农村受访者认为应该保持现状，1.8% 的农村受访者认为应该停止执行。

表 6-35　　　　　　　　城乡受访者对民族政策的评价　　　　　　单位:%

|  | 城镇受访者 | 农村受访者 |
| --- | --- | --- |
| 对少数民族地区及少数民族实行计划生育政策的评价 | | |
| 很好或好 | 91.11 | 84.43 |
| 一般 | 5.56 | 10.93 |
| 不好 | 2.22 | 2.46 |
| 不清楚 | 1.11 | 2.19 |
| 合计 | 100 | 100 |
| 如果计划生育政策不好，应调整为 | | |
| 全国各地区各民族一样 | 90.48 | 80.77 |
| 全国城市地区生育子女数量统一 | 0 | 1.92 |

续表

| | 城镇受访者 | 农村受访者 |
|---|---|---|
| 废除计划生育子女数量限制政策，由家庭自主决定 | 9.52 | 17.31 |
| 合计 | 100 | 100 |
| 民族地区的高考加分政策 | | |
| 很满意或满意 | 84.44 | 82.24 |
| 不满意或很不满意 | 8.89 | 8.47 |
| 不清楚 | 6.67 | 9.29 |
| 合计 | 100 | 100 |
| 针对少数民族的高考加分政策 | | |
| 很满意或满意 | 85.56 | 81.92 |
| 不满意或很不满意 | 7.77 | 9.04 |
| 不清楚 | 6.67 | 9.04 |
| 合计 | 100 | 100 |
| 如果是少数民族且长期在城市居住，其子女高考是否应该加分 | | |
| 应该 | 61.11 | 53.99 |
| 不应该 | 25.56 | 23.14 |
| 不清楚 | 13.33 | 22.87 |
| 合计 | 100 | 100 |
| 对当前实施民族特殊优惠政策 | | |
| 很满意或满意 | 89.89 | 86.50 |
| 不满意或很不满意 | 2.25 | 6.06 |
| 不清楚 | 7.87 | 7.44 |
| 合计 | 100 | 100 |
| 样本量（个） | 89 | 363 |

　　上表给出了大理市城乡受访者对计划生育政策、高考加分政策和民族特殊优惠政策的评价，从表中看出，绝大多数城乡受访者对计划生育政策、高考加分政策和民族特殊优惠政策较为满意。城乡对比后发现，城镇受访者上表中的各项政策满意比例都略高于农村受访者，但两者差异不大，城镇受访者认为是少数民族且长期居住在城市，其子女高考应该加分的比例高出农村受访者该比例7个百分点，是城乡差异最大的。

　　认为计划生育政策需要调整的城乡受访者中，认为全国各地区、各民族一样的比例最高也是绝大部分，但也有一少部分认为应该废除计划生育子女数量限制、由家庭自主决定。

表 6 – 36　　　　城乡受访者对现住地地方政府（县或县级市）

应对突发事件的能力满意度　　　　　单位:%

| | 城镇受访者 | | | | 农村受访者 | | | |
|---|---|---|---|---|---|---|---|---|
| | 满意 | 不满意 | 不清楚 | 合计 | 满意 | 不满意 | 不清楚 | 合计 |
| 自然灾害事件 | 78.89 | 14.44 | 6.67 | 100 | 71.86 | 12.84 | 15.3 | 100 |
| 生产安全事故 | 84.44 | 10 | 5.56 | 100 | 68.58 | 12.29 | 19.13 | 100 |
| 传染病及公共卫生事故 | 78.89 | 13.33 | 7.78 | 100 | 70.14 | 11.5 | 18.36 | 100 |
| 一般性社会治安事件 | 78.89 | 13.33 | 7.78 | 100 | 72.13 | 15.3 | 12.57 | 100 |
| 群体性突发事件 | 69.66 | 12.36 | 17.98 | 100 | 55.52 | 11.61 | 32.87 | 100 |
| 暴力恐怖事件 | 67.42 | 10.11 | 22.47 | 100 | 49.72 | 10.5 | 39.78 | 100 |
| 样本量（个） | 89 | | | | 362 | | | |

上表给出了城乡受访者对地方政府（县或县级市）应对六个方面突发事件的能力评价。城镇受访者的满意比例高于农村受访者的满意比例。城乡受访者满意度最低的是地方政府应对暴力恐怖事件和群体性突发事件，城镇受访者满意度最高的是生产安全事故但农村受访者满意度最高的是一般性社会治安事件。

表 6 – 37　　　城乡受访者对当地政府（县或县级市）工作的效果评价　　　单位:%

| | 城镇受访者 | | | | 农村受访者 | | | |
|---|---|---|---|---|---|---|---|---|
| | 好 | 不好 | 不清楚 | 合计 | 好 | 不好 | 不清楚 | 合计 |
| 坚持为人民服务的态度 | 80.9 | 12.36 | 6.74 | 100 | 74.59 | 22.4 | 3.01 | 100 |
| 政府办事效率 | 67.78 | 24.44 | 7.78 | 100 | 66.67 | 29.5 | 3.83 | 100 |
| 公开、公平、公正选拔干部和官员 | 67.78 | 23.33 | 8.89 | 100 | 56.04 | 35.17 | 8.79 | 100 |
| 提供公共医疗卫生服务 | 75.56 | 15.55 | 8.89 | 100 | 83.24 | 15.47 | 1.29 | 100 |
| 为群众提供社会保障 | 82.22 | 10 | 7.78 | 100 | 76.65 | 18.4 | 4.95 | 100 |
| 提供义务教育 | 87.78 | 5.55 | 6.67 | 100 | 89.59 | 9.31 | 1.1 | 100 |
| 保护环境，治理污染 | 71.11 | 17.78 | 11.11 | 100 | 56.44 | 33.97 | 9.59 | 100 |
| 打击犯罪，维护社会治安 | 75.56 | 11.11 | 13.33 | 100 | 66.12 | 22.86 | 11.02 | 100 |

续表

| | 城镇受访者 | | | | 农村受访者 | | | |
|---|---|---|---|---|---|---|---|---|
| | 好 | 不好 | 不清楚 | 合计 | 好 | 不好 | 不清楚 | 合计 |
| 廉洁奉公，惩治腐败 | 67.78 | 15.55 | 16.67 | 100 | 51.92 | 35.72 | 12.36 | 100 |
| 依法办事，执法公平 | 70 | 21.11 | 8.89 | 100 | 66.21 | 25.55 | 8.24 | 100 |
| 发展经济，增加人们的收入 | 75.56 | 14.44 | 10 | 100 | 65.01 | 22.32 | 12.67 | 100 |
| 为中低收入者提供廉租房和经济适用房 | 63.33 | 13.34 | 23.33 | 100 | 42.08 | 19.67 | 38.25 | 100 |
| 扩大就业，增加就业机会 | 65.56 | 20 | 14.44 | 100 | 62.47 | 20.82 | 16.71 | 100 |
| 政府信息公开，提高政府工作的透明度 | 68.54 | 17.98 | 13.48 | 100 | 58.08 | 25.76 | 16.16 | 100 |
| 样本量（个） | 89 | | | | 365 | | | |

总体上，大部分城乡受访者对当地政府（本县）的工作效果表示满意。城镇受访者中满意比例最高的是提供义务教育，其次是为群众提供社会保障，坚持为人民服务的态度位居第三，位于70%—79%的满意比例有：提供医疗卫生服务、发展经济，增加人们的收入、打击犯罪，维护社会治安，保护环境治理污染；位于60%—69%的满意比例内容有：政府信息公开，提高政府工作的透明度，政府办事效率、公开公平公正选拔干部和官员、廉洁奉公惩治腐败、扩大就业和增加就业机会、为中低收入者提供廉租房和经济适用房。农村受访者除了提供义务教育和提供公共医疗卫生服务的满意比例高于城镇受访者，同时也是满意比例前两位，其余的满意比例都低于城镇受访者。农村受访者因对为中低收入者提供廉租房和经济适用房表示不清楚的比例达到了38.25%，因而相应的满意比例也是最低的。同时，在当地政府选拔官员、廉洁奉公、环境治理和政府信息公开，提高政府工作的透明度方面的工作满意度比较低。

# 本章小结

综上所述，本次调查对大理的城乡受访者在经济生活、就业状况、民族文化与教育、生活条件与社会交往、政策等方面进行了细致的访问，同时获得了城乡受访者的相关满意度和意见。在整理调查问卷数据的基础上，我们得出此统计分析报告，文中通过对客观事实的展现和描述，我们

可以得出对大理市社会经济生活现状一些初步的认识:

大理的农村受访家庭人均年收入是6846.495元,城镇受访家庭人均年收入是10692.27元。农村家庭人均支出是5950.655元,城镇家庭人均支出是9331.156元。农村和城市的受访家庭中拥有量最高的是手机和电视,洗衣机和冰箱作为家庭常用消费品的拥有比例也较高;在大理市,摩托车是农村家庭的主要出行工具,而城市家庭的主要出行工具是摩托车和轿车。84.27%的城镇受访家庭和86.81%的农村受访家庭拥有一套住房。城镇受访者的住房以钢筋混凝土结构为主,农村住房以砖木结构为主。虽然城乡受访家庭外都以水泥或柏油路面为主,但农村受访家庭中有33.43%的比例是沙石或石板等硬质路面,说明农村道路情况还是要比城镇道路情况差。绝大部分大理城乡居民依赖自来水做饭,农村受访家庭的水冲式厕所比例远低于城镇受访家庭,城乡差异较为明显。

农村就业状况表明,农业户口劳动力中只是务农的比例为32.3%,绝大部分是兼业,仅从事非农就业的农村受访者比例是9.6%。非农就业人员中有超过半数的比例是通过朋友、熟人、亲戚介绍找到的工作;以前有外出从业经历,但今年如果未外出就业的主要原因方面,比例最高的前三位是"家中农业缺乏劳动力"、"回家结婚、生育"和"收入没有在家稳定"。

大理市受访者中白族受访者所占比例是90%,因此对大理民族文化和教育方面的分析集中在白族。在对白族受访者进行城乡划分后发现,农业户口受访者小时候最先会说本民族语言的比例是93.99%,而非农户口受访者该比例为77.78%;因大理白族的普通话和汉语方言的水平都较高,加上白族文字的应用面很窄,因而双语教育主要体现在对白语的保护和传承上。城乡受访者认为白族最具本民族特色的文化类型是传统节日、传统民居和传统服饰;在被问及已经濒危失传亟须恢复的文化类型问题时,30.5%的人选择了传统生产方式且比例最高。绝大部分城乡受访者就当地政府对各种民俗活动保护民族工作及国家保护民族文化政策表示满意。大理的白族对中华民族和国家认同度很高,大理一直以来民族关系就很融洽。

大理市在公共基础设施上虽然城乡有别,但差距不大。城乡受访者对公共基础设施的满意评价比例都较高。大理的白族主要信仰民间宗教,这在农村受访者中占有一定的比例。在休闲活动上,城乡受访者主要选择看电视或看电影以及朋友聚会和娱乐消遣活动。生活的压力方面，认为总体的社会压力很大或有压力的城镇受访者比例是 42.22%，农村受访者该比例是 51.38%。绝大部分城乡受访者认为有安全感，社会各方面较为公平。

城乡受访者对现行的社会保障制度较为满意，对现行的民族政策较为满意。当地政府选拔官员、廉洁奉公、环境治理方面的工作需要进一步提高。

需要说明的是，本次在大理的调查样本中有 80.2% 是农业户口，90.9% 是白族，所以在一些问题的代表性上有一定限制，但并不影响从整体上反映当地的社会经济状况，希望借此可以为读者及专家进一步的相关研究做铺垫。

# 第七章

# 云南省德宏傣族景颇族自治州盈江县问卷调查分析报告

云南省德宏傣族景颇族自治州盈江县是《21 世纪初中国少数民族地区经济社会发展综合调查》2013 年的调研点。基于问卷调查，本章对盈江县农村受访者的经济社会发展情况进行了统计描述和分析，并分别从经济生活、人口流动与就业、语言文化与教育、公共服务与地区发展、民族关系及身份认同、相关政策及其政府工作评价方面展开，以期得到盈江县社会经济状况较为清晰的概貌，并为今后深入分析研究奠定基础。

## 第一节　盈江县城乡受访者基本情况

盈江县地处云南西南部德宏州西北部，位于东经 97°31′—98°16′，北纬 24°24′—25°20′。其东北面与腾冲县接壤，东南面与梁河县接壤，南面与陇川县接壤，西面、西北、西南与缅甸为界。国境线长 214.6 公里，为德宏州最大的县。盈江县山川秀美、气候温和、雨量充沛、土地肥沃，资源丰富、区位独特，被誉为"中华翡翠毛料城"和"中国坚果之乡"。盈江别称象城，自古以来有 33 条通道通往缅甸，是具有较大开放潜力的少数民族口岸县。盈江全县总面积 4429 平方公里，距省会昆明 864 公里，距州府芒市 151 公里。全县土地面积 4429 平方千米，耕地面积 546120 亩，人均耕地 1.79 亩；山区占总面积的 85.2%，坝区占 14.8%，水域面积 34.52 平方千米。土壤类型有红壤、赤红壤、砖红壤、黄壤、黄棕壤、棕壤、亚高山灌丛草甸土、草甸土、水稻土 9 类土类。

全县辖 7 乡 8 镇、1 个农场，103 个村（居）委会、1152 个村民小组，居住着以傣族、景颇族、傈僳族、阿昌族、德昂族为主的 25 个民族。

2012 年末全县总人口 30.68 万人，全年生产总值达 57.4 亿元，年增长
11.5%；社会固定资产投资完成 34.9 亿元，增长 30.7%；公共财政预算
收入完成 10.4 亿元，扣除捐赠收入增长 27.5%，地方公共财政预算收入
完成 4.9 亿元，扣除捐赠收入增长 25.8%；贸易进出口总额完成 13.1 亿
元，增长 15.3%；社会消费品零售总额完成 19.8 亿元，增长 21%；城镇
居民人均可支配收入 17883 元，增长 12.3%；农民人均纯收入 5641 元，
增长 19%。[①]

2011 年，盈江县有傣族 100432 人，占总人口的 32.75%；傈僳族
20285 人，占总人口的 6.61%；景颇族 44977 人，占总人口的 14.66%；
德昂族 428 人，占总人口的 0.14%；阿昌族 1327 人，占总人口的
0.43%。

本次调查问卷包括了受访者个人及家庭基本情况、工作情况、家庭生
产生活情况、移民搬迁、公共设施状况、社会生活及评价、社会保障七个
部分，盈江县共完成了 393 份问卷。受访者个人及其家庭基本情况见
下表：

**表 7-1　被访对象人口特征及社会特征基本描述统计情况（2013 年）单位:%**

| | | | | | |
|---|---|---|---|---|---|
| 性别 | 男 | 55.2 | 户籍类型 | 农业户口 | 96.7 |
| | 女 | 44.8 | | 非农业户口 | 3.3 |
| 民族 | 汉族 | 14.6 | 受教育程度 | 未上学 | 16.3 |
| | 傣族 | 19.7 | | 小学 | 45.3 |
| | 景颇族 | 64.9 | | 初中 | 32.6 |
| | 傈僳族 | 0.5 | | 高中 | 1.5 |
| | 阿昌族 | 0.3 | | 大专 | 2.0 |
| 年龄 | 30 岁及以下 | 22.9 | 职业分类 | 大本 | 0.3 |
| | 31—45 岁 | 40.7 | | 专业技术人员 | 7.7 |
| | 46—60 岁 | 28.2 | | 商业 | 7.7 |
| | 61 岁及以上 | 8.1 | | 农林牧渔水利生产人员 | 84.6 |

---

① 盈江县人民政府信息门户公开网站，http://www.dhyj.gov.cn/index.php/cms/item-
view-id-5382.shtml。

续表

| 个人收入 | 5000 元以下 | 41.5 | 宗教信仰 | 伊斯兰教 | 0.5 |
| --- | --- | --- | --- | --- | --- |
| | 5000—10000 元 | 29.3 | | 佛教 | 14.2 |
| | 10000—30000 元 | 19.6 | | 道教 | 0.3 |
| | 30000—50000 元 | 3.6 | | 天主教 | 0.3 |
| | 50000 元以上 | 6.1 | | 基督教 | 39.4 |
| 社会经济地位自评 | 上 | 1.8 | | 民间宗教 | 14.2 |
| | 中上 | 6.4 | | 没有宗教信仰 | 31.2 |
| | 中 | 62.7 | | | |
| | 中下 | 19.7 | | | |
| | 下 | 9.5 | | | |

根据调查问卷中家庭情况表内的信息，在所有受访者中，户籍为农业户口的受访者占比是 96.7%。很健康和比较健康的受访人数为 324 人，占比 82.4%，农业户口受访者务农的占 89.3%，以务农为主也从事非农业工作的占 4.8%，从事非农业工作也务农的占 3.6%；单纯从事非农业工作的仅占 1.0%。

被调查者中主要有汉族、傣族、景颇族，其中景颇族占 64.9%，傣族占 19.7%，汉族占 14.6%。自报有宗教信仰的受访者占总样本量的 66.7%，在有宗教信仰的受访人群中，基督教比例最高，占 59.5%，占总样本量的 39.4%，其次是佛教，占有宗教信仰受访者 20.6%。占总样本量的 14.2%，被访人中有 16.3% 的比例未上过学，45.3% 的比例小学文化程度，有 32.6% 的受访者是中学文化程度，有 1.5% 的受访者是高中程度的教育水平，2.0% 的受访者是大专文化程度，0.3% 的受访者接受过本科教育。社会经济地位自评中，有 1.8% 的受访者认为自己是上层人士，有 6.4% 的受访者认为自己是中上层人士，有 62.7% 的受访者认为自己是中层人士，19.7% 的受访者认为自己是中下层人士，9.5% 的受访者认为自己是下层人士。

盈江县是一个多民族地区，汉族、傣族和景颇族人口较多，本次 393 份问卷中农业户口受访者占 96.7%，在进行本章的撰写中，将只集中于盈江县的农村受访者以及农村经济社会发展状况。

## 第二节　盈江县城乡受访者个人和家庭经济生活

### 一　土地拥有情况

盈江县国土面积 4429 平方千米，耕地面积 546120 亩，人均耕地 1.79 亩；山区占总面积的 85.2%，坝区占 14.8%。本次调查的样本中，自报没有耕地的农业户口受访者有 23 位，根据自报的家庭人均耕地面积，352 位农村受访者平均的家庭人均耕地面积是 1.44 亩。在家庭人均耕地面积均值以下的农村受访家庭比例是 74.43%，家庭人均耕地面积在 5 亩以上的受访家庭比例是 3.13%。农业户口受访者所在家庭的耕地面积基本都是自营。有 11.7% 的农村受访者无山地，有山地的受访农业家庭人均拥有面积是 15.96 亩，其中家庭拥有的山地人均面积在 5 亩及以下的受访家庭比例是 31.6%；30 亩以上的比例是 9.45%。由此看出，盈江县农业户口受访者在土地拥有方面存在一定的差距。没有受访者回答拥有园地面积、牧草地面积和养殖水面面积，在被访者中其家庭拥有的耕地、山地基本都是用于自耕，出租的比例都很小。

### 二　受访者个人和家庭收入与支出

表 7-2　　　　　　　　　　　农村受访者个人总收入　　　　　　　单位：人

| 个人总收入（元） | 汉族 | 傣族 | 景颇族 | 其他民族 | 合计 |
|---|---|---|---|---|---|
| 0 | 16 | 2 | 37 | 2 | 57 |
| 1—10000 | 26 | 37 | 156 | 0 | 219 |
| 10001—20000 | 8 | 19 | 31 | 2 | 60 |
| 20001—30000 | 1 | 9 | 5 | 1 | 16 |
| 30001—40000 | 2 | 2 | 2 | 0 | 6 |
| 40001—50000 | 0 | 1 | 1 | 0 | 2 |
| 50001—60000 | 0 | 1 | 0 | 0 | 1 |
| 60001—70000 | 2 | 0 | 0 | 0 | 2 |
| 70001—80000 | 0 | 2 | 17 | 0 | 19 |
| 合计 | 55 | 73 | 249 | 5 | 382 |

如前所述，盈江县的调查样本中农业户口的受访者占比 96.7%，因此上表给出的都是农业户口受访者的收入情况，并划分了不同民族。上表中，受访者个人 2012 年的总收入在 10000 元以内。不同民族受访者的分布为，景颇族占 69.93%，傣族占 14.13%，汉族占 15.22%。个人总收入在 10001—20000 元，傣族占 31.67%，汉族占 13.33%，景颇族占 51.67%。自报有个人收入的调查样本中，汉族受访者总收入均值是 13861.54 元，傣族受访者总收入均值是 16571.43 元，景颇族受访者总收入均值是 9489.418 元。仅从自报的个人总收入看，盈江县的傣族人均收入最高，其次是汉族，最低的是景颇族。这与三个民族所处的地理位置不同有关，傣族主要居住在坝区，景颇族主要居住在山区。

表 7 - 3    农村受访者家庭总收入和总支出分布

|  | 家庭总收入所占比例（%） | 家庭总支出所占比例（%） |
|---|---|---|
| 5000 元以下 | 5.9 | 3.6 |
| 5000—10000 元 | 15.0 | 15.5 |
| 10000—20000 元 | 38.2 | 41.5 |
| 20000—50000 元 | 30.5 | 28.8 |
| 50000—100000 元 | 6.1 | 4.3 |
| 100000 元以上 | 4.3 | 6.4 |
| 合计 | 100 | 100 |
| 样本量（个） | 317 | 324 |

上表给出了受访者所在家庭的总收入和总支出分布情况，从中看出，农村受访者的家庭总收入在 1 万—2 万元的比例最高，该阶段的家庭总支出也是比例最高的。5000—10000 元的家庭总收入和总支出比例在 15%；其次是 2 万—5 万元的比例。家庭人均纯收入均值是 5504.15 元，汉族家庭人均纯收入是 4797.9 元，低于盈江县农业受访者的均值；傣族家庭人均纯收入是 7656.58 元，景颇族家庭人均纯收入是 4944.55 元。

表 7 - 4    农村家庭人均支出情况    单位：元

|  | 汉族 | 傣族 | 景颇族 |
|---|---|---|---|
| 家庭人均支出 | 5496.442 | 12324.32 | 5482.884 |
| 生活人均消费支出均值 | 2554.084 | 4837.323 | 3439.259 |

续表

| | 汉族 | 傣族 | 景颇族 |
|---|---|---|---|
| 所占比例（%） | 46.47 | 39.25 | 62.73 |
| 民俗支出 | 267.271 | 413.517 | 375.34 |
| 所占比例（%） | 4.86 | 3.36 | 6.85 |
| 信仰或宗教性支出 | 30.85 | 30.24 | 99.02 |
| 所占比例（%） | 0.56 | 0.25 | 1.81 |
| 人情往来支出 | 1006.93 | 1657.56 | 864.85 |
| 所占比例（%） | 18.32 | 13.45 | 15.77 |
| 样本量（个） | 42 | 76 | 201 |

在家庭各方面支出中，生活消费的比重是最大的，景颇族家庭人均生活消费支出占家庭人均支出的比例达到了62.73%，傣族家庭该比例相比之下低于汉族家庭和傣族家庭。人情往来支出占比达到了13%—19%，民俗支出的比例在3%—7%，宗教信仰支出的比例最低。

## 三　家庭拥有耐用消费品情况

表7-5　　　　　　　家庭平均拥有家用消费品数　　　　单位:%

| | 汉族 | 傣族 | 景颇族 |
|---|---|---|---|
| 显像管彩色电视机 | 75.44 | 78.38 | 87.6 |
| 液晶等离子电视 | 24.56 | 31.08 | 6.17 |
| 农用车/拖拉机 | 24.56 | 51.35 | 11.93 |
| 轿车/面包车 | 5.26 | 12.16 | 5.35 |
| 摩托车 | 91.23 | 94.59 | 70.78 |
| 冰箱 | 49.12 | 58.11 | 21.4 |
| 冰柜 | 7.02 | 12.16 | 0.41 |
| 台式电脑 | 5.26 | 4.05 | 1.65 |
| 笔记本电脑 | 5.26 | 4.05 | 1.24 |
| 手机 | 98.25 | 98.65 | 96.30 |
| 洗衣机 | 38.6 | 24.32 | 12.35 |
| 照相机/摄像机 | 1.75 | 5.41 | 1.65 |
| 空调 | 1.75 | 1.35 | 0 |
| 自备发电机 | 0 | 0 | 0.83 |
| 样本量（个） | 57 | 77 | 253 |

　　盈江的农村受访家庭拥有手机的比例最高，其次是摩托车和显像管彩色电视机，农用车、冰箱、洗衣机、轿车、液晶等离子电视的拥有率也相对集中。照相机或摄像机、电脑、空调、自备发电机的拥有比例较低。不同民族间比较发现，傣族受访者的消费品拥有情况最好，其次是汉族受访者，景颇族受访者最差；这与之前的不同受访者民族的家庭人均纯收入和支出相互对应。

　　调查问卷询问了对在半年内希望购买的家庭耐用消费品，调查结果反映出，盈江县的农村受访家庭并没有较强的购买愿望。原因之一，可能是家中的消费品较为齐全，能满足需要；另外，景颇族家庭的人均纯收入较低，即使有购买愿望可能也无力付诸现实。

表 7 - 6　　　　　　受访家庭在半年内有购买耐用消费品愿望的比例　　　　　单位:%

| | 汉族 | 傣族 | 景颇族 |
|---|---|---|---|
| 显像管彩色电视机 | 1.9 | 2.7 | 0.8 |
| 液晶、等离子电视 | 10.5 | 5.4 | 3.3 |
| 农用车/拖拉机 | 1.8 | 4.1 | 0.8 |
| 轿车/面包车 | 5.7 | 11.1 | 0.4 |
| 摩托车 | 1.9 | 4.1 | 2.9 |
| 冰箱 | 1.9 | 2.8 | 2 |
| 冰柜 | 1.9 | 1.4 | 0 |
| 台式电脑 | 1.9 | 5.7 | 0 |
| 笔记本电脑 | 0 | 4.2 | 0 |
| 手机 | 0 | 4.7 | 3.1 |
| 洗衣机 | 5.6 | 7.2 | 1.6 |
| 照相机/摄影机 | 0 | 1.4 | 0 |
| 空调 | 0 | 0 | 0 |
| 自备发动机 | 0 | 0 | 0 |
| 样本量（个） | 57 | 77 | 253 |

## 四　住房情况

　　在有效问卷统计中，家庭平均自有住房（拥有产权）的平均值为1.03 套，拥有一套住房者占 95.2%，拥有两套住房者占 4.1%。有97.7% 的受访者都是自有住房，其他为租房者。受访者对目前住房很满意者占 23.7%，满意者 37.9%，一般为 22.4%，不太满意 11.1%。

表 7-7　　　　　　　　住房满意度和便利情况　　　　　　单位:%

| 住房满意情况 | 很满意 | 满意 | 一般 | 不太满意 | 不满意 | 合计 |
| --- | --- | --- | --- | --- | --- | --- |
| 汉族 | 16.4 | 47.3 | 14.5 | 7.3 | 14.5 | 100 |
| 傣族 | 52.1 | 45.2 | 2.7 | | | 100 |
| 景颇族 | 16.7 | 34.1 | 29.3 | 15.4 | 4.5 | 100 |
| 住房便利情况 | 很便利 | 比较便利 | 一般 | 不太便利 | 不便利 | 合计 |
| 汉族 | 24.6 | 38.6 | 19.3 | 12.3 | 5.3 | 100 |
| 傣族 | 28.6 | 54.5 | 9.1 | 2.6 | 5.2 | 100 |
| 景颇族 | 10.4 | 37.9 | 29.1 | 18.3 | 4.4 | 100 |
| 改善住房意愿 | 很迫切 | 比较迫切 | 一般 | 不迫切 | 不想改善 | 合计 |
| 汉族 | 10.7 | 26.8 | 28.6 | 26.8 | 7.1 | 100 |
| 傣族 | 13.7 | 12.3 | 37.0 | 37.0 | | 100 |
| 景颇族 | 10.7 | 25.8 | 31.1 | 24.6 | 7.8 | 100 |

注：汉族样本量是 57，傣族样本量是 77，景颇族样本量是 253。

　　表 7-7 中盈江县农业户口受访者的住房满意度显示，无论是汉族、傣族还是景颇族受访者表示很满意或满意的比例都超过半数，其中傣族的满意度达到了 97.3%，景颇族的满意度最低只有 50.8%。

　　对于现有住房的便利程度评价上，依然是傣族受访者选择很便利或比较便利的比例达到了 83.1%，而景颇族受访者该比例只有 48.2%，是三类民族受访者中最低的。相应地，傣族受访者很迫切或比较迫切想改善住房的比例是 26%，汉族受访者该比例是 37.5%，景颇族受访者该比例是 36.5%。自建新房是盈江县受访者改善住房的主要途径，其中汉族受访家庭 100% 选择了自建新房，景颇族受访家庭选择该方式的比例是 99.2%，傣族受访者选择该方式的比例是 94.1%。

表 7-8　　　　　　　　受访家庭的住房设施情况　　　　　　单位:%

| | | 汉族 | 傣族 | 景颇族 |
| --- | --- | --- | --- | --- |
| 住宅外路面 | 水泥或柏油路 | 50.9 | 89.5 | 19.4 |
| | 沙石或石板路 | 17.5 | 10.5 | 12.3 |
| | 自然土路 | 31.6 | | 68.4 |
| | 合计 | 100 | 100 | 100 |

续表

| | | 汉族 | 傣族 | 景颇族 |
|---|---|---|---|---|
| 做饭用水 | 井水/山泉水 | 10.5 | 22.1 | 8 |
| | 自来水 | 89.5 | 76.6 | 92 |
| | 窖水 | — | 1.3 | — |
| | 合计 | 100 | 100 | 100 |
| 卫生设备 | 水冲式厕所 | 47.4 | 72.4 | 16.1 |
| | 旱厕 | 43.9 | 22.4 | 68.1 |
| | 无厕所 | 8.8 | 5.3 | 15.7 |
| | 合计 | 100 | 100 | 100 |
| 做饭的原料 | 柴草 | 73.7 | 39 | 91.6 |
| | 煤气/液化气/天然气 | 5.3 | 31.2 | 1.2 |
| | 电 | 21.1 | 29.9 | 7.2 |
| | 合计 | 100 | 100 | 100 |
| 住房建筑类型 | 钢筋混凝土 | 37.7 | 63.9 | 10.5 |
| | 混合结构 | 5.7 | 1.4 | 15.7 |
| | 砖木结构 | 52.8 | 34.7 | 65.5 |
| | 其他 | 3.8 | | 8.3 |
| 合计 | | 100 | 100 | 100 |
| 样本量（个） | | 57 | 77 | 253 |

上表中住宅外道路类型说明，盈江县傣族受访家庭外的道路主要是柏油或水泥路面，其比例达到了 89.5%，沙石或石板路面的比例是 10.5%；汉族受访者有半数的住宅外路面是水泥或柏油路，住宅外是自然土路的比例达到了 31.6%。景颇族受访者住宅外是自然土路的比例达到了 68.4%。自来水是盈江县农村受访者主要的做饭用水。卫生设备表明，傣族受访家庭以水冲式厕所为主，汉族受访家庭水冲式厕所和旱厕的比例基本一样，景颇族受访家庭以旱厕为主。汉族和景颇族受访家庭以柴草为做饭的主要燃料，傣族受访家庭选择天然气或煤气以及电为主要燃料的比例为 31%和 30%。住房建筑类型中，傣族受访家庭主要是钢筋混凝土结构，另有34.7%的砖木结构；汉族受访家庭中砖木结构的比例超过了半数为52.8%，钢筋混凝土结构比例为 37.7%；景颇族受访家庭的建筑类型以砖木结构为主。总体上，傣族受访者所在家庭的各方面条件好于汉族受访

家庭和景颇族受访家庭，这与傣族受访家庭的人均纯收入人均支出较高相互对应。

## 五　人口流动与就业情况

### （一）人口流动

本报告的分析对象是盈江县农村地区的农业户口受访者。分民族看，汉族受访者中92.6%是拥有当地户籍的居民，因务工经商来盈江县居住的汉族受访者比例是1.9%，因拆迁或搬家来盈江县居住的汉族受访者比例是5.6%；傣族受访者100%拥有当地户籍；景颇族有95.5%的受访者拥有当地户籍，因务工经商来盈江县居住的景颇族受访者比例是0.5%；因投亲或婚姻嫁娶来盈江县的景颇族受访者比例为4%。总体上，盈江县农村的流动人口规模小，有外出从业经历的受访者比例也比较少。

表7-9　　　　　　　　愿意生活在城镇或城市的理由　　　　单位:%

| 民族 | 生活便利 | 赚钱机会多，收入高于农村 | 看病上学方便 | 文化生活丰富 | 社会地位高于农村 | 信息多，提高个人能力途径多 | 样本量（个） |
|---|---|---|---|---|---|---|---|
| 汉族 | 64.5 | 29.0 | — | — | 3.2 | 3.2 | 31 |
| 傣族 | 37.9 | 55.2 | 3.4 | 3.4 | — | — | 28 |
| 景颇族 | 47.1 | 44.2 | 4.8 | 2.9 | — | 1 | 102 |

上表中盈江县农村汉族、傣族和景颇族受访者愿意生活在城镇或城市的理由主要有两个：生活便利和赚钱机会多收入高于农村。汉族和景颇族受访者认为城镇或城市生活便利的比例最高，傣族受访者认为赚钱机会多收入高于农村的比例最高。

94位有进城生活或工作经历的受访者又回答了他们对城市不习惯的原因，其中认为"城市太大，生活不方便"的占56.4%，"各类开销多经济压力大"的占56.4%，"人际关系淡漠难有真朋友"的占12.8%，"住房拥挤"的为13.8%，"收入和社会地位低"的占23.4%，"文化水平和技能低，难以找到满意的工作"的为19.1%，"老人养老问题难解决"的占7.4%。

在380位农村受访者中39位受访者有搬迁移民经历。具体民族分布为：2位汉族受访者、6位傣族受访者、31位景颇族受访者。在搬迁到该地前，在遇到生产、生活的困难和麻烦时，汉族受访者各有 50% （即 1 位受访者）求助于父母和村干部或街道干部，6 位傣族受访者中有 14.3% 求助于兄弟姐妹，57.1% 求助于亲戚，14.3% 求助于邻里，14.3% 求助于村干部或街道干部。景颇族 6.1% 求助于父母，6.1% 求助于兄弟姐妹，36.4% 求助于亲戚，12.1% 求助于邻里，18.2% 求助于村干部或街道干部，21.1% 求助于传统头人或社会权威。在搬迁到本地后，生产、生活遇到困难和麻烦时，汉族受访者各有 1 人占比 50% 会找亲戚和政府部门来解决；6 位傣族受访者中有 42.9% 找亲戚帮忙，14.3% 找邻里和好朋友帮忙，28.6% 找村干部或街道干部帮忙；31 位景颇族受访者中有 45.5% 向亲戚寻求帮助，21.2% 的找邻里帮忙，21.2% 向村干部或街道干部寻求帮助，比例占 3% 为找父母帮忙、向兄弟姐妹寻求帮助、自己解决和向传统头人或社会权威寻求帮助。

对于外来流入人员的态度，表示非常欢迎和比较欢迎的比例之和在 54 位汉族受访者中是 92.59%；在 73 位傣族受访者中的比例是 94.52%；在 241 位景颇族受访者中的比例是 88.8%。对外来流入人员表示不欢迎态度的 10 位景颇族受访者中，认为外来流入人员破坏了当地的资源等自然环境的有 6 位受访者，占比 60%，认为外来流入人员赚走了当地人的钱，但对当地没有贡献的受访者是 2 位，占比 20%。

表 7-10　　当地户籍住户欢迎外来人员到当地工作、生活的原因　　单位:%

| | 汉族受访者 | | | 傣族受访者 | | | 景颇族受访者 | | |
|---|---|---|---|---|---|---|---|---|---|
| | 同意 | 不同意 | 不清楚 | 同意 | 不同意 | 不清楚 | 同意 | 不同意 | 不清楚 |
| 增加了当地的投资 | 96.08 | 3.92 | 0 | 93.15 | 5.48 | 1.37 | 88.05 | 9.73 | 2.21 |
| 扩大了当地的就业机会 | 96.15 | 3.84 | 0 | 93.06 | 6.94 | 0 | 99.94 | 8.85 | 2.21 |
| 有利于国家安全 | 88.46 | 7.69 | 3.85 | 83.10 | 11.27 | 5.63 | 86.73 | 8.85 | 4.42 |
| 开阔了当地人的眼界 | 100 | | | 97.22 | 1.39 | 1.39 | 99.12 | 0.44 | 0.44 |
| 提高了当地的社会服务水平 | 98.08 | 1.92 | | 93.06 | 2.78 | 4.17 | 95.13 | 0.88 | 3.98 |
| 带来了先进技术和管理方式 | 98.08 | 1.92 | | 98.63 | 1.37 | | 99.56 | 0.44 | |
| 有利于缩小区域间的差距 | 98.08 | 1.92 | | 97.22 | 1.39 | 1.39 | 95.13 | | 2.65 |
| 增强了民族间的交往 | 96.15 | 1.92 | 1.92 | 97.26 | 2.74 | | 97.79 | 0.44 | 1.77 |

续表

| | 汉族受访者 | | | 傣族受访者 | | | 景颇族受访者 | | |
|---|---|---|---|---|---|---|---|---|---|
| | 同意 | 不同意 | 不清楚 | 同意 | 不同意 | 不清楚 | 同意 | 不同意 | 不清楚 |
| 增加了当地劳动力市场中的劳动力 | 94.23 | 1.92 | 3.85 | 100 | | | 93.36 | 0.44 | 3.98 |
| 有利于弘扬本地的民族文化 | 90.38 | 3.84 | 5.77 | 90.14 | 8.45 | 1.41 | 96.46 | 0.88 | 2.65 |
| 样本量（个） | 52 | | | 71 | | | 226 | | |

上表的数据显示，除了赞同外来流入人员有利于国家安全的比例低于90%，其他九项内容表示同意的比例都在90%以上。再次说明了盈江县当地居民对外来流入人员的欢迎。

（二）就业情况

盈江县380位农村受访者中只是务农比例占89.3%。汉族、傣族和景颇族受访者中只是务农的比例逐次升高。汉族从事非农劳动的比例最高，其次是傣族，景颇族从事非农劳动的受访者比例仅为8%。回答2013年有非农务工经历的受访者比例为17人。由此可见，农业生产是盈江县农村受访者个人和家庭的主要收入来源。傣族、汉族和景颇族受访者及其家庭在收入上的差距主要来自农业生产上的差异。

| 表7-11 | 工作状况 | | 单位:%、个 |
|---|---|---|---|
| | 汉族 | 傣族 | 景颇族 |
| 只是务农 | 81.5 | 89.5 | 90.8 |
| 务农为主，同时从事非农业 | 7.4 | 7.9 | 3.8 |
| 以非农工作为主，同时也务工 | 9.3 | 2.6 | 2.9 |
| 只从事非农工作 | 0 | 0 | 1.3 |
| 家务劳动者 | 1.0 | 0 | 0.8 |
| 全日制学生 | 0.8 | 0 | 0.4 |
| 样本量（个） | 54 | 74 | 237 |

从事过非农自营的农村受访者只有15位，占总样本量的3.94%。在农村受访者中94%的汉族受访者、100%的傣族受访者和99.57%的傣族受访者是家庭承包经营劳动者，且从业地区主要在乡内。

# 第三节　盈江县民族文化与教育

## 一　语言与文字

盈江县以汉语地方方言、傣语为主，因该地有较多景颇族，所以景颇语以及其他一些少数民族也会使用本民族的语言。当地教育并未普及双语教育，学校使用的是普通话授课。除了傣族有文字外，景颇与阿昌族都是只有语言没有文字，很难通过学校学习自己的语言。调查数据显示，86.2%的受访者小时候最先说自己本民族的语言，有 14.5%的最先说当地的方言。仅有 0.3%从小开始学习汉语普通话。在受访者中，有 33.5%能用汉语普通话与人交流，有 97.2%能用汉语方言与人交流，有 88.5%能使用自己本民族的语言与人交谈，还有 1.3%能使用其他少数民族语言与他人交谈。分民族看，傣族和景颇族受访者小时候最先会说的基本都是本民族语言。

表 7－12　　　　　　　　　　语言学习和使用　　　　　　　　单位:%

| 小时候最先会说的语言 | 普通话 | 地方方言 | 本民族语言 | 其他民族语言 | 样本量（个） |
|---|---|---|---|---|---|
| 汉族 | 1.8 | 91.1 | 100 | 0 | 57 |
| 傣族 | 0 | 5.2 | 96.1 | 0 | 77 |
| 景颇族 | 0 | 0.8 | 99.6 | 0 | 253 |
| 与人交谈使用的语言 | | | | | |
| 汉族 | 30.4 | 98.2 | 100 | 3.6 | 57 |
| 傣族 | 42.9 | 97.4 | 100 | 1.3 | 77 |
| 景颇族 | 31.0 | 96.8 | 99.6 | 0.4 | 253 |

上表中的数据表明，傣族和景颇族受访者除了掌握本民族语言外，也基本掌握汉语方言；傣族受访者掌握普通话的比例高于汉族和景颇族受访者。具体到语言程度，汉族受访者熟练掌握普通话的比例为 36.11%，没有听不懂也不会说普通话的汉族受访者。傣族受访者中熟练掌握普通话的比例达到了 34.88%，听不懂也不会说的有 1 位受访者，占比 2.33%。景颇族受访者熟练掌握普通话的比例为 20.54%，听不懂也不会说的有 1 位受访者，占比 0.89%。汉族受访者都能熟练掌握汉语方言，傣族受访者

熟练掌握汉语方言的比例为89.19%，景颇族受访者熟练掌握汉语方言的比例是77.35%，无论是傣族受访者还是景颇族受访者都没有听不懂也不会说汉语方言的情况。这也表明盈江县农村的傣族和景颇族居民中不存在语言障碍。

表7-13　　　　　　　　　　　　　汉字使用　　　　　　　　　　　　单位:%

| 汉字 | 会 | 会一些 | 不会 | 合计 | 样本量（个） |
|---|---|---|---|---|---|
| 汉族 | 70.2 | 19.3 | 10.5 | 100 | 56 |
| 傣族 | 66.2 | 27.3 | 6.5 | 100 | 72 |
| 景颇族 | 38.6 | 36.3 | 25.1 | 100 | 230 |
| 文字水平 | 掌握足够文字 | 掌握文字数量不够或太少 | 完全不能书写 | | |
| 汉族 | 50 | 44.64 | 5.36 | 100 | 56 |
| 傣族 | 52.78 | 43.05 | 4.17 | 100 | 72 |
| 景颇族 | 34.78 | 43.48 | 21.74 | 100 | 230 |

表7-13中汉族的书写程度说明，傣族和汉族受访者在汉字书写上的程度差异不大，但景颇族受访者的汉字书写掌握程度相对于傣族和汉族受访者较差，这也与景颇族受访者的教育水平低有直接关系。

## 二　双语教育

"双语教育"是少数民族地区的热点问题之一。盈江县的傣族和景颇族汉语方言掌握较好，该地的双语教育并不普遍，而且双语教育主要是学习汉语之外的少数民族语言。在关于"您是否愿意送子女到双语学校学习?"的问题中，全部傣族受访者表示愿意，景颇族受访者有2.9%的比例表示不愿意。

表7-14　　　　　　　　　　　　　双语学校　　　　　　　　　　单位:%、人

| 送子女去双语学校学习 | 很愿意 | 较愿意 | 愿意 | 不愿意 | 无所谓 | 样本量（个） |
|---|---|---|---|---|---|---|
| 傣族 | 55.1 | 32.7 | 12.2 | 0 | 0 | 49 |
| 景颇族 | 20.7 | 65.7 | 10.9 | 2.9 | 0 | 140 |
| 双语教育效果的评价 | 很好 | 好 | 一般 | 不好 | 很不好 | 样本量 |
| 傣族 | 4.2 | 35.2 | 47.9 | 5.6 | 7 | 49 |
| 景颇族 | 8.3 | 38.8 | 45.6 | 1.9 | 5.3 | 140 |

对于双语教育的评价，傣族受访者认为不好的比例有 12.6%，景颇族受访者该比例是 7.2%，两类受访者认为双语教育效果好的比例不足半数。

此外，72 位傣族受访者中有 65.28% 的比例表示很多时候都愿意说本民族语言，另有 34.72% 的比例表示只和本民族人在一起时才愿意说本民族语言。240 位景颇族受访者中有 80.42% 的比例表示很多时候都愿意说本民族语言，有 16.67% 的比例表示只和本民族人在一起时才愿意说本民族语言；表示不愿意说本民族语言的比例是 0.42%，表示不好说的比例是 2.5%。

## 三　传统民族文化

本次调查的文化类型包括了传统民居、传统服饰、传统节日、人生礼仪、传统文娱活动、传统饮食、道德规范、人际交往习俗、传统生产方式和宗教活动习俗。宗教是少数民族传统文化的重要内容，盈江县的傣族主要信仰小乘佛教，景颇族大多信仰基督教。根据调查，盈江县农村受访者的信仰情况如表 7－15 所示。

表 7－15　　　　　　　　　　宗教信仰　　　　　　　　　单位：人

| | 汉族 | 所占比例（%） | 傣族 | 所占比例（%） | 景颇族 | 所占比例（%） |
|---|---|---|---|---|---|---|
| 伊斯兰教 | 0 | 0 | 0 | 0 | 2 | 0.81 |
| 佛教 | 1 | 1.89 | 48 | 64.87 | 2 | 0.81 |
| 道教 | 1 | 1.89 | 0 | 0 | 0 | 0 |
| 天主教 | 0 | 0 | 0 | 0 | 1 | 0.40 |
| 基督教 | 3 | 5.66 | 2 | 2.70 | 142 | 57.26 |
| 民间信仰 | 2 | 3.77 | 1 | 1.35 | 51 | 20.56 |
| 没有宗教信仰 | 46 | 86.79 | 23 | 31.08 | 50 | 20.16 |
| 合计 | 53 | 100 | 74 | 100 | 248 | 100 |

上表中很清晰地表明，汉族受访者大多数没有宗教信仰，傣族和景颇族受访者中表示也有宗教信仰的比例分别是 31% 和 21%。傣族受访者信仰佛教的比例都过半，景颇族信仰基督教和民间宗教的比例之和是 77.82%。

表 7 – 16　　　　　　　　最具本地特色的传统文化类型　　　　　单位:%

| | 汉族 | 傣族 | 景颇族 |
|---|---|---|---|
| 传统民居 | 25.0 | 31.2 | 33.2 |
| 传统服饰 | 46.4 | 80.5 | 71.5 |
| 传统节日 | 67.9 | 75.3 | 53.4 |
| 人生礼仪 | 3.6 | 9.1 | 7.5 |
| 传统文娱活动 | 17.9 | 14.3 | 12.3 |
| 传统饮食 | 17.9 | 46.8 | 30.0 |
| 道德规范 | 0 | 3.9 | 4.0 |
| 人际交往习俗 | 0 | 5.2 | 2.4 |
| 传统生产方式 | 7.1 | 5.2 | 4.7 |
| 宗教活动习俗 | 14.3 | 13.0 | 22.1 |
| 样本量（个） | 52 | 72 | 240 |

　　上表给出了盈江县汉族、傣族和景颇族受访者所选择的最具本地特色的传统文化类型。其中汉族受访者认为最具本地特色的传统文化是传统节日，其比例达到了 67.9%，之后的排序是传统服饰、传统民居、传统文娱活动、传统饮食、宗教活动习俗、传统生产方式、人生礼仪。傣族受访者中选择传统服饰的比例最高达到了 80.5%，选择传统节日的比例是 75.3%，位居第二；之后的排列顺序依次为：传统饮食、传统民居、传统文娱活动、宗教活动习俗、传统生产方式、人际交往习俗和道德规范。景颇族受访者选择比例最高的是传统服饰，其次是传统节日和传统民居，传统饮食的比例也达到了 30%，之后的排序依次是宗教活动习俗、传统文娱活动、人生礼仪、传统生产方式、道德规范、人际交往习俗。总体上，无论汉族、傣族还是景颇族受访者选择较集中在传统节日、传统服饰、传统民居、传统饮食。

表 7 – 17　　　　　　　　最重要的本民族文化类型　　　　　单位:%

| | 汉族 | 傣族 | 景颇族 |
|---|---|---|---|
| 传统民居 | 0 | 23.4 | 17.4 |
| 传统服饰 | 53.8 | 45.5 | 63.6 |
| 传统节日 | 61.5 | 75.3 | 74.7 |
| 人生礼仪 | 7.7 | 36.4 | 23.3 |

续表

| | 汉族 | 傣族 | 景颇族 |
|---|---|---|---|
| 传统文娱活动 | 0 | 15.6 | 11.1 |
| 传统饮食 | 30.8 | 28.6 | 15.4 |
| 道德规范 | 15.4 | 11.7 | 16.6 |
| 人际交往习俗 | 26.9 | 10.4 | 5.1 |
| 传统生产方式 | 11.5 | 9.1 | 14.2 |
| 宗教活动习俗 | 3.8 | 24.7 | 12.6 |
| 样本量（个） | 52 | 72 | 240 |

　　在选择最重要的本民族文化类型中，汉族受访者的选择与最具本地特色的传统文化类型选择表现出了一定的差异，主要体现在没有汉族受访者选择传统民居和传统文娱活动。傣族受访者和景颇族受访者的选择差异性不大，前三位都是传统节日、传统服饰和人生礼仪，尤其是传统节日的选择比例均为75%。

表7-18　　　　　　　　留存或传播较好的本民族文化类型　　　　　　单位:%

| | 汉族 | 傣族 | 景颇族 |
|---|---|---|---|
| 传统民居 | 7.7 | 23.4 | 35.9 |
| 传统服饰 | 42.3 | 71.4 | 65.7 |
| 传统节日 | 57.7 | 49.4 | 55.8 |
| 人生礼仪 | 15.4 | 14.3 | 15.1 |
| 传统文娱活动 | 7.7 | 14.3 | 12.7 |
| 传统饮食 | 30.8 | 63.6 | 37.5 |
| 道德规范 | 11.5 | 10.4 | 5.2 |
| 人际交往习俗 | 11.5 | 2.6 | 6.0 |
| 传统生产方式 | 7.7 | 13.0 | 10.4 |
| 宗教活动习俗 | 19.2 | 18.2 | 8.8 |
| 样本量（个） | 52 | 72 | 240 |

　　根据表中的结果，傣族受访者和景颇族受访者认为留存或传播较好的本民族文化类型也集中在传统服饰、传统节日、传统民居、传统饮食。同前面的结果相比，说明盈江县受访者所重视和代表性的民族文化也正是留存或传播较好的类型。

表 7-19　　　　　　　　已经濒危失传亟须恢复的文化类型　　　　单位:%

| | 汉族 | 傣族 | 景颇族 |
|---|---|---|---|
| 传统民居 | 42.3 | 58.4 | 49.2 |
| 传统服饰 | 34.6 | 14.3 | 21.4 |
| 传统节日 | 3.8 | 24.7 | 19.8 |
| 人生礼仪 | 15.4 | 46.8 | 29.8 |
| 传统文娱活动 | 15.4 | 14.3 | 30.2 |
| 传统饮食 | 3.8 | 9.1 | 19.0 |
| 道德规范 | 23.1 | 23.4 | 28.2 |
| 人际交往习俗 | 11.5 | 23.4 | 21 |
| 传统生产方式 | 23.1 | 26.0 | 20.6 |
| 宗教活动习俗 | 23.1 | 28.6 | 14.3 |
| 样本量（个） | 52 | 72 | 240 |

　　汉族、傣族和景颇族受访者选择已经濒危失传亟须恢复的文化类型比例最高的是传统民居，傣族受访者选择比例位居第二的是人生礼仪，傣族受访者之后的排序依次为宗教活动习俗、传统生产方式、传统节日、人际交往习俗、道德规范、传统服饰、传统文娱活动和传统饮食。景颇族受访者位居第二的是传统文娱活动，之后的排序依次为：人生礼仪、道德规范、传统服饰、人际交往习俗、传统生产方式、传统节日、传统饮食、宗教活动习俗。

表 7-20　　　　受访者对当地政府和国家保护民族文化工作的评价　　　单位:%

| | 对当地政府保护民族文化工作的评价 | | | 对国家保护民族文化政策的评价 | | |
|---|---|---|---|---|---|---|
| | 汉族 | 傣族 | 景颇族 | 汉族 | 傣族 | 景颇族 |
| 传统民居 | 40 | 79.73 | 65.43 | 33.33 | 82.43 | 65.43 |
| 传统服饰 | 63.33 | 97.30 | 94.24 | 62.07 | 89.19 | 96.28 |
| 传统节日 | 76.67 | 81.08 | 88.89 | 75.86 | 83.78 | 88.07 |
| 人生礼仪 | 56.67 | 72.97 | 83.54 | 65.52 | 72.97 | 83.13 |
| 传统文娱活动 | 60.0 | 93.24 | 76.54 | 58.62 | 94.59 | 73.25 |
| 传统饮食 | 70.00 | 98.65 | 90.53 | 72.41 | 97.30 | 88.48 |
| 道德规范 | 66.67 | 77.03 | 84.77 | 73.33 | 72.97 | 83.54 |

续表

| | 对当地政府保护民族文化工作的评价 | | | 对国家保护民族文化政策的评价 | | |
|---|---|---|---|---|---|---|
| | 汉族 | 傣族 | 景颇族 | 汉族 | 傣族 | 景颇族 |
| 人际交往习俗 | 63.33 | 82.43 | 86.01 | 66.67 | 75.68 | 82.30 |
| 传统生产方式 | 53.33 | 67.57 | 79.42 | 60.0 | 66.22 | 77.37 |
| 宗教活动习俗 | 66.67 | 68.92 | 90.95 | 70 | 67.57 | 90.91 |
| 样本量（个） | 30 | 74 | 243 | 30 | 74 | 242 |

对当地政府和国家保护各项民族文化的评价中，傣族和景颇族受访者和汉族受访者相比，前两者都高于后者。出现这种情况可能是源于汉族在当地的人口规模少于其他民族。表中的数字反映出，傣族和景颇族受访者除了对人际交往习俗的当地政府保护工作评价高出对国家该项政策的评价7个百分点和4个百分点，其余各项对当地政府工作和国家政策的评价差异不大。汉族受访者虽然对当地政府工作和国家政策在保护各项民族文化的评价中是三类受访者中最低的，但也都超过了半数。这也说明盈江县当地政府对民族文化保护工作开展得较好。

# 第四节　盈江县民族关系及身份认同

## 一　民族关系

### （一）民族交往

本次调查的受访者就民族交往、民族关系进行了评价。

在380位受访者中，有68.7%的受访者表示有三个以上"最好的其他民族朋友"。这说明盈江县不同民族之间交往密切，关系和睦融洽。

汉族受访者100%表示愿意和少数民族聊天（其中75%的人表示很愿意，25%表示比较愿意），有73.3%的受访者很愿意和少数民族成为邻居，有26.7%的受访者比较愿意和少数民族成为邻居，有80%的受访者"愿意和少数民族一起工作"，有20%的受访者"比较愿意和少数民族一起工作"。有81.7%的受访者很愿意和少数民族人成为亲密朋友，有16.7%的受访者比较愿意和少数民族成为亲密朋友，有1.7%的受访者不愿意和少数民族成为亲密朋友，在下一个关于"是否愿意和少数民族的人结为亲家"中的各项比例与上述相同。

在少数民族受访者中，有71.3%很愿意与汉族聊天，有26.3%比较愿意和汉族聊天，还有2.4%人不太愿意与不愿意和汉族聊天。有69.5%和28.6%的受访者表示很愿意和比较愿意和汉族成为邻居，有1.8%的受访者不太愿意也不愿意和汉族成为邻居。有70.9%的受访者很愿意和汉族一起工作，有27.2%的受访者比较愿意和汉族一起工作，有1.8%的受访者不太愿意和不愿意和汉族一起工作。有70.3%和27.2%的受访者很愿意及比较愿意，与汉族成为亲密朋友，2.6%的受访者不太愿意和不愿意与汉族成为亲密朋友。有71.3%的受访者很愿意与汉族结为亲家，有26.2%的受访者比较愿意和汉族结为亲家。有2.4%的受访者不太愿意和不愿意与汉族结为亲家。

汉族受访者与少数民族受访者之间在聊天、邻居和工作上基本上都是愿意在一起的。但是，在亲密朋友与亲家关系上双方有少部分人表示不愿意，这方面应该是由当地礼俗方面的差异而造成的。

（二）民族关系评价

对于全国范围内不同时期各民族关系的评价表明，52位汉族、76位傣族和250位景颇族受访者均认为建立社会主义市场经济体制时期全国的各民族关系很好和较好的比例最高，其次是最近五年。

表7-21　　全国范围，汉族对于不同时期各民族间相互关系的评价　单位:%

| 汉族 | 很好 | 较好 | 一般 | 不太好 | 很不好 | 合计 |
|---|---|---|---|---|---|---|
| 改革开放前 | 5.8 | 36.5 | 17.3 | 30.8 | 9.6 | 100 |
| 改革开放初期 | 9.4 | 30.2 | 26.4 | 24.5 | 9.4 | 100 |
| 建立社会主义市场经济体制 | 25.5 | 43.6 | 29.1 | 0 | 1.8 | 100 |
| 最近五年 | 26.8 | 32.1 | 28.6 | 12.5 | 0 | 100 |
| 傣族 | | | | | | |
| 改革开放前 | 17.1 | 35.7 | 24.3 | 15.7 | 7.1 | 100 |
| 改革开放初期 | 17.1 | 37.1 | 22.9 | 18.6 | 4.3 | 100 |
| 建立社会主义市场经济体制 | 26.0 | 37.0 | 30.1 | 5.5 | 1.4 | 100 |
| 最近五年 | 36.5 | 31.1 | 27.0 | 4.1 | 1.4 | 100 |
| 景颇族 | | | | | | |
| 改革开放前 | 8.9 | 44.1 | 25.7 | 16.2 | 5 | 100 |
| 改革开放初期 | 14.5 | 42.5 | 24 | 17.3 | 1.7 | 100 |
| 建立社会主义市场经济体制 | 24.7 | 40.0 | 28.9 | 6.3 | 0 | 100 |
| 最近五年 | 34.7 | 31.0 | 20.2 | 14.1 | 0 | 100 |

表 7 - 22　　　　就本地范围，不同时期各民族间相互关系的评价　　　单位:%

| | 很好 | 较好 | 一般 | 不太好 | 很不好 | 说不清 | 合计 |
|---|---|---|---|---|---|---|---|
| 改革开放 | 28.0 | 27.3 | 9.4 | 13.3 | 7.2 | 14.8 | 100 |
| 改革开放初期 | 29.1 | 26.5 | 12.2 | 14.3 | 4.1 | 13.8 | 100 |
| 建立社会主义市场经济体制 | 39.3 | 29.6 | 15.8 | 4.1 | 0.8 | 10.5 | 100 |
| 最近五年（"3·14"和"7·5"）之后 | 48.7 | 29.2 | 14.5 | 4.1 | 0.8 | 3.6 | 100 |

注：样本量是 390。

　　总样本中对于盈江县本地各民族之间的相互关系评价，表现为随着时代变迁，认为民族之间的关系良好，并有稳定的进步。

　　分不同民族后发现，汉族、傣族、景颇族对于各时期的民族关系评价基本持平，所以没有再具体罗列。

## 二　身份认同

　　在身份认同方面，304 位回答的受访者中更加认同中华民族的比例达到 50%，既认同本民族也认同中华民族的占比 46.8%。将受访者民族身份与民族认同的交叉制表后的基本情况如下：

表 7 - 23　　　　　　我国民族意识的发展趋势如何　　　　　单位：人,%

| | 汉族 | 所占比例 | 傣族 | 所占比例 | 景颇族 | 所占比例 |
|---|---|---|---|---|---|---|
| 更加认同本民族意识 | 1 | 2.08 | 2 | 3.08 | 7 | 3.54 |
| 更加认同中华民族 | 32 | 66.67 | 17 | 26.15 | 106 | 53.54 |
| 既认同本民族也认同中华民族 | 15 | 31.25 | 46 | 70.77 | 85 | 42.93 |
| 合计 | 48 | 100 | 65 | 100 | 198 | 100 |

　　三类民族中，汉族受访者选择更加认同中华民族的比例最高，为66.67%；其次是景颇族受访者的比例是 53.54%；傣族受访者该比例为26.15%。选择既认同本民族也认同中华民族的傣族受访者比例最高是70.77%，景颇族受访者该比例是 42.93%，汉族受访者该比例是 31.25%。

表 7 - 24　　　　　　　　　　　当外国人询问身份时的回答

| | 汉族 | 所占比例（%） | 傣族 | 所占比例（%） | 景颇族 | 所占比例（%） |
|---|---|---|---|---|---|---|
| 中国人、本民族 | 17 | 58.62 | 46 | 63.01 | 143 | 59.34 |
| 本民族、中国人 | 1 | 3.45 | 3 | 4.11 | 17 | 7.05 |
| 中国人和本民族不分先后 | 7 | 24.14 | 22 | 30.14 | 57 | 23.65 |
| 不好回答 | 4 | 13.79 | 2 | 2.74 | 24 | 9.96 |
| 合计 | 29 | 100 | 73 | 100 | 241 | 100 |

无论是汉族受访者、傣族受访者还是景颇族受访者，当外国人询问民族身份时，选择中国人、本民族的比例都是最高的，且超过了半数，其中傣族受访者该比例位居三类民族之首；选择中国人和本民族不分先后的比例中也是傣族受访者该比例最高，汉族和景颇族受访者基本一致。

# 第五节　盈江县城乡受访者的社会生活

## 一　公共基础设施与居民公益活动

本次问卷调查了十项公共设施的便利程度，共有 375 位被访者回答了从家庭到这些公共设施的距离。距离被分为"小于 1 千米"、"1—3 千米"、"3—5 千米"、"5—10 千米"、"10 千米以上"，经统计分析后看出，治安设施（岗亭、警卫室等）、残疾人无障碍及康复设施是受访者选择不知道的比例最高；其次是中学、老年服务中心、幼儿园；活动中心（活动室、广场等）同运动场所及器材选择不知道的比例也在 39% 和 32%。公共厕所、公共卫生室或医院、小学最为便利，这些公共设施到受访者家庭距离"小于 1 公里"的比例最高。

表 7 - 25　　　　　受访者家到下列公共基础设施的距离　　　　　单位:%

| | 小于 1 千米 | 1—3 千米 | 3—5 千米 | 5—10 千米 | 5—10 千米 | 不知道 | 合计 |
|---|---|---|---|---|---|---|---|
| 公共厕所 | 72.19 | 11.76 | 0.27 | | | 15.78 | 100 |
| 老年服务中心 | 35.73 | 8.27 | | | 0.53 | 55.47 | 100 |
| 公共卫生室或医院 | 66.31 | 21.12 | 4.81 | 0.27 | | 7.49 | 100 |

续表

| | 小于 1 千米 | 1—3 千米 | 3—5 千米 | 5—10 千米 | 5—10 千米 | 不知道 | 合计 |
|---|---|---|---|---|---|---|---|
| 活动中心（活动室、广场等） | 47.72 | 12.06 | 0.54 | | 0.27 | 39.41 | 100 |
| 教育设施（幼儿园） | 22.16 | 22.43 | 1.08 | | | 54.32 | 100 |
| 教育设施（小学） | 55.08 | 33.96 | 0.53 | 0.27 | | 10.16 | 100 |
| 教育设施（中学） | 18.48 | 8.7 | 0.27 | 1.09 | 0.27 | 71.2 | 100 |
| 治安设施（岗亭、警卫室） | 0.54 | 5.14 | 0.27 | | | 94.05 | 100 |
| 残疾人无障碍及康复设施 | 0.81 | | | 0.27 | | 98.92 | 100 |
| 运动场所及器材 | 46.88 | 21.14 | 0.27 | | | 31.71 | 100 |

表 7 - 26　　　　　　　　受访者对公共基础设施使用效果的评价　　　　　　单位:%

| 满意度评价 | 满意 | 一般 | 不满意 | 没有该设施 | 合计 |
|---|---|---|---|---|---|
| 公共厕所 | 71.24 | 9.76 | 4.49 | 14.51 | 100 |
| 老年服务中心 | 22.22 | 5.82 | 3.17 | 68.78 | 100 |
| 公共卫生室或医院 | 22.61 | 6.65 | 3.98 | 66.76 | 100 |
| 活动中心（活动室、广场等） | 33.69 | 8.82 | 0 | 57.49 | 100 |
| 教育设施（幼儿园） | 70.40 | 17.07 | 1.87 | 10.67 | 100 |
| 教育设施（小学） | 48.94 | 9.79 | 1.06 | 40.21 | 100 |
| 教育设施（中学） | 65.78 | 11.41 | 0 | 22.81 | 100 |
| 治安设施（岗亭、警卫室） | 5.88 | 0.80 | | 93.32 | 100 |
| 残疾人无障碍及康复设施 | 0.80 | 0 | 0 | 99.20 | 100 |
| 运动场所及器材 | 56.27 | 9.6 | 0.27 | 33.87 | 100 |

　　上表是受访者对本村公共基础设施使用效果的评价，满意度最高的是公共厕所，其次是幼儿园、中学和小学。没有治安设施（岗亭、警卫室等）、残疾人无障碍及康复设施的比例很高，其次是老年服务中心、公共卫生室或医院、活动中心。总体上，对公共设施使用效果的评价和距离远近有直接关联，通常距离较近的公共设施的满意度评价也较高。

　　实地调查中证实，盈江县和其他农村地区一样，农村的各项公共基础设施还是落后于城镇。其中优质教育资源在农村地区较为稀缺，农村受访者家庭中的幼儿园以及小学的适龄儿童前往县城读书的情况并不少见，也出现了不少家长陪读的现象。

在农村受访者中，认为现有基础设施已能满足基本需求的比例占83.1%。关于基础设施建设存在的问题，受访者认为政府资金投入不足的比例占62.7%，领导不重视的比例占31.9%。认为当地的基础设施受自然环境约束的比例占为27.5%。

在公益活动方面，380位全体受访者的有效回答率为94.4%，其中在受访者中有村内（或社区内）无偿帮工为53.6%，义务打扫社区、村的卫生为52.8%，捐款捐物为30.7%，其他志愿服务或助人活动为14.8%，如种树占13.7%；义务照顾社区、村的孤寡老人为10.8%，义务参加专业咨询活动为3.8%，参加环保活动为3%，义务献血为2.4%。

分民族来看，汉族受访者中义务献血占1.9%，捐款捐物占24.5%，义务参加专业咨询活动占3.8%，义务打扫社区、村的卫生占56.6%，义务照顾社区，村的孤寡老人占7.5%。参加村内或社区的无偿帮工占62.3%，其他志愿服务或助人活动占18.9%；傣族受访者中义务献血的占8.2%，捐款捐物的占49.3%，义务参加专业咨询活动的占9.6%，义务打扫社区、村的卫生的占83.6%，义务照顾社区、村的孤寡老人的占6.8%，参加环境保护活动占6.8%，村内或社区内无偿帮工占28.8%；景颇族受访者中义务献血为0.8%，捐款捐物占26.4%，义务参加专业咨询活动占2.1%，义务打扫社区、村的卫生占41.8%，义务照顾社区、村的孤寡老人的占12.6%，参加环境保护活动的占2.5%，村内或社区的无偿帮工占59.0%。

## 二 地区发展中的主观态度

受访者对地区发展的主观看法是本次调查的主要内容之一。城市建设方面，对于传统民居的改造有21.9%的受访者赞同保持原貌不变，29.7%的受访者赞同保持外形但内部可改造，还有16.9%的受访者赞同拆迁。

假定当地由于城市规划，需要拆迁的受访者民居，有60.9%的受访者选择服从国家的需要，19.5%的受访者认为只要赔偿价钱合理就会同意，还有12.3%的受访者需要看周围邻居的态度。

表 7 - 27　　　　　　　　改造拆迁中如何看待历史建筑　　　　　单位:%

| | 保持原貌不动 | 保持外形但内部可改造 | 拆迁 | 异地重建 | 不清楚 | 合计 | 样本量 |
|---|---|---|---|---|---|---|---|
| 汉族 | 41.8 | 16.4 | 18.2 | 7.3 | 16.4 | 100 | 50 |
| 傣族 | 20.5 | 42.5 | 11.0 | 9.6 | 16.4 | 100 | 72 |
| 景颇族 | 17.6 | 28.8 | 18.0 | 7.6 | 280 | 100 | 243 |

对改造拆迁中如何看待历史建筑,上表中汉族受访者选择保持原貌不动的受访者比例最高,傣族受访者选择保持外形但内部可改造的比例明显高于其他比例;景颇族受访者同样是选择保持外形但内部可改造的比例最高,但与位居第二,选择不清楚的受访者比例基本一致。由此可见,盈江县农村受访者对历史建筑的保护意识很强。

表 7 - 28　　　　　　城市建设房屋被计划拆迁的态度　　　　　单位:%

| | 汉族 | 傣族 | 景颇族 |
|---|---|---|---|
| 只要价钱合理就行 | 19.6 | 19.5 | 20.0 |
| 价钱再高也不愿意拆迁 | 8.9 | 0 | 2.8 |
| 服从国家需要 | 55.4 | 68.8 | 59.2 |
| 看周围邻居态度 | 10.7 | 10.4 | 13.2 |
| 看拆迁工作的方式方法 | 5.4 | 1.3 | 4.8 |
| 合计 | 100 | 100 | 100 |
| 样本量（个） | 50 | 72 | 243 |

城市建设房屋需要被拆迁时,大部分汉族、傣族和景颇族受访者选择了服从国家需要,其次是价钱合理就行。三类受访者间的差异不大,这也表明盈江县农村受访者在房屋拆迁上以国家利益为重。

表 7 - 29　　　　　开发旅游资源或保护本民族文化的态度　　　　单位:%

| | 汉族 | 傣族 | 景颇族 |
|---|---|---|---|
| 以发展经济为主,提高现代生活水平为主 | 35.1 | 10.4 | 28.8 |
| 保护本民族传统文化为主,不赞同过度商业化 | 61.4 | 84.4 | 58.4 |
| 不好说 | 3.5 | 5.2 | 12.8 |
| 合计 | 100 | 100 | 100 |
| 样本量（个） | 50 | 72 | 243 |

在城市经济发展方面，若开发旅游资源和保护民族文化发生冲突时，有 64.4% 的受访者赞同保护本民族传统文化为主，不赞同过度商业化，有 25.7% 的受访者认为以发展经济为主，提高现代生活水平为主。

盈江县受访者对"2020 年所在地区全面建成小康社会"表示很有信心和有信心的比例是 96.9%；而没有信心的原因主要集中在：经济收入提高慢、基础设施不足、文化生活贫乏、扶持政策不到位与社会保障不完善。

## 三　社会保障

受访者家庭所享受补助情况看，总样本中 322 位受访者回答了相关问题，有效回答率为 84.7%，其中低保户 73.6%，受灾人员占 28.2%、残疾人员占 1.2%。受访者家庭中，有 7.1% 的受访者参加了城镇居民养老保险。大部分受访个人及家庭成员都参加了农村居民社会养老保险及新型农村合作医疗保险。对于新型农村合作医疗保险，参加的受访者比例是 98.2%，缴纳的医疗保险费是 60 元的占比 59.8%。

表 7-30　　　　　　　　　　参加社会保险情况

| | 汉族样本 | 所占比例（%） | 傣族样本 | 所占比例（%） | 景颇族样本 | 所占比例（%） |
|---|---|---|---|---|---|---|
| 城镇职工养老保险 | 1 | 1.75 | 1 | 1.35 | 0 | 0.00 |
| 城镇居民养老保险 | 2 | 3.51 | 11 | 14.86 | 13 | 5.35 |
| 农村居民社会养老保险 | 43 | 75.44 | 57 | 77.03 | 222 | 91.36 |
| 城镇职工基本医疗保险 | 1 | 1.75 | 0 | 0 | 1 | 0.41 |
| 城镇居民基本医疗保险 | 1 | 1.75 | 0 | 0 | 1 | 0.41 |
| 新型农村合作医疗保险 | 54 | 94.74 | 0 | 100 | 243 | 100 |
| 工伤保险 | 1 | 1.75 | 0 | 0 | 0 | 0 |

上表中是三类不同民族受访者参加社会保险的情况，新型农村合作医疗保险是参保比例最高的，其次是农村居民社会养老保险。此外，傣族受访者有 14.86% 的比例参加了城镇居民养老保险。之所以受访者是农业户口但参加了城镇居民养老保险，主要原因是这些受访者已经在城镇居住和工作了很长时间。受访者之外，受访者家庭成员的参保情况与之差异不

大，所以没有一一列出。

受访者个人医疗支出主要集中在 5000 元以下，有效百分比为 59.4%，个人全年医疗平均支出为 1312.17 元。受访者家庭医疗平均支出为 5361.30 元，医疗报销为 3014.34 元，报销比例达到了 56.22%。

表 7 - 31　　　　　　　　　　家庭医疗情况　　　　　　　　　单位:%

| | 汉族 | | 傣族 | | 景颇族 | |
|---|---|---|---|---|---|---|
| | 总支出 | 报销 | 总支出 | 报销 | 总支出 | 总报销 |
| 1000 元以下 | 33.3 | 54.4 | 37.3 | 65.8 | 36.4 | 53.8 |
| 1000—3000 元 | 24.6 | 26.3 | 38.7 | 14.5 | 23.7 | 17.8 |
| 3000—5000 元 | 17.5 | 7.0 | 5.3 | 9.2 | 11.1 | 10.3 |
| 5000—10000 元 | 14.1 | 7.0 | 14.7 | 7.9 | 16.2 | 10.3 |
| 10000—50000 元 | 10.5 | 5.3 | 4.0 | 2.6 | 12.6 | 7.9 |
| 合计 | 100 | 100 | 100 | 100 | 100 | 100 |
| 样本量（个） | 30 | | 68 | | 243 | |

上表给出了受访者所在家庭 2012 年全年的总支出和报销情况，1000 元以下的医疗费支出是在汉族受访者家庭、傣族受访者家庭和景颇族受访者家庭中比例最高的，其报销的比例也是最高的。位居第二的是1000—3000 元的医疗费支出比例和报销比例。

在教育支出和享受资助方面，家庭平均支出为 3804.31 元。家庭向学校缴纳费用平均为 1659.13 元，家庭自愿性教育支出（课外辅导、家教等）平均为 402.31 元，享受政府、社会、学校等资助平均为 1258.17 元。具体的分布情况见下表。

表 7 - 32　　　　　　　　教育支出与享受资助情况　　　　　　单位:%

| | 总支出 | 向学校缴纳费用 | 自愿性教育支出（家教等） | 享受教育资助 |
|---|---|---|---|---|
| 1000 元以下 | 44.9 | 75.1 | 92.8 | 69.9 |
| 1000—3000 元 | 24.0 | 10.3 | 3.6 | 19.5 |
| 3000—5000 元 | 10.5 | 6.9 | 1.0 | 4.1 |
| 5000—10000 元 | 12.0 | 4.4 | 2.1 | 6.2 |
| 10000 元以上 | 8.7 | 3.3 | 0.5 | 0.3 |
| 样本量（个） | 392 | 389 | 389 | 389 |

对于社会保障项目的享受及满意度方面：享受新型农村养老保险制度377人，农村五保户制度2人，农村低保制度198人，城镇居民养老保险制度9人，城镇低保制度8人，义务教育阶段学生营养改善计划152人，医疗救助4人，灾害救助79人，教育福利29人，住房福利1人，残疾人福利3人，老年人福利6人，城镇居民基本医疗保险制度5人，乡村公共卫生服务机构建设3人，新农村合作医疗制度379人，城镇职工基本医疗保险2人。

老年福利项目中，领取老年津贴16人，老年贫困补助11人；文化性质福利服务、旅游休闲性质服务、公共交通福利，康复性福利服务曾享受过的受访者均为0人。

在受访者中，社会保险制度覆盖范围较大的是新型农村养老制度、农村低保制度，义务教育阶段学生营养改善计划、新型农村合作医疗制度，因受访者中基本为农村户籍，可以看出涉及农村社会保险制度在该地区覆盖面较广。

表7-33　　　　　　　　社会保险制度保障水平满意度　　　　　　单位:%

| 社会保险 | 很满意 | 比较满意 | 不太满意 | 很不满意 | 样本量（个） |
|---|---|---|---|---|---|
| 新型农村养老 | 50.5 | 47.8 | 1.4 | 0.3 | 364 |
| 农村五保 | 100.0 | 0.0 | 0.0 | 0.0 | 2 |
| 农村低保 | 47.4 | 49.5 | 3.1 | 3.1 | 196 |
| 城镇居民养老 | 33.3 | 66.7 | 0.0 | 0.0 | 6 |
| 城镇低保 | 62.5 | 37.5 | 0.0 | 0.0 | 8 |
| 新型农村合作医疗 | 60.4 | 38.5 | 1.1 | 0.0 | 371 |
| 社会福利保障水平 | | | | | |
| 义务教育阶段学生营养改善计划 | 66.9 | 29.8 | 3.3 | 0 | 151 |
| 乡村卫生服务机构 | 100 | 0 | 0 | 0 | 3 |
| 老年人福利 | 33.3 | 50 | 16.7 | 0 | 6 |
| 残疾人福利 | 33.3 | 33.3 | 33.3 | 0 | 3 |
| 住房福利 | 100 | 0 | 0 | 0 | 1 |
| 教育福利 | 27.6 | 72.4 | 0 | 0 | 29 |
| 灾害救助 | 77.2 | 16.5 | 5.1 | 1.3 | 79 |
| 医疗救助 | 50 | 50 | 0 | 0 | 4 |

受访者对社会保险制度总体保障水平大都是"很满意"与"比较满意"，只是对农村低保制度的评价中有6.2%的受访者表示"不太满意"与"很不满意"。

对于社会福利保障水平，总体持满意态度，但学生营养改善计划中有3.3%的受访者表示"不太满意"。

### 四　受访者的生活与感受

广播电视、网络等是现代国家基本公共设施的重要组成部分，盈江县在城镇地区基本实现了全覆盖，在农牧区采取的是"户户通"，安装小型卫星接收器。95.4%的受访者无法接收到国外的广播电视，99.4%的受访者收看节目以国内为主。

家庭外出常用的出行方式及交通工具方面，盈江县受访者中选择步行的比例为28.2%，自行车为0.5%，摩托车为77.3%，三轮车/拖拉机为3.9%，货运车为8.3%，小轿车为4.1%，公交车为4.9%，对没有私家车的人，在城镇大多以步行为主，而在农村地区大多使用摩托车为主要交通工具。表7-34是分不同民族的出行方式选择。

表7-34　　　　　　　　　　出行方式　　　　　　　　　　单位:%

|  | 汉族 | 傣族 | 景颇族 |
|---|---|---|---|
| 步行 | 12.5 | 18.7 | 34.0 |
| 自行车 | 1.8 | 0 | 0.4 |
| 摩托车 | 85.7 | 89.3 | 71.6 |
| 三轮车/拖拉机 | 7.1 | 1.3 | 4 |
| 货运车 | 1.8 | 0 | 12.4 |
| 小轿车 | 3.6 | 12.0 | 2.0 |
| 公交车 | 10.7 | 12.0 | 1.6 |
| 样本量（个） | 30 | 74 | 243 |

上表中的数据表明，盈江县农村的汉族、傣族和景颇族受访者主要以摩托车为出行方式，其次是步行。汉族和傣族受访者的差异不大，景颇族受访者中摩托车为主要出行方式的比例低于汉族和傣族受访者，步行比例高于汉族和傣族受访者。

有关休闲时间的安排，83.7%的受访者选择看电视或看电影，选择朋友聚会的比例占 43.8%，选择娱乐消遣活动比例占 33.1%，选择民族文化类的文体活动比例占 30.3%，选择宗教活动的比例占 19.1%，选择读书学习的比例占 6.4%，选择帮儿女带孩子的比例占 0.3%。

分民族来看，汉族受访者中有 94.7% 的比例选择"看电视或看电影"，43.9% 的比例选择"朋友聚会"，28.1% 的汉族受访者参加"娱乐消遣活动"，7% 的汉族受访者参加"民族文化类的文体活动"，15.8% 的汉族受访者参加"读书学习"，3.5% 的汉族受访者参加"宗教活动"；傣族受访者中有 98.7% 的比例选择"看电视或看电影"，48.1% 的受访者参加"朋友聚会"，37.7% 的受访者参加"娱乐消遣活动"，24.9% 的傣族受访者参加"民族文化类的文体活动"；7.8% 的傣族受访者参加"读书学习"，10.4% 的傣族受访者参加宗教活动；景颇族中有 76.3% 的受访者选择"看电视或者看电影"，42.7% 的受访者选择参加"朋友聚会"，33.2% 的受访者参加"娱乐消遣活动"，36.8% 的受访者参加"民族文化类的文体活动"，4% 的受访者选择"读书学习"，24.9% 的受访者参加"宗教活动"。

受访者对目前生活水平的评价方面，与 10 年或 5 年前相比，生活水平上升很多的占 52.1%，略有上升的占 44.4%。大多受访者认为自己的社会生活地位处于中等层次。大多数受访者把同村人作为比较自己经济、生活状况的对象，其比例达到了 76.7%，位居第二的是与自己本村同民族的人相比较，该比例为 21.7%。

表 7-35　　　　　　　　　生活水平的变化评价　　　　　　单位:%

| | 上升很多 | 略有上升 | 没有变化 | 略有下降 | 下降很多 | 样本量（%） |
|---|---|---|---|---|---|---|
| 与 10 年（或 5 年前相比） | | | | | | |
| 汉族 | 56.1 | 40.4 | 1.8 | 1.8 | 0.3 | 52 |
| 傣族 | 68.8 | 31.2 | 0 | 0 | 0 | 70 |
| 景颇族 | 45.2 | 50.0 | 3.2 | 1.6 | 0 | 241 |
| 未来 5 年或 10 年 | | | | | | |
| 汉族 | 39.3 | 57.1 | 1.8 | 1.8 | 0 | 52 |
| 傣族 | 45.9 | 51.4 | 2.7 | 0 | 0 | 70 |
| 景颇族 | 39.2 | 58.3 | 2.1 | 0.4 | 0 | 241 |

分不同民族看，三类受访者绝大多数与 10 年（或 5 年前）相比生活水平都提高了。汉族受访者和傣族受访者与 10 年或 5 年前相比，生活水

平上升很多的比例高于略有上升的比例，但景颇族受访者中上升很多的比例低于略有上升的比例，这也表明，盈江县汉族和傣族受访者的生活水平提高快于景颇族受访者。对未来 5 年或 10 年的预期中，无论是汉族、傣族还是景颇族受访者的绝大多数都表示乐观，但认为生活水平略有上升的比例高于上升很多的比例。

表 7 - 36　　　　　　　　在本地经济地位层次的评价　　　　　　单位:%

| | 上 | 中上 | 中 | 中下 | 下 | 合计 | 样本量（个） |
|---|---|---|---|---|---|---|---|
| 汉族 | 1.8 | 7.0 | 49.1 | 26.3 | 15.8 | 100 | 52 |
| 傣族 | 2.6 | 10.4 | 80.5 | 6.5 | 0 | 100 | 70 |
| 景颇族 | 1.6 | 5.2 | 59.4 | 22.7 | 11.2 | 100 | 241 |

上表中的数字显示，傣族受访者对自我的社会经济地位评价以中等和中上为主，达到了 90.9%；景颇族受访者虽然收入水平低于汉族受访者但其自我评价好于汉族受访者。有 42% 的汉族受访者认为自己的社会生活地位处于中下和下等。

受访者对于自己社会经济地位的比较对象表明，汉族受访者基本以本乡村的人为比较对象；傣族和景颇族受访者虽然也以本乡村的人为主要的比较对象，但还有本乡村同民族的人为比较对象。

表 7 - 37　　　　　　　　经济、生活情况的相比对象　　　　　　单位:%

| | 亲戚朋友 | 本乡村的人 | 本乡村的同民族的人 | 县里的人 | 合计 | 样本量（个） |
|---|---|---|---|---|---|---|
| 汉族 | 1.8 | 98.2 | 0 | 0 | 100 | 52 |
| 傣族 | 3.9 | 57.3 | 38.2 | 0 | 100 | 70 |
| 景颇族 | 0.4 | 77.8 | 21.4 | 0.4 | 100 | 241 |

目前的社会竞争增加，总体上，盈江县有相当部分的受访者感受到来自经济、个人发展、家庭等方面的压力。盈江县 380 位受访者中总体感觉压力很大的占比 17.3%，总体感觉有压力的占比 50.3%。

表 7 - 38　　　　　　　　面临总体社会生活压力程度　　　　　　单位:%

| | 压力很大 | 有压力 | 压力很小 | 没有这方面压力 | 合计 | 样本量（个） |
|---|---|---|---|---|---|---|
| 汉族 | 27.3 | 47.3 | 25.5 | 0 | 100 | 52 |

|  | 压力很大 | 有压力 | 压力很小 | 没有这方面压力 | 合计 | 样本量（个） |
|---|---|---|---|---|---|---|
| 傣族 | 13.2 | 27.6 | 57.9 | 1.3 | 100 | 70 |
| 景颇族 | 16.3 | 57.8 | 24.3 | 1.6 | 100 | 241 |

分不同的民族看，傣族受访者认为总体压力小的比例最高，达到了57.9%；汉族受访者认为压力很大的比例最高，为27.3%；认为压力很大或有压力的比例之和为74.6%；景颇族受访者该比例是74.1%；傣族受访者该比例是40.8%。

具体到八项内容，受访者中感觉孩子教育压力的比例是64.6%，45%的受访者觉得个人发展压力很大，41%的受访者感觉经济压力很大，感觉住房压力很大的占受访者总量的40.9%，感觉医疗健康压力很大的占比为36.7%，感觉社交压力很大的占比是31.1%，赡养父母压力很大的占比是26.1%，感觉婚姻生活压力很大的占比是21.9%。分民族看，汉族受访者感觉经济上压力很大的占54.4%，38.6%的汉族受访者感觉孩子教育压力很大，感觉住房压力很大的占31.65%，感觉个人发展压力很大的占23.2%，感觉医疗健康压力很大的占17.5%，感觉社交压力很大的占8.8%，感觉赡养父母压力很大的占7.1%，感觉婚姻生活压力很大的占7.1%。傣族受访者感觉经济上压力很大的占31.2%，感觉孩子教育压力很大的占20.8%，感觉医疗健康压力很大的占5.2%，感觉赡养父母有压力的占7.9%，感觉住房压力很大的占5.2%，感觉个人发展压力很大的占3.9%，感觉婚姻生活压力很大的占1.3%。

景颇族中感觉经济压力很大的占40.7%，感觉孩子教育压力大的占39.5%，感觉医疗健康压力很大的占22.6%，感觉赡养父母压力很大的占10.3%，感觉住房压力很大的占10.0%；感觉个人发展压力很大的占7.1%，感觉社交压力很大的占1.2%，感觉婚姻生活压力很大的占1.6%。

各方面安全感评价调查结果表明，受访者对社会安全的认可度是98.9%。为便于比较，将安全和很安全进行了合并简称为认可度；受访者对于个人和家庭财产安全的认可度为98%，人身安全为99%，交通安全为79.1%，医疗安全为93.6%，食品安全为96.1%，个人信息、隐私安全为97.6%，生态环境安全为97.1%，人生自由为98.6%。这表明盈江县受访者的安全感很高。

对公平感的调查结果表明，379 位受访者中认为教育公平（包括比较公平和很公平）的比例是 96.84%；认为语言文字公平的比例是 87.07%；认为医疗公平的比例是 88.12%；认为住房公平的比例是 77.05%；认为社会保障公平的比例是 86.28%；认为法律公平的比例是 75.06%；认为政治公平的比例是 65.96%；认为就业、发展公平的比例是 69.04%；认为信息公平的比例是 75.51%；认为政府办事公平的比例是 80.21%。分三个民族后发现民族差异不大。

## 第六节　盈江县城乡受访者的政策评价

### 一　扶贫政策评价

在扶贫政策上，盈江县委县政府在当地实施了移民搬迁工程、"两免一补"政策、扶贫工程生产项目、退耕还林还草补助工程、道路修建和改扩工程、基本农田建设工程、电力设施建设工程、人畜饮水工程、技术推广及培训工程、资助儿童入学和扫盲教育项目、卫生设施建设项目，种植业/林业养殖业扶贫金、村村通工程、教育扶贫工程、扶贫培训工程，受访者对扶贫政策都十分了解，90% 以上的受访者都知道这些扶贫项目，国家的这些政策在当地普及程度高。

调查受访者总体的满意程度表现为，移民搬迁工程满意度 99.4%、"两免一补"政策满意度 99.1%、扶贫工程生产项目满意度 99.4%、退耕还林还草补助工程满意度 93.2%、道路修建和改扩工程满意度 88.5%、基本农田建设工程满意度 97.9%、电力设施建设工程满意度 99.2%、人畜饮水工程满意度 96.5%、技术推广及培训工程满意度 98.9%、资助儿童入学和扫盲教育项目满意度 100%、卫生设施建设项目满意度 95.5%，种植业/林业养殖业扶贫金满意度 95.6%、村村通工程满意度 99.5%、教育扶贫工程满意度 99.6%、扶贫培训工程满意度 99.2%。由数据可以看出，当地居民的满意程度是非常高的，也就证实上述扶贫政策的实施不但很顺利，也得到了当地居民的充分认可。

| 表 7 - 39 | | 扶贫政策或扶贫活动的整体效果满意度 | | | | 单位:% |
|---|---|---|---|---|---|---|
| | 很满意 | 满意 | 不满意 | 很不满意 | 合计 | 样本量（个） |
| 汉族 | 5.9 | 86.3 | 7.8 | 0 | 100 | 52 |
| 傣族 | 13.7 | 86.3 | 0 | 0 | 100 | 73 |
| 景颇族 | 14.1 | 83.1 | 2.4 | 0.4 | 100 | 243 |

傣族受访者对盈江县扶贫政策或扶贫活动整体效果表示满意的比例为100%，汉族受访者有7.8%的比例表示不满意；景颇族受访者有2.8%的比例表示不满意。

## 二　民族政策评价

在民族政策评价上，受访者对当前政府实施的民族优惠政策的满意度很高，13.2%的受访者表示"很满意"，84.6%表示"满意"，只有2.2%表示"不满意"。分民族看，汉族受访者对民族优惠政策表示不满意的比例是15.4%；傣族和景颇族受访者100%表示满意。

| 表 7 - 40 | | 当地政府实施的民族优惠政策满意度 | | | 单位:% |
|---|---|---|---|---|---|
| | 很满意 | 满意 | 不满意 | 合计 | 样本量（个） |
| 汉族 | 1.9 | 82.7 | 15.4 | 100 | 52 |
| 傣族 | 19.4 | 80.6 | 0 | 100 | 73 |
| 景颇族 | 13.8 | 86.2 | | 100 | 243 |

在少数民族地区及对少数民族实行的计划生育政策方面，认为计划生育"很好"的有18.3%的受访者，认为计划生育"好"的受访者比例是72.5%，认为"一般"与"不好"的受访者比例分别为9%、0.3%。在针对民族地区的高考加分政策方面，35.9%的受访者认为"很满意"，60.9%的受访者表示"满意"，在针对少数民族加分中，其中36.5%的受访者表示"很满意"，60.35%的受访者表示"满意"。

| 表 7 - 41 | | 少数民族地区及对少数民族实行的计划生育政策评价 | | | 单位:% |
|---|---|---|---|---|---|
| | 很好 | 好 | 一般 | 不好 | 合计 | 样本量（个） |
| 汉族 | 15.8 | 70.2 | 14.0 | 0 | 100 | 52 |
| 傣族 | 18.9 | 71.6 | 9.5 | 0 | 100 | 73 |

续表

|  | 很好 | 好 | 一般 | 不好 | 合计 | 样本量（个） |
|---|---|---|---|---|---|---|
| 景颇族 | 18.3 | 73.4 | 7.9 | 0.4 | 100 | 243 |

　　三类不同民族对少数民族地区及对少数民族实行的计划生育政策好评的比例都很高，汉族受访者相对于傣族和景颇族受访者对该政策评价一般的比例最高。

表 7 - 42　　　　　　　　民族地区和少数民族的高考加分政策的评价　　　　　单位:%

|  | 很满意 | 满意 | 不满意 | 很不满意 | 合计 | 样本量（个） |
|---|---|---|---|---|---|---|
| 民族地区的高考加分政策 |  |  |  |  |  |  |
| 汉族 | 18.4 | 61.2 | 18.4 | 2 | 100 | 52 |
| 傣族 | 31 | 69 | 0 | 0 | 100 | 73 |
| 景颇族 | 40.5 | 59 | 0.4 | 0 | 100 | 243 |
| 针对少数民族的高考加分政策 |  |  |  |  |  |  |
| 汉族 | 18.4 | 61.2 | 16.3 | 4.1 | 100 | 52 |
| 傣族 | 36.2 | 63.8 | 0 | 0 | 100 | 73 |
| 景颇族 | 40.1 | 59.5 | 0.4 | 0 | 100 | 243 |

　　关于民族地区和少数民族高考加分政策的评价，傣族和景颇族受访者全都表示满意，但汉族受访者各有 18.4% 和 16.3% 的比例表示不满意。

## 三　退耕还林与农村住房政策评价

　　盈江县同其他西部民族地区一样也实施了退耕还林政策，在 380 个受访者中有 47 位受访者参加过退耕还林，占比为 12.37%。分民族看，有傣族受访家庭 37 户，景颇族 9 户，汉族有 1 户参加了退耕还林。盈江县实施退耕还林主要集中在 2007 年、2008 年以及 2010 年。参与的受访家庭平均退耕 8.54 亩，2013 年新增退耕还林面积较少。

表 7 - 43　　　　　　　　　　　参加实施退耕还林　　　　　　　　单位：户

|  | 是 | 否 |
|---|---|---|
| 汉族 | 1 | 49 |
| 傣族 | 37 | 39 |
| 景颇族 | 9 | 229 |

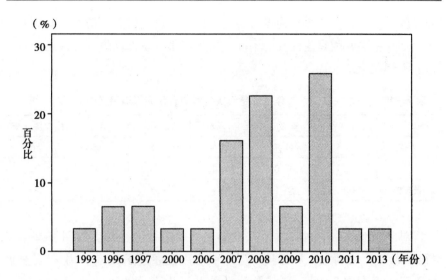

**图 7 - 1　实施退耕还林或退牧还林**

　　盈江县退耕还林的涉及面并不广泛，有关部门对退耕还林政策的普及也不是很全面，退耕户中知道有职业培训的比例是 31.1%，表示不知道的有 68.9%。而退耕农户去参加职业培训的占 31.1%。退耕还林的职业培训主要侧重于讲解种植业方面的技能。

表 7 - 44　　　　　　　　　　　农村住房改造政策　　　　　　　　单位:%

| | 很满意 | 满意 | 一般 | 不太满意 | 不满意 |
|---|---|---|---|---|---|
| 汉族 | 19.2 | 48.1 | 23.1 | 3.8 | 5.8 |
| 傣族 | 53.3 | 33.3 | 10.7 | 2.7 | 0 |
| 景颇族 | 16.3 | 43.3 | 32.7 | 5.3 | 2.4 |

　　因盈江县是农村受访者，因而对"商品房"、"两限房"、"廉租房"和"经济适用房"等城镇实施的住房政策不太了解，也没有主动了解的意识。关于"农村住房改造政策"的回答率为 87.3%，有 331 位受访者，其中 67.4% 的人持"很满意"和"满意"的态度。

## 四　地方政府工作评价

　　对于"少数民族地区工作干部是否需要学习和掌握当地民族语言"，受访者基本认为干部应该学习和掌握当地民族语言，认为"很有必要"的占 17.2%，认为"有必要"的占 57.4%，认为"一般"的占 17.0%。

分民族看，汉族受访者认为没必要的比例明显高出傣族受访者和景颇族受访者。其主要原因是盈江县的不同民族均能很好掌握汉语方言，在语言沟通上不存在障碍。

表7-45　少数民族地区工作干部是否需要学习和掌握当地民族语言　单位:%

| | 很有必要 | 有必要 | 一般 | 没必要 | 合计 | 样本量（个） |
|---|---|---|---|---|---|---|
| 汉族 | 10.5 | 47.4 | 24.6 | 17.5 | 100 | 50 |
| 傣族 | 18.3 | 69.0 | 4.2 | 8.5 | 100 | 72 |
| 景颇族 | 18.1 | 56.1 | 19.4 | 6.3 | 100 | 243 |

对于当地政府应对突发事件的能力评价方面，受访者的回答基本持"很满意"及"满意"的态度，但不满意度也超过了5%，"生产安全事故"不满意度占8.7%，"传染病及公共卫生事故"不满意度占9.9%，"一般性社会治安事件"不满意度为8.7%，"群体性突发事件"不满意度占8.3%，"暴力恐怖事件"不满意度为9.8%。

表7-46　　　　　　　应对突发事件的能力满意度　　　　　　单位:%

| | 很满意 | 满意 | 不满意 | 很不满意 | 合计 | 样本量（个） |
|---|---|---|---|---|---|---|
| 自然灾害事件 | 42.0 | 55.7 | 1.6 | 0.8 | 100 | 386 |
| 生产安全事故 | 28.1 | 63.2 | 8.7 | — | 100 | 356 |
| 传染病及公共卫生事故 | 25.8 | 64.3 | 9.9 | — | 100 | 333 |
| 一般性社会治安事件 | 31.9 | 59.1 | 8.7 | 0.3 | 100 | 345 |
| 群体性突发事件 | 23.7 | 67.9 | 8.3 | — | 100 | 312 |
| 暴力恐怖事件 | 25.4 | 64.8 | 9.8 | — | 100 | 256 |

对政府工作的效果评价中，评价最高的为"提供义务教育"，评价"很好"的为76.8%，评价"比较好"的为23.2%，有效问卷率100%。受访者对政府其他工作效果满意度基本持"很好"及"比较好"态度，但对于"廉洁奉公、惩治腐败"的评价中"不太好"已超过10%，为13.4%，"不太好"评价中超过5%的有："政府办事效率"为8.0%，"公开、公平、公正选拔干部和官员"为6.8%，"依法办事、执法公平"为7.1%。

**表 7 - 47**　　　　　　　　　**政府工作的效果满意度**　　　　　　单位:%

| | 很好 | 比较好 | 不太好 | 很不好 | 合计 | 样本量（个） |
|---|---|---|---|---|---|---|
| 坚持为人民服务的态度 | 33.2 | 62.9 | 3.6 | 0.3 | 100 | 388 |
| 政府办事效率 | 34.3 | 57.2 | 8.0 | 0.5 | 100 | 388 |
| 公开、公平、公正选拔干部和官员 | 34.9 | 58.3 | 6.8 | — | 100 | 381 |
| 提供公共医疗卫生服务 | 52.4 | 45.8 | 1.8 | — | 100 | 391 |
| 为群众提供社会保障 | 56.7 | 41.8 | 1.3 | 0.3 | 100 | 390 |
| 提供义务教育 | 76.8 | 23.2 | — | — | 100 | 393 |
| 保护环境、治理污染 | 36.2 | 59.8 | 4.0 | — | 100 | 373 |
| 打击犯罪、维护社会治安 | 35.8 | 60.5 | 3.4 | 0.3 | 100 | 385 |
| 廉洁奉公、惩治腐败 | 23.2 | 63.2 | 13.4 | 0.3 | 100 | 380 |
| 依法办事、执法公平 | 26.5 | 66.1 | 7.1 | 0.3 | 100 | 381 |
| 发展经济，增加人们的收入 | 32.5 | 63.7 | 3.6 | 0.3 | 100 | 388 |
| 提供廉租房和经济适用房 | 26.2 | 69.4 | 4.1 | 0.3 | 100 | 294 |
| 扩大就业、增加就业机会 | 24.1 | 70.8 | 4.6 | 0.5 | 100 | 370 |
| 政府信息公开，政府工作透明度 | 20.7 | 75.7 | 3.1 | 0.6 | 100 | 358 |

# 本章小结

综上所述，在抽样问卷调查的基础上，本章对云南省德宏州傣族景颇族自治州盈江县的经济社会发展状况进行了简要的描述和分析。本报告包括调查概况、经济状况、人口流动与就业、语言文化与教育、公共服务和社会发展、相关政策及其政府工作评价等方面的内容。分析对象集中在盈江县的农村受访者。

家庭经济状况中，根据受访者自报的家庭总收入，计算得到的家庭人均纯收入均值是 5504.15 元，汉族家庭人均纯收入是 4797.9 元，低于盈江县农业受访者的均值；傣族家庭人均纯收入是 7656.58 元，景颇族家庭人均纯收入 4944.55 元。在家庭各方面支出中，生活消费的比重是最大的，人情往来支出占比达到了 13%—18%，民俗支出的比例在 3%—7%，宗教信仰支出的比例最低。盈江的农村受访家庭拥有手机的比例最高，其次是摩托车和显像管彩色电视机，农用车、冰箱、洗衣机、轿车、液晶等离子电视的拥有率也相对集中。照相机或摄像机、电脑、空调、自备发电机的拥有比例较低。不同民族间比较发现，傣族的消费品拥有情况最好，其次是汉族，景颇族最差；这与之前的不同民族的家庭人均纯收入和支出相互对应。

人口流动与就业方面，总体上，盈江县农村的流动人口规模小，有外出从业经历的受访者比例也比较少。农业生产是盈江县农村受访者个人和家庭的主要收入来源。傣族、汉族和景颇族受访者及其家庭在收入上的差距主要来自农业生产上的差异。

盈江县以汉语地方方言、傣语为主，因该地有较多景颇族，所以景颇语以及其他一些少数民族也会使用本民族的语言。无论是傣族受访者还是景颇族受访者都没有听不懂也不会说汉语方言的情况。这也表明盈江县农村的傣族和景颇族居民中不存在语言障碍。傣族受访者和景颇族受访者认为留存或传播较好的本民族文化类型与本地最重要的民族文化类型和最具特色的文化类型，基本都集中在传统服饰、传统节日、传统民居、传统饮食上，说明盈江县受访者所重视和有代表性的民族文化也留存或传播较好。

在农村受访者中，认为现有基础设施已能满足基本需求的比例占83.1%，总体上，对公共设施使用效果的评价和距离远近有直接关联，通常距离较近的公共设施的满意度评价也较高。社会保险制度覆盖范围较大的是新型农村养老制度、农村低保制度，义务教育阶段学生营养改善计划、新型农村合作医疗制度。受访者对社会保险和社会保障的满意度都很高。

盈江县民族关系和谐融洽，对地方政府工作的好评比例也较高，但政府在扩大就业机会、增加政府透明度等方面有较大的改进空间。

# 第八章

# 云南沧源佤族自治县问卷调查分析报告

云南省沧源佤族自治县是中国社会科学院民族学与人类学研究所《21世纪初中国少数民族地区经济社会发展综合调查》（2013年）16个调查点之一。本书基于调查中家庭问卷的数据，描述了沧源县经济发展、就业情况、文化教育、人民生活和政策执行等方面的情况，并呈现受访者对民族政策、基础设施建设、应对突发事件、社会保障和文化传统保护等方面的评价和建议，力图对沧源县今后的经济发展、社会发展、文化发展和政府能力建设提出合理而有效的建议。

## 第一节　沧源佤族自治县城乡受访者基本情况

沧源佤族自治县地处中国云南省临沧市西南部，中缅边界中段，位于东经98°52′—99°43′，北纬23°04′—23°40′。东北与双江拉祜族佤族布朗族傣族自治县接壤，东南连接澜沧拉祜族自治县，北与耿马傣族佤族自治县相邻，西部与南部同缅甸接壤，国境线长147.083公里。全县土地面积2455平方公里，山区面积达到99.2%，坝区面积仅为0.8%，是一个典型山区农业县。

全县下辖6乡4镇，90个村民委员会，3个社区，是全国最大的佤族聚居县。根据2010年第六次人口普查①，全县登记总人口为179098人，与十年前第五次人口普查相比共增加14359人。全县普查实际登记人口中，男性为93421人，占总人口的52.16%，女性为85677人，占总人口的47.84%。沧源是一个以佤族为主体民族的多民族聚居的边疆民族县，

① 沧源政府网：http://www.cangyuan.gov.cn/。

根据第六次人口普查，汉族人口为20759人，占总人口的11.59%，佤族人口为142820人，占总人口的79.74%；彝族人口为2187人，占总人口的1.2%；傣族人口为7857人，占总人口的4.39%；拉祜族人口为3775人，占总人口的2.11%；壮族人口为106人，占总人口的0.06%；白族人口869人，占总人口的0.49%；回族人口为139人，占总人口的0.08%；傈僳族人口为55人，占总人口的0.03%；苗族人口为76人，占总人口的0.04%。

2011年，全县人口18.15万人，其中城镇人口4.83万人，城镇化率26.59%，非农业人口2.3万人，占总人口的6.26%。[①] 根据《2012年临沧市年鉴》数据统计，经济生产与财政收入方面，2011年沧源县生产总值17.41亿元，财政总收入2.28亿元，农林牧渔业总产值10.98亿元，增20.1%，工业总产值10.93亿元，增35.1%。劳动就业与社会保障方面，2011年沧源县开发就业岗位1256个，新增就业人数765人，城镇登记失业率3.2%；全县城镇企业职工基本养老金参保7272人，发放养老金2.925万元，工伤保险参保3.776人，支付保险金64.3万元，生育保险参保1489人，支付保险金11.5万元，失业保险参保5070人，发放失业保险金33.27万元，参加新型农村居民养老保险9.38万人，参保率达90%，参加新型城镇居民养老保险2251人，参保率63%，城镇职工基本医疗保险参保1.1万人，支付医疗补助金1645万元，参加城镇居民基本医疗保险4923人，支付医疗补助金171万元。城镇居民中有5293人享受城镇居民最低生活保障，发放最低生活保障金1218.56万元，农村居民中有6.27万人享受农村最低生活保障，发放最低生活保障金7268万元。居民收入方面，2011年沧源县农民人均收入3780元，增加36.6%，城镇居民人均可支配收入1.36万元，增12.1%，城镇居民人均消费支出9613元，增16.1%，在职职工年平均工资2.61万元，增19.8%。

本次调查地点分布和获得的调查对象主要人口学特征如表8-1所示。

---

① 临沧市人民政府地方志办公室编：《临沧市年鉴2012》，云南人民出版社2012年版，第113页。

表 8 - 1 样本总体情况

| 变量 | 频次 | 百分比（%） | 变量 | 频次 | 百分比（%） |
|------|------|------------|------|------|------------|
| 性别 | | | 户籍 | | |
| 男 | 215 | 70.0 | 农业户 | 187 | 62.3 |
| 女 | 92 | 30.0 | 非农业户 | 113 | 37.7 |
| 受教育程度 | | | 民族 | | |
| 小学及以下 | 77 | 25.2 | 汉族 | 62 | 20.1 |
| 初中 | 86 | 28.1 | 傣族 | 50 | 16.2 |
| 高中（含中专、职高技校） | 41 | 13.4 | 佤族 | 162 | 52.6 |
| 大学（含专科、本科及以上） | 102 | 33.3 | 其他少数民族 | 34 | 11.1 |
| 社会经济地位自评 | | | 连续变量 | 均值 | 标准差 |
| 上及偏上 | 56 | 13.3 | 年龄 | 37.6254 | 9.56189 |
| 中 | 166 | 39.4 | 家庭总人口（人） | 3.59 | 1.187 |
| 下及偏下 | 160 | 38 | 家庭总收入（元） | 35174.2 | 46171.5 |
| 不好说 | 38 | 9.3 | 家庭总支出（元） | 29974.4 | 46965.2 |

# 第二节 沧源县城乡受访者个人和家庭经济生活

## 一 家庭土地拥有情况

在农村耕地拥有情况方面，80.8%的自报有耕地面积的受访家庭拥有耕地在 10 亩及以下，16.1% 家庭拥有耕地在 10 亩至 20 亩之间，1.1% 家庭拥有耕地面积在 20 亩至 30 亩之间，拥有 30 亩及以上耕地面积的家庭占 2.0%。家庭平均拥有耕地面积 6.78 亩，人均拥有耕地面积 2.17 亩，每户家庭自营耕地面积平均为 6 亩，出租耕地面积平均为 0.8 亩。

农村受访家庭山地拥有情况方面，51.8% 家庭拥有 10 亩及以上的山地，40% 家庭拥有 10 亩至 30 亩之间的山地面积，30 亩至 50 亩之间山地面积拥有家庭占 4.7%，拥有 50 亩以上山地面积的家庭占 3.5%。受访者家庭平均拥有山地面积 10.34 亩，人均拥有山地面积 3.14 亩，山地自营每户平均 9.67 亩，每户出租山地平均 1.08 亩。

农村受访者中拥有园地的家庭只有 2 户，每户拥有园地面积不足 1 亩，人均拥有园地面积 0.34 亩，均为自营园地。拥有牧草地家庭共有 6 户，均为自营，平均每户家庭拥有牧草地 0.58 亩，人均拥有牧草地 0.33

亩。共有 3 户家庭拥有养殖水面，每户家庭水面面积均为 1 亩，人均拥有养殖水面面积 0.01 亩。

## 二 个人和家庭的收入与消费

### （一）个人收入与消费

过去一年收入中，4 人年收入为 0 元，最高年收入者为 660000 元，43.7% 受访者年收入在 1 万元及以下，42.9% 受访者年收入在 1 万元至 3 万元之间，11.4% 受访者年收入在 3 万元至 6 万元之间，6 万元至 9 万元年收入者占 0.7%，9 万元以上年收入者占 1.2%。报告个人年收入的农业户籍受访者占受访者总数的 31.3%，报告个人年收入的非农户籍受访者占受访者总数的 68.7%。农业户籍平均年收入为 14448 元，非农业户籍平均收入 34194.8 元。其中，15 人年收入中包括了土地或者出租房屋收入，集中在 1000 元至 10 万元之间，平均收入为 7969 元；156 人年收入来源包括劳务/工资收入，平均劳务/工资收入为 22242.21 元。农业户籍受访者个人收入中，土地或出租房屋收入占总收入的 5.3%，劳务/工资收入占 53.1%；非农业户籍受访者个人收入中，土地或出租房屋收入占总收入 0.1%，劳务/工资收入占 92%。

年度消费方面，46.9% 受访者年度消费在 1 万元及以下，33.8% 受访者年度消费在 1 万元至 2.5 万元之间，18.1% 受访者年度消费在 2.5 万元至 5 万元之间，另有 1.2% 受访者消费高于 5 万元。受访者中，生活支出平均为 6591.04 元，全年民族节日支出平均为 2099.83 元，宗教或信仰支出一年平均为 737.26 元，全年人情来往为 2193.27 元，年度借款平均为 15490.16 元。受访者中汉族、佤族与傣族个人收入支出情况具体见表 8 –2。

表 8 –2　　　　　　　汉、佤、傣族个人收入、支出情况　　　　单位：元

| | | 个人总收入（货币） | 个人出租/出售房屋、土地收入 | 个人劳务收入（工资） | 个人总支出 | 个人生活消费支出 | 个人全年民俗支出（包括节日各项支出） | 个人信仰或宗教性支出 | 个人全年人情往来费用 |
|---|---|---|---|---|---|---|---|---|---|
| | | 均值 | 均值 | 均值 | 均值 | 均值 | 均值 | 均值 | 均值 |
| 农业户口 | 汉族 | 30200 | 2500 | 19167 | 18360 | 6160 | 3400 | 25 | 800 |
| | 佤族 | 15354 | 6375 | 14109 | 11256 | 4906 | 1668 | 483 | 1495 |

续表

| | | 个人总收入（货币） | 个人出租/出售房屋、土地收入 | 个人劳务收入（工资） | 个人总支出 | 个人生活消费支出 | 个人全年民俗支出（包括节日各项支出） | 个人信仰或宗教性支出 | 个人全年人情往来费用 |
|---|---|---|---|---|---|---|---|---|---|
| | | 均值 | 均值 | 均值 | 均值 | 均值 | 均值 | 均值 | 均值 |
| 非农业户口 | 傣族 | 11588 | 5500 | 14033 | 7780 | 4327 | 2672 | 1266 | 2045 |
| | 汉族 | 44565 | 1000 | 44845 | 46346 | 11463 | 3300 | 600 | 5125 |
| | 佤族 | 26423 | 24 | 26133 | 21814 | 11292 | 2088 | 180 | 2692 |
| | 傣族 | 28556 | 0 | 27444 | 25000 | 16000 | 4667 | 2000 | 2500 |

注：农业户口汉族样本 13，农业户口傣族样本量 39，农业户口佤族样本量 124；非农业户口汉族样本量 49，非农户口傣族样本量 11，非农户口样本量 38.

农业户口受访者中，汉族年均收入 30200 元，年均消费 18360 元，佤族受访者年均收入 15354 元，年均消费 11256 元，傣族受访者年均收入 11588 元，年均消费 7780 元；非农业户口受访者中，汉族受访者年均收入 44565 元，支出 46346 元，佤族受访者年均收入 26423 元，年均支出 21814 元，傣族年均收入 28556 元，年均支出 25000 元。在不同类型户籍受访者中，汉族受访者收入与支出均高于傣族、佤族受访者，民族之间收入差距较明显。

（二）家庭收入与消费

受访者中，接近半数的家庭收入集中在 1 万元至 4 万元之间，占 47.1%，家庭年收入 1 万元及以下的家庭为 23%，年收入 4 万至 8 万之间的家庭为 27.4%，8 万元以上家庭为 2.5%。收入来源中有土地或出租房屋的家庭，平均收入为 4219.23 元，劳务或工资收入平均为 37814.86 元。

受访者家庭年度总支出中，生活消费支出平均 14152.81 元，全年民俗节日支出平均为 2806.45 元，宗教信仰支出平均 1082 元，人情往来费用支出平均为 2828.61 元，年度借款平均 29712.58 元。汉族、佤族与傣族受访家庭收入消费情况具体见表 8-3。

表 8 – 3　　　　　　　　　汉、佤、傣族家庭收入与消费情况　　　　　单位：元

| | | 家庭总收入（货币） | 家庭出租/出售房屋、土地收入 | 家庭劳务收入（工资） | 家庭总支出 | 家庭生活消费支出 | 家庭全年民俗支出（包括节日各项支出） | 家庭信仰或宗教性支出 | 家庭全年人情往来费用 |
|---|---|---|---|---|---|---|---|---|---|
| | | 均值 | 均值 | 均值 | 均值 | 均值 | 均值 | 均值 | 均值 |
| 农业户口 | 汉族 | 41644 | 4600 | 38286 | 27200 | 14800 | 3800 | 67 | 3400 |
| | 佤族 | 24475 | 3855 | 24951 | 19511 | 11007 | 2182 | 900 | 1619 |
| | 傣族 | 22471 | 12000 | 22500 | 13771 | 10171 | 2387 | 1657 | 2118 |
| 非农业户口 | 汉族 | 66761 | 7333 | 69139 | 66768 | 23255 | 4950 | 1288 | 6812 |
| | 佤族 | 53672 | 1000 | 50774 | 46481 | 26757 | 3948 | 653 | 3809 |
| | 傣族 | 51778 | 0 | 51111 | 46429 | 33500 | 5500 | 2000 | 4333 |

注：农业户口汉族样本量 13，农业户口傣族样本量 39，农业户口佤族样本量 124；非农业户口汉族样本量 49，非农户口傣族样本量 11，非农户口样本量 38。

农村户籍受访者中，汉族受访家庭年均收入 41644 元，高于傣族（22471 元）、佤族（24475 元）受访者家庭，差距明显，非农业户口受访者中，汉族受访家庭年均收入 66761 元，傣族受访家庭年均收入 51778 元，佤族受访家庭年均收入 53672 元。不同户籍类型之间家庭年均收入、消费差距较大。

### 三　居住条件

城乡受访者中只拥有一套自有住房者占绝大多数，不足 2% 的城乡受访家庭拥有两套或以上住房者，城镇受访者中没有自有住房的比例是 15.39%，农村受访者中没有自有住房的比例是 15.79%。城镇受访者人均住房建筑面积或宅基地面积大于农村受访者。受访者当前住房性质，绝大部分是自有住房，农村受访者中该比例高于城镇受访者。住房建筑类型中，城镇受访者以钢筋混凝土结构为主，农村受访者家庭以砖木结构为主，另有 1/3 的钢筋混凝土结构和 11% 的混合结构。住宅外道路情况，城镇受访者家庭外的道路主要是水泥或柏油路面，农村受访家庭外的道路三种类型均有，但以沙石或石板等硬质路面和水泥或柏油路面为主，自然土路的比例略低于前两类。

表 8 – 4　　　　　　　　　城乡受访者住房情况

| | 非农业户口受访者 | 农业户口受访者 |
|---|---|---|
| 自有住房（%） | | |
| 1 套 | 81.73 | 82.77 |
| 2 套 | 1.92 | 1.35 |
| 2 套以上 | 0.96 | 0 |
| 没有自有住房 | 15.39 | 15.79 |
| 样本量 | 104 | 296 |
| 建筑面积（平方米） | 171.88 | 134.75 |
| 样本量 | 62 | 170 |
| 住房性质 | | |
| 自有住房 | 75.22 | 87.3 |
| 租/住廉租房 | 5.31 | 4.56 |
| 租/住亲友房 | 1.77 | 1.95 |
| 租/住私人房 | 9.73 | 3.26 |
| 集体宿舍 | 2.65 | 0.98 |
| 其他 | 5.31 | 1.95 |
| 合计 | 100 | 100 |
| 样本量 | 113 | 307 |
| 住房的建筑类型 | | |
| 钢筋混凝土结构 | 77.88 | 32.68 |
| 混合结构 | 12.39 | 11.11 |
| 砖木结构 | 7.08 | 50.65 |
| 其他 | 2.65 | 5.56 |
| 合计 | 100 | 100 |
| 样本量 | 113 | 306 |
| 住宅外道路情况 | | |
| 水泥或柏油路面 | 84.82 | 34.54 |
| 沙石或石板等硬质路面 | 12.5 | 37.83 |
| 自然土路 | 2.68 | 27.64 |
| 合计 | 100 | 100 |
| 样本量 | 112 | 304 |
| 做饭用水 | | |
| 江河湖水 | 0.88 | 2 |

续表

| | 非农业户口受访者 | 农业户口受访者 |
|---|---|---|
| 井水/山泉水 | 0.88 | 19.33 |
| 雨雪水 | 0.88 | 2.33 |
| 窖水 | | 0.67 |
| 自来水 | 96.46 | 74.67 |
| 矿泉水/纯净水/过滤水 | | 0.33 |
| 其他 | 0.88 | 0.67 |
| 合计 | 100 | 100 |
| 样本量 | 113 | 300 |
| 做饭的主要原料 | | |
| 柴草（秸秆类） | 12.5 | 67.22 |
| 煤炭 | | 3.97 |
| 煤气/液化气/天然气 | 21.43 | 2.98 |
| 太阳能 | | 0.99 |
| 沼气 | | 4.97 |
| 电 | 65.18 | 14.9 |
| 其他 | 0.89 | 4.97 |
| 合计 | 100 | 100 |
| 样本量 | 112 | 302 |
| 家中卫生设备 | | |
| 水冲式厕所 | 84.07 | 27.69 |
| 旱厕 | 6.19 | 38.44 |
| 无厕所 | 9.73 | 33.88 |
| 合计 | 100 | 100 |
| 样本量 | 113 | 307 |
| 住房便利情况 | | |
| 很便利 | 26.55 | 16.56 |
| 比较便利 | 29.2 | 26.3 |
| 一般 | 30.97 | 42.53 |
| 不太便利 | 4.42 | 8.12 |
| 不便利 | 8.85 | 6.49 |
| 合计 | 100 | 100 |
| 样本量 | 113 | 308 |

| | 非农业户口受访者 | 农业户口受访者 |
|---|---|---|
| 改善住房的意愿 | | |
| 很迫切 | 29.2 | 21.82 |
| 比较迫切 | 16.81 | 23.45 |
| 一般 | 21.24 | 34.2 |
| 不迫切 | 24.78 | 14.98 |
| 不想改善 | 7.08 | 3.58 |
| 不清楚 | 0.88 | 1.95 |
| 合计 | 100 | 100 |
| 样本量（个） | 113 | 307 |

目前，绝大部分城镇受访者家庭做饭用水为自来水，但使用江河湖水、井水或山泉水、雨雪水的农村受访家庭比例有 23.66%。家庭做饭原料方面，城镇受访者以电为主，其次是煤气/液化气/天然气，使用柴草（秸秆类）的比例也有 12.5%；农村受访家庭以柴草（秸秆类）为主，其次是电，其他类型的比例都在 5% 以下。家中卫生设备方面，城镇受访家庭有 84% 使用水冲式厕所，无厕所的比例是 9.73%；农村受访家庭以旱厕为主，34% 的受访家庭没有厕所，水冲式厕所只有 27.69%。

城镇受访者有 55.75% 的比例认为住房很便利或比较便利，农村受访者该比例是 42.86%。城镇受访者认为住房不便利的比例是 13.27%，农村受访者该比例为 14.61%。改善住房很迫切的城镇受访者有 46.01%，农村受访者有 45.27%。有改善住房意愿的城乡受访者中自建新房的比例最高，城镇受访者比例是 53.37%，农村受访者比例是 82.50%。城镇受访者中打算购买商品房、经济适用房、筹资共建房的比例各为 11.9%，农村受访者购买商品房的比例是 5.36%，购买经济适用房的比例是 6.43%。

表 8 - 5　　　　　　　您对当前住房及住房政策满意吗？　　　　单位:%

| | 城镇 | | | | | 农村 | | | | |
|---|---|---|---|---|---|---|---|---|---|---|
| | 满意 | 一般 | 不满意 | 不清楚 | 样本量 | 满意 | 一般 | 不满意 | 不清楚 | 样本量 |
| 对当前住房的满意度 | 45.13 | 35.40 | 18.58 | 0.88 | 100 | 44.95 | 35.50 | 13.69 | 5.86 | 100 |

续表

| | 城镇 | | | | | 农村 | | | | |
|---|---|---|---|---|---|---|---|---|---|---|
| | 满意 | 一般 | 不满意 | 不清楚 | 样本量 | 满意 | 一般 | 不满意 | 不清楚 | 样本量 |
| 政府对商品房的政策 | 26.79 | 34.82 | 30.35 | 8.04 | 100 | 27.96 | 23.03 | 11.84 | 37.17 | 100 |
| 政府两限房政策 | 22.73 | 40.91 | 25.45 | 10.91 | 100 | 26.49 | 21.19 | 12.25 | 40.07 | 100 |
| 对政府有关廉租房政策 | 26.79 | 37.50 | 29.46 | 6.25 | 100 | 28.05 | 20.79 | 10.57 | 40.59 | 100 |
| 政府经济适用房政策 | 27.68 | 36.61 | 26.78 | 8.93 | 100 | 28.90 | 19.27 | 10.97 | 40.86 | 100 |
| 农村住房改造政策 | 46.02 | 27.43 | 17.7 | 8.85 | 100 | 54.55 | 20.78 | 9.09 | 15.58 | 100 |
| 样本量（个） | 113 | | | | | 308 | | | | |

具体来看，除农村受访者对农村住房政策满意度超过 50%，其余政策满意度均低于 50%，农村受访者中针对城镇的住房政策了解程度不高。

## 四　城乡受访者的就业

### 1. 农村户籍受访者就业情况

农村户口的受访者中，当前工作状态只是务农占 43.1%，以务农为主，同时也从事非农工作的占 28.3%，以非农工作为主同时也务农的占 9.4%，只从事非农工作者占 7.1%，失业或待业人员占 8.8%，家务劳动与退休人员分别为 5 人、2 人，比例均不足 2%。农村户籍受访者中，80.8% 从事农村家庭承包劳动，属于农业企业、农场、农村种植大户的雇工占 11.8%，从事农林牧渔类产业经营管理者与其他从业者均占 3.7%。

表 8-6　　如果从事农林牧渔业，您的劳动属于？

| | 频率 | 有效百分比（%） |
|---|---|---|
| 农村家庭承包经营劳动者 | 198 | 80.8 |
| 农业企业、农场、农村种养大户的雇工 | 29 | 11.8 |
| 农林牧渔类产业（企业）经营管理者 | 9 | 3.7 |
| 其他（请注明） | 9 | 3.7 |
| 合计 | 245 | 100.0 |

共有 85 人于 2013 年从事过本地非农务工，其中 13.1% 的受访者于 2001 年或者以前便开始从事本地非农务工，于 2002 年至 2007 年期间开始从事本地非农务工人员占 25%，最近五年即 2008 年至 2013 年间开始从事本地非农务工占 61.9%。在当前从事本地非农务工的受访者中，最初是通过政府或社区安排介绍找到工作的占 4.1%，通过商业职介找到这份工作的有 8.8%，通过直接申请（含考试）得到这份工作者有 8.2%，10.9% 得到这份工作依靠家人或亲戚介绍，朋友或熟人介绍找到工作的占 34.7%，通过本乡同民族介绍得到工作的有 21.1%。

表 8-7　　　　2013 年从事过本地非农务工的农村受访者
最初找到这份工作的最主要的渠道

| | | 频率 | 有效百分比（%） |
|---|---|---|---|
| 有效 | 政府/社区安排介绍 | 6 | 4.1 |
| | 商业职介（包括人才交流会） | 13 | 8.8 |
| | 招聘广告 | 18 | 12.2 |
| | 直接申请（含考试） | 12 | 8.2 |
| | 家人/亲戚介绍 | 16 | 10.9 |
| | 朋友/熟人介绍 | 51 | 34.7 |
| | 通过本乡同民族介绍 | 31 | 21.1 |
| | 合计 | 147 | 100.0 |

农村户口受访者中，39 人于 2013 年从事过本地非农自营，2000 年及之前开始从事本地非农自营的有 12.8%，2001 年至 2010 年期间开始从事本地非农自营的占 51.3%，从 2011 年至 2013 年期间从事本地非农自营的占 35.9%。从事过本地非农自营的 133 位受访者中，其中 46.6% 受访者开业时曾向亲友借款，其余 53.4% 则没有；有 30.3% 的人开业时有来自银行或信用社的贷款，其余 69.7% 的人则没有来自银行或信用社的贷款。

有 129 人曾有外出务工经验，其中 5.4% 是通过政府或社区安排得到工作，10.9% 通过商业职介得到工作，11.6% 是通过招聘广告得到工作，通过直接申请（含考试）得到工作的有 3.9%，在家人或亲戚介绍下得到工作的有 4.7%，40.3% 通过熟人介绍获得这份工作，另有 23.3% 是通过本乡同民族介绍获得工作。

**表 8 - 8　　　　有外出务工经验的农村受访者找到工作的最主要的渠道**

|  | 频率 | 有效百分比（%） |
|---|---|---|
| 政府/社区安排介绍 | 7 | 5.4 |
| 商业职介（包括人才交流会） | 14 | 10.9 |
| 招聘广告 | 15 | 11.6 |
| 直接申请（含考试） | 5 | 3.9 |
| 家人/亲戚介绍 | 6 | 4.7 |
| 朋友/熟人介绍 | 52 | 40.3 |
| 通过本乡同民族介绍 | 30 | 23.3 |
| 合计 | 129 | 100.0 |

受访者中 122 人曾经外出自营，其中 44.3% 在开业时曾向亲友借款，另外 55.7% 则没有。有 36.6% 开业时获得过银行或信用社的贷款，其余 63.4% 开业时则没有银行或信用社的贷款。在本年度从事非农生产的 88 人中，从事非农生产 6 个月及以下的受访者占 65.9%，从事非农生产 6 个月以上的占 34.1%。以前曾有外出经验，今年没有外出的人中，主要原因如表 8 - 9 所示，接近半数受访者因家中缺乏劳动力因而今年未外出务工。在其他原因中，有因为回家创业、帮家中盖房等原因而今年未外出务工。

**表 8 - 9　　　　　　　　当年未外出工作的原因**

|  | 找不到工作（或担心找不到工作） | 生活条件太差 | 收入没有在家稳定 | 受歧视 | 疾病或伤残 | 家中农业缺乏劳动力 | 回家结婚、生育 | 当地能找到满意的工作 | 语言能力不强 | 缺乏同乡或熟人带领 | 其他（请注明） |
|---|---|---|---|---|---|---|---|---|---|---|---|
| 人数 | 30 | 35 | 30 | 4 | 7 | 60 | 9 | 17 | 11 | 11 | 15 |
| 百分比（%） | 20.1 | 23.5 | 20.1 | 2.7 | 4.7 | 40.3 | 6.0 | 11.4 | 7.4 | 7.4 | 10.1 |

### 2. 城镇户籍受访者就业情况

城镇户籍受访者中，3 人从事农林牧渔业，从事采矿业、制造业和电力、燃气及水的生产和供应业各有 1 人，2 人从事交通运输、仓储和邮政业，9 人从事批发和零售业，住宿和餐饮业有 2 人从事，居民服务和其他行业有 5 人，9 人从事教育，3 人从事文化、体育和娱乐业，50 人从事公共管理与社会组织，另有 3 人从事国际组织。

　　城镇户口或外来务工人员中，本年度在乡内从业的人员占14.5%，乡外县内从业人员有69.7%，县外省内从业人员有10.3%，另有5.5%在省外国内从业。18.6%的受访者职业属于国家机关党群组织、企事业单位负责人，专业技术人员占28.6%，办事人员和有关人员占18.6%，商业人员为6.2%，农林牧渔水利生产人员6.8%，生产、运输设备操作人员及有关人员3.7%，其他不便分类的从业人员有17.4%。

表 8 - 10　　　　　　　　　　　城镇受访者当前主要职业

| | 频数 | 有效百分比（%） |
|---|---|---|
| 国家机关党群组织、企事业单位负责人 | 30 | 18.6 |
| 专业技术人员 | 46 | 28.6 |
| 办事人员和有关人员 | 30 | 18.6 |
| 商业 | 10 | 6.2 |
| 农林牧渔水利生产人员 | 11 | 6.8 |
| 生产、运输设备操作人员及有关人员 | 6 | 3.7 |
| 不便分类的其他从业人员 | 28 | 17.4 |
| 合计 | 161 | 100.0 |

　　对于从事工作的劳动合同性质，固定职工（包括国家干部、公务员）占42.9%，长期合同工占23.3%，短期或临时合同工占11.0%，没有合同的员工占9.2%，从事私营或个体经营人员占10.4%，其他性质的占3.1%。汉族、佤族与傣族受访者从事工作的劳动合同性质见表8-11，汉族受访者中固定职工占66%，高于傣族、佤族受访者。

表 8 - 11　　　　　　汉、佤、傣族受访者劳动合同性质情况　　　　单位:%、个

| | 固定职工（包括国家干部、公务员） | 长期合同工 | 短期或临时合同工 | 没有合同的员工 | 从事私营或个体经营人员 | 其他（请注明） | 合计 | 样本量 |
|---|---|---|---|---|---|---|---|---|
| 汉族 | 66.0 | 8.0 | 6.0 | 8.0 | 6.0 | 6.0 | 100 | 49 |
| 佤族 | 34.6 | 25.0 | 9.6 | 17.3 | 9.6 | 3.8 | 100 | 11 |
| 傣族 | 40.0 | 40.0 | 13.3 | 0.0 | 6.7 | 0.0 | 100 | 38 |

　　城镇户籍受访者中，经过政府或社区安排介绍得到第一份城镇工作者占16.8%，通过商业职介获得工作的占7.5%，10.6%通过招聘广告获

得，36.6%的受访者直接申请（含考试）获得工作，由家人或亲戚介绍获得工作的占 6.2%，经由朋友熟人介绍得到工作的为 11.2%，通过本乡同民族介绍获得工作的占 1.9%，另有 9.3%通过其他途径获得了第一份城镇工作。各民族第一份城镇工作获得渠道见表 8－12。

表 8－12　　　　汉、佤、傣族得到第一份城镇工作的最主要渠道　单位:%、个

| | 政府/社区安排介绍 | 商业职介（包括人才交流会） | 招聘广告 | 直接申请（含考试） | 家人/亲戚介绍 | 朋友/熟人介绍 | 通过本乡同民族介绍 | 其他（请注明） | 合计 | 样本量 |
|---|---|---|---|---|---|---|---|---|---|---|
| 汉族 | 16.7 | 0.0 | 2.1 | 60.4 | 6.3 | 6.3 | 0.0 | 8.3 | 100 | 49 |
| 佤族 | 17.6 | 5.9 | 15.7 | 25.5 | 7.8 | 13.7 | 0.0 | 13.7 | 100 | 11 |
| 傣族 | 18.8 | 6.3 | 18.8 | 31.3 | 0.0 | 12.5 | 6.3 | 6.3 | 100 | 38 |

曾有外出从业经历的城镇户籍受访者中，36 人从业地点为乡镇外本县内，43 人为县外省内，占 60.77%，自治区或省外东部沿海地区有 18 人，占 13.85%，自治区或省外临近地区有 21 人，占 16.15%，自治区或省外中部地区有 11 人，占 8.46%，1 人从业地点包括了国外和港澳台，占 0.77%。

外出务工会面临多方面的难题或障碍，语言障碍、被当地人看不起、工作辛苦收入低、想留在当地但生活成本太高、生活习俗不能适应、气候自然环境不能适应、孩子就学困难、家里需要照顾必须返乡、当地政府的政策限制九个选项中，排前三位的主要障碍依次为：工作辛苦收入低，家里需要照顾必须返乡，孩子就学困难。

## 五　未就业情况

97 名受访者当前处于没有工作的状态，其中 20 人正在上学，占 20.6%；丧失劳动力者 10 人，占 10.3%；退休人员 9 人，占 9.3%；毕业后仍未工作的有 22 人，占 22.7%；5 人在家料理家务，占 5.2%；因单位原因或本人原因离开工作的有 5 人，占 5.2%；承包土地被征用有 8 人，占 8.2%。另有 18 人因其他原因没有工作，占 18.5%。失业受访者当前未工作时长平均为 8.7 个月。

受访家庭中超过 16 岁的家庭成员没有工作的人数为 164 人，其中 67

人正在上学，25 人丧失劳动能力，离退休人员 16 人，毕业后未工作的 15 人，料理家务者 14 人，因单位原因失去工作的 11 人，另有 16 人因其他原因未工作。

在没有工作期间，通过职业介绍机构求职者为 11.3%，委托亲友帮忙找工作者为 40.0%，利用网络及其他媒体求职的有 19.1%，参加用人单位招聘或招考的为 27.8%，没做任何求职的有 26.1%，3.5%失业受访者表示不想工作，另有 4.3%受访者通过其他途径找工作。

## 第三节 沧源佤族自治县民族文化与教育

### 一 民族语言文字

在语言使用方面，佤族和傣族城镇受访者小时候最先能说普通话和汉语方言的比例明显高于相应的农村受访者。大部分农村佤族和傣族受访者小时候最先会说本民族语言，而城镇佤族和傣族受访者该比例都低于一半。最先会说其他民族语言的受访者比例较低。

表 8 – 13 　　　　　　　　　傣族、佤族语言习得情况

| | 小时候最先会说普通话（%） | 小时候最先会说汉语方言（%） | 小时候最先会说本民族语言（%） | 小时候最先会说其他少数民族语言（%） | 样本量（个） |
|---|---|---|---|---|---|
| 佤族 | 19.5 | 27.0 | 67.9 | 1.9 | |
| 城镇佤族受访者 | 36.84 | 47.37 | 47.37 | 5.26 | 38 |
| 农村佤族受访者 | 14.05 | 20.66 | 74.38 | 0.83 | 121 |
| 傣族 | 24.0 | 10.0 | 76.0 | 8.0 | |
| 城镇傣族受访者 | 36.36 | 27.27 | 45.45 | 0 | 11 |
| 农村傣族受访者 | 20.51 | 5.13 | 84.62 | 10.26 | 39 |

绝大部分城镇佤族和傣族受访者能用普通话、汉语方言和本民族语言与人交谈，不存在语言障碍；农村佤族和傣族受访者虽然上述比例低于城镇受访者但也都是在半数以上，说明沧源县当地佤族和傣族的语言能力很强。

**表8-14**　　　　　　　　　　　　　　　**语言交谈情况**

| | 现在能用普通话与人交谈（%） | 现在能用汉语方言与人交谈（%） | 现在能用本民族语言与人交谈（%） | 现在能用其他少数民族语言与人交谈（%） | 样本量（个） |
|---|---|---|---|---|---|
| 佤族 | 53.7 | 81.9 | 84.6 | 4.0 | |
| 城镇佤族受访者 | 65.79 | 94.74 | 78.95 | 7.89 | 38 |
| 农村佤族受访者 | 49.55 | 77.48 | 86.49 | 2.70 | 111 |
| 傣族 | 54.3 | 89.1 | 87.0 | 8.7 | |
| 城镇傣族受访者 | 90.91 | 100 | 90.91 | 18.18 | 11 |
| 农村傣族受访者 | 42.86 | 85.71 | 85.71 | 5.71 | 35 |

语言使用流利程度方面，46位傣族受访者（11位城镇受访者和35位农村受访者）和116位佤族受访者（其中32位城镇受访者和84位农村受访者）中能够流利准确使用程度最高的是本民族语言，其次是汉语方言和普通话，回答其他少数民族语言使用程度的傣族样本量是8位，佤族受访者样本量是16位，所以未对此进行描述。

**表8-15**　　　　　　　　　　　　　　　**语言使用情况**

| | 城镇受访者（%） | | | 农村受访者（%） | | |
|---|---|---|---|---|---|---|
| | 普通话 | 汉语方言 | 本民族语言 | 普通话 | 汉语方言 | 本民族语言 |
| 傣族 | | | | | | |
| 能流利准确地使用 | 18.18 | 72.73 | 90.0 | 14.29 | 40 | 100 |
| 能熟练使用但有些音不准 | 9.09 | 18.18 | | 2.86 | 17.14 | |
| 能熟练使用但口音较重 | 36.36 | 9.09 | | | 34.29 | |
| 基本能交谈但不太熟练 | 36.36 | | | 8.57 | 5.71 | |
| 能听懂但不太熟练 | | | | 14.29 | | |
| 能听懂一些但不会说 | | | 10.0 | 60 | | 2.86 |
| 听不懂也不会说 | | | | | | |
| 合计 | 100 | 100 | 100 | 100 | 100 | 100 |
| 佤族 | | | | | | |
| 能流利准确地使用 | 25 | 81.25 | 80.0 | 29.17 | 29.76 | 91.03 |
| 能熟练使用但有些音不准 | 7.14 | 3.13 | 8.00 | 12.5 | 28.57 | 3.85 |

| | 城镇受访者（%） | | | 农村受访者（%） | | |
|---|---|---|---|---|---|---|
| | 普通话 | 汉语方言 | 本民族语言 | 普通话 | 汉语方言 | 本民族语言 |
| 能熟练使用但口音较重 | 21.43 | 6.25 | 4.00 | 8.33 | 15.48 | 1.28 |
| 基本能交谈但不太熟练 | 32.14 | 3.13 | 4.00 | 17.71 | 13.1 | 3.85 |
| 能听懂但不太熟练 | 3.57 | 6.25 | | 9.38 | 11.9 | |
| 能听懂一些但不会说 | 10.71 | 0 | 4.00 | | 1.19 | |
| 听不懂也不会说 | 2.08 | 0 | | | | |
| 合计 | 100 | 100 | 100 | 100 | 100 | 100 |

注：城镇傣族受访者样本量11，城镇佤族受访者样本量38；农村傣族受访者样本量39，农村佤族受访者样本量124。

会汉字的少数民族受访者为63.6%，28.5%表示会一些，其余7.8%少数民族受访者不会汉字。在本民族文字认识方面，9.2%的少数民族受访者会本民族文字，9.5%会一些，62.3%表示不会本民族文字，8.1%受访者表示该民族没有文字，另有11%受访者并不清楚有无文字。少数民族受访者在文字使用程度方面，能够流利书写汉字的比例为39.4%，掌握较多文字，能书写书信的少数民族受访者21.3%，掌握文字数量不够，书写不流利的比例是16.2%，掌握文字数量太少，只能写点简单字句者为16.5%，另有6.6%受访者完全不能够用文字书写。78.5%的少数民族受访者完全不能够使用文字书写本民族语言，能够不同程度书写本民族文字的少数民族受访者均不超过8%。佤族、傣族受访者文字使用程度见表8－16，傣族受访者汉字识字率93.7%，高于佤族89.9%，两个民族对于本民族文字认识程度均较低。

表8－16　　　　　　　　　　文字掌握程度　　　　　　　单位:%、个

| | 汉字 | | | | 本民族文字 | | | | | |
|---|---|---|---|---|---|---|---|---|---|---|
| | 会 | 会一些 | 不会 | 样本量 | 会 | 会一些 | 不会 | 没有文字 | 不知道有没有文字 | 样本量 |
| 佤族 | 55.0 | 34.9 | 10.1 | 149 | 9.8 | 8.9 | 67.0 | 3.6 | 10.7 | 112 |
| 城镇佤族受访者 | 85.29 | 8.82 | 5.88 | 34 | 7.41 | 7.41 | 77.78 | | 7.41 | 27 |
| 农村佤族受访者 | 46.09 | 42.61 | 11.30 | 115 | 10.59 | 9.41 | 63.53 | 4.71 | 11.76 | 85 |

续表

| | 汉字 | | | | 本民族文字 | | | | | |
|---|---|---|---|---|---|---|---|---|---|---|
| | 会 | 会一些 | 不会 | 样本量 | 会 | 会一些 | 不会 | 没有文字 | 不知道有没有文字 | 样本量 |
| 傣族 | 70.8 | 22.9 | 6.3 | 48 | 4.4 | 6.7 | 73.3 | 15.6 | 0.0 | 45 |
| 城镇傣族受访者 | 100 | | | 10 | | | 100 | | | 8 |
| 农村傣族受访者 | 63.16 | 28.95 | 7.89 | 38 | 5.41 | 8.11 | 67.57 | 18.92 | | 37 |

少数民族受访者中，大多数情况都愿意说民族语言者为 60%，只有和本民族人在一起时才愿意说的受访者占 31.9%，不愿意说民族语言的占 8.1%。通过数据反映出民族语言在当地的使用率仍是较高的。

## 二　民族文化发展与保护

在民族文化传统方面，城乡佤族和傣族受访者在 10 项内容中认为最具特色的文化类型前五项均依次为：传统服饰、传统民居、传统饮食、传统节日、传统文娱活动。农村傣族受访者认为最具特色的前五位传统文化类型是：传统服饰、传统节日、传统民居、宗教活动习俗、传统饮食。在最重要的本民族文化类型中，城镇傣族受访者和农村傣族受访者；城镇佤族和农村佤族受访者都表现了一定的差异。留存或传播较好的本民族文化类型选择上，城乡傣族和佤族受访者与本地最具特色的传统文化类型选择较为近似，已经濒临失传亟须恢复的文化类型中，傣族城镇受访者选择前五位的是：传统生产方式、传统文娱活动、传统节日、道德规范和传统居民；傣族农村受访者选择前五位的是：传统生产方式、传统民居、传统宗教活动习俗、道德规范和传统文娱活动；佤族城镇受访者选择前五位的是：传统文娱活动、传统生产方式、人际交往习俗、传统民居、传统人生礼仪；农村佤族受访者选择前五位的是：传统生产方式、传统民居、传统宗教活动习俗、传统文娱活动、传统节日。

**表 8 - 17**　　　　　　　　　　　　**受访者对文化类型的看法**

| | 城镇 | | | | 农村 | | | |
|---|---|---|---|---|---|---|---|---|
| | 本地最具特色的传统文化类型 | 最重要的民族文化类型 | 留存或传播较好的本民族文化类型 | 濒临失传亟须恢复的文化类型 | 本地最具特色的传统文化类型 | 最重要的民族文化类型 | 留存或传播较好的本民族文化类型 | 濒临失传亟须恢复的文化类型 |
| **傣族** | | | | | | | | |
| 传统民居 | 81.82 | 45.45 | 81.82 | 0 | 53.85 | 34.21 | 42.11 | 36.84 |
| 传统服饰 | 90.91 | 18.18 | 72.73 | 9.09 | 76.92 | 42.11 | 55.26 | 28.95 |
| 传统节日 | 18.18 | 36.36 | 27.27 | 45.45 | 56.41 | 73.68 | 60.53 | 26.32 |
| 人生礼仪 | 0 | 72.73 | 0 | 18.18 | 15.38 | 10.53 | 15.79 | 13.16 |
| 传统文娱活动 | 18.18 | 0 | 0 | 54.55 | 10.26 | 39.47 | 18.42 | 31.58 |
| 传统饮食 | 54.55 | 45.45 | 90.91 | 9.09 | 30.77 | 36.84 | 42.11 | 10.53 |
| 道德规范 | 18.18 | 18.18 | 0 | 27.27 | 15.38 | 26.32 | 10.53 | 31.58 |
| 人际交往习俗 | 0 | 36.36 | 9.09 | 45.45 | 7.69 | 7.89 | 21.05 | 7.89 |
| 传统生产方式 | 9.09 | 9.09 | 0 | 72.73 | 0 | 2.63 | 0 | 44.74 |
| 宗教活动习俗 | 9.09 | 9.09 | 18.18 | 18.18 | 38.46 | 18.42 | 18.42 | 31.58 |
| 其他 | | | | | | | | |
| **佤族** | | | | | | | | |
| 传统民居 | 72.22 | 33.33 | 65.71 | 36.11 | 60.48 | 49.19 | 47.97 | 44.26 |
| 传统服饰 | 72.22 | 58.33 | 85.71 | 11.11 | 74.19 | 61.29 | 81.30 | 21.31 |
| 传统节日 | 38.89 | 33.33 | 28.57 | 30.56 | 54.84 | 46.77 | 58.54 | 27.05 |
| 人生礼仪 | 13.89 | 41.67 | 11.43 | 36.11 | 10.48 | 16.13 | 10.57 | 18.85 |
| 传统文娱活动 | 16.67 | 33.33 | 14.29 | 44.44 | 21.16 | 22.58 | 19.51 | 31.97 |
| 传统饮食 | 52.78 | 36.11 | 60.0 | 11.11 | 41.94 | 36.29 | 49.59 | 12.30 |
| 道德规范 | 11.11 | 16.67 | 0 | 27.78 | 7.26 | 20.97 | 8.13 | 25.41 |
| 人际交往习俗 | 5.56 | 27.78 | 11.43 | 38.89 | 12.90 | 16.13 | 12.20 | 24.59 |
| 传统生产方式 | 8.33 | 13.89 | 0 | 44.44 | 7.26 | 12.90 | 8.94 | 54.92 |
| 宗教活动习俗 | 8.33 | 8.33 | 20.0 | 13.89 | 12.10 | 18.55 | 7.32 | 33.61 |
| 其他 | | | | | | | | |

　　注：城镇傣族受访者样本量11，城镇佤族受访者样本量38；农村傣族受访者样本量39，农村佤族受访者样本量124。

通过以下数据反映出，少数民族受访者对当地政府或者国家关于民族文化传统的保护满意度还是比较高的，均超过了 70%。如果分城乡和分民族也均是绝大多数受访者满意于政府和国家对传统文化的保护。

**表 8 - 18　　　对当地政府文化保护工作和国家相关政策的评价　　　单位:%**

| | 政府保护文化工作的满意度 | | | | 国家政策的满意度 | | | |
|---|---|---|---|---|---|---|---|---|
| | 很满意 | 满意 | 不太满意 | 很不满意 | 很满意 | 满意 | 不太满意 | 很不满意 |
| 传统民居 | 30.2 | 56.5 | 11.4 | 1.9 | 27.3 | 60.3 | 8.6 | 3.8 |
| 传统服饰 | 24.2 | 65.1 | 8.1 | 2.7 | 23.8 | 66.8 | 7.6 | 1.9 |
| 传统节日 | 25.6 | 62.5 | 9.5 | 2.5 | 25.1 | 63.8 | 9.1 | 1.9 |
| 人生礼仪 | 22.9 | 62.5 | 10.8 | 3.7 | 22.3 | 64.9 | 9.4 | 3.4 |
| 传统文艺活动 | 26.2 | 60.9 | 11.2 | 1.8 | 25.8 | 63.1 | 8.4 | 2.7 |
| 传统饮食 | 25.1 | 64.5 | 8.1 | 2.3 | 21.4 | 67.2 | 9.4 | 2.1 |
| 道德规范 | 21.8 | 67.0 | 8.4 | 2.8 | 22.8 | 66.0 | 9.6 | 1.5 |
| 人际交往习俗 | 20.1 | 65.1 | 11.1 | 2.8 | 21.7 | 66.3 | 9.9 | 2.2 |
| 传统生产方式 | 20.9 | 62.9 | 12.8 | 3.4 | 22.0 | 65.1 | 10.7 | 2.1 |
| 宗教活动习俗 | 19.3 | 69.1 | 8.9 | 2.8 | 22.5 | 67.7 | 8.0 | 1.8 |
| 其他 | 32.5 | 60.3 | 3.8 | 3.1 | 34.2 | 57.1 | 6.8 | 1.9 |

注: 样本量为 412。

## 三　民族文化传承信心与途径

少数民族受访者子女关于接受本民族语言、文化和风俗习惯的意愿分析从城乡和不同民族展开。表 8 - 19 中的数据显示，傣族城镇受访者子女普遍愿意接受民族语言、民族文化和风俗习惯，傣族农村受访者子女接受意愿比例略低于城镇傣族受访者该比例，但也超过了半数。佤族城乡受访者有 3/4 以上的比例表示其子女愿意接受本民族语言、文化和风俗习惯，且农村各项比例高于城镇受访者。

**表 8 - 19　　　不同民族接受民族文化的态度　　　单位:%、个**

| | 城镇 | | | | 农村 | | | |
|---|---|---|---|---|---|---|---|---|
| | 愿意 | 不愿意 | 无所谓 | 样本量 | 愿意 | 不愿意 | 无所谓 | 样本量 |
| 傣族 | | | | | | | | |
| 民族语言 | 90.91 | | 9.09 | 11 | 64.86 | 16.22 | 18.92 | 37 |

续表

| | 城镇 | | | | 农村 | | | |
|---|---|---|---|---|---|---|---|---|
| | 愿意 | 不愿意 | 无所谓 | 样本量 | 愿意 | 不愿意 | 无所谓 | 样本量 |
| 民族文化 | 90.91 | | 9.09 | 11 | 72.97 | 10.81 | 16.22 | 37 |
| 民族风俗习惯 | 90.91 | | 9.09 | 11 | 75.68 | 13.52 | 10.81 | 37 |
| 佤族 | | | | | | | | |
| 民族语言 | 78.95 | 15.79 | 5.26 | 38 | 83.61 | 5.74 | 10.66 | 122 |
| 民族文化 | 81.08 | 16.22 | 2.70 | 37 | 81.30 | 4.88 | 13.82 | 123 |
| 民族风俗习惯 | 75.68 | 18.92 | 5.41 | 37 | 77.87 | 8.20 | 13.93 | 122 |

　　通过何种渠道了解自己或其他民族文化方面，傣族的城镇受访者选择的前三位是家庭内的口口相传或耳濡目染、旅游展示和广播电视互联网等，且三者比例相同；佤族城镇受访者选择的前三位同傣族城镇受访者一样只是在数值上有高低之分，傣族佤族农村受访者选择的前三位都是：家庭内的口口相传或耳濡目染、广播电视互联网和学校教育。

表 8 - 20　　　　　　　　　　　民族文化了解渠道　　　　　　单位:%、个

| | 家庭内的口口相传或者耳濡目染 | 学校教育 | 村庄或社区的生产、生活和文化活动 | 政府部门的保护项目 | 旅游展示 | 广播电视互联网等 | 图书报刊 | 样本量 |
|---|---|---|---|---|---|---|---|---|
| 城镇傣族受访者 | 72.73 | 9.09 | 18.18 | 18.18 | 72.73 | 72.73 | 0 | 11 |
| 农村傣族受访者 | 69.23 | 33.33 | 46.15 | 7.69 | 7.69 | 41.03 | 7.69 | 39 |
| 城镇佤族受访者 | 65.79 | 23.68 | 36.84 | 10.53 | 44.74 | 42.11 | 13.16 | 38 |
| 农村佤族受访者 | 75.00 | 30.65 | 61.29 | 8.06 | 14.13 | 29.84 | 11.29 | 124 |

　　如何看待当地城市建设中历史建筑的改造拆迁问题，保持原貌和保持外形但内部可改造是最主要的选择，但佤族和傣族受访者表现出一定的差异，佤族城乡受访者更倾向于保持外形但内部可改造，有一半的傣族农村受访者认为应保持原貌。当旅游资源与保护民族文化遗产发生冲突时，城乡傣族和佤族受访者均认为应该以保护本民族文化为主，不赞同过分商业化。当前，我国城市建设的步伐越来越快，大部分城市都相继出现了房屋

拆迁改造问题，若面临城市建设中自己房屋被计划拆迁时，价钱合理和服从国家需要是最主要的选择，除了佤族农村受访者服从国家需要远远高出价钱合理的选择比例，傣族农村受访者和佤族城镇受访者都是选择价钱合理的比例高于服从国家需要的比例，傣族城镇受访者上述两项的选择比例一样。

表 8–21　　　　当开发旅游资源和保护本民族文化遗产
发生冲突时受访者的态度　　　　单位:% 、个

| | 傣族 | | 佤族 | |
|---|---|---|---|---|
| | 城镇受访者 | 农村受访者 | 城镇受访者 | 农村受访者 |
| 对城市建设中的历史建筑的改造拆迁态度 | | | | |
| 保持原貌不动 | 40 | 50 | 32.43 | 30.58 |
| 保持外形但内部可改造 | 40 | 21.05 | 37.84 | 33.88 |
| 拆迁 | | 10.53 | 2.7 | |
| 异地重建 | | 7.89 | 5.41 | 7.44 |
| 不清楚 | 20 | 10.53 | 21.62 | 28.1 |
| 开发旅游资源与保护本民族文化遗产冲突时的态度 | | | | |
| 以发展经济为主，提高现代生活水平为主 | 27.27 | 31.58 | 16.22 | 15.29 |
| 保护本民族传统文化为主，不赞同过度商业化 | 54.55 | 52.63 | 64.86 | 45.38 |
| 不好说 | 18.18 | 15.79 | 18.92 | 19.33 |
| 如果城市建设中房屋被拆迁时的态度 | | | | |
| 只要价钱合理就行 | 45.45 | 56.41 | 47.37 | 15.45 |
| 价钱再高也不愿意拆迁 | | | 7.89 | 5.69 |
| 服从国家需要 | 45.45 | 17.95 | 36.84 | 50.41 |
| 看周围邻居态度 | | 12.82 | 5.26 | 14.63 |
| 看拆迁工作的方式方法 | 9.09 | 12.82 | 2.63 | 13.82 |
| 样本量 | 11 | 38 | 37 | 119 |

## 四　双语教育

少数民族地区的学校教育一般都会使用不同程度的双语教学，城镇傣族受访者中有91％的比例愿意送子女去双语学校学习；城镇佤族受访者

该比例是89%。农村傣族受访者中有82%的比例愿意送子女去双语学校学习，余下的持无所谓态度；农村佤族有84%的比例愿意送子女去双语学校学习，不愿意的有1.63%，其余持无所谓态度。不愿意送子女到双语学习的原因有：精力不足、成本高、没必要、学到了没有用处等。愿意送子女到双语学校的受访者大部分认为，这可以促进孩子汉语和本民族语言能力提高，有利于民族文化传承等。

当地少数民族地区的双语教育效果评价显示，好评的比例只有农村佤族受访者超过了半数，达到了56.1%，其余不同的受访者群体好评比例都低于半数。

表8-22　　　　　　　　　　　对双语教育的效果评价　　　　　　单位:%、个

| | 城镇 | | | | 样本量 | 农村 | | | | 样本量 |
|---|---|---|---|---|---|---|---|---|---|---|
| | 好 | 一般 | 不好 | 不清楚 | | 好 | 一般 | 不好 | 不清楚 | |
| 傣族 | 36.36 | 9.09 | 36.36 | 18.18 | 11 | 25.64 | 30.77 | 5.12 | 38.46 | 39 |
| 佤族 | 35.14 | 21.62 | 37.84 | 5.41 | 37 | 56.10 | 18.70 | 4.05 | 21.14 | 123 |

在当地使用汉语交流，62%的受访者认为有好处，方便与其他民族交往，13.4%认为有好处，方便做买卖，23.1%认为对工作生活各方面都有好处，仅有1.5%认为说汉语没有太大好处。

表8-23　　　　　　少数民族受访者对会说当地汉话的评价　　　　单位:%

| 会说当地汉话的好处 | 佤族 | 傣族 |
|---|---|---|
| 有好处，方便与其他民族交往 | 70.13 | 50.0 |
| 有好处，方便做买卖 | 8.3 | 12.0 |
| 对工作生活各方面都有好处 | 20.14 | 34.0 |
| 没太大好处 | 1.43 | 4.0 |
| 合计 | 100 | 100 |
| 样本量（个） | 50 | 160 |

# 第四节　沧源佤族自治县民族关系与身份认同

## 一　民族交往

沧源县是一个以佤族为主体民族聚居兼多民族杂居的边疆民族县，民

族之间的互动交往是不可避免的。406 位受访者中，73.6% 表示有三个以上其他民族的好朋友，10.6% 有两个，5.2% 有 1 个，其他少数民族好朋友一个都没有的受访者有 10.6%。在汉族受访者中，如表 8 - 24 所示：与少数民族聊天、成为邻居、一起工作或者成为亲密朋友的意愿都比较高，除了结为亲家一项有 25.6% 受访者表示不太愿意。

| 表 8 - 24 | | 汉族受访者与少数民族交往 | | 单位:% |
|---|---|---|---|---|
| | 很愿意 | 比较愿意 | 不太愿意 | 不愿意 |
| a. 聊天 | 59.1 | 34.4 | 5.4 | 1.1 |
| b. 成为邻居 | 52.7 | 40.7 | 5.5 | 1.1 |
| c. 一起工作 | 51.6 | 45.2 | 3.2 | 0.0 |
| d. 成为亲密朋友 | 53.4 | 40.9 | 4.5 | 1.1 |
| e. 结为亲家 | 34.1 | 36.6 | 25.6 | 3.7 |

少数民族对与汉族或其他少数民族聊天、成为邻居、一起工作、成为亲密朋友和结为亲家的意愿都比较高。

| 表 8 - 25 | 少数民族与汉族和其他少数民族交往 | | | | | | | 单位:% |
|---|---|---|---|---|---|---|---|---|
| | 与汉族交往意愿 | | | | 与其他少数民族交往意愿 | | | |
| | 很愿意 | 比较愿意 | 不太愿意 | 不愿意 | 很愿意 | 比较愿意 | 不太愿意 | 不愿意 |
| 聊天 | 56.1 | 37.0 | 5.9 | 1.0 | 39.4 | 51.5 | 9.1 | 0.0 |
| 成为邻居 | 53.3 | 36.3 | 9.0 | 1.3 | 39.1 | 49.6 | 11.3 | 0.0 |
| 一起工作 | 53.3 | 39.7 | 5.6 | 1.3 | 38.1 | 51.5 | 9.1 | 1.3 |
| 成为亲密朋友 | 52.4 | 34.4 | 11.2 | 2.0 | 36.7 | 49.1 | 12.4 | 1.8 |
| 结为亲家 | 44.8 | 40.9 | 11.7 | 2.5 | 35.5 | 45.5 | 16.1 | 2.8 |

关于民族通婚方面无论是子女、孙辈或是姐妹兄弟嫁娶其他民族，少数民族受访者中均不太介意。

| 表 8 - 26 | 少数民族对通婚的态度 | | | 单位:% |
|---|---|---|---|---|
| | 很介意 | 介意 | 不太介意 | 不介意 |
| 女儿外嫁其他民族 | 3.5 | 13.5 | 79.2 | 3.8 |
| 儿子娶妻为其他民族 | 3.2 | 11.8 | 80.7 | 4.3 |
| 孙女外嫁其他民族 | 2.4 | 5.7 | 89.8 | 2.2 |
| 孙子娶妻为其他民族 | 2.9 | 6.4 | 88.2 | 2.4 |

续表

| | 很介意 | 介意 | 不太介意 | 不介意 |
|---|---|---|---|---|
| 姐妹外嫁其他民族 | 2.1 | 4.8 | 90.9 | 2.1 |
| 兄弟娶妻为其他民族 | 2.2 | 5.4 | 89.0 | 3.5 |

通过以上民族间交往意愿与族际通婚意愿数据表明，各民族之间交流互动比较良好。

## 二　地域间的交往

当前地域间的交往不再是封闭的，人员之间的流动越来越频繁，面对外来流入人员，本地城镇受访者中持欢迎态度的占了 73.2%，5.14% 持不欢迎态度，另有 15.46% 的城镇受访者视情况而定。农村受访者中持欢迎态度的比例是 57.34%，18.77% 的农村受访者表示不欢迎，18.09% 的农村受访者视情况而定。城乡受访者中持不欢迎态度的理由选择比例见下表：

表 8-27　　　　　　当地居民对外来人员的看法　　　　　单位:%

| | 城镇受访者 | 农村受访者 |
|---|---|---|
| 看不惯他们的行为举止 | 14.29 | 22.14 |
| 他们到来后本地人的就业机会减少 | 33.33 | 32.86 |
| 他们赚走了当地人的钱，但对当地没有贡献 | 9.52 | 18.57 |
| 他们破坏了当地的生活环境 | 4.76 | 7.86 |
| 他们破坏了当地的资源等自然环境 | 19.05 | 11.43 |
| 不知道 | | 5.71 |
| 价值观冲突 | 9.52 | 0.71 |
| 其他（请注明） | 9.52 | 0.71 |

受访者对外来人员来本地生活工作持欢迎态度的原因如表 8-28 所示，绝大多数城乡受访者对下列各项原因都表示同意。农村受访者除了在有利于国家安全和有利于缩小区域间的差距上的同意比例高于城镇受访者外，其他各项的同意比例都是城镇受访者高出农村受访者。

表 8 - 28　　　　　　　　　受访者欢迎外来流入人员的原因　　　　　　　单位:%

| | 城镇 | | | 农村 | | |
|---|---|---|---|---|---|---|
| | 同意 | 不同意 | 不清楚 | 同意 | 不同意 | 不清楚 |
| 增加了当地的投资 | 94.32 | 3.41 | 2.27 | 84.31 | 10.2 | 5.49 |
| 扩大了当地的就业机会 | 88.51 | 8.04 | 3.45 | 77.6 | 16.8 | 5.6 |
| 有利于国家安全 | 40.23 | 55.17 | 4.6 | 53.78 | 31.88 | 14.34 |
| 开阔了当地人的眼界 | 79.78 | 17.97 | 2.25 | 73.79 | 21.37 | 4.84 |
| 提高了当地的社会服务水平 | 86.21 | 11.49 | 2.3 | 69.57 | 22.92 | 7.51 |
| 带来了先进技术和管理方式 | 89.89 | 7.86 | 2.25 | 76.08 | 14.51 | 9.41 |
| 有利于缩小区域间的差距 | 66.67 | 32.18 | 1.15 | 69.72 | 22.31 | 7.97 |
| 增强了民族间的交往 | 88.64 | 10.22 | 1.14 | 79.92 | 15.36 | 4.72 |
| 增加了当地劳动力市场中的劳动力 | 86.52 | 10.11 | 3.37 | 74.21 | 17.85 | 7.94 |
| 有利于弘扬本地的民族文化 | 79.55 | 17.04 | 3.41 | 74.31 | 17.78 | 7.91 |

　　受访者中有 49 名外来人员,81.6% 表示愿意在当地继续扩大投资,其余 18.4% 表示不愿意或不太愿意在当地继续或扩大投资。愿意留在当地长期居住的外来人员占 81.3%,不太愿意或不愿意留在当地长期居住的外来者占 18.7%。

　　外来者对当地社会多方面的评价如表 8 - 29 所示,基本上对当地投资环境及社会其他相关方面满意度均比较高,但在日常生活便利性、盈利状况与当地的宗教文化等方面依然有超过 20% 的受访者表示不好或很不好。

表 8 - 29　　　　　　　　　外来流入人员对当地的评价　　　　　　　单位:%

| | 很好 | 好 | 不好 | 很不好 |
|---|---|---|---|---|
| 投资环境 | 28.9 | 64.4 | 4.4 | 2.2 |
| 当地对投资管理的态度 | 15.6 | 73.3 | 4.4 | 6.7 |
| 当地日常生活的便利性 | 13.3 | 66.7 | 13.3 | 6.7 |
| 当地的社会包容性 | 20.5 | 65.9 | 4.5 | 9.1 |
| 当地的自然环境 | 36.4 | 50.0 | 6.8 | 6.8 |
| 当地对投资的管理效率 | 24.4 | 57.8 | 13.3 | 4.4 |

| | 很好 | 好 | 不好 | 很不好 |
|---|---|---|---|---|
| 投资当地的盈利状况（与东中部地区比较） | 12.8 | 63.8 | 17.0 | 6.4 |
| 当地的宗教文化 | 22.7 | 59.1 | 13.6 | 4.5 |
| 当地的社会交往 | 25.5 | 57.4 | 8.5 | 8.5 |
| 当地的社会安全性 | 26.1 | 65.2 | 6.5 | 2.2 |

注：样本量是49。

## 三　民族关系评价

本次调查询问了受访者对各时期民族关系的看法，四个时期为：改革开放前、改革开放初期、建立社会主义市场经济体制时期和最近五年。

表 8－30　　　　　　　　各时期民族关系情况　　　　单位:%、个

| | 城镇 | | | | 农村 | | | |
|---|---|---|---|---|---|---|---|---|
| | 好 | 一般 | 不好 | 说不清 | 好 | 一般 | 不好 | 说不清 |
| 全国 | | | | | | | | |
| 改革开放前 | 34.51 | 11.50 | 16.81 | 37.17 | 31.82 | 17.86 | 21.76 | 28.57 |
| 改革开放初期 | 33.63 | 19.47 | 9.73 | 37.17 | 31.27 | 29.64 | 11.07 | 28.01 |
| 建立社会主义市场经济体制时期 | 39.82 | 19.47 | 1.77 | 38.94 | 47.40 | 18.83 | 7.15 | 26.62 |
| 最近五年 | 46.90 | 15.93 | 3.53 | 33.63 | 45.42 | 21.24 | 5.55 | 27.78 |
| 样本量 | 113 | | | | 360 | | | |
| 当地 | | | | | | | | |
| 改革开放前 | 31.86 | 14.16 | 15.04 | 38.94 | 33.22 | 24.43 | 18.24 | 24.10 |
| 改革开放初期 | 34.51 | 17.70 | 10.61 | 37.17 | 36.81 | 28.66 | 12.05 | 22.48 |
| 建立社会主义市场经济体制时期 | 40.71 | 21.24 | 1.77 | 36.28 | 49.51 | 21.17 | 6.52 | 22.80 |
| 最近五年 | 55.75 | 13.27 | 3.53 | 27.43 | 48.38 | 24.03 | 5.19 | 22.40 |
| 样本量 | 113 | | | | 308 | | | |

就全国范围各时期民族关系来看，城乡受访者选择建立社会主义市场

经济体制时期和最近五年民族关系好的比例大于改革开放前和改革开放初期；其整体情况与当地各时期民族关系的评价结果基本一致。佤族、傣族受访者的好评情况显示，随着时间的推移，民族关系无论是全国还是当地都是越来越好。汉族受访者在建立社会主义市场经济体制时选择民族关系好的比例最高，最近五年的好评比例低于建立社会主义市场经济体制时期。

表 8 – 31　　　　　　　佤族受访者对各时期民族关系看法　　　　单位:%

| | 全国民族关系 | | | | | 当地民族关系 | | | | |
|---|---|---|---|---|---|---|---|---|---|---|
| | 很好 | 较好 | 一般 | 不太好 | 很不好 | 很好 | 较好 | 一般 | 不太好 | 很不好 |
| 佤族 | | | | | | | | | | |
| 改革开放前 | 12.0 | 26.9 | 29.6 | 18.5 | 13.0 | 12.3 | 34.2 | 31.6 | 9.6 | 12.3 |
| 改革开放初期 | 6.5 | 34.6 | 40.2 | 13.1 | 5.6 | 15.5 | 37.1 | 29.3 | 14.7 | 3.4 |
| 建立社会主义市场经济体制时期 | 12.4 | 41.0 | 40.0 | 2.9 | 3.8 | 16.4 | 46.6 | 29.3 | 6.9 | 0.9 |
| 最近五年 | 18.7 | 40.2 | 35.5 | 2.8 | 2.8 | 25.8 | 40.8 | 28.3 | 2.5 | 2.5 |
| 傣族 | | | | | | | | | | |
| 改革开放前 | 15.2 | 18.2 | 18.2 | 33.3 | 15.2 | 10.8 | 13.5 | 43.2 | 18.9 | 13.5 |
| 改革开放初期 | 8.8 | 14.7 | 61.8 | 11.8 | 2.9 | 10.8 | 27.0 | 54.1 | 8.1 | 0.0 |
| 建立社会主义市场经济体制时期 | 21.6 | 40.5 | 32.4 | 2.7 | 2.7 | 15.8 | 47.4 | 34.2 | 2.6 | 0.0 |
| 最近五年 | 50.0 | 14.7 | 32.4 | 2.9 | 0.0 | 35.9 | 30.8 | 30.8 | 2.6 | 0.0 |
| 汉族 | | | | | | | | | | |
| 改革开放前 | 21.2 | 48.5 | 12.1 | 12.1 | 6.1 | 17.6 | 50.0 | 14.7 | 8.8 | 8.8 |
| 改革开放初期 | 18.2 | 54.5 | 21.2 | 6.1 | 0.0 | 14.3 | 54.3 | 25.7 | 5.7 | 0.0 |
| 建立社会主义市场经济体制时期 | 21.2 | 54.5 | 21.2 | 3.0 | 0.0 | 20.0 | 57.1 | 20.0 | 2.9 | 0.0 |
| 最近五年 | 13.9 | 58.3 | 22.2 | 0.0 | 5.6 | 20.5 | 48.7 | 25.6 | 0.0 | 5.1 |

注：汉族受访者样本 62，傣族受访者样本 48，佤族受访者样本 162。

## 四　民族身份认同

当前我国民族意识的发展趋势，11.3% 的受访者认为各民族更加认同本民族意识，28.4% 受访者认为当前各民族更加认同中华民族，60.3% 受访者认为当前各民族既认同本民族也认同中华民族。

表 8－32　　　　受访者对当前我国民族意识的发展趋势的判断　　　单位:%

| 您认为当前我国民族意识的发展趋势如何 | 各民族更加认同本民族意识 | 更加认同中华民族 | 既认同本民族也认同中华民族 | 合计 | 样本量 |
|---|---|---|---|---|---|
| 汉族 | 6.4 | 29.8 | 63.8 | 100 | 62 |
| 傣族 | 7.7 | 7.7 | 84.6 | 100 | 48 |
| 佤族 | 11.1 | 25.2 | 63.7 | 100 | 162 |

少数民族身份是否会对日常生活带来不便利或者其他影响? 2.8%的受访者表示经常有不便利问题发生,比如找工作会受到歧视,外出语言交流不通畅、受到别人异样的眼光等。偶尔有的占了 14.1%,很少带来不便利影响占 18.1%,其余 65.0%的受访者表示民族身份并未来带不便利的问题。在外出旅游或者出国方面,3.6%的受访者经常因民族身份遇到不便利问题,16.6%的受访者偶尔遇到不便利问题,很少遇到不便利问题的受访者占 17.7%,62.1%没有因为民族身份遇到不便利问题。外出旅行时遇到不便利问题主要在于语言沟通不便,受到外地人歧视、难交流等。

表 8－33　　　您觉得您的民族身份在外出旅行、出国时有无不便利　　　单位:%

| | 城镇受访者 | | | | 农村受访者 | | | |
|---|---|---|---|---|---|---|---|---|
| | 经常有 | 偶尔有 | 很少 | 没有 | 经常有 | 偶尔有 | 很少 | 没有 |
| 佤族 | 2.6 | 15.9 | 19.2 | 62.3 | 3.0 | 15.8 | 18.0 | 63.2 |
| 傣族 | 4.1 | 6.1 | 12.2 | 77.6 | 0.0 | 21.4 | 9.5 | 69.0 |

49.3%的受访者表示当外国人询问民族身份时,按中国人、本民族介绍,11.3%会按本民族、中国人顺序介绍,29.9%则不分中国人与本民族先后,另有 9.6%表示不好回答。

表 8－34　　　如果外国人问您的民族身份,您回答的排序是　　　单位:%

| | 中国人、本民族 | 本民族、中国人 | 中国人和本民族不分先后 | 不好回答 | 合计 |
|---|---|---|---|---|---|
| 傣族 | 62.0 | 6.0 | 22.0 | 10.0 | 100 |
| 佤族 | 45.6 | 4.4 | 39.2 | 10.8 | 100 |

# 第五节　沧源佤族自治县城乡受访者的社会生活

## 一　城乡受访者的公共生活

从受访家庭针对学龄前儿童教育方式来看，113 位城镇受访者选择各类幼儿园或学前班的比例达到了 88.57%，选择母亲照料的有 6.67%；308 位农村受访者选择各类幼儿园或学前班的比例是 72.3%，母亲照料的比例也上升至 19.26%，总体来看，大部分受访者家庭将幼儿园或学前班作为学龄前儿童主要的教育方式，只是城镇受访者中有 75.24% 选择县城（或跨区）内幼儿园或学前班，而农村受访者选择村内（或社区内）幼儿园或学前班的比例达到了 36.39%，乡镇（街道）内幼儿园或学前班的比例达到了 26.01%，县城（或跨区）内幼儿园或学前班的比例是 9.80%。

关于家庭电视信号与节目接收情况，能够收到国外电视的城镇家庭占 28.7%，农村家庭占 19.14%；其余家庭不能接收到国外电视或网络收视信号及节目。其中，89.9% 的城镇受访者和 77.96% 的农村受访者选择收看国内节目为主。城镇受访者中选择以国外节目为主的比例是 6.06%，选择不固定的比例是 4.04%；农村受访者中有 2.86% 选择以国外节目为主，有 2.04% 选择国内国外节目时间差不多，有 17.14% 选择不固定。

在城乡受访者常用出行方式中，51.82% 的农村受访者和 66% 的城镇受访者选择摩托车，城镇受访者选择小轿车的比例是 42%，其次是步行 31.82%、公交车 23.64%，其余出行方式的选择比例都低于 5%；农村受访者在摩托车之后位居第二的是步行 44%，其次是三轮车/拖拉机 15.03%、自行车 7.84%，其余方式的选择比例都低于 5%。

在过去一年中，16.6% 的城乡受访者参加过义务献血，47% 的受访者参加了捐款捐物，18.6% 的受访者参加了专业咨询活动，52.8% 的受访者义务打扫过社区、村道，14.3% 的受访者义务照顾社区或村内孤寡老人，参加环保活动的受访者有 28.6%，给村内或社区内无偿帮工受访者有 32.9%，另有 6% 的受访者还参与过其他志愿服务或助人活动。总体来说受访者参与的公益活动较多元化，参与度高低不一。

在平常休闲时间中，城乡受访者选择休闲活动比例前三位的是：看电视或电影、朋友聚会和娱乐消遣活动，城镇受访者选择读书学习的比例位居第四，其次是民族文化类的文体活动，农村受访者的选择顺序恰好相反，而选择宗教活动来作为休闲活动的比例较少，另有少数城乡受访者会采取在家休息、体育锻炼来作为休闲娱乐活动。

表8－35　　　　　　　　　城乡受访者的休闲活动　　　　　单位:%、个

| | 看电视或看电影 | 朋友聚会 | 娱乐消遣活动 | 民族文化类的文体活动 | 读书学习 | 宗教活动 | 其他 | 样本量 |
|---|---|---|---|---|---|---|---|---|
| 城镇受访者 | 85.71 | 75.89 | 42.86 | 29.46 | 32.14 | 2.68 | 1.79 | 112 |
| 农村受访者 | 69.93 | 49.67 | 33.33 | 25.82 | 13.07 | 5.88 | 4.58 | 306 |

对于当地信众规模的发展趋势评价显示，表示对此问题不了解不知道的比例超过了城乡受访者的75%。在25%回答此问题的城乡受访者中，半数以上认为没有变化，超过20%的受访者认为伊斯兰教与佛教在不断扩大，超过10%的受访者认为基督教与民间宗教不断扩大。

当问及是否愿意在城镇生活时，83.02%的城镇受访者和54.73%的农村受访者表示愿意生活在城镇或城市。

表8－36　　　　　　　愿意生活在城镇或城市的理由　　　　　单位:%

| | 城镇受访者 | 农村受访者 |
|---|---|---|
| 生活便利 | 52.56 | 29.07 |
| 挣钱机会多，收入高于农村 | 5.13 | 28.49 |
| 看病上学方便 | 24.36 | 15.7 |
| 文化生活丰富 | 6.41 | 7.56 |
| 社会地位高于农村 | 1.28 | 3.49 |
| 信息多，提高个人能力途径多 | 10.26 | 15.7 |
| 样本量（个） | 78 | 172 |

城镇受访者认为生活在城镇或城市主要是因为生活便利；看病上学方便；信息多，提高个人能力途径多；农村受访者主要认为生活便利；挣钱机会多，收入高于农村；看病上学方便和信息多，提高个人能力途径多。城市生活也会造成人们不习惯的地方，农村受访者中有67.4%认为城市生活会带来各类开销造成经济压力大，34.7%认为文化水平和技能低，难以在城市找到满意工作，13.9%认为老人养老问题难以解决，34.4%认为收入和社会地位低，被人看不起，33.2%认为城市住房拥挤，认为人际关

系淡漠难有真朋友者有 26.7% 。

## 二　公共基础设施

受访者家庭到下列公共基础设施的距离如表所示，城乡相比，城镇的公共基础设施更为便捷。在 10 项内容中，农村公共厕所、公共卫生室和小学在 1 公里以内的比例高于城镇受访家庭该比例。所有 10 项内容中 10 公里以上的农村受访者比例明显高于城镇受访者，尤其是中学，农村受访者中有 21% 的家庭是距离 10 公里以上，而城镇受访者该比例是 2.7% 。

表 8 - 37　　　　　　　　受访家庭距离公共设施的距离　　　　　　　单位:%

| | 城镇 | | | | | | 农村 | | | | | |
|---|---|---|---|---|---|---|---|---|---|---|---|---|
| | 小于1千米 | 1—3千米 | 3—5千米 | 5—10千米 | 10千米以上 | 不知道 | 小于1千米 | 1—3千米 | 3—5千米 | 5—10千米 | 10千米以上 | 不知道 |
| 公共厕所 | 61.61 | 11.61 | 3.57 | 0.89 | 0.89 | 21.43 | 79.08 | 6.21 | 1.96 | 1.63 | 1.96 | 9.15 |
| 老年服务中心 | 16.36 | 30.91 | 5.45 | 2.73 | | 44.55 | 13.18 | 15.54 | 5.74 | 5.07 | 6.76 | 53.72 |
| 公共卫生室或医院 | 32.14 | 44.64 | 13.39 | 5.36 | 1.79 | 2.68 | 41.91 | 27.72 | 8.91 | 7.92 | 6.6 | 6.93 |
| 活动中心（活动室、广场等） | 31.86 | 41.59 | 13.27 | 7.08 | | 6.19 | 30.33 | 23.67 | 9.33 | 3 | 4.67 | 29 |
| 教育设施（幼儿园） | 38.74 | 39.64 | 13.51 | 5.41 | 1.8 | 0.9 | 27.27 | 27.95 | 9.09 | 6.06 | 7.41 | 22.22 |
| 教育设施（小学） | 27.68 | 50 | 12.5 | 4.46 | 3.57 | 1.79 | 39.07 | 31.46 | 14.24 | 5.63 | 5.3 | 4.3 |
| 教育设施（中学） | 15.32 | 24.32 | 38.74 | 17.12 | 2.7 | 1.8 | 13.86 | 23.1 | 16.83 | 12.87 | 21.12 | 12.21 |
| 治安设施（岗亭、警卫室等） | 22.02 | 42.2 | 11.01 | 7.34 | 1.83 | 15.6 | 9.93 | 14.24 | 9.6 | 5.3 | 6.95 | 53.97 |
| 残疾人无障碍及康复设施 | 12.15 | 28.04 | 6.54 | 3.74 | 0.93 | 48.6 | 4.76 | 9.86 | 5.78 | 2.72 | 4.08 | 72.79 |
| 运动场所及器材 | 22.73 | 26.36 | 4.55 | 2.73 | 2.73 | 40.91 | 7.77 | 12.84 | 5.07 | 5.07 | 4.39 | 64.86 |

农村户籍受访者对下列公共基础设施满意度如表 8 - 38 所示，从数据反映出，满意度较高的是公共卫生室或医院、教育设施，超过 50% 的住户表示没有该设施的主要是：路灯、卫生设施、老年服务中心、治安设施

与运动场所等。总的来说，公共基础设施仍然不够完善。114 位受访者认为以上公共基础设施能够满足基本需要，占 47.9%，另有 52.1%（124人）的住户表示不能够满足基本需求。需要增加卫生设施、路灯、敬老院、体育场、治安亭、图书馆、学校等基础设施。

表 8 - 38　　　　　　　　　农村受访者对公共设施的评价　　　　单位:%

| | 非常满意 | 比较满意 | 一般 | 不太满意 | 非常不满意 | 不好说 | 没有该设施 | 合计 |
|---|---|---|---|---|---|---|---|---|
| 公共厕所 | 10.6 | 16.5 | 41.6 | 17.2 | 4.3 | 0.0 | 9.9 | 100 |
| 路灯 | 5.9 | 13.8 | 11.5 | 10.5 | 1.6 | 0.0 | 56.6 | 100 |
| 卫生设施（垃圾桶、保洁等） | 4.9 | 7.6 | 15.8 | 13.2 | 3.9 | 0.0 | 54.6 | 100 |
| 老年服务中心 | 3.1 | 8.1 | 12.5 | 10.2 | 1.0 | 0.0 | 65.1 | 100 |
| 公共卫生室或医院 | 8.3 | 26.6 | 42.9 | 13.3 | 2.0 | 0.0 | 7.0 | 100 |
| 活动中心（活动室、广场等） | 8.2 | 15.0 | 33.8 | 6.5 | 3.7 | 0.0 | 33.8 | 100 |
| 教育设施（幼儿园、小学等） | 9.5 | 35.4 | 38.7 | 6.9 | 1.3 | 0.0 | 8.2 | 100 |
| 治安设施（岗亭、警卫室等） | 4.6 | 13.9 | 20.8 | 4.3 | 1.7 | 0.0 | 54.8 | 100 |
| 残疾人无障碍及康复设施 | 2.0 | 5.4 | 12.6 | 4.8 | 1.0 | 0.0 | 74.1 | 100 |
| 运动场所及器材 | 2.3 | 8.4 | 14.0 | 6.7 | 0.7 | 0.0 | 67.9 | 100 |
| 村道 | 7.4 | 18.4 | 38.8 | 13.0 | 3.7 | 0.0 | 18.7 | 100 |

对于当前居住周边基础设施建设存在的问题，如表 8 - 39 中数据显示，主要为规划不科学以及政府资金投入不足。

**表 8 – 39**　　　　　　　　　　　　　　**基础设施存在问题的原因**

| | 规划不科学 | 决策不透明 | 政府资金投入不足 | 领导不重视 | 村民（或社区居民）筹资的积极性不高 | 村民意见不一 | 自然环境约束 |
|---|---|---|---|---|---|---|---|
| 频率 | 125 | 79 | 187 | 90 | 94 | 90 | 74 |
| 百分比（%） | 40.2 | 25.4 | 60.1 | 28.9 | 30.2 | 28.9 | 23.8 |

受访的农村户籍家庭中，当前使用自然水渠灌溉的家庭有 45.7%，是主要的灌溉方式，人力排灌家庭占 34.1%，机电排灌家庭为 3.3%，人工水窖灌溉家庭为 1.1%，另有 15.9% 的家庭没有灌溉。

### 三　社会保障

沧源县城乡受访者及家庭社会保障参保情况见表 8 – 40。下表中的数据反映出，城乡个人和家庭的参保情况有极强的相似性，城镇受访者参保率依次是城镇职工基本医疗保险、城镇职工养老保险和工伤保险、失业保险、生育保险、城镇居民基本医疗保险、城镇居民养老保险，针对农村居民的社会养老保险和新农合的参保率不到 30%。这表明沧源县城镇受访者的参保意识很强，参保率较高。农村受访者中参保率高的只有新农合与农村居民年社会养老保险，其他的参保率都较低，不到 20%。

**表 8 – 40**　　　　　　　　　**受访者个人及家人参加社保情况**　　　　　　　单位:%

| | 个人参保率 | | 其他家庭成员参保率 | |
|---|---|---|---|---|
| | 城镇受访者 | 农村受访者 | 城镇受访者 | 农村受访者 |
| 城镇职工养老保险 | 84.85 | 20.17 | 79.63 | 18.75 |
| 城镇居民养老保险 | 42.11 | 13.16 | 41.18 | 13.51 |
| 农村居民社会养老保险 | 24.14 | 85.07 | 16.0 | 84.34 |
| 城镇职工基本医疗保险 | 93.24 | 20.34 | 85.11 | 18.92 |
| 城镇居民基本医疗保险 | 60.0 | 13.91 | 73.58 | 13.08 |
| 新型农村合作医疗保险 | 29.03 | 93.92 | 34.48 | 92.18 |
| 工伤保险 | 80.7 | 15.93 | 70.0 | 11.54 |
| 失业保险 | 73.74 | 10.81 | 67.74 | 10.48 |
| 生育保险 | 69.05 | 20.72 | 42.31 | 23.81 |

过去一年，城乡受访者中共有 25 户家庭享受到老年补助津贴，平均获得 655.08 元，15 户家庭获得老年贫困补助，平均获得 300.47 元。

在医疗与教育支出方面，过去一年，城镇受访者中自报有个人医疗费用支出的平均值是 1966.50 元，城镇受访者家庭平均医疗费用总支出是 3417.618 元；农村受访者中自报有个人医疗费用支出的平均值是 1680.672 元，农村受访家庭平均医疗费用总支出是 1980.015 元。城镇受访家庭的教育总支出平均值是 2539.756 元，农村受访家庭该值是 1708.225 元。

城乡受访者各项社保项目参保情况以及社保覆盖范围、保障水平、管理水平的满意度见表 8－41。社会保障覆盖满意度和社会保障水平满意度以及社会保障管理水平满意度呈现了相似的情况，城镇受访者中，对覆盖满意度达到 80% 以上的是城镇职工基本医疗保险、义务教育阶段学生营养改善计划、工伤保险、城镇居民养老保险制度、失业保险、城镇居民基本医疗保险制度、新型农村养老保险制度、新型农村合作医疗制度；另有高龄津贴、城乡低保、农村五保、生育保险的覆盖满意度在 70%—80%；满意度在 50%—70% 的内容包括：老年人福利、教育福利、乡村公共卫生服务机构。城镇受访者对社会保障水平满意度在 80% 以上的是：新型农村养老保险制度、老年人福利、农村五保制度、城镇居民养老保险制度、城镇低保制度、教育福利、农村低保制度；满意度在 70%—80% 的是：生育保险、城镇职工基本医疗保险、失业保险、义务教育阶段学生营养改善计划；满意度达到 50%—70% 的有：城镇居民基本医疗保险制度、工伤保险、乡村公共卫生服务机构、残疾人福利、灾害福利。城镇受访者对社会保障管理水平满意度在 80% 以上的有：农村五保制度、老年人福利、新型农村养老保险制度、农村低保制度、城镇低保制度、生育保险；满意度在 70%—80% 的有：城镇居民养老保险制度、教育福利、城镇职工基本医疗保险、工伤保险、失业保险；满意度在 50%—70% 的有：城镇居民基本医疗保险制度、义务教育阶段学生营养改善计划、乡村公共卫生服务机构、灾害福利、残疾人福利。

农村受访者普遍的满意度高于城镇受访者，即使是覆盖范围满意度最低的残疾人康复和就业培训，也达到了 66%，23 个险种之间的区别不明显。

表 8 – 41　　　　　　　受访者对社会保障的评价　　　　　　单位:%

| 城镇 | 社会保障覆盖范围满意度 | | | 社会保障水平满意度 | | | 社会保障管理水平满意度 | | |
|---|---|---|---|---|---|---|---|---|---|
| | 满意 | 不满意 | 不好说 | 满意 | 不满意 | 不好说 | 满意 | 不满意 | 不好说 |
| 新型农村养老保险制度 | 83.87 | 9.68 | 6.45 | 76.67 | 16.66 | 6.67 | 76.67 | 20 | 3.33 |
| 农村五保制度 | 77.27 | 18.18 | 4.55 | 71.43 | 23.81 | 4.76 | 66.67 | 23.81 | 9.52 |
| 农村低保制度 | 76.92 | 15.39 | 7.69 | 68 | 28 | 4 | 76 | 16 | 8 |
| 城镇居民养老保险制度 | 86.36 | 9.09 | 4.55 | 83.72 | 11.63 | 4.65 | 79.07 | 16.28 | 4.65 |
| 城镇低保制度 | 73.33 | 20 | 6.67 | 75.86 | 20.69 | 3.45 | 72.41 | 17.25 | 10.34 |
| 高龄津贴制度 | 79.17 | 16.66 | 4.17 | 69.57 | 21.73 | 8.7 | 69.57 | 26.08 | 4.35 |
| 义务教育阶段学生营养改善计划 | 89.23 | 6.15 | 4.62 | 89.06 | 6.25 | 4.69 | 85.94 | 9.37 | 4.69 |
| 残疾人康复和就业培训 | 27.27 | 27.28 | 45.45 | 33.33 | 33.34 | 33.33 | 38.1 | 23.8 | 38.1 |
| 乡村公共卫生服务机构 | 50 | 20.83 | 29.17 | 47.83 | 21.74 | 30.43 | 47.83 | 21.74 | 30.43 |
| 城镇职工基本医疗保险 | 90.48 | 5.95 | 3.57 | 85.54 | 9.64 | 4.82 | 86.75 | 10.84 | 2.41 |
| 新型农村合作医疗制度 | 82.35 | 8.83 | 8.82 | 78.79 | 15.15 | 6.06 | 81.82 | 12.12 | 6.06 |
| 城镇居民基本医疗保险制度 | 84.62 | 9.61 | 5.77 | 80 | 16 | 4 | 84 | 12 | 4 |
| 失业保险 | 85.71 | 7.15 | 7.14 | 83.64 | 7.27 | 9.09 | 83.64 | 10.91 | 5.45 |
| 工伤保险 | 86.54 | 7.69 | 5.77 | 86.27 | 7.85 | 5.88 | 86.27 | 7.85 | 5.88 |
| 生育保险 | 76.92 | 10.26 | 12.82 | 81.58 | 10.53 | 7.89 | 78.95 | 10.52 | 10.53 |
| 老年人福利 | 59.09 | 22.73 | 18.18 | 52.38 | 28.57 | 19.05 | 52.38 | 28.57 | 19.05 |
| 妇女福利 | 31.82 | 31.82 | 36.36 | 28.57 | 33.33 | 38.1 | 33.33 | 28.57 | 38.1 |
| 儿童福利 | 47.62 | 38.09 | 14.29 | 50 | 25 | 25 | 50 | 30 | 20 |
| 残疾人福利 | 31.82 | 27.27 | 40.91 | 30 | 30 | 40 | 35 | 30 | 35 |
| 住房福利 | 27.27 | 36.37 | 36.36 | 28.57 | 38.1 | 33.33 | 28.57 | 38.1 | 33.33 |
| 教育福利 | 57.14 | 21.43 | 21.43 | 51.85 | 25.93 | 22.22 | 50 | 23.08 | 26.92 |
| 灾害福利 | 38.1 | 23.8 | 38.1 | 40 | 25 | 35 | 40 | 20 | 40 |
| 医疗救助 | 36.36 | 27.28 | 36.36 | 33.33 | 33.34 | 33.33 | 33.33 | 33.34 | 33.33 |
| 农村受访者 | | | | | | | | | |
| 新型农村养老保险制度 | 95 | 3.5 | 1.5 | 93 | 4 | 3 | 91 | 5.5 | 3.5 |
| 农村五保制度 | 80.49 | 7.31 | 12.2 | 76.83 | 8.54 | 14.63 | 78.05 | 9.75 | 12.2 |
| 农村低保制度 | 90.96 | 7.44 | 1.6 | 89.89 | 7.98 | 2.13 | 88.77 | 7.49 | 3.74 |
| 城镇居民养老保险制度 | 78.46 | 7.69 | 13.85 | 71.21 | 12.12 | 16.67 | 73.85 | 9.23 | 16.92 |
| 城镇低保制度 | 72.41 | 6.9 | 20.69 | 68.97 | 12.06 | 18.97 | 71.93 | 10.53 | 17.54 |

| 农村 | 社会保障覆盖范围满意度 | | | 社会保障水平满意度 | | | 社会保障管理水平满意度 | | |
|---|---|---|---|---|---|---|---|---|---|
| | 满意 | 不满意 | 不好说 | 满意 | 不满意 | 不好说 | 满意 | 不满意 | 不好说 |
| 高龄津贴制度 | 81.08 | 15.98 | 2.94 | 72.97 | 8.11 | 18.92 | 75.68 | 5.4 | 18.92 |
| 义务教育阶段学生营养改善计划 | 89.23 | 6.15 | 4.62 | 92.26 | 4.17 | 3.57 | 92.22 | 2.99 | 4.79 |
| 残疾人康复和就业培训 | 66.1 | 13.56 | 20.34 | 75.86 | 3.45 | 20.69 | 66.1 | 10.17 | 23.73 |
| 乡村公共卫生服务机构 | 80.52 | 12.99 | 6.49 | 89.61 | 7.79 | 2.6 | 83.12 | 9.09 | 7.79 |
| 城镇职工基本医疗保险 | 77.94 | 4.41 | 17.65 | 82.35 | 4.41 | 13.24 | 73.13 | 11.94 | 14.93 |
| 新型农村合作医疗制度 | 95.15 | 2.61 | 2.24 | 96.25 | 1.5 | 2.25 | 95.11 | 2.26 | 2.63 |
| 城镇居民基本医疗保险制度 | 73.02 | 11.11 | 15.87 | 73.44 | 9.37 | 17.19 | 70.31 | 14.06 | 15.63 |
| 失业保险 | 73.77 | 6.56 | 19.67 | 67.21 | 9.84 | 22.95 | 69.35 | 16.13 | 14.52 |
| 工伤保险 | 74.6 | 7.94 | 17.46 | 76.19 | 6.35 | 17.46 | 69.84 | 14.29 | 15.87 |
| 生育保险 | 87.14 | 8.57 | 4.29 | 88.73 | 5.64 | 5.63 | 86.11 | 9.72 | 4.17 |
| 老年人福利 | 71.67 | 8.33 | 20 | 71.67 | 8.33 | 20 | 70 | 10 | 20 |
| 妇女福利 | 70.18 | 14.03 | 15.79 | 74.14 | 6.89 | 18.97 | 72.41 | 10.35 | 17.24 |
| 儿童福利 | 77.59 | 5.17 | 17.24 | 77.19 | 7.02 | 15.79 | 70.18 | 10.52 | 19.3 |
| 残疾人福利 | 74.14 | 6.89 | 18.97 | 79.31 | 5.17 | 15.52 | 68.97 | 12.06 | 18.97 |
| 住房福利 | 75.38 | 9.24 | 15.38 | 73.85 | 9.23 | 16.92 | 72.31 | 13.84 | 13.85 |
| 教育福利 | 70.49 | 13.12 | 16.39 | 73.77 | 8.2 | 18.03 | 75.41 | 9.84 | 14.75 |
| 灾害福利 | 75.56 | 10.38 | 14.06 | 75 | 6.25 | 18.75 | 73.02 | 11.11 | 15.87 |
| 医疗救助 | 89.04 | 4.11 | 6.85 | 88.89 | 2.78 | 8.33 | 91.67 | 4.16 | 4.17 |

注：农村受访者样本量是297，城镇受访者样本量是112。

## 四　社会发展与生活信心

对当地2020年全面建成小康社会的态度，城乡受访者均有75%的比例有信心，22%的城镇受访者和17%的农村受访者表示没什么信心，没听说过的城镇受访者有2.68%，农村受访者有9.12%。城乡受访者中对当地全面建设小康社会没什么信心的主要原因是经济收入提高慢。此外，居住条件、基础设施、社会保障和扶持政策不到位是城乡受访者选择的其他主要原因。

为加快当地小康社会建设，城乡受访者认为最主要的措施是加快发展当地经济，城镇受访者除此之外选择提高就业工资、调控房价、加快当地的基础设施建设的比例也较高。农村受访者在加快发展当地经济之外选择加快当地的基础设施建设、扩大当地就业、重要政策应落实到位的比例也较高。

表 8 - 42　　　　　　　　　加快小康社会建设的举措选择　　　　　单位:%、个

| | 加快发展当地经济 | 加快当地的基础设施建设 | 政府应当更加廉洁 | 中央政策应落实到位 | 应扩大当地就业 | 应提高就业工资 | 应调控房价 | 提高医疗水平 | 提高养老金水平 | 提高教育水平 | 样本量 |
|---|---|---|---|---|---|---|---|---|---|---|---|
| 城镇受访者 | 61.61 | 33.93 | 18.75 | 28.57 | 16.96 | 58.93 | 36.61 | 17.86 | 16.07 | 22.32 | 112 |
| 农村受访者 | 63.73 | 53.92 | 18.63 | 28.76 | 33.33 | 25.82 | 10.78 | 24.18 | 10.13 | 21.57 | 306 |

与过去10年（或5年）相比，城乡受访者认为上升很多的比例最高，其次是略有上升，略有下降的城镇受访者比例仅为3.54%，而农村受访者仅仅0.65%。未来5年或10年预期收入上升很多和略有上升的城乡受访者比例达到了绝大多数，虽然预期收入下降的比例城镇受访者只有2.65%，农村受访者只有2.22%，但持不好说态度的城乡受访者比例分别为14.16%和10.46%。城乡受访者认为自己的社会经济地位处于中等即中上、中和中下的是绝大多数，认为自己处于上等层次的比例城镇受访者仅有2.65%，农村受访者仅有4.56%；认为自己处于下等层次的城乡受访者比例分别为8.85%和14.01%。

表 8 - 43　　　　　　　　城乡受访者对生活水平的评价　　　　　单位:%、个

| | 城镇受访者 | 农村受访者 |
|---|---|---|
| 与10年或5年前相比，生活水平的变化 | | |
| 上升很多 | 45.13 | 54.55 |
| 略有上升 | 41.59 | 37.34 |
| 没有变化 | 8.85 | 4.87 |
| 略有下降 | 3.54 | 0.65 |
| 下降很多 | | 0.97 |
| 不好说 | 0.88 | 1.62 |
| 合计 | 100 | 100 |

续表

| | 城镇受访者 | 农村受访者 |
|---|---|---|
| 未来 5 年（或 10 年）中，生活水平的变化 | | |
| 上升很多 | 36.28 | 39.54 |
| 略有上升 | 38.05 | 43.79 |
| 没有变化 | 8.85 | 3.92 |
| 略有下降 | 2.65 | 1.31 |
| 下降很多 | | 0.98 |
| 不好说 | 14.16 | 10.46 |
| 合计 | 100 | 100 |
| 您认为本人的社会经济地位在本地大体属于 | | |
| 上 | 2.65 | 4.56 |
| 中上 | 9.73 | 9.12 |
| 中 | 44.25 | 37.79 |
| 中下 | 26.55 | 25.08 |
| 下 | 8.85 | 14.01 |
| 不好说 | 7.96 | 9.45 |
| 合计 | 100 | 100 |
| 将自己或家庭的经济、生活状况与别人相比时，相比的对象是 | | |
| 亲戚朋友 | 30.36 | 12.38 |
| 本乡村人 | 2.68 | 42.67 |
| 本乡村同民族人 | 0.89 | 14.66 |
| 县里的人 | 30.36 | 7.82 |
| 县里同民族的人 | 5.36 | 1.95 |
| 城市人 | 3.57 | 2.28 |
| 全国人 | 2.68 | 5.21 |
| 说不清 | 24.11 | 13.03 |
| 合计 | 100 | 100 |
| 样本量 | 112 | 307 |

　　将自己家庭经济、生活情况与他人比较时，城镇受访者选择最多的是亲戚朋友和县里的人，农村受访者选择最多的是本乡村人、本乡村同民族人，其次是亲戚朋友。这也说明人们在比较时通常以身边熟悉的人为参照。

## 五　社会安全与和谐

### （一）生活压力来源

当前社会生活面临着来自各方面的压力，下列压力指标中，经济压力是当前社会生活中最主要的压力，城乡受访者中感受到压力很大和有压力之和的比例分别是 89.38% 和 80.85%，远远超过其他内容，婚姻生活压力都是最小。城乡受访者认为总体社会生活压力很大和有压力的比例之和都是 54.87%。城镇受访者在经济压力之后的排序是孩子教育压力、医疗健康压力、个人发展和住房压力，赡养父母压力、社交压力和婚姻生活压力。农村受访者在经济压力之后的排序为：个人发展、医疗/健康压力、住房压力、孩子教育压力、赡养父母压力、社交压力和婚姻生活压力。其次是个人发展、教育医疗健康压力，受访者中超过 50% 表示总体社会生活有压力。

表 8-44　　　　　　　城乡受访者感受到的压力情况　　　　　　单位:%

| | 城镇受访者 | | | | 农村受访者 | | | |
| --- | --- | --- | --- | --- | --- | --- | --- | --- |
| | 压力很大 | 有压力 | 压力较小 | 没有压力 | 压力很大 | 有压力 | 压力较小 | 没有压力 |
| 经济压力 | 36.28 | 53.1 | 7.96 | 2.65 | 47.73 | 33.12 | 13.31 | 5.84 |
| 个人发展 | 12.5 | 42.86 | 31.25 | 13.39 | 33.44 | 38.64 | 15.26 | 12.66 |
| 社交压力 | 8.04 | 29.46 | 28.57 | 33.93 | 17.32 | 25.49 | 33.99 | 23.2 |
| 孩子教育压力 | 18.58 | 46.02 | 19.47 | 15.93 | 27.3 | 30.59 | 16.78 | 25.33 |
| 医疗/健康压力 | 16.96 | 39.29 | 34.82 | 8.93 | 28.66 | 32.25 | 24.76 | 14.33 |
| 赡养父母压力 | 11.5 | 33.63 | 31.86 | 23.01 | 19.8 | 31.68 | 30.03 | 18.48 |
| 住房压力 | 20.35 | 34.51 | 15.93 | 29.2 | 25.9 | 34.43 | 23.61 | 16.07 |
| 婚姻生活压力 | 6.31 | 18.02 | 16.22 | 59.46 | 17.55 | 21.52 | 19.54 | 41.39 |
| 总体的社会生活压力 | 12.39 | 42.48 | 27.43 | 17.7 | 19.81 | 35.06 | 19.81 | 25.32 |

注：城镇样本量112，农村样本量307。

### （二）安全感体会现状

城乡受访者对社会安全各方面认知如表 8-45 所示，有 70% 的城镇受访者和 65.25% 的农村受访者表示总体上社会是安全的。对于调查涉的 9 项具体内容城乡受访者绝大部分都认为安全，城镇受访者认为不安全比例较高的是交通、医疗、个人信息和隐私、食品；农村受访者认为不安全比例较高的是：交通、生态、医疗、个人信息和隐私以及食品。

表 8 - 45　　　　　　　　城乡受访者的安全感　　　　　　　单位:%

| | 城镇 | | | 农村 | | |
|---|---|---|---|---|---|---|
| | 不安全 | 安全 | 不确定 | 不安全 | 安全 | 不确定 |
| 个人和家庭财产安全 | 10.62 | 71.68 | 17.7 | 17.86 | 70.78 | 11.36 |
| 人身安全 | 13.27 | 75.23 | 11.5 | 13.96 | 74.03 | 12.01 |
| 交通安全 | 27.43 | 62.84 | 9.73 | 28.1 | 54.91 | 16.99 |
| 医疗安全 | 23.01 | 65.49 | 11.5 | 21.71 | 62.17 | 16.12 |
| 食品安全 | 20.35 | 63.72 | 15.93 | 20.98 | 60 | 19.02 |
| 劳动安全 | 11.61 | 74.1 | 14.29 | 15.03 | 68.96 | 16.01 |
| 个人信息和隐私安全 | 21.24 | 64.6 | 14.16 | 21.52 | 61.26 | 17.22 |
| 生态环境安全 | 15.04 | 69.03 | 15.93 | 23.86 | 58.17 | 17.97 |
| 人身自由 | 8.11 | 79.28 | 12.61 | 14.14 | 73.69 | 12.17 |
| 总体上的社会安全状况 | 11.5 | 70.8 | 17.7 | 17.7 | 65.25 | 17.05 |

注：城镇样本量112，农村样本量307。

（三）公平性感受程度

在社会公平度方面，认为整体上社会公平的城乡受访者比例为64.6%和63.73%。除了政治和就业发展上农村受访者认为公平的比例略微超过了城镇受访者，其他各项内容的城镇受访者认为公平的比例均高于农村受访者。城镇受访者认为不公平比例超过30%的是在就业发展和住房方面，农村受访者认为不公平的比例超过30%的是住房。总体看来，虽然绝大多数城乡受访者认为调查的 11 项内容较为公平，但对于住房、就业发展、医疗、社会保障等方面认为不公平的比例略高。

表 8 - 46　　　　　　　　受访者的公平感评价　　　　　　　单位:%

| | 城镇受访者 | | | 农村受访者 | | |
|---|---|---|---|---|---|---|
| | 不公平 | 公平 | 不确定 | 不公平 | 公平 | 不确定 |
| 教育公平 | 19.47 | 76.11 | 4.42 | 26.47 | 65.36 | 8.17 |

续表

| | 城镇受访者 | | | 农村受访者 | | |
|---|---|---|---|---|---|---|
| | 不公平 | 公平 | 不确定 | 不公平 | 公平 | 不确定 |
| 语言文字公平 | 12.5 | 81.25 | 6.25 | 23.2 | 68.96 | 7.84 |
| 医疗公平 | 20.35 | 75.23 | 4.42 | 27.21 | 64.92 | 7.87 |
| 住房公平 | 30.97 | 57.53 | 11.5 | 36.72 | 51.48 | 11.8 |
| 社会保障公平 | 23.89 | 69.03 | 7.08 | 25.58 | 64.79 | 9.63 |
| 法律公平 | 18.58 | 71.69 | 9.73 | 20.92 | 71.89 | 7.19 |
| 政治公平 | 21.24 | 64.6 | 14.16 | 24.59 | 65.57 | 9.84 |
| 就业、发展公平 | 33.04 | 55.35 | 11.61 | 28.52 | 60 | 11.48 |
| 信息公平 | 17.86 | 67.85 | 14.29 | 24.09 | 64.03 | 11.88 |
| 政府办事公平 | 25 | 64.29 | 10.71 | 24.51 | 63.73 | 11.76 |
| 总体上的社会安全状况 | 21.24 | 64.6 | 14.16 | 20.26 | 63.73 | 16.01 |

若在生活中遭遇了某种不公平，调查问卷给出了 12 个解决办法的选项，下表中城乡受访者的选择表明，城镇受访者的法律意识较强，选择通过法律诉讼等渠道的比例最高，而农村受访者选择通过业主委员会、宗族等组织解决问题的比例最高，选择无能为力只有忍受的城乡受访者比例基本一样且都是选择比例位居第二。城镇受访者选择比例第三位的是通过业主委员会、宗族等组织解决问题；而农村受访者位居第三的是通过法律诉讼等渠道。这也说明城乡受访者的方式选择差异不大。

表 8-47　　　当生活中遭遇了某种不公平时受访者的解决渠道　单位:%、个

| | 城镇受访者 | 农村受访者 |
|---|---|---|
| 无能为力，只有忍受 | 22.22 | 21.05 |
| 没有解决办法，但可寻求宗教安慰 | 2.22 | 7.57 |
| 不用自己关心，有别人会管的 | 6.67 | 7.57 |
| 自己想办法在网络上发信息 | 12.22 | 5.92 |
| 找相关报纸电视等媒体反映问题 | 4.44 | 7.24 |
| 通过非正式的渠道如托人、找关系 | 3.33 | 3.29 |
| 通过业主委员会、宗族等组织解决问题 | 15.56 | 23.03 |

续表

| | 城镇受访者 | 农村受访者 |
|---|---|---|
| 组织周围群众集会、游行、示威等方式 | 1.11 | 0.99 |
| 上访或集体上访 | 6.67 | 5.92 |
| 通过法律诉讼等渠道 | 24.44 | 16.78 |
| 个人暴力抗争 | 1.11 | |
| 其他 | | 0.66 |
| 样本量 | 90 | 304 |

### （四）各种利益冲突状况

本次调查对一些群体间或地区间利益冲突进行了态度询问，涉及了干群、民族、城乡居民、医患、不同收入水平、不同宗教信仰、不同教育水平、不同职业共8个方面。113位城镇受访者和307位农村受访者中大部分认为上述冲突不严重。总体上，城乡居民对医患、干群关系、收入分配差距比较关注。

表8－48　　　　　　　　　　　　　　　　　　　　　　　　单位:%

| | 城镇受访者 | | | 农村受访者 | | |
|---|---|---|---|---|---|---|
| | 严重 | 不严重 | 不清楚 | 严重 | 不严重 | 不清楚 |
| 干部与群众间冲突 | 12.5 | 66.96 | 20.54 | 26.62 | 53.57 | 19.81 |
| 民族间冲突 | 16.81 | 63.72 | 19.47 | 21.75 | 59.09 | 19.16 |
| 城乡居民间冲突 | 15.04 | 61.07 | 23.89 | 19.48 | 60.07 | 20.45 |
| 医患冲突 | 15.04 | 63.72 | 21.24 | 27.96 | 47.7 | 24.34 |
| 不同收入水平者间冲突 | 15.18 | 59.82 | 25 | 24.59 | 50.82 | 24.59 |
| 不同宗教信仰者间冲突 | 8.85 | 60.18 | 30.97 | 23.13 | 52.11 | 24.76 |
| 不同受教育水平者间冲突 | 8.85 | 60.18 | 30.97 | 19.61 | 55.23 | 25.16 |
| 不同职业的人之间的冲突 | 12.39 | 61.06 | 26.55 | 17.59 | 55.7 | 26.71 |

# 第六节　沧源佤族自治县城乡受访者的政策评价

## 一　扶贫政策

当地农村受访者对下列政府实施的扶贫措施满意度详见表 8 - 49。农村受访者中，政府扶贫政策或措施参与率较高的有"两免一补"政策、牧区扶贫工程，均在 70% 以上，超过 50% 参与率的政府扶贫政策或措施有移民搬迁工程、扶贫工程生产项目、道路修建和改扩工程、基本农田建设、人畜饮水工程等，其他扶贫政策或措施的参与率均在 50% 以下。从政策满意度来看，整体扶贫政策满意度较高，但农村受访者对各项扶贫政策仍有不同程度的不满意或很不满意。受访者对曾参与过的政府扶贫政策或措施，9.6% 很满意，73.0% 满意，不满意的占 14.8%，很不满意的有2.6%。数据反映出受访者大部分对当前参与的政府扶贫政策或措施的满意度较高。

**表 8 - 49**　　　　　　农村受访者对当地扶贫政策评价　　　　　单位:%

| 项目 | A. 当地政府实施下列哪些扶贫政策?（可多选） | B. 您对这些扶贫政策满意吗?（单选） | | | |
| --- | --- | --- | --- | --- | --- |
| | | 非常满意 | 满意 | 不满意 | 很不满意 |
| 移民搬迁工程 | 51.5 | 11.7 | 72.6 | 11.2 | 4.5 |
| "两免一补"政策 | 79.6 | 27.6 | 68.0 | 3.4 | 1.0 |
| 扶贫工程生产项目 | 52.5 | 25.1 | 67.4 | 6.4 | 1.1 |
| 退耕还林还草补助工程 | 67.0 | 19.0 | 72.7 | 6.6 | 1.7 |
| 道路修建和改扩工程 | 55.7 | 23.1 | 61.5 | 9.6 | 5.8 |
| 基本农田建设工程 | 50.0 | 17.0 | 65.4 | 11.5 | 6.0 |
| 电力设施建设工程 | 45.3 | 14.9 | 69.6 | 11.8 | 3.7 |
| 人畜饮水工程 | 57.6 | 16.8 | 68.7 | 11.7 | 2.8 |
| 技术推广及培训工程 | 42.6 | 15.0 | 73.9 | 8.5 | 2.6 |
| 资助儿童入学和扫盲教育项目 | 43.6 | 19.0 | 66.5 | 12.0 | 2.5 |
| 卫生设施建设项目 | 43.6 | 15.4 | 64.7 | 16.7 | 3.2 |
| 种植业/林业/养殖业扶贫金 | 45.8 | 14.6 | 67.7 | 15.2 | 2.5 |
| 村村通工程（广播电视/道路/通信网络） | 64.0 | 15.4 | 73.5 | 9.8 | 1.3 |

续表

| 项目 | A. 当地政府实施下列哪些扶贫政策？（可多选） | B. 您对这些扶贫政策满意吗？（单选） | | | |
|---|---|---|---|---|---|
| | | 非常满意 | 满意 | 不满意 | 很不满意 |
| 教育扶贫工程 | 44.8 | 21.7 | 68.2 | 7.0 | 3.2 |
| 牧区扶贫工程 | 72.7 | 17.6 | 61.2 | 18.8 | 2.4 |
| 扶贫培训工程 | 34.5 | 10.7 | 73.2 | 13.4 | 2.7 |

## 二　民族政策

关于民族地区及少数民族实行的计划生育政策评价，受访者中 61%认为好或很好，34.2%认为政策一般，另有 4.8%认为政策不好。关于计划生育政策的调整，45.5%受访者认为应该全国各民族一样，32.9%的受访者认为应该全国城市地区生育子女数量统一，21.6%主张废除计划生育子女数量政策，由家庭自主决定。13.8%的汉族受访者认为民族地区及少数民族实行的计划生育政策很不好，认为一般的有 53.4%，相比汉族，傣族与佤族对于民族地区及少数民族实行的计划生育政策的评价较高。

表 8-50　　　对少数民族地区及少数民族实行计划生育政策的评价

单位:%、个

| | 很好 | 好 | 一般 | 不好 | 合计 | 样本量 |
|---|---|---|---|---|---|---|
| 汉族 | 3.4 | 29.3 | 53.4 | 13.8 | 100 | 62 |
| 傣族 | 20.0 | 40.0 | 37.8 | 2.2 | 100 | 50 |
| 佤族 | 16.4 | 50.7 | 28.1 | 4.8 | 100 | 162 |

表 8-51　　　如果认为针对少数民族地区及少数民族实行计划

生育政策不好，调整的方式　　单位:%、个

| | 全国各地区各民族一样 | 全国城市地区生育子女数量统一 | 废除计划生育子女数量限制政策，由家庭自主决定 | 合计 | 样本量 |
|---|---|---|---|---|---|
| 汉族 | 40.5 | 35.1 | 24.3 | 100 | 62 |
| 傣族 | 52.2 | 26.1 | 21.7 | 100 | 50 |
| 佤族 | 45.5 | 28.4 | 26.1 | 100 | 162 |

少数民族地区的高考加分政策，22.6% 的受访者表示很满意，62.1% 的受访者满意，不满意的占 12.3%，另有 3.0% 表示很不满意。总体来说针对此项政策受访者满意度较高。针对少数民族的高考加分政策，24.5% 受访者表示很满意，63.5% 表示满意，9.5% 认为不满意，2.5% 表示很不满意。汉、佤、傣三族对高考加分政策评价见表 8 – 52。

表 8 – 52　　　　汉、佤、傣族受访者对高考加分政策评价　　　单位:%、个

|  | 城镇受访者 | | | | 合计 | 样本量 | 农村受访者 | | | | 合计 | 样本量 |
|---|---|---|---|---|---|---|---|---|---|---|---|---|
|  | 很满意 | 满意 | 不满意 | 很不满意 |  |  | 很满意 | 满意 | 不满意 | 很不满意 |  |  |
| 汉族 | 7.3 | 69.1 | 21.8 | 1.8 | 100 | 49 | 3.6 | 73.2 | 21.4 | 1.8 | 100 | 13 |
| 佤族 | 19.9 | 73.5 | 5.1 | 1.5 | 100 | 11 | 22.6 | 71.4 | 4.5 | 1.5 | 100 | 39 |
| 傣族 | 20.5 | 63.6 | 11.4 | 4.5 | 100 | 38 | 26.8 | 58.5 | 14.6 | 0.0 | 100 | 124 |

对于一些长期居住在城市的少数民族及其子女，是否应该享受高考加分政策，63.9% 的受访者表示应该享受，36.1% 认为不应该享受此项政策。81.2% 受访者对当前政府实施的民族优惠政策持满意及很满意态度，另有 12.6% 表示不满意，6.2% 认为很不满意。汉族受访者对政府实施的民族特殊优惠政策的满意度低于傣族与佤族。

表 8 – 53　　　　对当前政府实施的民族特殊优惠政策评价　　　单位:%、个

|  | 很满意 | 满意 | 不满意 | 很不满意 | 合计 | 样本量 |
|---|---|---|---|---|---|---|
| 汉族 | 0.0 | 75.5 | 22.6 | 1.9 | 100 | 62 |
| 傣族 | 22.0 | 53.7 | 14.6 | 9.8 | 100 | 50 |
| 佤族 | 10.9 | 78.3 | 5.4 | 5.4 | 100 | 162 |

对于在民族地区工作的干部来说，受访者中 32.7% 认为干部很有必要学习和掌握当地民族语言，55.4% 认为有必要，认为一般的受访者有 10.2%，仅 1.7% 受访者认为没有必要学习和掌握当地民族语言。

表 8 – 54　　　少数民族地区工作的干部是否需要学习和掌握当地的民族语言

单位:%、个

|  | 很有必要 | 有必要 | 一般 | 没必要 | 合计 | 样本量 |
|---|---|---|---|---|---|---|
| 汉族 | 19.4 | 69.4 | 9.7 | 1.6 | 100 | 62 |
| 傣族 | 43.8 | 52.1 | 4.2 | 0.0 | 100 | 50 |
| 佤族 | 41.1 | 50.3 | 7.3 | 1.3 | 100 | 162 |

### 三　退耕还林（退牧还草）和移民搬迁

农村 338 位受访者中有 38.2% 的家庭实施过退耕还林或退牧还草，其余 61.8% 家庭则没有实施过此项政策。最早实施的家庭是 1994 年开始的，最晚的于 2013 年开始。

2013 年仍有部分农村受访家庭继续实施此项政策，1 户受访家庭新增面积 2 亩，其余 4 户受访家庭新增面积在 200 亩以上，平均新增面积 82.45 亩，补助标准平均为 614 元/年，实际收入为 1647.5 元/年。2013 年没有继续实施该项政策的家庭，最早停止实施的是 2001 年，其他家庭分别于 2006 年、2008 年、2009 年、2011 年、2012 年、2013 年停止实施该项政策。针对退耕（退牧）住户的职业培训，61.4% 的农村受访家庭表示政府有关部门实施过，另有 38.6% 的农村受访家庭表示没有。

对政府实施的退耕（退牧）户职业培训的调查数据显示，88.5% 的受访退耕（退牧）家庭参加过，11.5% 的受访退耕（退牧）家庭则没有。当地政府有关部门实施的对退耕（退牧）户的职业培训，25.4% 是种植业，67.6% 是造林种植，畜牧业或养殖业内容占 7.0%。对于当地实施的退耕还林（退牧还草）政策，29.4% 农村受访者表示政策的效果非常好，42.9% 认为政策效果比较好，认为政策效果一般的农村受访者有 22.2%，另有 1.6% 认为效果不太好，4.0% 认为效果很差。73.1% 的农村受访者认为退耕还林（退牧还草）政策未来应该扩大面积和提高补助标准，26.1% 认为应该保持现状，认为应该停止执行的有 0.8%。

受访者中有 78 人有移民搬迁经历，其中 33.4% 属于生态保护等大型公共工程项目移民，14.1% 属于非工程移民，12.8% 属于外地迁入，另有 39.7% 属于其他原因的移民搬迁。对政府要求搬迁的移民户中，10.8% 当时非常愿意搬迁，25.3% 比较愿意搬迁，19.3% 表示无所谓，31.3% 表示当时不太愿意搬迁，很不愿意搬迁的有 13.3%。

对搬迁移民政策有关规定的了解程度中，5.8% 的移民搬迁受访者表示非常了解，16.3% 比较了解，39.5% 对政策了解程度一般，不太了解政策规定的有 30.2%，一点也不了解的有 8.1%。78 户搬迁移民户中，50% 表示搬迁至本地后没有想过回原住地，另外 50% 则表示有回原住地的想法。搬迁户想回原住地的原因如下：29.6% 因为生活习惯不适应，生

活条件太差为50%，40.7%认为生产条件太差，38.9%认为就业困难收
入不稳定，13.0%因为与居住地居民关系不融洽，22.2%对新的生产方式
不熟悉。搬迁至本地前的移民搬迁户在生产、生活上遇到困难时，27.8%
会找村干部或街道干部帮忙，25.3%会找亲戚帮忙，20%会找好朋友帮
忙；搬迁至本地后，在生产、生活上遇到困难时，40.5%会找村干部或街
道干部帮忙，25.9%会找政府部门帮忙，28.0%会找亲戚帮忙。说明搬迁
后有困难更多依靠政府部门和村干部，而来自亲朋好友的帮助明显减少。
移民对移民政策的总体满意度详见表8-55。

表8-55　　　　　　　　受访者对搬迁政策的评价　　　　　　　　单位:%

|  | 很满意 | 满意 | 一般 | 不太满意 | 不满意 |
|---|---|---|---|---|---|
| 对上级政府的移民搬迁政策总体满意度 | 11.1 | 37.4 | 34.6 | 13.2 | 3.7 |
| 对上级政府的移民搬迁政策实际效果满意度 | 9.4 | 33.5 | 37.1 | 15.5 | 4.5 |
| 对当地政府的移民搬迁政策措施总体满意度 | 10.7 | 29.6 | 39.5 | 15.6 | 4.5 |
| 对当地政府的移民搬迁政策实际效果满意度 | 12.7 | 28.0 | 37.7 | 16.1 | 5.5 |
| 对接受移民搬迁的地方政府的相关政策措施满意度 | 10.7 | 32.5 | 35.5 | 15.4 | 6.0 |
| 对接受移民搬迁的地方政府相关政实际效果满意 | 14.2 | 29.6 | 34.4 | 17.2 | 4.7 |

注：样本量为78。

在生态环境变化趋势方面，有85位受访者回答了自身的感受。其中
38.8%的受访者认为生态环境趋于恶化，25.9%认为没有变化，25.9%认
为趋于好转，9.4%表示不清楚。

关于生态环境恶化的原因，18.6%认为是自然气候变化，14.0%认为
草场超载，过度放牧，41.9%认为过度砍伐树木导致，15.1%认为是资源
过度开采，2.3%认为是过度开垦导致，另有3.5%的搬迁受访者认为是
人口过多。面对生态环境的恶化，51.9%认为进行生态环境建设的主责任
体是生态破坏责任主体，48.1%认为是当地政府，45.7%认为是当地老百
姓，6.2%认为是中央政府，25.9%认为是其他环境受益地区，另有
34.6%认为应是所有相关主体。

## 四　政府工作评价

城乡受访者对当地政府（本县、县级市政府）对各项突发事件应急能力满意度见表 8 – 56。城镇受访者对自然灾害事件和生产安全事故的当地政府应对能力的满意度高于农村受访者，但其他四类和其他的当地政府应对能力的满意度均低于农村受访者。

表 8 – 56　　受访者对当地政府处理各项突发事件的应急能力的评价　　单位:%

| | 城镇受访者 | | | | 农村受访者 | | | |
|---|---|---|---|---|---|---|---|---|
| | 满意 | 不满意 | 不清楚 | 合计 | 满意 | 不满意 | 不清楚 | 合计 |
| 自然灾害事件 | 68.14 | 6.2 | 25.66 | 100 | 63.64 | 13.31 | 23.05 | 100 |
| 生产安全事故 | 62.5 | 7.14 | 30.36 | 100 | 62.99 | 11.69 | 25.32 | 100 |
| 传染病及公共卫生事故 | 55.75 | 11.51 | 32.74 | 100 | 63.64 | 12.01 | 24.35 | 100 |
| 一般性社会治安事件 | 58.14 | 12.66 | 29.2 | 100 | 59.15 | 18.95 | 21.9 | 100 |
| 群体性突发事件 | 53.98 | 5.31 | 40.71 | 100 | 56.54 | 16.01 | 27.45 | 100 |
| 暴力恐怖事件 | 48.21 | 7.15 | 44.64 | 100 | 52.79 | 12.78 | 34.43 | 100 |
| 其他 | 44.44 | 21.12 | 44.44 | 100 | 52.38 | 14.26 | 33.33 | 100 |

注：城镇受访者样本量 113，农村受访者样本量 308。

表 8 – 57 给出了城乡受访者对于当地政府工作效果的评价结果。城镇受访者对当地政府工作好评比例低于半数的事项为：政府办事效率；公开、公平、公正选拔干部；保护环境，治理污染；廉洁奉公，惩治腐败，对政府办事效率的好评率只有 12.61%。对提供义务教育的好评率最高达到了 84.68%；为群众提供社会保障的好评率是 68.81%，位居第二；打击犯罪，维护社会治安的好评率为 67.27%；提供公共医疗卫生服务的好评率达到了 66.97%；坚持为人民服务的态度的好评率为 64.86%，其余各项的好评率在 50%—60% 之间。农村受访者除了对提供义务教育和打击犯罪、维护社会治安的好评率低于城镇受访者外，其余各项内容的好评率都高于城镇受访者，而且没有好评率低于半数的内容。这也反映出农村受访者对当地政府工作的认可程度高于城镇受访者。同时，也反映出城乡受访者对最近以来各级政府注重民生工程的举措较为满意以及对政府工作

效率、选拔干部、保护环境、增加就业的意见和关注。

**表 8 - 57　　　　　受访者对当地政府工作的评价　　　　单位:%**

| | 城镇受访者 | | | 农村受访者 | | |
|---|---|---|---|---|---|---|
| | 好 | 不好 | 不清楚 | 好 | 不好 | 不清楚 |
| 坚持为人民服务的态度 | 64.86 | 26.13 | 9.01 | 66.78 | 18.89 | 14.33 |
| 政府办事效率 | 12.61 | 79.28 | 8.11 | 57.84 | 27.45 | 14.71 |
| 公开、公平、公正选拔干部和官员 | 43.64 | 44.54 | 11.82 | 55.12 | 24.42 | 20.46 |
| 提供公共医疗卫生服务 | 66.97 | 27.53 | 5.5 | 66.78 | 19.4 | 13.82 |
| 为群众提供社会保障 | 68.81 | 22.02 | 9.17 | 69.08 | 16.12 | 14.8 |
| 提供义务教育 | 84.68 | 10.82 | 4.5 | 73.44 | 12.13 | 14.43 |
| 保护环境,治理污染 | 46.36 | 46.37 | 7.27 | 48.04 | 37.58 | 14.38 |
| 打击犯罪,维护社会治安 | 67.27 | 23.64 | 9.09 | 65.69 | 20.91 | 13.4 |
| 廉洁奉公,惩治腐败 | 47.27 | 37.28 | 15.45 | 55.41 | 26.56 | 18.03 |
| 依法办事,执法公平 | 53.64 | 34.54 | 11.82 | 58.09 | 23.76 | 18.15 |
| 发展经济,增加人们的收入 | 55.05 | 36.69 | 8.26 | 63.84 | 22.48 | 13.68 |
| 为中低收入者提供廉租房和经济适用房 | 54.55 | 35.45 | 10 | 63.93 | 17.71 | 18.36 |
| 扩大就业,增加就业机会 | 52.73 | 37.27 | 10 | 57.38 | 24.59 | 18.03 |
| 政府信息公开,提高政府工作的透明度 | 53.64 | 29.09 | 17.27 | 59.74 | 20.13 | 20.13 |

注: 城镇受访者样本量 113,农村受访者样本量 308。

# 本章小结

## 一　已取得的成就

在经济收入方面,与 2011 年沧源县居民收入相比[1],农业户籍年均收入增加 10668 元,城镇居民年均收入增加 20594 元。农村与城市居民收入均有明显提升。社会保障方面,参保率较高的为新型农村医疗合作制度、新型农村养老保险制度、城镇职工养老保险与城镇职工医疗保险,均超过 80%,覆盖率较高,受访者对各项参加的社会保障项目的保障水平、

---

[1]　临沧市人民政府地方志办公室编:《临沧市年鉴 2012》,云南人民出版社 2012 年版。

管理水平以及覆盖范围满意度均比较高。

云南沧源县是地处边疆地区的民族自治县，民族成分较为复杂，通过对城乡受访者调查的数据反映出当地各民族之间交往互动良好，通过对各时期民族关系评价的数据反映，城乡受访者认为近年来的民族关系相比之前各时期来说是最好的。在民族文化传统保护方面，城乡受访者对双语教育的满意度较高，对国家与当地政府采取的相关民族文化传统保护政策的满意度均超过了70%。

扶贫政策方面，农村受访者参与率较高的有"两免一补"政策、牧区扶贫工程，均在70%以上，农村受访者对政府的扶贫政策满意度较高。城乡受访者在政府民族优惠政策方面也给予了较高的评价。城乡受访者对当地政府工作、应对突发事件的能力较为认可，普遍对调查涉及的教育、语言文字、医疗、住房、社会保障、法律、政治、就业和发展、信息、政府办事以及总体上的公平状况有公平感。

## 二　目前存在的问题

经济收入方面，城乡收入差距较大，农业户籍平均年收入为14448元，非农业户籍平均收入34194.8元。不同民族间的收入与消费水平也存有较大差距，当地傣族、佤族的收入消费水平低于汉族：农业户籍中，汉族年均收入30200元，佤族年均收入15354元，傣族年均收入11588元；非农业户口受访者中，汉族年均收入44565元，佤族年均收入26423元，傣族年均收入28556元。

调查数据表明城乡公共基础设施存在差距。除公共厕所、卫生所与学校之外，其他公共基础设施与住户家庭相距1公里的均不超过30%，当地公共基础设施建设仍然不够完善，住户到公共设施的距离都较远，尤其农村地区，50%的农村受访者表示当地没有路灯、卫生设机构、老年服务中心、治安设施与运动场所等，城乡受访者认为需要增加卫生机构、路灯、敬老院、体育场、治安亭、图书馆、学校等基础设施。

虽然新型农村养老保险制度、农村低保制度、义务教育阶段学生营养改善计划和新型农村合作医疗制度参保率较高，但除此之外农村受访者的其他项目参保率均较低，少数民族受访者的参保水平仍然不够。城乡受访者对最近以来各级政府注重民生工程的举措较为满意，但对政府工作效率、选拔干部、保护环境、增加就业方面的工作存在一定的意见。